'일본'에서 싸운 한국전쟁의 날들

재일조선인과 스이타 사건

'일본'에서 싸운 한국전쟁의 날들

재일조선인과 스이타 사건

니시무라 히데키 지음

심아정·김정은·김수지·강민아 옮김

논형

일러두기

- 이 책 곳곳에는 조선, 조선반도, 조선전쟁이라는 단어가 한국, 한반도, 한국전쟁과 혼용되어 있다. 1948년, 남북이 각각 대한민국과 조선민주주의인민공화국이라는 정체(政體)를 수립하기 이전의 사건과 시공간을 표기할 때는 '조선'을 살렸고, 조선, 조선반도를 한국, 한반도라 부를 리 없는 이들의 말을 직접 인용한 부분에도 '조선'을 그대로 남겨두었다. 일본에서는 지금도 한국전쟁을 조선전쟁이라 지칭하는 것이 일반적이지만, 이에 대해서는 독자들의 이해를 돕기 위해 저자의 동의를 얻어 한국전쟁으로 통일했다.

- 천황(天皇)은 종종 일왕으로 번역되곤 하지만, 이는 일본에서 사용되지 않는 표현이므로 천황이라 표기했다. 역자들은 일본의 천황제에 대해 비판적 입장을 가지고 있으며 '전후' 일본의 민주주의가 지닌 치명적인 한계로 인식하고 있음을 밝혀둔다.

- 일본과 중국의 지명과 인명은 각각 일본어, 중국어 발음으로 표기하고 괄호 안에 원어를 표기하였다.

- 단행본, 장편소설, 정기간행물, 신문, 사전 등에는 겹낫표(『 』), 단편소설, 논문 등에는 홑낫표(「 」), 예술작품, 영화 등에는 홑화살괄호(〈 〉)를 사용했다.

들어가며

올해는 한국전쟁* 발발(1950년 6월 25일)로부터 70년째가 되는 해입니다. 이러한 역사적 시점에 『朝鮮戰争に「参戦」にた日本』(三一書房)이 한국어로 번역되어, 한국 독자들에게 다가갈 수 있는 기회를 만들어 주신 것에 감사의 말씀을 드립니다.

한국전쟁 당시, 일본이 실질적으로 '참전'했던 사실과 재일조선인을 중심으로 한 반전운동 스이타 사건을 한국의 독자들에게 소개함으로써, 다시 한번 한반도 분단의 역사와 동아시아의 평화에 대해 함께 고민해 보았으면 합니다.

한반도 분단의 기원

'독일은 동서로 분단되었는데, 왜 식민지 종주국인 일본이 아닌, 식민지였던 조선이 분단되었는가?' 이것은 중요한 질문입니다. 2차 세계대전 이후 찾아온 냉전질서에서 미국과 소련에 의해 패전국 일본이 분단된다는 것은 충분히 가능한 시나리오였습니다.

---

* '이 전쟁'을 저자는 '조선전쟁'이라고 표현한다. 한국어판 저자 서문에서도 '조선전쟁(朝鮮戰爭)' '조선반도(朝鮮半島)'로 기술되어 있지만, 역자들이 '한국전쟁' '한반도'라고 번역하는 것에 이의가 없음을 전해 왔다.

세 개의 선택지

한국전쟁 발발의 원인을 생각할 때, 1945년 일본의 패전 시점을 주목할 필요가 있습니다. 여기서 독자 여러분께 질문을 하나 드리겠습니다.

'일본이 전쟁에 패한 것은 언제일까요?'

강연회나 대학 강의라면 거수로 답변을 고르도록 하겠지만, 지면이라 그럴 수 없군요. 세 가지 선택지를 준비했습니다. 자, 독자 여러분. 다음 세 가지 중에서 골라주십시오. 모두 1945년 여름입니다. 첫 번째는 8월 14일, 두 번째는 8월 15일, 세 번째는 9월 2일입니다. 고르셨나요?

그럼, 답을 알려드리겠습니다. 조금 뜻밖이라 여기시겠지만, 사실 모두 정답입니다. 8월 15일은 쇼와천황 히로히토의 음성이 담긴 레코드판을 NHK가 방송하여 식민지하에 있던 평양이나 서울에서도 옥음방송이 흘러나온 날로 지금까지도 광복절(빛을 되찾은 날)이라 불리는 날입니다. 9월 2일은 도쿄만東京灣에 정박한 미 해군 전함 미주리호 선상에서 일본 정부의 전권대사가 항복문서에 서명한 날로 지금도 북경, 워싱턴, 모스크바에서는 지금도 이날을 대일전쟁에 대한 승리의 날로 기념하고 있습니다. 8월 14일은 황거皇居에서 당시 정부의 최고 간부들이 참여한 어전회의가 개최되어 '종전조서'를 채택한 날로, 대일본제국 정부는 연합국에 포츠담선언을 수락하겠다는 의사를 전했습니다. 참고로 15일에 방송된 옥음방송을 녹음한 것도 14일 밤입니다.

"흥미로운 것은 패전 직전 2주 동안의 동향입니다. 미국·영국·소련의 정상이 독일 베를린 교외에 있는 포츠담에 모여 7월 26일에 일본을 상대로 한 무조건 항복문서, 즉 포츠담선언을 결정하고 일본 측에 통고했습니다. 그때 일본이 바로 포츠담선언을 수락했더라면 세계는 지금과는 다른 모습이 되었을 것입니다. 당시, 대일본제국 정부가 천황제 존속 문제로 망설이던 사이 연합국은 8월 6일 히로시마에 최초의 원폭을, 8월 9일에는 나가사키에 두 번째 원폭을 투하했고, 같은 날 소련군이 대일전쟁에 참전하여 만몽 국경을 넘어 한반도 북반부를 점령하였습니다. 8월 10일, 미국은 북위 38도선에 의한 분할을 소련에 제안했고, 소련이 이를 받아들이는 것으로 조선은 남북으로 분단되기에 이릅니다.

즉, 대일본제국 정부가 천황제 존속을 위해 시간을 끌지 않고 7월 말에 포츠담선언을 바로 수락했더라면, 히로시마·나가사키의 20만 명이 넘는 희생자는 생기지 않았을 뿐 아니라 한반도가 미소에 의해 분단되는 일도 없었을 것입니다." 한반도 분단의 직접적인 책임은 미국과 소련에 있지만, 전후 처리에 미숙했던 일본에도 커다란 책임이 있다고 할 수 있습니다.

한국전쟁 발발

한반도 북쪽은 소련을 배후로 둔 사회주의, 남쪽은 미국을 배후로 둔 자본주의. 이 같은 분단 상황을 무력 통일로 해결하고자 1950년 6월 25일 새벽, 김일성이 이끄는 조선인민군이 38도선을 돌파하면서 한국전쟁이 발발합니다. 인민군은 불과 3주 만에 부산 근처까지 도달했습니다. 당시 일본은 일본국헌법 제9조에 의해 군대를 보유할 수 없었음에도, 요시다 시게루 내각은 훗날 자위대로 발전하게 될 경찰예비대를 둠으로써 재군비에 착수합니다. 불경기였던 일본경제는 미국을 대상으로 한 무기와 탄약을 비롯하여 갖가지 물자의 특수特需, 즉

'조선특수'를 통해 약 36억 달러의 수혜를 누리게 되었습니다. 경찰예비대와 조선특수에 관해서는 당시 신문에 게재되었기 때문에 대부분의 일본 시민들 또한 이에 대해 알고 있었습니다.

일본의 '참전'

한편, 요시다 내각은 시민들 모르게 미군을 도와 실질적으로 군사적인 '참전'을 실행했습니다. 자세한 내용에 대해서는 본문을 통해 확인해주시기 바랍니다. 전쟁 발발로부터 반년이라는 기간에 한정되기는 하지만, 8,000명이나 되는 선원과 항만노동자가 '참전'하여, 56명의 선원이 조선해역에서 사망했습니다. 1950년 10월 17일, 한반도 동쪽의 원산상륙작전 때, 일본의 소해정 한 척이 기뢰에 닿아 폭발, 침몰하여 해상보안청 직원(당시 21세)이 사망하고 18명의 중경상자가 나왔습니다. 명백한 '전사戰死'인 것입니다. 대부분의 일본인들은 제2차 세계대전 후 일본인 전사자는 단 한 명도 없다고 생각하고 있지만 실상은 그렇지 않습니다.

반전운동 스이타 사건

오사카는 한국전쟁에서 사용할 무기와 탄약의 생산기지가 되어, 이쿠노구生野区 일대의 영세공장에서 만들어진 부품이 국철 스이타조차장을 거쳐 고베항神戸港에서 선적되어 한반도로 보내지고 있었습니다. 한국전쟁이 발발한 지 2년째인 1952년 6월 24일부터 25일 사이, 오사카대 도요나카 캠퍼스에서 노동자, 학생, 시민, 재일조선인들이 한국전쟁에 반대하는 집회를 열고, 집회가 끝난 후 약 1,000명의 시위대는 국철 스이타조차장에 난입해 25분간 구내에서 시위행진을 했습니다. 오사카부 경찰과 검찰은 소요죄(현재의 소란죄)로 111명을 기소했고, 21년에 걸친 재판 투쟁의 결과, 최고재판소는 일본국헌법 제21조 '표현의 자유'를 이유로 무죄 판결을 내렸습니다. 반전운동의 승리였습니다.

한국전쟁의 전사자는 한국 측 군인 약 14만 명, 민간인 133만 명, 미군 3만 3천 명, 민간인 133만 명, 북한 측 군인 21만 5천 명, 민간인 108만 6천 명, 중국군 20만 명으로 엄청난 피해를 초래했습니다.

전쟁 발발로부터 70년, 지금도 한반도는 분단된 모습 그대로입니다. 하지만 본래는 같은 언어를 사용하는 같은 민족입니다. 동아시아에 평화를 불러오기 위해서는 현재의 휴전상태에서 벗어나 하루빨리 '종전'을 이끌어냄으로써 관계국 간에 강화조약을 체결할 필요가 있습니다. 종전을 이끌어내기 위해서는 남한과 북한, 미국, 중국, 러시아, 그리고 일본이 완수해야 할 역할이 크다고 생각합니다.

역사를 돌아볼 때마다 한국전쟁의 종전을 실현해야 할 필요성을 새삼 통감합니다.

북미회담

TV방송국 기자로서 조선민주주의인민공화국(이하, 북한)을 여섯 차례 방문한 나는 북한의 빛과 그림자를 익히 알고 있습니다. 이 책에서는 일본이 한국전쟁에 '참전'한 실태와 당시 일본 국내에서 일어났던 반전운동 스이타 · 히라카타吹田枚方 사건의 실상을 밝히고자 합니다.

스이타 사건은 일본에서 일어난 3대 소요 사건 중 하나입니다. 약 1,000명의 사람들이 철야로 시위를 감행하고 스이타조차장[1] 구내로 진입한 일로 111명이 기소되었다가 무죄판결을 받은 사건입니다. 누가, 무엇을 위해서 사건을 계획하고 실행했는지 추적해 보려고 합니다.

싱가포르와 하노이에서 열린 미국의 트럼프 대통령과 북한의 김정은 국무위원장의 정상회담을 계기로 한국전쟁에 대한 관심이 다시금 높아지고 있습니다.

한국전쟁은 제2차 세계대전이 끝난 지 불과 5년 후에 발발하였고 3년 후 휴전협정이 체결되었습니다. 이 전쟁은 미소냉전을 배경으로 한 '국제내전'(자기모순적인 말)입니다. 이 전쟁으로 남북한을 합쳐 수백

---

1) 조차장(操車場)은 화차 및 객차 등 철도차량의 입환(入換)과 조성을 위하여 별도로 설치한 장소를 말한다.

만 명에 이르는 엄청난 수의 사상자가 발생하였고, 이산가족은 천만 명에 달합니다. 일본의 재군비와 헌법 제9조의 실질적 변용이 이루어진 계기가 된 것도 이 전쟁입니다.

한편, '조선특수朝鮮特需'로 일본경제는 커다란 '특혜'를 누렸습니다. 참고로, 이전의 제2차 세계대전에서 일본인 희생자는 310만 명, 아시아 태평양 각국의 희생자는 1,900만 명으로 추정됩니다.

한국전쟁은 휴전이라는 형태로 계속되고 있습니다. 일본인 납치, 핵무장, 미사일 실험의 배경에는 지금도 여전히 전쟁상태라는 현실이 있습니다. 중국 위협론과 더불어 북한 위협론은 일본국헌법의 '개정' 문제나 오키나와의 미군 기지 문제, 유엔군 지위협정 문제 등과 긴밀히 결부되어 있습니다. 한국전쟁이 현재까지도 일본에 큰 영향을 미치고 있다는 사실을 이 책에서 밝히려고 합니다.

북미정상회담의 큰 주제는 '잊힌 전쟁'이라고도 불리는 한국전쟁의 종전처리입니다. 동아시아의 안전보장을 생각함에 있어서, 한국전쟁과 일본의 관계를 제대로 들여다보는 것이야말로 지금-여기의 과제라 할 수 있겠습니다.

한국전쟁은 진행 중

'한국전쟁이 발발한 지 70년 가까운 시간이 흘렀지만, 전쟁은 아직도 지속되고 있다'는 사실을 절실하게 느끼게 한 것은 북미정상회담입니다. 회담은 2018년 6월 12일의 싱가포르에 이어, 2019년 2월 말에 베트남의 수도 하노이에서 열렸습니다. 이 책의 집필단계에서 차기 회의 개최 여부는 미정 상태입니다.

여러분도 잘 아시다시피, 1953년 7월 27일에 한국전쟁의 휴전협정에 조인한 국가는 북한, 중국, 그리고 유엔군을 대표한 미국이었습니다. 그렇기 때문에 북미정상회담은 휴전 상태로 전쟁을 계속해 온 두 나라가 종전 선언에서 강화조약을 체결하는 데까지 이르기 위한 대화인 것입니다. 일본의 언론에는 북미정상회담에 대해 냉소적인 입장을 넘어 오히려 지금 이대로가 좋다는 식의 냉전적 사고가 만연해 있습니다. 하지만 정말 이대로 괜찮은 걸까요?

싱가포르에서는 '북미합의'에 도달하지 못했지만 실무 절충 단계에서 '전쟁 종결선언'까지는 합의했다고 전해졌습니다. 드디어 한국전쟁이 '끝의 시작' 지점에 다다른 것이라 생각합니다.

요코타 공역

'한국전쟁은 진행 중'임을 일깨워 준 또 하나의 사실은 '요코타 공역橫田空域'에 관한 문제입니다. 도쿄에 있는 자위대 관사에 삐라를 살포한 다치카와立川텐트촌 사건[2]의 재판 중에 피고를 지원하는 단체로부터 강연 의뢰가 들어왔습니다. 지역 주민들은 간사이關西에 거주하던 나에게 반환된 다치카와 기지 터에 조성된 공원과 미군 요코타 기지를 안내해 주었습니다. 넓디넓은 요코타 기지 활주로의 철조망 바깥에 차를 세우고 잠깐 기지 안쪽을 바라보았을 뿐이었는데, 곧바로 헌병 완장을 찬 미군병사가 경비차량을 타고 달려와 펜스 너머에서 강압적인 말투로 우리에게 떠날 것을 명령했습니다.

눈앞의 헌병들은 자동소총으로 보이는 커다란 총기를 보란 듯이 들이댑니다. 목숨을 앗아갈 수도 있는 무기로 위협을 받게 되니, 그 자리에 서 있는 것조차 용기가 필요했습니다. '여기가 일본인가', '일

---

2) 2004년 2월 27일, 자위대 다치카와 주둔지 관사의 우편함에 '자위대의 이라크파병 반대'를 내용으로 하는 삐라를 살포한 '다치카와 자위대 감시 텐트촌'의 멤버 3명에 대하여, 다치카와 경찰서가 형법 130조 주거침입죄로 체포하고 기소한 사건을 말한다. 2004년의 1심에서 도쿄지방법원 하치오지(八王子) 지부는 표현의 자유라는 관점에서 무죄판결을 내렸으나 검찰이 항소하였고, 2005년 12월의 항소심에서 고등법원은 주거침입죄를 적용하여 벌금형을 내렸다. 이에 피고들이 상고하였으나, 2008년 4월 11일에 일본의 최고재판소는 이 사건에 대하여 유죄판결을 확정했다.

본은 독립국가가 맞나' 마음속으로 중얼거렸습니다. 요코타 기지에는 유엔기가 펄럭입니다. 이곳은 미군 기지인 동시에 유엔군의 후방사령 부이기도 합니다.

일본 정부는 도쿄東京올림픽, 패럴림픽 등으로 외국 관광객이 늘어날 것에 대비해 하네다 공항의 항공편을 늘리고 싶어 했지만 그 바람은 좀처럼 이루어지지 않았습니다. 바로 '요코타 공역'의 존재 때문입니다. 미군 요코타 기지의 상공은 '요코타 공역'이라는 특별 구역으로 민간 항공기가 쉽게 드나들 수 없습니다.

그 넓이 또한 굉장해서 도쿄도를 포함한 하나의 도都와 여덟 개의 현県에 해당합니다. 평면지도상으로는 이해하기 쉽지 않은데 공역이라는 것은 평면과 고도의 조합으로, 지도 위에 거대한 얼음기둥을 세운다고 생각하면 조금은 이해가 되실 겁니다. 하네다공항에서 서일본이나 고마쓰小松(이시카와현石川県)로 향할 때 비행기가 우회하는 것은 요코타 공역이 가로막고 있기 때문입니다.

2019년 1월 말, 미일 양 정부는 하네다공항의 항공기 발착 제한 횟수를 기존의 연간 44만 7천 회에서 최대 3만 9천 회 추가하는 것에 합의했습니다. 마이니치신문 사설에는 다음과 같이 보도되었습니다.

(요코타 공역은) 원래 1952년에 미일합동위원회에서 내려진 '일시적인 조치'로서 미군에게 인정한 관제권이었다(2019년 2월 16일자).

　1952년은 한국전쟁이 한창이었을 때이며 샌프란시스코 강화조약[3]으로 일본의 주권이 회복된 해입니다.

　이런 증언도 있습니다. 방위성 실무진의 좌장 격인 사무차관을 지낸 모리야 다케마사守屋武昌는 "미군이 요코타 공역을 만든 것은 한국전쟁 때였다는 사실을 나는 오랫동안 알지 못했다", "(요코타 공역은) 직

---

3) 샌프란시스코 강화조약(대일강화조약)은 전쟁과 식민지 지배에 기인하는 역사 문제를 해결하고, 일본의 국내 질서와 아시아 태평양 국제 질서의 안정을 가져올 국제법적 토대로 기능할 것이 기대되었으나, 부분적인 강화, 즉 부분적인 평화상태만을 유지함에 따라 여러 현안에 대한 판단을 유보하면서 다음과 같은 과제들이 생겨나게 되었다.
　첫째, 중국, 소련, 한국 등 이웃 국가들이 조약에 조인하지 않음으로써 중일평화조약(1952), 일소공동선언(1956), 한일기본조약(1965), 중일공동성명(1972)과 같은 개별적인 국교 정상화 교섭의 필요가 생겼다. 둘째, '관대한 강화'로 불렸듯 주요 연합국이 배상청구권을 포기하고, 어떤 연합국이 피해보상을 요구할 경우에는 개별적인 대일교섭을 인정했다. 이에 따라 동남아 각국과 개별적으로 배상 협정이나 평화조약이 체결된다. 셋째, 전쟁과 식민지 지배라는 두 층위의 청산 문제에 대해, 일본 측은 강화조약이 기본적으로 전쟁의 사후처리이며 식민지 지배의 청산을 목적으로 하지는 않는다는 입장을 관철함으로써, 특히 한국과의 정상화 교섭이 난항을 겪는 원인이 되었다. 넷째, 전쟁의 책임문제가 강화조약에 명기되지 않았다. 강화조약 조인 시에는 도쿄재판을 포함한 극동군사재판이 끝난 상태였지만, 강화조약에서는 "판결을 수락한다"는 규정 외에 전쟁의 책임문제에 대한 언급이 없다. 하타오 스미오 지음, 심정명 옮김, 『샌프란시스코 강화조약체제와 역사문제』(서울대일본연구소, 2014년), 10~12쪽.

선상에 놓인 하와이의 미 공군 히컴 기지Hickam Field, 아쓰기厚木 기지, 요코타橫田 기지에서 최단시간에 한반도에 도착할 수 있도록, 일본 상공에 미 공군이 제멋대로 이름 붙인 '공중회랑corridor'을 확보하기 위한 것이었다. 그것을 여태껏 일본에 반환하지 않고 미군이 그대로 소유하고 있다"고 증언하고 있습니다.[4)]

'요코타 공역'이 좀처럼 일본의 관제 공역이 되지 못하는 첫 번째 이유는 한국전쟁이 계속되고 있기 때문입니다. 한국전쟁은 현재 진행형인 것입니다.

잠깐 상상을 해 보셨으면 합니다. 당신이 미군의 최고 사령관이라고 가정해 봅시다. 동아시아의 동맹국 일본 국민이 수도권 상공의 관제권을 속히 반환하라고 요구합니다. 일본도 미국도 민주주의 국가이기 때문에 그러한 민중의 요구는 미국 사령관에게 틀림없이 전해지겠지요. 하지만 세계 초강대국인 미국의 입장에서는, 북한과의 전쟁이 끝나지 않은 상황에서 군사시설을 포기할 수 없습니다. 미 공군의 폭격기나 전투기가 일분일초라도 빨리 북한에 도착할 수 있는 항로를 확보해야 할 필요성과 동맹국의 국민이 원하는 편의성 중에서 어

---

4) 守屋武昌, 『日本防衛秘録』(新潮社, 2013年).

느 쪽에 우선순위를 둘 것인가. 군인이라면 전자를 우선시할 것이라고 쉽게 추측할 수 있습니다(나는 개인적으로 이러한 논리를 인정할 수 없지만, 군사우선이라는 현실이 존재한다는 사실을 지적해 두고 싶습니다).

일찍이 일본의 작가 출신 정치가 이시하라 신타로石原慎太郎가 도쿄도지사 선거 때 요코타 기지의 군민공용화를 공약 중의 하나로 내건 적이 있습니다. 하지만 공약의 실현은 고사하고 외무성에 의한 대미교섭조차 충분히 이루어지지 않았습니다. 이유는 '한국전쟁이 진행 중'이기 때문입니다.

일본 정부는 미국 정부에 종속되어 있다는 비판에 대해서 왜 그런지 생각해 볼 필요성은 있지만, '한국전쟁은 진행 중'이라는 엄연한 사실 때문에 일본 정부의 요구가 좌절되는 현실 또한 조금은 이해가 됩니다.

오키나와의 미군 기지

여전히 계속되고 있는 한국전쟁의 영향은 요코타 공역에 그치지 않습니다. 오키나와沖縄의 미군 기지 문제에도 영향을 미칩니다. 바로 가데나嘉手納와 후텐마普天間, 헤노코辺野古의 신기지 건설 문제입니다.

2018년 4월 말부터 미 공군의 가데나 기지에 미국 이외의 외국 군용기가 몇 번이나 날아들었습니다. 캐나다, 오스트레일리아, 뉴질랜드, 프랑스. 목적은 북한의 환적[5]을 단속하기 위해서입니다. 미일안보조약에 근거한 미 군용기의 초계활동은 차치하더라도, 일본 방위성 등의 홈페이지에 들어가 보면 캐나다나 오스트레일리아와는 노역의 상호제공만이 약정되어있고 뉴질랜드와는 그마저도 없으며, 안전보장에 관한 국제조약을 상호 간에 맺고 있지도 않습니다.

그렇다면 어째서 뉴질랜드를 비롯한 외국의 군용기가 일본의 오키나와 가데나 기지를 마음대로 드나드는 것일까요? '유엔군지위협정'의 존재를 빼놓고는 이 사태를 설명할 수 없습니다. 아시다시피, 한국전쟁에서 미군은 '유엔군'이라는 대의명분으로 참전했습니다. '유엔군지위협정'이란, 일본 정부와 유엔군에 가맹한 정부들 간에 맺어진 지위협정인 것입니다.

요코타나 가데나에서 다시 일어나고 있는 일, 미군이 후텐마와 그 대체 비행장으로서 헤노코 신기지를 요구하는 배경에는 '한국전쟁은 진행 중'이라는 사태가 가로놓여 있음을 확인할 수 있습니다.

---

5) 이 글에서 환적이란, 유엔안보리의 결의에 의해 항구에 정박하는 것이 엄격하게 제한되어 있는 북한의 무역선이 동중국해 등의 해상에서 화물선 간에 석유 등 무역금지품을 거래하는 행위를 말한다.

한국전쟁을 둘러싼 문제는 결코 남의 일이 아닙니다. 요코타 공역도, 일본분할안도 그렇습니다. 한반도 분단의 비극을, 이른바 '나의 문제'로 상상하면서 이 책을 읽어 주시기 바랍니다. (인터뷰이의 신분은 당시의 기준으로 기재했으며 존칭은 생략했습니다).

| 차례 |

한국어판 서문 ▪ 5
서　문 ▪ 10

1부 3대 소요 사건의 하나, 스이타 사건

1장 스이타 사건 연구모임 ▪ 29
　　1. 스이타 사건 ▪ 30
　　2. 쥬소+ㅌ ▪ 32
　　3. 연구모임 ▪ 43

2장 스이타 사건 ▪ 53
　　1. 스이타조차장으로 향하는 시위행진 ▪ 54
　　2. 일본공산당 · 오사카대 세포 책임자 ▪ 61
　　3. 허벅지에 총상을 입은 오사카대 학생 ▪ 76

3장 히라카타 사건 ▪ 81
　　1. 히라카타 방화 사건 ▪ 82
　　2. 히라카타 공창의 시한폭탄 설치 사건 ▪ 86
　　3. 사건의 막후 ▪ 92

4장 재판 투쟁 ▪ 99

    1. 스이타 묵념 사건 ▪ 100

    2. 소요죄 ▪ 107

2부 한국전쟁과 일본

5장 조선은 왜 분단되었는가, 왜 일본이 분단되지 않았는가 ▪ 115

6장 일본이 한국전쟁에 '참전'한 날들 ▪ 141
    – 8천명의 도한渡韓과 57명의 죽음

7장 현해탄을 건너 '참전'한 일본인 ▪ 153

    1. 한국전쟁과 일본의 재군비 ▪ 154

    2. 특별소해대掃海隊 ▪ 168

    3. 동원된 여성들 ▪ 181

    4. 현해탄을 건넌 일본인 '병사' ▪ 186

    5. 기지국가 일본 ▪ 196

8장 압록강을 건너 '참전'한 일본인 ▪ 201

    1. 만몽개척단 ▪ 202

    2. 팔로군 종군 간호사 ▪ 211

    3. 또 한 명의 팔로군 종군 병사 ▪ 214

3부 스이타 사건의 해방

9장 재일조선인과 스이타 · 히라카타 사건 ▪ 229

    1. 주모자의 반생 ▪ 230

    2. 스이타 사건 ▪ 246

    3. 민족조직 ▪ 251

    4. 55년 체제 ▪ 259

    5. 보석 ▪ 263

    6. 무죄판결 ▪ 267

    7. 판결 이유 ▪ 273

    8. 히라카타 사건의 재판 ▪ 277

10장 지순한 세월 ▪ 281

　　1. 검찰 측 총괄과 오사카시의 반론 ▪ 282

　　2. 공산당 간부의 증언 ▪ 290

　　3. 재일조선인 리더 ▪ 300

　　4. 이바라키경찰 무장 트럭 사건 ▪ 318

　　5. 일본인 측 주모자 ▪ 328

　　6. 배신자의 아들 ▪ 338

　　7. 군수 열차 습격계획 ▪ 355

　　8. 진짜 목적은 무엇이었을까 ▪ 363

　　저자후기 ▪ 375

　　역자후기 ▪ 379

　　연　　표 ▪ 390

　　참고문헌 ▪ 392

스이타 반전투쟁 행진 코스

① 집합지 마치카네야마待兼山

② 경찰예비대 도요나카豊中 송신소

③ 즈이온지瑞恩池 휴게소

④ 한큐 이시바시石橋역

⑤ 한큐 핫토리服部역

⑥ 합류지점

⑦ 스사노오노미코토須佐之男命 신사

⑧ 이른바 경비선

⑨ 다케노하나竹之鼻 가드

⑩ 스이타 조차장 입장

⑪ 스이타 조차장

⑫ 이바라키茨木 시경 차량

⑬ 국철 스이타吹田역

* 당시 지명을 기준으로 한 것.

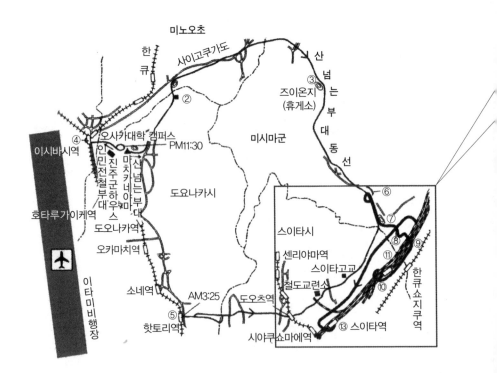

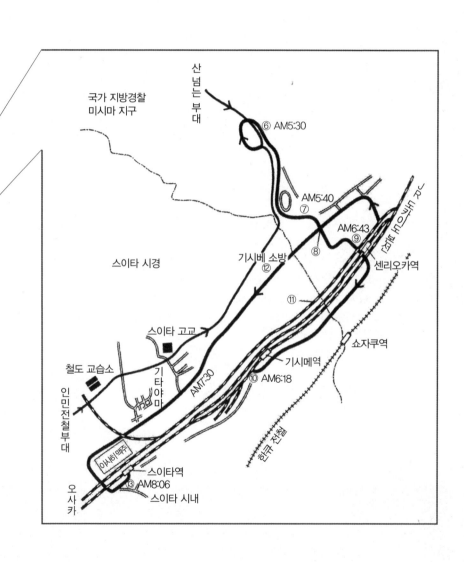

국가 지방경찰
미시마 지구

산 넘는 부대

⑥ AM5:30

AM5:40
⑦

AM6:43
⑨

⑧

JR 도카이도선

기시베 소방
⑫

센리오카역

스이타 시경

⑪

스이타 고교

쇼자쿠역

기시메역

기타야마

⑩ AM6:18

철도 교습소

AM7:30

인민전철부대

한큐 전철

아사히맥주

오사카

스이타역

⑬ AM8:06

스이타 시내

야마다 마을을 행진하는 시위대

1부

3대 소요 사건의 하나, 스이타吹田 사건

1장
스이타 사건 연구모임

1. 스이타 사건

큰 북

두둥- 두둥-.

여명의 찬 공기를 가르며 큰 북소리가 힘차게 울려 퍼진다. 직경이 1미터나 되는 마칭밴드용 큰 북을 몸에 단단히 둘러멘 남자가 북채를 있는 힘껏 내리친다. 그 때마다 공기가 크게 진동한다.

철야를 한 시위대의 행진이다. 적기赤旗와 청색 바탕에 붉은 별 모양이 있는 북한국기[1]도 눈에 띈다. 가슴을 활짝 펴고 깃발을 앞세운 시위대는 숙연하게 앞으로 나아가고 있다. 경찰과의 대치를 예상해서인지 하나같이 잔뜩 긴장한 표정이다. 사이고쿠가도西国街道(현재의 국도 171호선)에 있는 오노하라小野原 가도의 좁은 길을 시위대는 간신히 두 줄을 유지하며 걷고 있다. 일반인들의 통행을 방해하지 않기 위한 배

---

1) 공식 명칭은 '조선민주주의인민공화국 국기'다. '인공기(人共旗)'는 대한민국에서만 쓰이는 용어일 뿐 북한에선 '공화국 국기'라고 불린다. 북한은 1948년 5월까지 태극기를 사용하다가 그해 7월 10일 인민회의 제5차 회의에서 인공기를 시험 게양한 뒤, 9월 9일 정권 창건을 선포하면서 사용을 공식화했다. 가로 세로 직사각형(가로와 세로의 비는 2대 1)으로, 흰 동그라미 안에는 승리하고 전진하는 인민의 용감성과 영웅성을 상징하는 붉은 오각별을 새겨 넣었고, 가운데 붉은 띠를 중심으로 아래 위에 나란히 그어져 있는 파랑색 띠를 흰색 선으로 구분하고 있다. 붉은색은 항일 혁명투사와 조선의 혁명가들이 자유와 독립을 위해 흘린 피와 당의 혁명 역량을, 흰색은 하나의 민족국가를, 파란색은 사회주의 공산주의 위업을 위해 투쟁하는 조선 인민의 솔직한 기백과 공화국의 자주권을 각각 상징한다.

려다. 행렬은 길게 이어져 있고, 그 수는 1,000명이 넘는다.

시위대는 스사노오노미코토須佐之男命 신사 앞의 경비망을 돌파하여 오전 6시 40분경, 국철 도카이도東海道 본선本線 센리오카千里丘역의 남쪽에 있는 다케노하나竹之鼻 철교에 다다랐다. 철교 위에는 무장경찰 스물여섯 명이 지키고 서 있었다.

철교 아래의 지하도는 약 200미터 정도로 매우 길어서 경찰들이 양쪽에서 공격해 들어올 우려가 있었기 때문에 시위대는 주춤거리며 일단 멈춰 섰다. 그때, 시위대를 격앙시키는 날카로운 소리가 들려왔다.

"결사대는 전진하라!"

시위에 참가했던 재일조선인 정영재에게 직접 들은 바에 따르면, 바로 나서는 사람은 없었지만 잠시 후 여덟 명의 청년이 시위대의 맨 앞으로 튀어나왔다고 한다. 재일조선인 단체 오사카大阪 센보쿠泉北지부 소속 청년들이었다.

그 여덟 명이 횡대로 네 명씩 두 줄을 만들어 시위대 맨 앞에 굳건히 버티고 섰다. 무장 경찰이 공격을 해 오면 목숨을 걸고서라도 시위대를 지키겠다는 굳은 의지였다. 그 기개에 눌린 것인지 큰 북소리에 맞춰 시위대가 의연하게 전진하자 경찰은 속수무책으로 바라보고만 있었고 시위대는 철교 아래의 지하도를 빠져나갔다.

한국전쟁이 발발한 지 꼭 2년째 되던 1952년 6월 24일에서 25일 사이, 노동자와 학생들은 도요나카시豊中市 마치카네야마待兼山에 있는 오사카대 도요나카 캠퍼스에서 전야제를 연 후 밤새 동쪽으로 전진했다. 하지 무렵이라 날이 일찍 밝았다. 오전 4시 45분, 이코마生駒 주변의 산등성이에는 은백색의 빛이 머물러 있었다. 시위 참가자는 어느 누구 할 것 없이 뿜어져 나온 땀으로 속옷부터 셔츠까지 흠뻑 젖어 있었다.

경찰과 대치할 강인한 정신력이 필요했다. 시위대의 선두에는 신장 175센티미터 정도의 유달리 키가 크고 호리호리한 체격의 한 남자가 있었다. 돌출된 광대와 먼 곳을 응시하는, 옆으로 길게 찢어진 눈매는 굳건한 의지를 잘 나타내주고 있었다. 남자의 이름은 부덕수夫德秀. 재일조선인 2세다.

시위대는 무엇을 목표로 하고 있는가. 어디로 향하는 것인가. 부덕수는 왜 선두에 서 있나. 그리고 누가 계획한 것인가.

2. 쥬소十三

오사카 쥬소十三의 꼬치구이 집
"안 돼, 그건 말해 줄 수 없어"

부덕수는 한사코 거절하고 있었다. 이곳은 오사카의 번화가 쥬소에 있는 꼬치구이 집 '잇페이一平'.

20세기의 마지막 해(2000년)였다. 70세를 훌쩍 넘긴 부덕수의 머리에는 군데군데 흰 머리가 섞여 있었다. 잇페이는 부덕수가 그의 아내와 둘이서 꾸려가는 작은 꼬치구이 가게다. 1층은 카운터에 등받이가 없는 의자 10석이 전부인데 카운터 안쪽에서 부덕수는 차갑게 얼려놓은 맥주잔에 능숙하게 생맥주를 가득 따르고 숯불에 닭꼬치를 굽고 있었다. 카운터석에 앉은 두 남자는 부덕수를 '마스타'라고 불렀다.

"마스타, 요즘 노동조합 상황이 다들 안 좋아요. 조합의 젊은이들기운 차리게 마스타가 예전 경험담 좀 들려주셨으면 싶은데요."

남자들은 노동조합의 멤버인 듯했다.

"사장님도 무슨 말 좀 해 봐요."

남자들은 카운터 안쪽에 있는 부덕수의 아내를 '사장님'이라고 불렀다.

"이 양반은 고집불통이라 한 번 안 된다고 하면 아무도 못 당해요."라며 사장은 그저 생글생글 웃을 뿐이다.

하지만 부덕수는 손님을 상대하고 있는지라 상냥한 표정을 유지하면서도, "안 된다면 안 돼"라며 딱 잘라 말한다. 강연 요청은 깨끗이 거절당했다.

나는 퇴근길에 들른 잇페이에서 우연찮게 이런 장면을 목격했다. 우리 회사의 사무실과 스튜디오는 오사카 우메다梅田에 있다. 일을 마치고 서일본 굴지의 한큐阪急 우메다역에서 밤栗을 연상시키는 차분한 적갈색의 한큐 전철을 타고 오사카 평야를 흐르는 요도가와淀川강을 3분 정도 건너면 쥬소역에 도착한다. 숫자로 '十三'이라고 쓰고 '쥬소'라 읽는다. 교토京都에서 오사카 방면으로 즉, 요도가와강의 상류 쪽에서부터 세었을 때 열세 번째 나루터가 있었던 데서 붙여진 이름이라고 한다.

고베선神戸線, 다카라즈카선宝塚線, 교토선이 부채꼴 모양으로 펼쳐져 있는 한큐전철 노선 일대에서 쥬소역은 그 중심에 위치하고 있다. '잇페이'는 쥬소역 서쪽 출구 근처에 있는 작은 꼬치구이 집이다.

내가 이 가게에 드나들기 시작한 것은 지금으로부터 약 40년 전이다. 마스타가 스이타 사건의 관계자였다는 것을 알게 된 건 그로부터 한참 후의 일이다. 동료 기자들 사이에서 소문이 돌았던 것이다.

"잇페이의 마스타가 스이타 사건의 관계자라더군, 그것도 단순참가자가 아니라 핵심인물이었다나…"

나도 마스타의 경험담을 듣고 싶어서 "마스타, 얘기 좀 해 줘요"하고 부탁을 해 보았지만, 돌아오는 건 "안 돼, 그건 말해 줄 수 없어"라는 매정한 대답이었다.

총련 오사카

잇페이에 처음 갔던 날을 똑똑히 기억한다. 나를 데려가 준 사람이 특별한 사람이었기 때문이다. 그는 재일조선인총연합회(이하, 조선총련=총련) 오사카부大阪府 본부의 국제부장 이방일李芳一이다. 지금으로부터 20여 년 전인 1982년, 근무하던 방송국에서 북한에 취재팀 파견을 결정했고 나는 그 팀에 들어가길 희망했다. 신칸센 신오사카新大阪역의 남쪽 출구에서 당시 보도국장이었던 다카이 데루조高井輝三를 만나, 거기서 도보로 몇 분 거리에 있는 총련 오사카를 방문했다. 현관 옆 응접실에서 조금 긴 회의를 마치고 이방일 국제부장이 "한 잔 어때?"하고 권했다. 그때 갔던 곳이 쥬소의 잇페이였다.

신오사카에서 쥬소까지는 택시로 불과 10분 거리다. 택시를 타고 쥬소역 서쪽에 있는 산와三和은행 쥬소지점 앞 오거리에서 내리자 통통한 체격의 이방일 부장이 안내자 역할을 자처하며 부지런히 앞서 걷기 시작했다. 산와은행 쥬소지점에서 쥬소역 서쪽출구 방향으로, 오래된 만둣집과 케이크 가게 사이의 골목길로 꺾어 들어갔다. 두 사람이 간신히 지나갈 정도로 좁은 골목길엔 저녁나절의 취객들로 북적이고 있었다. 비가 내려도 젖지 않을 정도의 거리를 걷자 정면에 커다란 붉은 등롱이 눈에 들어왔다. 선명한 필적으로 '잇페이'라고 쓰여 있

고 어른 품으로 한 아름 정도는 될 법한 가마니 모양의 등롱이 가게의
표식이었다.

이방일은 입구 옆에서 숯불에 닭꼬치를 굽고 있는 마스타에게 인
사를 한마디 건네고는 곧장 안쪽 계단을 통해 2층으로 올라갔다. 제집
드나들 듯 스스럼없는 모습이었다. 2층에는 기다란 소파식 의자와 가
로로 긴 탁자 두 개만 놓여 있었다. 우리 말고 다른 손님은 없었기에
느긋하게 이야기를 나눌 수 있었다. 이방일의 모습으로 미루어 보아
그와 마스타가 꽤 가까운 사이라는 것을 금방 알 수 있었다. 그 둘의
관계에 대해서는 20년 후에 엉뚱한 계기로 알게 되었다. 이방일은 조
선 문제에 대한 취재 파트너가 되었을 뿐 아니라 훗날 내게 엄청난 사
실을 털어놓았다.

부덕수의 인생에서 가장 인상 깊었던 일화를 소개한다. 1965년쯤
부덕수는 조선총련 오사카부 본부의 히가시요도가와東淀川 지구위원
장으로 취임한다. 당시 부덕수는 서른여섯 살로 총련 오사카에서는
최연소 지구위원장이었다. 히가시요도가와 지구에 사는 재일조선인
의 대부분은 이른 아침에 일어나 종이 상자나 고철을 주워 모으고 밤
늦게까지 땀범벅이 되도록 일만 하는 나날을 보내고 있었다. 부덕수
는 그렇게 살아가는 어머니들에게 아이들을 위한 민족교육의 필요성
을 호소하면서 민족학교를 위한 기부금을 모았다.

'십시일반十匙一飯'을 원칙으로 했다. 그 결과 부덕수가 모은 금액은
당시 돈으로 합계 1억 6천만 엔에 달했다. 지금으로부터 약 50년 전의
1억 6천만 엔이라는 금액이다. 그것도 거액의 기부금을 낸 사람은 없
었다. 대부분의 지구위원장이 할당량을 채우지 못한 와중에 부덕수는
본부의 할당량을 120퍼센트 달성했다고 한다. 그것이 가능했던 데에

는 이유가 있다. 부자들에게 기부금을 부탁하면 돈은 모이겠지만 민족학교의 학생은 모이지 않을 것이라고 판단하여, 어린 아이나 취학생을 둔 젊은 엄마들을 대상으로 열심히 활동했던 것이다. 그에게는 목표 달성을 위한 전략과 전술이 있었다. 뜻은 높게, 그러나 현실 분석은 냉정하게. 여기서 부덕수의 리더십을 엿볼 수 있다.

북한 취재

근무하던 방송국에서 북한에 취재팀을 보내게 된 경위는 다음과 같다. 1982년 4월 15일에 김일성 주석 탄생 70주년을 맞이하여, 평양에서 대규모 기념행사가 열린다는 정보를 사전에 입수했다. 이를 계기로 평소에는 좀처럼 취재하기 어려운 북한을 방문하여 그곳 민중들의 표정을 담고 싶다는 바람이 있었다.

특파원으로 활동한 곳이 분단국가 서독이었던 보도부장 다카이 데루조는 귀국 후에도 한반도에 주목하고 있었다. 나는 나대로 등산가 우에무라 나오미植村直已가 참여한 혹한기 에베레스트 등반대를 동반 취재하며 네팔에서 3개월 동안 지낸 후여서, 다음으로 맡을 큰 건을 찾고 있었다. 이방일 부장의 적극적인 노력의 성과로 평양에서 취재 비자가 나온다는 소식이 전해졌고 부장들과 회의를 하게 되었다. 다카이가 제출한 북한 내 취재 기획서에는 고구려 고분에서 발견된 채색벽화가 포함되어 있었다. 기획서를 보고 이방일은 턱을 만지며 히죽거렸다.

"그렇게 남의 무덤을 들여다보는 게 무슨 소용인가?"

이방일의 뼈있는 농담은 현장에서의 취재가 쉽지 않을 것을 암시했다. 예컨대, 북한에 들어간다 해도 방송카메라로 자유롭게 영상 취재를 하기는 어려울 것이라는 예측을 할 수 있었다. 바꿔 말하자면, 이방일이 기획안을 보고 '안 되는 것은 안 돼'라고 명확히 말해준 덕분에 북한에서의 취재계획을 세울 수 있었던 것이다. 이렇게 총련 오사카의 국제부장과 방송국 보도부장과의 대화는 좋은 분위기 속에서 진행되었다.

이러한 연유로 나는 쥬소의 작은 꼬치구이 집에 자주 드나들게 되었다. 그렇지만 꼭 일 때문에 단골이 된 것은 아니다. 닭꼬치가 맛있었기 때문이다. 데치지 않은 껍질은 기름기가 걸쭉하게 올라있어서 강한 숯불로 한 번에 구워내면 그 바삭한 식감 때문에 맥주가 술술 넘어간다.

"껍질은 말이지, 끓는 물에 한 번 데치면 굽기는 편하지만 데치지 않고 그냥 굽는 편이 훨씬 맛있거든. 그래서 우리 집은 껍질을 데치지 않아."

마스타는 이렇게 설명한다. 으스대는 말투가 아니라 정성 들여 설명을 해 주니 그 인품 덕분에 닭꼬치가 한층 더 맛있게 느껴진다.

1982년 4월의 평양 취재는 오사카역에서 침대칸 특급열차로 니가타新潟로 간 다음, 니가타항에서 여객과 화물을 함께 운반하는 화객선 '삼지연호三池淵号'를 타고 북한의 원산항에 들어가는 순서로 진행되었다.

밤의 오사카역에는 보도부장 다카이 데루조, 결혼한 지 얼마 안 된 나의 아내 그리고 총련 오사카의 이방일 부장이 배웅을 나왔다. 이방일은 아내에게 말을 걸었다.

"모두 북한은 괜찮다, 안전하다고 말하지만 사실은 그렇지가 않아요."

무슨 의도로 한 말이었는지 이방일이 세상에 없는 지금으로서는 확인해 볼 도리가 없다. 신혼 2개월 차에 한 달간 집을 비우는 출장이어서 아내는 그렇지 않아도 마음이 불안한데 국제부장의 짓궂은 농담에 걱정이 많았었다며, 귀국한 내게 쓴웃음을 지으며 털어놓았다.

아프로 모임

"조선에 대해 같이 고민해 보는 건 어때요?"

북한에서 돌아온 내게 동료기자들이 연구모임에 들어오라고 권했다. '아프로 모임'이다. 교도통신共同通信의 사이토 시게오斎藤茂男와 동료들, 그리고 오사카 사법기자클럽의 기자들이 모임의 멤버였다. 한국어 '앞으로'에서 이름을 따왔고 모임 장소 중 한 곳이 쥬소의 잇페이였다.

재일조선인 저널리스트 김철수金哲秀가 모임의 간사를 맡고 있었다. 그는 우키시마마루浮島丸 사건의 특종 기사로 이름을 알린 조선신보의 기자다. 우키시마마루 사건의 조난자 수는 일본 정부 발표에 따르면 549명으로, 전후 해난 역사상 도야마루洞爺丸사고의 뒤를 이어 두 번째로 많은 숫자다. 패전 직후인 8월 24일, 아오모리현青森県에서 조선인 귀환자를 태우고 부산으로 향하던 일본 해군특설수송함 우키시마마루가 교토부의 마이즈루항舞鶴港 앞바다에서 갑자기 폭발했는데, 해군은 이것을 미군의 기뢰에 의한 사고라고 발표했다. 하지만 그곳은 B29 폭격기가 상공에서 기뢰를 투하하면 바로 폭발해 버릴 정도로 수심이 얕은 곳이었다. 한국인을 송치한 후 부산에서 살해당할 것을 두려워한 일본의 군관계자가 인위적으로 폭발시켰을 가능성이 크다고 김철수는 기술했다.

아프로 모임에서 김철수와 마스타가 서로를 대하는 모습을 보고 나는 두 사람이 오래 전부터 알고 지내던 사이라고 짐작했다. 이 두

가지 우연으로 나는 잇페이에 드나들게 되었다. 그리고 부덕수가 스이타 사건으로 체포된 적이 있다는 소문을 들었다. 하지만 본인에게 직접 확인해 보고 싶어도 "그런 것은 말해 줄 수 없다"는 거절의 대답만 돌아올 뿐이었다.

그래서 우선은 사전을 찾아보았다. 제일 먼저 찾아본 것은 『이와나미 일본사사전岩波 日本史辞典』(岩波書店, 2001)으로 스이타 사건에 대한 기술은 없었다. 다음은 『조선 알기 사전朝鮮を知る事典』(신정증보판, 平凡社)을 찾아 봤지만 거기에도 없었다. 『세계대백과사전世界大百科事典』을 찾아보니 드디어 다음과 같은 내용이 나왔다.

> 스이타 사건: 오사카 스이타시에서 학생과 노동자, 조선인이 일으킨 사건. 1952년 6월 24일 밤, 도요나카시의 오사카대 북쪽 캠퍼스 교정에서 '한국전쟁 2주년 전야제'로 오사카부 학생연합이 주최하는 '이타미 기지 분쇄, 반전·독립의 밤'이 개최되었는데, 이 집회에 모인 학생과 노동자, 그리고 조선인 등 약 900명은 이튿날 25일 오전 0시를 기해 스이타시로 향하여, 국철 스이타조차장을 지나 스이타역 부근까지 시위행진을 벌였다. 그 과정에서 경찰대와 충돌, 파출소와 미군의 승용차에 화염병과 돌을 던지고 다시 도주하여, 한큐 전철로 하여금 임시전철을 운행토록 하여 이를 '인민전철'이라 칭하며 승차하였고, 스이타조차장에 들이닥쳐 20분 동안 조차작업을 중단시킨 것을 이유로 111명이 소요죄 및 위력업무방해죄 등의 혐의로 체포·기소된 사건. 일본을 기지로 삼아 미군이 한국전쟁을 일으킨 시기에 일어난 일련의 무력행사에 의한 반전투쟁의 하나.[2]

이른바 3대 소요 사건 중 하나가 스이타 사건이라는 것을 알았다.

---

2) 『세계대백과사전(世界大百科事典)』(CD-ROM版, 平凡社).

소요죄는 훗날 소란죄로 표기가 바뀐다. 그 외에 5월 1일의 도쿄 메이데이 사건[3], 7월 7일의 나고야名古屋 오스大須 사건[4]이 3대 소요 사건이다. 세 사건 모두 1952년에 일어난 것으로, 일본이 샌프란시스코 강화조약으로 주권을 회복한 4월 28일부터 파괴활동방지법(파방법破防法)이 본격적으로 시행되기까지의 불과 2개월여 동안에 집중되어 있다.

3대 소요 사건의 시대적 배경을 생각해 보자. 전쟁에서 패배한 일본 국민은 처음엔 충격에 빠져 있었지만 얼마 지나지 않아 패배를 냉정하게 받아들였다. 승리를 거둔 미국은 일본이 두 번 다시 미국을 위협하는 나라가 될 수 없도록 만드는 정책을 채택했다. '비군사화와 민주화'가 대일점령정책의 키워드였고, 농지개혁, 노동조합장려, 재벌해체 등 일련의 민주화 정책 또한 실시되어 일찍이 일본군국주의를 지탱하던 낡은 사회구조의 해체가 진행되었다.

하지만 미국과 소련의 냉전이 격화됨에 따라 대일점령정책은 바뀌게 된다. 1947년 3월, 미 대통령 트루먼은 트루먼독트린을 발표함으

---

3) 샌프란시스코 강화조약 발효 직후인 1952년 5월 1일에 일어났다. 제23회 메이데이 행진을 위해 황궁 앞 광장에 모인 3만여 명의 사람들과 3천 명의 경찰 부대가 충돌한 이 사건은 2명의 청년 사망자와 1,000명 이상의 부상자를 냈다. 또한 많은 체포자가 발생하여 261명이 기소되었고 장기화된 재판으로 이어졌다. 1970년 1월 28일의 1심에서 도쿄지방법원은 일부 소요죄의 성립을 인정했지만, 1972년 11월 21일의 항소심에서 도쿄고등법원은 1심 판결을 파기하여 소요죄는 성립하지 않게 되었다. 재판은 검찰의 상고 포기에 의해 종결되었다.

4) 1952년 7월 7일, 나고야시 오스에서 경찰부대와 시위대가 충돌한 공안 사건이다. 경찰관 70명, 소방수 2명, 일반인 4명이 부상을 당하였고, 시위대 측은 1명이 사망, 19명이 부상을 입었다. 나고야시 경찰은 269명을 검거하였는데, 검거한 사람 중 절반 이상이 재일조선인이었다. 나고야 지방검찰청은 오스 사건이 공산당 나고야 시위원회가 계획하고 조선인 조직인 조국방위대와 연계하여 실행에 옮긴 것으로 판단하고, 소요죄 등을 적용하여 152명을 기소하였다. 1978년 9월 4일, 최고재판소는 상고를 기각하고 유죄를 확정하였다.

로써 소련과의 대결구도를 분명히 했다. 미국은 1948년을 전후로 대일점령정책을 전환했는데 이러한 정책전환을 '역코스'라고 불렀다. 3대 소요 사건은 그때까지 진행되어오던 민주화정책이 '역코스'에 의해 냉전체제 하에서 국가주의적인 방향으로 변화하던 시기에 일어났다.

북한의 군사퍼레이드

1982년의 김일성 주석 탄생 70주년 기념행사를 계기로 시작된 북한 취재는 그 후로도 계속되었다. 1983년에 북한 병사의 망명을 빌미로 일본인 선원 두 명을 인질로 삼은 제18후지산마루富士山丸 사건이 일어난 것도 이 무렵이다. 억류되어 있던 베니코紅粉 선장의 집은 고베시 스마구須磨区에 있었는데, 나는 그의 집에 가서 부인 미네코峰子 씨가 챙겨주는 물건들을 북한에 보내주곤 했다.

1980년대 북한과 일본 사이에는 일본 사회당을 중심으로 한 물밑교류가 근근이 이어지고 있을 뿐이었다. 제18후지산마루 사건을 계기로 1990년에 자민당의 가네마루 신金丸信 전 부총재가 북한을 방문하여, 베니코 선장과 구리우라栗浦 기관장을 가족 곁으로 무사히 귀환시키면서 북한과 일본 정부 간 교섭은 일단 시작되었다. 그러나 교섭은 대한항공기 폭파 사건의 범인 김현희의 일본어 교사 이은혜의 존재에 의해 결렬된다.

1989년, 독일의 베를린장벽 붕괴를 기점으로 유럽의 냉전구조는 요란하게 무너지고 있었다. 냉전의 붕괴는 커다란 파도가 되어 북한을 덮쳤다. 소비에트연방이 해체되자, 러시아는 그때까지 북한에 우호가격으로 팔고 있던 원유를 단번에 세 배나 되는 국제가격 수준으로 인상시켰다. 때문에 안 그래도 힘든 북한 경제는 심각한 에너지 부족 상태에 빠지게 되었다.

1992년 김일성 주석 탄생 80주년 기념행사의 취재를 위해 나는 다섯 번째로 북한을 방문했다. 사전에 일본 소식통으로부터 평양에서 군사퍼레이드를 한다는 비밀정보를 전해 들었다. 가보니, 4월 25일에 조선인민혁명군 창설 60주년을 기념하는 대규모 군사퍼레이드가 펼쳐지고 있었다. 평양에서의 직접 취재를 허가받은 것은 우리 TV방송국과 교도통신 등 총 3사뿐이었다. 참고로, 지금도 북한의 군사퍼레이드 영상이 뉴스에 자주 나오는데 대부분은 그때 촬영한 것이다.

다음 달인 5월 초에는 러시아와 중국 그리고 북한의 3개국 국경을 흐르는 두만강 일대를 취재하였고, 귀국 후 일요일 저녁 〈JNN 보도특집 북한의 군대와 두만강 개발JNN報道特集 北朝鮮の軍隊と豆満江開発〉이라는 프로그램에 방송을 내보냈다.

"군사퍼레이드에 들고나온 무기를 살펴보면, 북한인민군에게 전자 무기는 거의 없어서 걸프전에서 위력을 발휘했던 미군의 최신예 전자 무기와 맞붙을 경우, 북한인민군은 일주일도 버티지 못할 것이다"라는 군사평론가 에바타 겐스케江畑謙介의 인터뷰를 중심으로 방송됐다.

나는 TBS의 스튜디오 생방송 출연을 마치고 오사카로 돌아오자마자 오랜만에 쥬소의 잇페이를 찾았다. 북한에 다녀온 이야기를 하기 위해서였다. 카운터석에 앉아서 물수건으로 얼굴을 훔치고는 맥주로 목을 축였다. 그리고 북한에서 촬영한 사진을 마스타에게 건넸다. 그때였다. 카운터 안쪽에 있던 사장이 흥분해서 소리쳤다.

"우리 며느리잖아!"

사장의 말에 마스타도 꼬치를 굽던 손을 잠시 멈추고 내가 찍어온 사진을 들여다보았다. 거기에는 북한으로 홀로 건너간 사장의 큰 며느리가 분명하게 찍혀 있었다. 이런 우연이 또 있을까. 나는 세상이 정말 좁다고 느끼면서 동시에 거짓말 같은 그 우연에 기뻐했다.

우리 취재팀은 남쪽의 판문점에서 러시아 국경과 접한 북쪽의 두만강에 이르기까지 한 달 동안 이곳저곳을 취재했다. 군사퍼레이드 때에는 TV카메라의 설치 장소 등 상당히 민감한 사항까지 북한 정부에 요청했는데, 그때 코디네이터를 담당했던 사람이 당시 조선국제여행사에 근무하던 마스타의 며느리였던 것이다.

"우리 며느리는 아주 눈치가 빠른 아이예요. 마음씨가 고울 뿐만 아니라 머리도 좋아요."

하고 잇페이의 사장은 며느리 칭찬에 바빴다. 무엇보다 북한에서의 무리한 취재요구에 그녀가 잘 도와준 것을 알고 있었기에 마스타의 칭찬이 단순히 자기 가족의 자화자찬이라고만은 생각되지 않았다. 1992년의 북한 취재를 계기로 내가 마스타의 가족이라도 된 것 같은 기분이 들었다.

3. 연구모임

홋카이도 · 아사히 온천

잇페이를 근거지로 하는 신문기자 모임인 '아프로 모임'의 멤버 중에 모리 준森潤이라는 강직한 성품의 사회부 기자가 있다. 모리 준은 요미우리신문이 오사카로 진출했던 1952년에 기자가 되어, 1990년에 정년퇴직할 때까지 기자 생활 대부분을 오사카 요미우리의 꽃이라 불리는 사회부에서 보냈다. 특히 오사카의 사법기자클럽에 소속되어 있던 기간이 길어서 스이타 사건의 재판을 오랫동안 지켜보았다. 그래서 부덕수와도 안면이 있는 사이가 되었다.

모리는 온천과 술을 아주 좋아했다. 그리고 나도 그 두 가지를 좋아한다는 공통점 때문에 어쩌다 보니 우리 둘은 늦가을의 홋카이도北海道 여행을 함께 떠나게 되었다. 단풍의 계절, 내가 운전하는 렌터카를 타고 둘이서 동해東海5) 쪽으로 향했다. 이와나이岩内의 술집에서 토속주를 사서, 동해에서부터 깎아지른 듯한 절벽을 소형차로 30분 정도 올라가, 라이덴산雷電山 산기슭에 위치한 아사히온천朝日温泉에 묵었다. 산 고개로 이어지는 좁은 길옆에 어른 몇 명이 들어가면 꽉 차는 작은 온천이 있었다. 모리 준과 내가 천천히 욕조에 몸을 담그자 돌을 깔아 메운 욕조 바닥에서 작은 기포와 함께 뜨끈한 물이 뿜어져 나왔다.

"저기, 히데 씨, 생각 중인 게 있는데 말이야. 2년 후면 스이타 사건이 일어난 지 정확히 50년이 된단 말이지. 이쯤에서 스이타 사건 연구모임을 시작해 보지 않겠나?"

고개를 들어 위를 올려다보니 빨갛고 노랗게 물든 수많은 나뭇잎들이 역광에 아름답게 빛나고 있었다.

"하지만 모리 씨. 마스타는 가게에서는 꽤 붙임성이 좋지만, 정작 중요한 자신의 체험은 이야기하지 않아요. 나도 몇 번이나 부탁해 봤지만 말해주질 않았어요."

"그러면 히라노 씨한테 한 번 부탁해 볼까."

---

5) 저자는 일본해(日本海)로 표기했지만 역자들이 동해(東海)로 고쳐 적었음을 밝혀둔다.

'히라노 씨'는 모리 준의 선배로, 아사히신문 오사카 본사의 전 사회부기자 히라노 이치로平野一郎를 말하는 것이다. 신문기자는 회사의 동료보다도 같은 기자클럽에서 같은 테마를 다루는 기자들끼리 더 친해지는 경우가 있다. 오사카로 돌아온 모리 준이 히라노 이치로에게 연락을 하는 것으로 '스이타 사건 연구모임'은 시작되었다. 모리 준과 히라노 이치로는 잇페이의 마스타와 재판 당시부터 잘 알고 지낸 사이로 연배도 비슷했기 때문에 이 두 사람이 연구모임의 리더가 되었다.

그리고 나는 내가 태어난 당시의 상황을 알고 싶었다. '스이타 사건 연구모임'의 앞날은 불투명했다. 스이타 사건의 관계자 대부분이 입을 다물고 있었기 때문이다. 나는 연구모임의 출발에 즈음하여 오사카의 근현대사에 정통한 간사이대 교수에게 상담을 의뢰했다. 자택으로 전화를 걸어 약속을 잡고 둘이서 만났다.

"교수님, 스이타 사건에 대해 연구하고 싶은데 어떻게 하면 좋겠습니까?" 내가 이렇게 묻자, 교수의 얼굴에 난처한 표정이 스쳐 갔다. "음... 그것참 골치 아픈 일을 시작하려 하는군." 잠시 말문이 막힌 듯한 표정을 지어서 오히려 내가 당황했다.

"자네가 선의로 연구한다고 해도 사람들은 쓸데없는 짓이라고 할 걸세. 왜 이제 와서 그런 골칫덩어리 사건을 들추어내는가 하면서 말이야. 자네도 알고 있겠지만, 스이타 사건 당시 재일조선인 운동은 일본공산당의 지도하에 있었네. 하지만 당시의 일본공산당은 소위 '50년 문제'라고 해서, 당 지도부가 두 개로 분열되어 이른바 극좌모험주의를 채택하던 시대였단 말이지. 그러니까 결과적으로 공산당을 공격하는 데 이용될 여지가 있다네."

이렇게 친절한 설명을 듣고 나니 세상 물정을 모르는 나로서도 '아, 골칫거리 사건이구나'하는 생각이 들었다.

맥이 풀리는 일이 또 한 가지 있었다. 전후 역사에 대해 잘 알고 있는 재일조선인 연구자가 있었다. 대학에 남으려 했다가 입시학교의 교사가 된 괴짜였는데 그가 이런 제안을 했다.

"전후에 관련된 일이니 미군 관련 자료를 찾아보는 게 어때요? 분명 일본의 국회도서관 관계자가 워싱턴의 국제 공문서 자료를 마이크로필름으로 찍어서 일본에 가져왔을 거예요. 그 마이크로필름을 교토의 리쓰메이칸立命館대에서 한꺼번에 구입했을 겁니다."

즉시, 친분이 있는 리쓰메이칸대의 교수 서승徐勝[6]에게 전화를 걸어 문의하자 잠시 후에 답변이 왔다.

"니시무라 씨, 어쩌죠? 스이타 사건은 샌프란시스코 강화조약에서 일본이 독립한 후에 일어났잖아요. 그러니까 미국에는 자료가 있을지 모르지만 리쓰메이칸이 구입한 것 중에 스이타 사건과 관련된 자료는 없다고 좀 전에 담당 교원에게서 연락이 왔어요."

기대가 컸던 만큼 실망도 컸다. 어쨌든, 사실을 차근차근 알아나가는 수밖에는 없다고 마음을 다잡았다. 갈 길이 멀다는 생각에 조금 힘이 빠졌다. 기초적인 자료를 모으기로 마음먹고, 우선은 도서관에서 신문 기사를 찾아보기로 했다.

---

6) 1945년 일본 교토 인근에서 태어났다. 한국 유학 중이던 1971년에 보안사에 연행되었고, 고문 끝에 이른바 '재일교포 학원침투 간첩단 사건'의 주모자로 조작되어 그해 10월 국가보안법 위반 혐의로 사형선고를 받았다. 모진 고문을 견디다 못해 난로의 경유를 뒤집어쓰고 분신자살을 기도한 탓에, 화상을 입은 얼굴로 재판정에 서서 사형 구형을 받은 일로 잘 알려져 있다. 이후 무기형으로 감형되었다가 1990년, 19년 만에 석방되었다. 1974년에 국제앰네스티가 선정한 그해의 양심수였으며, 한국 정부가 석방시킨 최초의 '비전향 정치범'이었다.

오사카 시영 지하철 미도스지선御堂筋線 우메다역의 남쪽 방향으로 내려와 난바なんば역에서 센니치마에선千日前線으로 갈아타면 서쪽으로 두 번째 역이 니시나가호리西長堀역인데, 개찰구를 나와서 지하 1층으로 가면 그대로 오사카 시립중앙도서관의 지하 출입구로 직결되는 편리한 역이다.

엘리베이터를 타고 3층으로 올라가니 지역 코너가 있었다. 『오사카부 경찰사大阪府警史』, 『민단오사카 30년사民団大阪三〇年史』(재일본대한민국민단·오사카부지방본부, 1980) 등 관심이 가는 도서를 자유롭게 책장에서 꺼내 읽어 볼 수 있도록 되어 있었다.

모든 전국지의 축쇄판은 도쿄본사 발행분을 수록하고 있다. 그러니까 지방에서 일어난 사건을 알아보려면 해당 지역의 도서관에 가야 한다. 오사카에서 일어난 사건은 오사카의 도서관에서 찾아보는 것이 제일이다. 지방판은 서고 안에 있었다. 접수 카운터에서 용지를 받아 필요사항을 기입하고 신청했다. 이윽고 서고의 안쪽에서 마이크로필름이 나왔다. "유일한 원본이니까 조심해서 다뤄주세요"라는 주의사항이 들려왔다. 마이크로필름 판독기에 과거의 신문을 비추어 축쇄판과 비교해 보았다.

사건이 일어난 6월 25일자를 체크해 보니 석간의 한 면과 사회면의 거의 4분의 3을 차지하는 기사가 나왔다. 종전 직후에 두 쪽으로 출발했던 신문은 5년 동안 조석간 모두 쪽 수가 늘었지만, 그래봐야 4쪽 정도다. 그중에서 스이타 사건의 기사는 도쿄판과 오사카판 모두 사회면에 크게 실려 있다. 그 정도로 큰 사건이었다.

부덕수의 체포

　사건 발생 다음날의 기사를 보고 나는 깜짝 놀랐다. 잇페이의 마스타에 대한 기사가 도쿄판과 오사카판에 모두 실려 있었기 때문이었다.

주모자(?) 체포

　【오사카발發】25일 아침 오사카의 국철 조토선城東線[7] 쓰루하시鶴橋역에서 무임승차 혐의로 히가시나리東成의 경찰에 체포된 오요도구大淀区 미나미하마초南浜町 산쵸메三丁目의 일용직 부덕수(23세)는 민주애국청년동맹 오사카본부 위원장으로, 오사카 경시청은 그를 스이타조차장 시위 사건의 주모자 중 한 명으로 보고 조사하고 있다(아사히신문 도쿄본사, 6월 26일).

　그렇군. 잇페이의 마스타는 사건 발생 당시에 이미 주모자로 지목되었다는 사실을 알 수 있었다. 게다가 '민주애국청년동맹'[8]의 오사카본부 위원장이다. 이것은 꽤 관심을 끄는 대목이라고 생각했다. 신문에 제목이 큼지막하게 실려 있다. '전야제의 시위대 난동을 부리다', '인민전철을 운행시키다', '한국전쟁 2주년에 오사카 스이타에서 경찰대와 난투'(아사히신문도쿄본사, 1952년 6월 25일 석간). 요약 부분을 인용하면 다음과 같다.

　【오사카발】한국전쟁 2주년 기념일의 '전야제'라 불리는 오사카부 학생연합 주최의 '이타미伊丹 기지 분쇄, 반전·독립의 밤'은 24일 밤 8시

---

7) 조토선(城東線)은 현재의 JR순환선이다.
8) 민주애국청년동맹은 당시의 재일조선인 조직인 민전(재일조선 통일민주전선)의 청년조직이다.

40분부터 도요나카시 시바하라柴原의 미군 도네야마刀根山구역에 인접해 있는 오사카대 북교 운동장에서 북조공(북한공산당-인용자 주), 학생, 자유노조원 등 약 1,000명이 모인 가운데 열렸고, 집회는 고조된 분위기 속에서 끝났다. 하지만 밤이 깊어지자 시위대는 스이타시를 중심으로 여러 곳에서 분산 출몰하여 출동해 있던 800명의 경찰대를 곤란에 빠뜨렸다. 시위대는 한큐 이시바시石橋역에 들이닥쳐 '인민전철'을 운행시켜 타고 스이타조차장으로 몰려 들어가 경찰에게서 빼앗은 권총을 발사하거나 파출소를 습격하여 파괴시키고, 화염병과 황산을 던지는 등 폭력을 행사하여, 경찰대가 권총으로 대응하는 과정에서 양쪽에 부상자가 나왔다. 경찰대가 시위대에게 허를 찔린 형국에서 스이타시경과 오사카경시청은 25일 오후 2시까지 시위대 60명을 체포했다. 부상자는 경찰 측이 42명(그중 중상 6명), 시위대가 11명(그중 중상 6명)으로, 합계 53명이었다.

스이타 사건 연구모임

모리 준이 사법기자클럽 선배인 히라노 이치로를 불러들여 연구모임이 시작되기는 했지만 가장 중요한 부덕수의 의향은 좀처럼 알 수 없었다.

오랜만에 한큐 쥬소역 앞의 골목을 찾았을 때, 오사카는 찬바람이 부는 계절로 바뀌어 있었다. 붉은 등롱을 표식 삼아 쥬소의 좁은 골목길로 걸어 들어가자, 방풍유리 너머로 숯불에 닭꼬치를 굽고 있는 마스타의 모습이 보였다. 유리문을 열고 안으로 들어가 마스타와 이야기를 나눌 수 있는 입구 쪽의 카운터석에 오도카니 앉았다.

"오늘은 히로시마広島에서 생굴이 들어왔어요. 탱탱한 놈이야. 정말 맛있어요"라며 카운터 안쪽에서 사장이 웃는 얼굴로 내가 좋아하는 음식을 권해 주어서 망설임 없이 생굴을 주문했다. 뜨거운 물을 탄

소주를 혀끝으로 맛보며 쭈뼛쭈뼛 본론을 꺼냈다.

"이번에 스이타 사건 연구모임을 시작해요. 마스타의 경험담이 꼭 필요하다구요."

"아니, 그건 아직 말할 수 없어."

"10명 정도로 구성된 모임이니까, 부담 없이 와 주세요."

말은 그렇게 했지만 단호하기 그지없던 이전과는 달리 표정이 누그러져 있었다. 말투에서 조금은 희망이 보였다. 마스타의 마음의 벽도 조금씩 허물어지고 있는 것일까.

"흠, 이야기를 좀 들어보는 정도라면 못 갈 것도 없지."

호오, 그렇게 나오시는군. 엉겁결에 소주 한 잔을 더 주문했다. 일보 전진한 것일 뿐이라고 생각하면서, 너무 성급하게 구는 것은 금물이라고 스스로에게 다짐했다. 추천해 준 생굴은 맛있었다. 하지만 어딘가 마음 한 구석이 개운치 않았다.

모이는 날은 토요일로 정해졌다. 토요일은 잇페이의 정기휴업일로 마스타가 참석할 수 있었기 때문이다. 참가자의 대부분은 히라노 이치로와 모리 준이 직접 전화로 불러 모은 사람들로, 두 사람의 사법 기자 시절 동료들이었다. 아사히 · 요미우리 · 마이니치신문 · 교도통신 · NHK를 퇴직한 선배 기자들로 구성되었는데 대부분이 6~70대였다. 허드렛일 담당인 내가 겨우 50세로 가장 어렸다.

멤버들의 거주지가 간사이 일대에 분산되어 있었기 때문에 모이기 쉬운 오사카역 주변을 물색하다 결국 한큐 우메다역에서 도보로 3분 거리에 있는 아시아자원봉사센터로 장소를 정했다.

2000년 12월, 첫 모임이 열렸다. 장소는 건물의 4층. 대여료가 저렴한 이유를 금방 알 수 있었다. 엘리베이터가 없었다. 참가자들은 4

층까지 천천히 걸어서 올라갔다. 마스타는 허리가 좋지 않아, 계단을 올라가는데 층계참에서 몇 번이나 쉬어가야 했다. 시위대의 선두에 있었을 용맹스러운 부덕수와는 조금 거리가 있는 모습이었다. 세월의 흐름이 느껴졌다. 험난한 미래가 예상되었지만 스이타 사건 연구모임은 이렇게 시작됐다.

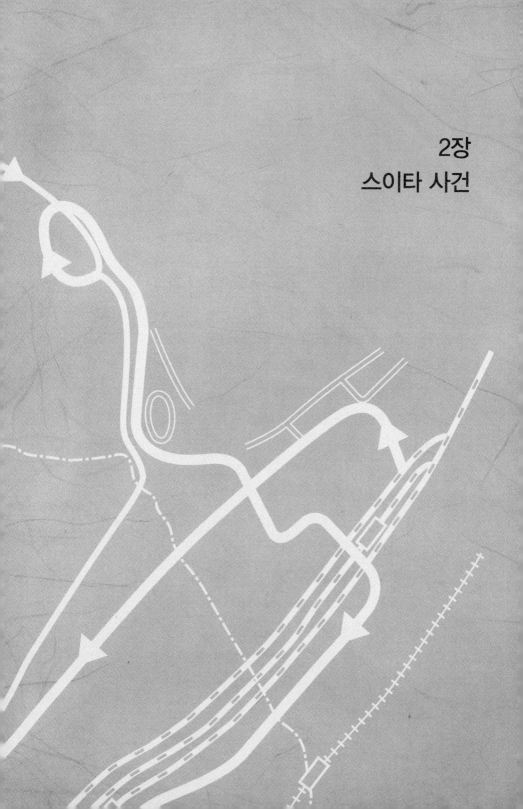

2장
스이타 사건

1. 스이타조차장으로 향하는 시위행진

사건 당일 밤의 데스크

히라노 이치로는 스이타 사건 당일 밤, 나카노시마中之島에 있는 아사히신문 오사카본사의 사회부에서 현장 기자들이 보내오는 원고를 기사로 정리하는 데스크의 보조업무를 담당하고 있었다. 히라노는 1924년에 태어나 올해 76세로, 오사카본사 사회부 부장, 나고야본사 편집국장을 지낸 연구모임의 최고 연장자다. 백발의 외양과 온화한 말투가 모임의 분위기를 부드럽게 해 주었다.

스이타 사건 연구모임에서 히라노가 사건 당일 밤에 벌어진 일을 이야기하기 시작했다. 사건 당시 히라노는 28세였다.

"오사카대 운동장에서 집회가 열린다는 사전 예고가 있었고 우리역시 그 사실을 알고 있었기 때문에 카메라맨과 기자들을 현장으로 파견했네. 집회의 명칭이 '이타미 기지 분쇄, 반전·독립의 밤'인 것으로 미루어 보아 지금의 오사카공항인 당시의 미군 이타미 공군 기지 그리고 도요나카시 도네야마에 있는 미군 장교의 집으로 갈 거라고 예상하고 있었어. 하지만 미군에게는 카빈총이 있지 않나. 그러니 미군 기지를 습격하면 시위대를 향해 발포할지도 모른다는 생각에 본사에 있던 우리도 긴장감 속에서 밤을 지새며 어디서든 연락이 오기만을 기다리고 있었지. 하지만 시위대의 행방은 좀처럼 알 수 없었고 그건 경찰도 마찬가지였을 거야."

나중에 알게 된 사실이지만, 그날 시위대의 움직임은 크게 네 가지로 나뉜다.

⑴ 오사카대 도요나카 캠퍼스에서의 집회(이 책, 24~25페이지의 지도 참조).

⑵ 시위대는 두 개조로 나뉘어 한 조는 사이고쿠가도를 통해 스이 타조차장으로 향하는 '산 넘는 부대'. 마치카네야마에는 해발 76미터의 삼각점이 있는데, 호쿠세쓰北摂지방의 언덕이 시위대 의 행진 경로였기 때문에 붙여진 이름이다.

⑶ 다른 한 조가 이른바 '인민전철부대'. 오사카에서 가까운 한큐 이시바시역에서 임시로 운행시킨 전철을 타고 우메다역 방면으 로 가던 도중 핫토리服部역에서 하차하여 스이타조차장으로 향 한다. 두 시위대는 야마다무라山田村(현재의 스이타시 야마다)에서 합류한다.

⑷ 시위대는 국철 스이타조차장 구내를 행진한 후 스이타역에서 경찰관과 충돌, 경찰관이 발포하자 시위대는 화염병으로 응수 하였고 거기서 몇 명이 체포되었다.

히라노가 당시의 아사히신문 기사를 소개했다(6월 25일 석간).

집회는 24일 밤 11시 20분에 끝났지만, 참가자 중 학생 500명과 조선 인 600명은 해산하지 않고 신문사 촬영팀에게서 빼앗은 필름을 불 속에 내던지며 보도진의 접근을 허용하지 않았다. 25일 오전 0시 반, 죽창과 곤봉을 든 약 400명의 학생과 조선인 한 무리가 위압을 가했고, 오전 1

시 무렵에는 한큐 이시바시역으로 우르르 몰려가, 마나베眞鍋 역장에게 '임시전철을 출발시키라!'고 요구하며 플랫폼에서 적기赤旗를 흔들면서 노동가를 부르고, 음료수병으로 만든 폭탄을 선로에 던져 더욱 기세를 올렸다.

철도회사는 어쩔 줄 모르고 있었다.

한큐 측에서는 결국 "관계 관청의 사후 승낙을 구하기로 하고"(아라키荒木 과장의 말) 4량짜리 임시전철을 내주었다. 하지만 시위대는 거기서 그치지 않고 무료로 '인민전철'을 운행시키라며 약 2시간 동안 실랑이를 벌인 끝에 이시바시역에서 오사카까지 20엔이라는 '단체할인운임'으로 타결하여 384명이 열차표를 구입해 오전 3시 5분에 오사카로 출발했다.

경찰관을 아연실색케 한 일은 그 다음에 벌어졌다.

이 소식을 듣고 오사카 경시청에서 한큐 우메다역에 기동대 1개 중대를 출동시켜 역을 포위하고, 이와는 별도로 소네자키曾根崎 경찰서 소속 경찰관 100여 명이 구내를 단단히 지키고 있었는데, 오전 3시 20분경 핫토리역에서 시위대 전원이 하차하여 자취를 감추어버린 탓에 전철은 쥬소역에서 임시운행을 멈추었고, 경찰대는 완전히 허탕을 치게 된다.

신문사에서도 행방이 묘연해진 시위대를 찾아 백방으로 정보를 구하고 있었다.

또한 '인민전철'을 경계하며 이시바시역에서부터 전철 옆을 나란히 달리던 아사히 신문사의 라디오카(초단파 무선 전화를 설치한 자동차)가 오전 3시 10분경 전철에서 날아든 돌에 맞아 유리창이 깨지고, 운전사(23세)는 경상을 입었다.

그 후, 시위대와 경찰대는 처음으로 충돌하게 된다.

25일 오전 5시 50분경, 마침내 국가지방경찰 오사카관구 경찰학교와 스이타 경찰서의 경찰관 200명이 신게이한新京阪 국도변의 스이타시 기시베산岸部山에서 약 500명의 시위대와 맞닥뜨렸고, 경찰이 해산할 것을 요구했지만 시위대는 오전 6시 반 스이타조차장 구내로 들어갔다.

이윽고, 시위대가 목적지에 도착했다.

이 때문에 스이타조차장에서는 기관차의 구내 배차 작업이 30분가량 중지되었다. 이때부터 점차 경찰과 시위대가 충돌하기 시작했고, 7시 10분 이바라키시 소속 경찰관을 태운 자동차 한 대가 근처 골목길에서 시위대에게 포위당해 황산과 화염병에 맞아 경찰관 12명이 화상을 입고 권총 2정을 빼앗겼다.

그 후에 스이타에서 큰 소동이 벌어진다.

오전 8시에 시위대 약 300명이 또다시 스이타역에 쇄도하여, 정차 중인 마이바라米原발 오사카행 911 통근열차의 7번과 8번 칸에 올라타 수많은 승객들 사이로 숨어들었고, 이들을 쫓아 온 경찰대가 열차 안으로 들이닥쳤다. 시위대가 앞서 경찰관에게서 빼앗은 권총을 쏘고 화염병을 던지자 경찰도 이에 대항해 권총을 발사했다.

스이타역에서의 혼란은 계속되었다.

경찰과 시위대가 열차 내에서 충돌하자 100여 명의 승객들이 창문으로 뛰어내렸고, 플랫폼 위로 정신없이 도망치는 여자들과 아이들의 비명소리로 역 안팎은 아수라장이 되었다. 이 충돌로 시위대에 중상자 5명, 경찰 측에 2명의 부상자가 나왔다. 이 열차가 14분가량 정차한 후 8시 26분에 오사카역 4번 홈으로 미끄러져 들어오는 동안 대부분의 시위대는 출근 중인 일반 승객들 속으로 섞여들어 개찰구를 빠져나와 오사카 시내로 흩어졌다.

사건은 여기서 끝나지 않았다. 검찰청은 '소요죄 적용'이라는 제목을 걸고 수사방침을 분명히 내놓았다. 한자 표기의 제한으로 가타가나로 표기된 세 줄을 차지하는 크기의 제목이었다(이튿날 26일 조간).

오사카지검에서는 25일 오후, 스이타역 일대를 현장 검증한 결과 소요죄를 적용하기로 수사방침을 정하고, 같은 날 저녁 6시 반에 아베阿部 국가지방경찰 오사카부 본부대장, 오사카 경시청 다나카田中 총감을 비롯한 수사 수뇌부가 이치마루市丸 검사정檢事正[1]의 방에 모여 회의를 열고 적극적인 검거 활동에 착수했다. 또한 그날은 최고검찰청으로부터 '소요죄를 적용하여 철저하게 수사하라'는 지시가 있었기 때문에 와타나베渡辺 검사장도 참관인으로 회의에 참석했다.

이 기사의 말미에서 오사카 지방검찰청의 이치마루 검사정은 다음과 같이 언급하고 있다.

---

1) 일본의 지방검찰청의 장을 일컫는 말.

‘인민전철’ 강제운행, 방화, 권총 탈취 등 일찍이 없던 악질적인 소요 사건.

학생신문

모리 준이 다른 자료를 찾아서 가져왔다. 모리 준은 1930년생으로 히라노보다 여섯 살, 부덕수보다 한 살이 아래다. 오카야마岡山 출신으로 스이타 사건 당시에 도시샤同志社대를 다니며 대학신문 기자로 활동하고 있었다. 그는 자택에 보관하고 있던 당시의 학생신문을 가지고 왔다.

모리에 따르면 당시의 학생신문은 뉴스를 중요시했기 때문에 규모가 큰 학생운동은 각 대학의 신문사에서 임무를 분담하여 공동으로 기사를 정리했다고 한다. 오사카대, 간사이대, 오사카시립대 등 오사카시에 있는 학생신문이 공동으로 ‘노학공동勞學共同 데스크 특보’(1952년 6월 27일호)를 발행했는데, 학생신문의 기자들은 인민전철에 올라타 시위대와 함께 있었기 때문에 전국지[2]에서는 볼 수 없는 기사가 실려 있었다.

인민전철에 타고 있던 시위대는 ‘스이타로 향하라’는 지령을 받고 3시 20분, 전철이 핫토리역에 진입하자 전원이 하차하여 대기 중이던 리더와 함께 700여 명이 스이타를 향하여 야간행진을 하였다. 바로 이러한 이유로 일반지에서는 시위대가 모습을 감추었다고 보도했는데, 일반지의 기자 중에는 인민전철에 직접 탑승한 사람이 아무도 없었던 관계로 정확한 내용을 알 수 없었던 듯하다.

---

2) 일본 전국에 보급되는 일간신문.

여기서 주목할 만한 사실은 전철 안에서 '스이타로 향하라'는 지령을 받았으며, 리더가 핫토리역에서 대기하고 있었다는 점이다. 스이타 사건의 시위 계획이 상당히 정교하게 짜여 있었음을 알 수 있는 대목이다. 학생신문의 인용을 계속한다.

오전 4시가 지날 무렵, 밤하늘의 별도 거의 사라지고 차츰 날이 밝아오기 시작했다. 4시 30분쯤 되자 시위대는 밤새 계속되던 침묵을 깨고 큰 북소리에 맞춰 '인터내셔널'[3]과 '조선유격대'를 부르기 시작했다. 스이타고등학교를 통과해 구불구불한 논길을 지나갈 때에는 한 줄로 걸어갔는데, 사람과 사람 사이에 빈틈없이 이어진 1,000미터에 달하는 인간 띠는 그야말로 장관이었다. 5시 무렵에는 별동대(산 넘는 부대) 350명이 합류하여, 1,100명이 넘는 규모의 시위대가 되었다.

나는 1989년 베이징北京의 톈안먼天安門 사건 때 톈안먼 광장에서 밤샘 취재를 한 적이 있다. 후야오방胡耀邦 중국공산당 전 총서기의 장례일이었던 5월 4일. 오전 3시에 톈안먼 광장의 남쪽 첸먼前門과 북쪽 톈안먼 양쪽에서 붉은 깃발을 앞세운 30만 명의 시위대가 동시에 중국어로 '인터내셔널'을 부르면서 들어왔다. 그 모습을 보고 상당히 조직적인 학생운동이라 감탄한 것이 떠올랐다.

요즘 같으면 휴대전화로 서로에게 연락을 취할 수 있다. 하지만 스이타 사건이 일어난 것은 약 70년 전이다. 흩어져 있던 시위대가 정해

---

3) 인터내셔널가(L'Internationale)는 1871년 파리코뮌 때 철도 노동자 외젠 포티에(Eugène Pottier)가 쓴 가사에, 가구 세공인이었던 피에르 드제테(Pierre Degeyter)가 1888년에 곡을 붙여 만들어졌다. 전 세계로 퍼져나가 가장 많은 언어로 번역된 노래들 중 하나이며, 러시아어판은 한때 소비에트 연방의 국가로 채택되어 1922년부터 1944년까지 불렸다.

진 시각에 정해진 위치에 집합한다. 그것도 경찰관의 감시를 피해서 움직여야 했던 만큼 사전에 상당히 면밀한 계획을 세워 조직적으로 움직였음을 쉽게 짐작할 수 있었다.

2. 일본공산당 · 오사카대 세포 책임자

가장 오래된 비틀즈세대

스이타 사건 연구모임이 시작됐을 무렵, 나는 다양한 분야의 많은 사람들에게 도움을 요청했다. 그러다가 생각지도 못한 사람과 우연히 만난 적이 있는데 스이타 사건 당시 일본공산당 도요나카 캠퍼스의 세포 책임자를 알게 되었다.

우오즈미 아키라魚住昭의 강연회가 오사카 시내에서 열리게 되어 스이타 사건 연구모임 멤버들이 초대를 받았다. 우오즈미는 일찍이 교도통신에서 오사카의 사법기자 클럽, 그리고 도쿄지검 특수부의 담당을 거쳐 나중에는 논픽션 작가로서, 『언론과 권력メディアと権力』[4], 『도쿄지검특수부特捜検察の闇』[5] 등 뛰어난 작품을 썼다. 우오즈미의 강연회에 모리 준과 나도 참석했는데 거기서 뜻밖의 사람을 만났다.

강연이 끝난 후, 건물 지하에 있는 작은 선술집에서 뒤풀이가 있었다. 우오즈미와 강연회를 주최한 변호사들이 참석했고 거기에 모리 준과 나도 권유를 받아 자리를 함께 했다. 내가 자기소개를 겸한 인사

---

4) 魚住昭, 『渡邊恒雄 · メディアと権力』(講談社, 2000年)의 한국어판은 우오즈미 아키라 지음, 김성기 옮김, 『언론과 권력』(롱셀러, 2001년)을 참고할 것.

5) 魚住昭, 『特捜検察の闇』(文藝春秋, 2001年)의 한국어판은 우오즈미 아키라 지음, 이강희 옮김, 『도쿄지검특수부』(사과나무, 2001년)을 참고할 것.

말에서 "스이타 사건에 대해 연구하고 있습니다"라고 말한 것을 듣고, 강연회 주최자인 후지타 가즈요시藤田一良 변호사가 술잔을 들고 내 자리로 왔다. 이카타伊方 원전(원자력발전소) 재판 때 취재를 나갔다가 만난 것이 인연이 되어 후지타 변호사와는 전부터 친분이 있었기 때문에 우리는 이야기가 잘 통했다. 그가 살짝 귀띔해 주었다.

"니시무라 씨, 당시 일본공산당 소속 오사카대 세포 책임자를 알고 있어요."

그 말을 듣자마자 나도 모르게 "어엇!" 하는 소리가 새어나왔다.

"변호사님, 그분을 한번 만나게 해 주세요"

술자리였던 터라 자세한 이야기는 나누지 못하고 결국 다음날 변호사 사무실로 전화하는 것으로 마무리했다.

이튿날 아침, 후지타 변호사의 법률사무소로 전화를 걸자 눈치 빠른 후지타는 이미 상대 쪽에 연락을 취해 이야기를 끝내 놓은 상태였다. "저쪽에서도 만나 보겠다고 했어요"라고 했다. 곧바로 법률사무소에서 알려준 번호로 전화를 걸어 약속을 잡았다.

약속장소는 JR오사카 순환선 교바시京橋역에 있는 게이한京阪 호텔의 커피숍이었다. 토요일 아침, 약속한 커피숍에 들어서자 한 남자가 내게로 다가왔다. 그는 "니시무라 씨입니까? 하타입니다. 하타 마사아키秦政明"라며 자신의 이름을 말했다.

"하타 씨입니까? 이렇게 시간 내주셔서 감사합니다." 인사하면서 그의 복장을 보았다. 스이타 사건 당시에 학생이었으니까 그때 나이를 대략 스무 살로 치더라도 50년이 흐른 지금 70세 전후가 될 터인데, 머리숱이 적다는 것 빼고는, 블루진에 검은 가죽코트, 그리고 부츠 차림의 아주 젊어 보이는 복장이었다.

나는 그가 전후 최대의 히트곡 '돌아온 주정뱅이帰ってきたヨッパライ'를 부른 포쿨[6]이나 오카바야시 노부야스岡林信康 등 수많은 뮤지션을 탄생시켰으며, 포크 1세대를 만드는 데 중요한 역할을 한 사람들 중 한 명이라는 사실을 알게 되었다. 그것은 70세가 넘은 지금도 옷차림에서 고스란히 느껴졌다. 하타는 먼저 후지타 변호사와의 관계를 이야기하기 시작했다.

나는 가장 오래된 비틀즈 세대예요. 대학을 졸업한 후로는 거의 음악으로 먹고살았죠. 1966년에 비틀즈가 일본에 왔을 때, 오사카의 음악관련 신문기자를 부도칸武道館[7]에 데리고 갔을 정도로 비틀즈를 좋아했어요. 내가 편집을 맡았던 잡지『포크 리포트フォークリポート』에 포크싱어 겸 작가 나카가와 고로中川五郎의 소설『연인들의 러브쥬스ふたりのラブジュース』를 게재했는데, 그 때문에 1971년에 외설혐의로 경찰에 검거되기도 했죠. 당시, 변호를 맡아주었던 사람이 후지타 변호사입니다. 그 이후로 변호사와 피고의 관계가 되었지요. 변호사가 훌륭했던 때문인지(웃음) 1심에서는 무죄를 얻어냈습니다. 하지만 항소심에서 전세가 뒤집혀 패소했고, 최고재판소에서 상고기각으로 유죄가 확정되었지요.

그는 미소를 지어 보이며 설명했다.

---

6) 더 포크 크루세이더스(ザ・フォーク・クルセダーズ; The Folk Crusaders)는 1960년대 후반에 활동했던 일본의 포크송 그룹이다. 이즈쓰 가즈유키(井筒和幸) 감독의 영화 〈박치기〉의 OST로 한국에도 알려지게 된 북한 곡 '임진강'을 처음으로 일본 사회에 알린 것도 이들이다.

7) 니혼부도칸(日本武道館)은 1964년 도쿄 올림픽 시설로 지요다구(千代田区) 기타노마루(北の丸)공원에 설립되었다. 운동 경기뿐 아니라, 연주나 밴드공연, 졸업식, 입학식 등의 행사를 위해서도 사용된다. 특히 음악공연장으로 많이 사용되는데, 1966년 비틀즈의 공연이 대표적이다.

임진강

나도 음악에 대한 이야기를 꺼냈다.

"요전에 NHK의 홍백가합전紅白歌合戰[8]에서 한국의 여가수 김연자 씨가 '임진강'을 부르는 것을 봤어요. 감정을 듬뿍 실어서 부르는 데 정말 감동적이었어요. 가창력도 가창력이지만 노래에 역사가 담겨있다고 할까, 노래의 힘이란 참 대단한 것 같아요."

"그거 보고 싶었는데. 요 10년 음악계와는 연을 끊고 지내서 홍백가합전을 보지 못했어요. 포쿨의 '임진강'을 홍백가합전에서 부르다니 시대가 변했군요. 이제야 시대가 나를 따라잡았다는 실감이 들어요."

포쿨이란 포크 쿨세더즈(처음에는 포크 쿨세'이'더스로 표기했다)를 말한다. 하타는 포쿨이 소속돼 있는 음악사무소의 사장이다.

"내가 포쿨의 두 번째 싱글레코드인 '임진강'의 발매를 눈앞에 두고 있을 때 조선총련에서 저작권 문제로 이의를 제기해 왔어요." 그는 쓴웃음을 지으며 이야기를 시작했다.

하타는 오사카대를 졸업한 후 재단법인 오사카 국제페스티벌 협회의 임시직원으로 채용되면서 음악 세계에 발을 들여놓았다. 그는 밥 딜런의 '바람만이 아는 대답Blowing in the Wind'을 처음 들었을 때 큰 충격을 받았는데, 그 영향으로 저항성 짙은 포크의 세계로 빠져들었다. 그러다가 1967년에 포크싱어 다카이시 도모야高石友也를 만났다. 하타는 곧바로 그를 자기 집으로 데려와 지내도록 하고는, '다카이시 음악

---

[8] NHK 홍백가합전은 매년 12월 31일에 일본의 가수들이 홍팀과 백팀으로 나뉘어 대항형 식으로 노래를 부르는 연말 가요 프로그램이다. 보통 그해에 히트곡을 낸 가수들이 나오며 가수들에게는 인기와 경력의 상징이 될 만큼 위상이 높다.

사무소'를 설립하여 노동자를 대상으로 하는 콘서트를 기획하고 뮤지션들을 후원하였다. '다카이시 음악사무소'에 소속된 음악가들 중에는 다카이시나 포쿨 이외에도 오카바야시 노부야스岡林信康, 다섯 개의 빨간 풍선五つの赤い風船, 잭스(하야카와 요시오早川義夫), 그리고 '해피엔드'(마쓰모토 다카시松本隆), 오타키 에이치大滝詠一, 훗날 YMO=Yellow Magic Orchestra를 결성한 호소노 하루오미細野晴臣 등이 있었다. 여기에는 현대일본 대중음악의 기원을 만드는 중요한 뮤지션이 많이 포함되어 있다.

포크싱어 나기라 겐이치なぎら健壱가 쓴 『일본포크 사적 대전日本フォーク私的大全』(筑摩書房, 1999)에 의하면 1967년 11월 라디오 간사이(고베)에서 처음으로 포쿨이 부른 '돌아온 주정뱅이'를 방송했다고 한다. 빠르게 돌아가는 테이프에서 흘러나오는 '나는 죽어버렸다네'라는 후렴구가 기억에 남는 곡이다. 도시바東芝가 첫 발매처로 결정되고 280만 장이 팔려나가 당시로써는 전후 최대의 히트곡이 되었다. 그 포쿨의 두 번째 곡이 '임진강'이다. 11월부터 두 달간, 긴키방송近畿放送(교토)이 '임진강'을 방송에 내보냈다.

하타는 1969년 1월, URC라는 레코드회사를 설립하여 '임진강'을 첫 번째 발매 목록에 넣었다. 회사명인 URC는 '언더그라운드 레코드 클럽'의 약칭이다. 그런데 당시는 피차별부락[9]을 비하하는 표현이 심

---

9) 일본의 봉건 사회에서 신분적·사회적으로 엄격하게 차별받던 사람들이 제한된 지역에 정착하여 형성된 마을을 말한다. '부라쿠(部落)'라고도 불렸다. 에도 막부는 신분제도 확립에 있어서 사농공상 아래에 '천민'이라는 신분을 두고, 이를 에타(穢多), 히닌(非人)으로 나누어 고정했다. 천민은 사회·경제 활동과 다른 신분의 사람들과의 교류, 거주 지역 등이 제한되었다. 메이지 정부는 봉건적 신분제도를 철폐하고 1871년에 천민의 신분을 폐지하는 '신분해방령'을 선포 했지만, 피차별부락 출신에 대한 차별은 없어지지 않았다. 1922년에 수평사(水平社)가 결성되어 부락해방운동에 나섰 지만, 지금도 취업, 결혼 등 이들에 대한 사회적 차별이 완전히 근절되지는 않고 있다.

의과정 없이 무분별하게 방송되던 시대였기 때문에 피차별자 계층의 거센 항의가 있었다. 이 때문에 음악계는 레코륜(레코드 제작기준 윤리 위원회)을 만들어 가사를 심의하기 시작했다. 이러한 규제에 반발하여 하타는 좀 더 자유로운 표현을 위해 회원제 레코드회사라는 새로운 방식을 시도하였다.

"좋은 곡이지만 상업적 기준에 맞지 않는 작품들을 모아서 저희가 직접 레코드로 제작하여 회원들에게만 배포합니다."

하타는 이렇게 선언했다. 그런 자유로운 분위기 속에서 수많은 히트곡이 탄생했던 것이다. 1969년 2월, URC레코드는 제1회 배포로 '임진강(イムジン河; リムジンガン)'을 발매했다. 당시 미국에서는 베트남 반전운동이 한창이었고 프랑스에서는 파리의 학생들이 대학가 카르테라탕(라틴지구Latin Quarter)을 점거했다. 이러한 학생운동은 눈 깜짝할 사이에 일본에도 전해졌다. 포크 음악은 그러한 시대를 견인하는 역할을 했으며 시대의 부산물이기도 했다.

하타 마사아키는 자신의 '포크 리포트' 외설 재판의 의견진술서에 '일본의 노래가 도달한 최고의 작품'으로 다음의 노래를 인용하고 있다. 그 곡은 하타가 제작한 오카바야시 노부야스의 '우리가 소망하는 것은私たちの望むものは'이다. 하타의 깊은 뜻이 담긴 중요한 곡이다.

우리가 소망하는 것은 삶의 고뇌가 아니라
우리가 소망하는 것은 삶의 기쁨이다.
우리가 소망하는 것은 사회를 위해 존재하는 내가 아니라
우리가 소망하는 것은 우리를 위해 존재하는 사회다.

우리가 소망하는 것은 그냥 주어지는 것이 아니라
우리가 소망하는 것은 싸워서 쟁취하는 것이다.

우리가 소망하는 것은 당신을 죽이는 것이 아니라

우리가 소망하는 것은 당신과 더불어 살아가는 것이다.

저작권 표기문제

'임진강'은 원래 북한에서 만들어진 반전가이지만 얼마 안 있어 포쿨이 부르면서 일본에 널리 알려지게 된다. 이 곡이 세상에 나오는 계기를 만든 것은 세 명으로 구성된 그룹 포쿨의 제4의 멤버인 작사가 마쓰야마 다케시松山猛였다.

마쓰야마는 1952년생으로, 교토 히가시야마東山의 남단 센뉴지泉涌寺(천황가의 사원) 부근에서 자랐는데, 이 일대는 재일조선인이 많이 사는 지역이기도 했다. 재일조선인이 북한으로 귀국하던 시기의 어느 날이었다. 중학생이었던 마쓰야마는 친구가 다니는 조선중고등학교에 들렀다. 마쓰야마는 이 곡을 처음 들었던 순간을 다음과 같이 소개하고 있다.[10]

"그때였어요. 어느 교실에선가 그 아름다운 노래가 흘러나왔던 거예요. 어딘지 모르게 구슬픈 멜로디는 저의 순수한 영혼에 날아와 꽂히고 말았죠."

마쓰야마는 조선학교의 합창부였던 친구의 누나에게 그 노래의 한국어 가사와 일본어로 번역된 가사를 받았고, 고등학생이 된 후에 친구였던 포쿨의 멤버에게 불러 달라고 부탁했다. 포쿨의 멤버 기타야마 오사무北山修는 곡 발표 당시를 다음과 같이 회상했다.

지금도 눈을 감으면 그때의 노래 소리가 들려온다. 사회자인 내가 '여

---

10) 松山猛, 『少年Mのイムジン河』(木樂舍, 2002年).

러분 상상해 보세요. 만약 오사카와 도쿄 사이 어디쯤에서 일본이 분단되어 있다면...'이라고 운을 뗐고, 가토 가즈히코加藤和彦 씨의 전주로 노래했던 우리는 젊디젊은 스무 살이었다.

URC레코드 측에서는 임진강의 작사, 작곡자를 분명하게 밝히지 않았지만, 조선총련은 이 곡의 작곡가와 작사가를 명기하도록 요구했고 그에 대해 하타는 다음과 같이 진술했다.

"원래는 북한 노래인 이 곡이 일본에 널리 알려지는 것을 못마땅하게 생각한 한국대사관에서 레코드 모회사母會社에 압력을 가해 곡의 발매를 중지시켰다."

그 곡이 2000년 6월, 김대중 대통령의 북한 방문을 계기로 한국 내에서 재평가되었다. 한국의 인기가수 김연자가 CD를 발매하고, 2001년 말에 NHK 홍백가합전에서 불렀다. 하타가 시대가 변했다며 감격스러워 하는 것도 이해가 된다. 덧붙이자면 김연자는 곡의 제목을 '림진강'이라고 북한발음으로 표기하였고, 작사 박세영, 작곡 고종한, 번역 마쓰야마 다케시라고 기재하였다.

그 '림진강'의 부활을 계기로 포쿨이 재결성되었고, 그들의 '임진강' CD가 새롭게 발매되었다. 또, 뮤지션 하마사키 아유미浜崎あゆみ나 아무로 나미에安室奈美惠 등으로 잘 알려진 대형 음반 기획사 에이백스ェイベックス가 지금 URC의 복각판을 발매하고 있다. 아마도 URC가 가진 음악성이 뛰어났기 때문일 것이다.

영화 〈박치기〉(2005)는 이 곡이 세상에 나오게 된 과정을 다룬 것으로, 이즈쓰 가즈유키井筒和幸 감독이 직접 각본을 쓰고 만든 영화인데, 영화 잡지 『기네마 준보キネマ旬報』에 올해의 베스트 텐 1위에 빛나는 작품이다.

황국 소년

스이타 사건과 하타 마사아키의 관계로 돌아가 보자. 먼저 하타의
경력을 간단히 소개한다.

하타는 1930년 10월 오사카의 도심부 고즈高津에서 태어났으니
까 부덕수보다 1살이 아래고, 스이타 사건 당시 스물한 살이었다.
본가는 에도시대부터 대대로 약사 집안이었다. 그의 부친도 제약회
사에 근무하며 신약 개발을 담당했다. 전쟁 전 하타는 황국 소년이
었다. "나는 천황을 위해 목숨을 바치기로 결심했습니다"라고 말했
을 정도다.

하타는 어렸을 때부터 몸이 허약했던 탓에 공기가 좋은 오사카의
교외인 도요나카시로 이사를 했다. 그래서 초등학교, 중학교, 고등학
교 시절을 도요나카에서 보냈다. 폐결핵으로 초등학교 때 1년간 휴학
을 하여 동급생들보다 한 해 늦게 중학교에 진학했다.

1945년 초여름, 근로인력 소집으로 알루미늄 공장에 다니게 되었
다. 공장은 도요나카와 오사카의 경계를 흐르는 간자키가와神崎川강에
서 그리 멀지 않은 곳에 있었는데, 비행기의 연료탱크를 만드는 일이
었다. 매일 공장에 들어갈 때와 일을 마치고 나올 때에는 반마다 대
열을 짜서 큰 소리로 군가를 부르며 행진을 했다. 그러다가 6월, 미군
의 오사카 대공습 때 알루미늄 공장이 소이탄의 맹렬한 공격을 받아
불탔고, 하타는 방공호에서 사경을 헤매다 간신히 살아남았다. 대공
습 속에서도 도요나카의 집은 남았지만 오사카 고즈의 본가는 완전히
불타 흔적도 없이 사라졌다.

8월 15일, 일본의 패전을 알리는 '옥음방송'을 들었을 때 그의 나이 14세였다. "'견디기 힘든 것을 견디고, 참기 힘든 것을 참아야 한다'는 천황의 말을 듣자 나도 모르게 눈물이 차올랐어요. 전쟁에 진 것이 분해서 견딜 수가 없었거든요." 천황의 라디오 방송을 듣고 중학교 때 소속해 있던 사격부의 총이 번뜩 떠올랐다. 하타는 즉시 도요나카중학교로 달려갔다. 사격부였던 친구 한 명도 함께였다. "사격부의 총을 미군에게 넘겨줄 순 없지!" 하는 마음으로 둘은 무기고의 자물쇠를 부수고 38식 소총을 가지고 나와 가까운 연못에 집어던졌다. 패전을 맞은 무더운 여름날 오후, 연못에는 파문만이 조용히 번지고 있을 뿐이었다.

패전을 기점으로 황국 소년이었던 하타는 마르크스의 책을 닥치는 대로 읽었다. "이제 와서 생각해 보면 사람만 달랐지, 천황은 마르크스나 스탈린과 정신구조는 똑같았던 것인지도 몰라요(쓴웃음). 하지만 그런 식으로 한 걸음 떨어져서 나 자신을 돌아보게 된 것도 최근에서야 가능해진 일이에요. 당시에는 정의감에 필사적으로 운동했죠."

패전 후 오사카 제2비행장(이타미 비행장)은 미군에게 넘어가 이타미 항공 기지가 되었고, 기지에서 가까운 도네야마의 고급 주택가는 미군 장교용 주택으로 사용되었다. 이 무렵, 고등학교에서는 아침에 교실에서 콘돔이 발견되곤 했는데, 미군기지와 학교가 가까운 곳에 있었기 때문에 밤 사이 미군병사와 일본인 매춘부가 드나들었던 모양이었다.

뜨거운 가슴을 지녔던 하타는 같은 생각을 가진 친구들을 모았다. 점령군에 대한 반대운동을 하려는 것이었다. 그렇게 모인 친구들과 반미 삐라를 만들어 이른 아침, 교사와 학생들이 등교하기 전 교실

책상 위에 날마다 뿌리곤 했다. 그리고 일본청년공산동맹[11]에 들어가 곧 당원이 되었다.

젊은 공산당원 하타는 당시 오사카 시내의 우에니(우에혼마치 니쵸메 上本町二丁目)에 있던 공산당 오사카부 위원회에 자주 드나들었다. 그는 학교 밖으로도 활동을 넓혀갔는데, 구일본육군의 물자를 은닉하고 있는 회사를 적발하는 운동에 힘을 쏟았다. 그것이 큰 성과를 거두어 공산당중앙의 간부 시가 요시오志賀義雄에게 감사장을 받은 것도 이 무렵이었다. 하지만 학교에서는 교사의 눈 밖에 나서 대학 진학은 절망적인 상황이었다. 그로 인해 그는 다른 교사와의 상담을 통해 '전학'을 결정했다.

전학을 간 곳은 백부가 사는 교토 시내의 고등학교였다. 그는 교토 시립 사이쿄西京고등학교에 한 학년 아래인 2학년으로 편입하여 대학 진학을 최우선 목표로 삼아 공부에 열중하려고 했다. 그러면서 그곳에서도 학생운동에 힘을 쏟았다. 사이쿄고등학교 근처에는 전전에 설립된 미쓰비시三菱중공업(현재의 미쓰비시 자동차)의 교토 공장과 정밀공업제조회사 공장이 있었는데, 고등학생들이 그 공장에서 미 군용 무기를 제조하고 있다는 정보를 입수했다. 냉전이 언제 본격적인 전쟁이 될지 모른다는 위기감에 하타는 새로운 고등학교에서도 친구들을 모아, 공장노동자를 대상으로 삐라를 뿌리거나 교실에 삐라 살포를 계속했다.

1950년, 하타는 아버지의 직업에도 어느 정도 영향을 받아 오사카대 이학부 화학과에 입학한다. 폐결핵으로 1년, 전학으로 1년, 합쳐

---

11) 공산당의 청년조직, 민청(민주청년동맹)의 전신.

서 2년이 늦은 대학 입학이었다. 입학한 지 두 달이 지나고 한국전쟁이 시작되었다. 이타미 공군 기지에서는 미군의 폭격기가 무시무시한 굉음을 내며 한국으로 날아갔다. 고등학생 때부터 공산당원이었던 하타는 오사카대 도요나카 캠퍼스에서 일본공산당 오사카 세포 책임자로 임명된다. 참고로, 세포라는 것은 생물학의 개념을 원용한 공산당의 이른바 업계 용어다. 고지엔広辞苑 사전에는 '공장, 지역 등에 설치된 공산당 기초 조직의 옛 명칭'으로 설명되어 있으나, 일반인들이 이해하기 어렵다는 이유로 일본공산당은 현재 이 용어를 사용하지 않고 있다.

이타미 공군 기지 습격 계획

오사카대 도요나카 캠퍼스는 이타미 공군 기지나 도네야마 하우스에서 그리 멀지 않은 도요나카시 이시바시 지구에 위치하고 있었다. 전전부터 구제 부립 나니와旧制府立浪速고등학교로 사용되던 캠퍼스를 전후 교육제도의 개정에 따라 신제新制오사카대가 사용했다.

오사카 도요나카 지구의 일본공산당 세포 책임자인 하타 마사아키는 이타미 공항 확장공사로 인해 도요나카와 이타미 시민들 사이에서 미군에 대한 반발심이 강해지고 있다는 것을 감지하고 반미투쟁을 계획했다.

"한국전쟁이 시작되고 얼마 지나지 않아 도네야마 하우스를 습격하는 게릴라 계획이 세워져, 화염병을 지닌 채 근처를 서성거렸어요. 하지만 미군이 카빈총을 들고 경비를 서고 있었기 때문에 실행에 옮기기는 쉽지 않았죠. 작전을 실행하지 못한 채 오사카대로 돌아왔을 때는 분한 마음이 들었지만, 다른 한편으로 아무 일 없이 끝났다는 안도

감이 뒤섞여 마음이 복잡해지면서 한꺼번에 피로감이 훅 밀려왔어요"라고 했다. 그 말을 할 때 하타는 정말로 안도하는 표정이었다.

하타에게 스이타 사건 연구모임에 참석해 달라고 부탁하자, "기꺼이 가겠습니다"라며 흔쾌히 승낙해 주었다. 우메다에서 열린 모임에서 하타는 가장 먼저 다음과 같은 말을 꺼냈다.

"나는 이 모임에서 과거에 대해 이야기해도 괜찮은지 변호사에게 물어보았어요. 혹시 그 사건에 대해 책임을 추궁당할 우려는 없는지 하고요. 그러자 변호사가 '재판은 이미 최고재판소까지 갔고 형이 확정되었기 때문에 괜찮습니다'라고 분명하게 말해 주어서 오늘 이 자리에 나왔습니다."

멤버들 사이에서 웃음이 터져 나왔고 모임은 편안한 분위기 속에서 시작되었다. "스이타 사건의 계획은 언제, 그리고 누가 세운 것입니까?" 내가 이렇게 질문하자, "수개월 전부터였습니다" 하타는 띄엄띄엄 이야기를 시작했다. 이 발언이야말로 사건의 핵심이 아닌가.

스이타 사건의 시위 참가자 중 조선인의 비중은 40퍼센트에서 60퍼센트까지 여러 가지 설이 있다. 조선과 일본의 민중들에 의한 반미·반전투쟁이었지만, 정작 계획의 입안자는 그들이 아니었다. 하타는 수개월 전부터 계획을 세우는 데 관여했다고 한다. 이것이 핵심이다. 사건을 계획한 것이 일본공산당이었다는 사실이 희미하게나마 보이기 시작했다.

미군 장교하우스 습격이라는 게릴라작전이 수포로 돌아가자, 이번에는 한국전쟁 발발 2주년을 계기로 즉, 스이타 사건 당일의 미군 기지 반대투쟁 계획이 일본공산당 오사카부 위원회에서 타진되었다. 오사카대 도요나카 캠퍼스에서 집회를 연 뒤, 이타미 공군 기지 도네야마 하우스를 습격한다는 대범한 계획이었다. 하지만 하타는 이 계획에 반대했다.

"그 계획이 실행되면, 오사카대의 공산당 세포는 괴멸적인 공격을 받게 됩니다. 그래서 나는 '안 됩니다'라고 딱 잘라 거절했습니다." 하타는 단호하게 말했다. 그런데 그때까지 옆에서 가만히 듣고만 있던 부덕수가 의아한 표정을 지었다. 그는 "음… 그런 게 가능한가. 그 당시 상부조직의 명령은 절대적인 것이어서 거절하는 일은 있을 수 없었는데"라며 반론했다.

하타가 설명했다. "하지만 만약 그 작전을 실행에 옮겼다면 체포되는 정도로 끝나지 않았을 거예요. 상대는 카빈총을 가지고 있었으니까요." 히라노 이치로의 질문이 이어졌다.

"우리는 이타미 공군 기지나 도네야마 하우스를 경계하고 있었고 경찰도 그쪽을 중심으로 경비를 서고 있었다고 생각하네."

"아니, 그러니까 함정이랄까, 교란작전이었던 것이지요. 이타미 공군 기지나 도네야마 하우스는" 하타가 설명했다.

하타 마사아키는 무사히 오사카역에 다다랐다. 시위대에서는 부덕수와 같은 '산 넘는 부대'에 속해 있었는데, 시위대 맨 뒤에서 경찰의 공격에 대비하는 역할을 맡고 있었다. 오사카역에서 경찰관에게 쫓기던 중 당장에 대응책을 강구해야 했던 하타는 마침 역 내를 지나가던 일반 승객에게 "지금 경찰에 쫓기고 있어요. 죄송하지만 입장권 50장 정도 사다 줄 수 있겠습니까?"하고 부탁했다고 한다. 그때 하타는 교복을 입고 있었다.

"왜 시위 중에 교복을 입고 있었나요?"

"교복밖에 없었어요. 명품으로 멋을 부리는 요즘 학생들과는 많이 다르죠. 고등학교 시절부터 입던 단 한 벌 뿐인 교복을 조심히 다루며 오사카대에 가서도 입었어요. 시위 때도 마찬가지예요. 그때는 요즘과 달라서 학생 수도 적었기 때문에 대학생에 대한 신뢰가 있었어요. 그래서 오사카역에서 부탁을 받은 사람도 바로 입장권을 사다 주었고, 덕분에 경찰관이 득실거리는 역에서 무사히 도망쳐 나올 수 있었어요."

"돈은 어디서 난 거죠? 입장권을 산 돈 말이에요."

"그것도 그 사람 돈이었어요. 일종의 기부금이었던 셈이지요."

그런 시대였다. 오사카역을 도망쳐 나온 하타는 그 후, 가와니시川西 시내의 조선인 마을에 숨어 들어가 수사망에서 벗어났다.

"6월 25일 한국전쟁 2주년을 맞아 벌인 투쟁이었으니까 장마철로 본격적인 여름이 시작되었는데 그들은 단 하나뿐인 모기장을 저에게 내주었어요."

오사카대 학생이었던 하타는 가와니시의 조선인 마을에서 정말로 따뜻한 대접을 받았다고 한다. 그때 부덕수는 말로는 표현하지 않았지만 순간 몹시 언짢은 표정을 지었다. 하타가 공산당원으로 열심히 활약한 것을 잘 알고는 있었지만, 하나밖에 없는 모기장을 내주었을 만큼 한국전쟁 반전운동을 하는 일본인을 따뜻하게 대해 주었던 조선인의 심정을 하타가 정말로 알고 있었을까 의구심이 들었기 때문일 것이다.

하타 마사아키의 교토 니시쿄 고등학교 시절 동급생 중에 작가 마쓰기 노부히코真継伸彦가 있다. 마쓰기는 하타의 체험을 토대로 자전적 작품 『청공靑空』(毎日新聞社, 1983)에 조선인 마을로 숨어든 일본인 대학생에 대한 이야기를 썼다. 거기에 젊은 조선인 부인이 일본인 대학생에게 아련한 연모심을 품은 장면이 나온다.

하타는 "그런 일은 없었어요" 하고 씁쓸하게 웃으며 조용히 부정했다. 부덕수에게도 똑같이 물어보자 이쪽도 일언지하에 "그런 일은 있을 수 없다"며 강하게 부정했다.

3. 허벅지에 총상을 입은 오사카대 학생

스이타역 구내

국철 스이타조차장 구내를 행진한 후, 시위대는 출근과 등교로 혼잡한 열차에 올라타 오사카역 앞에서부터 미도스지까지 시위를 이어가려고 했다. 마오쩌둥毛澤東이 표현한 '인민의 바다' 속으로 잠입하려는 작전이었다.

이어서 시위대는 오전 8시가 지나자 스이타역 동쪽 개찰구 쪽으로 침입하여, 8시 7분 출발 예정인 마이바라발 오사카역행 911열차에 올라탔다. 그때 오사카 경시청에서 기동대 1개 소대가 급히 출동하여 열차의 출발을 막고 시위대를 체포하기 시작하자, 시위대는 경찰관을 향해 화염병을 던지며 저항하고 열차 밖으로 도망치는 등 난투극이 벌어졌다. 이에 경찰관은 몇 발의 실탄을 발사하여 간신히 진압하였고, 시위대원 21명(그중 여성 4명)을 기물손괴, 공무집행방해 등의 혐의로 체포했다.
【부상자】 히라카타시경 1명, 스이타시경 7명(그중 1명 중상), 이바라키茨木시경 21명, 국가지방경찰본부 4명, 시위대 측 중상 7명, 그밖에 경상자는 불확실(마이니치신문 오사카 본사 사회면 6월 25일 석간).

이 기사에 의하면 경찰관이 권총을 발사했다고 하는데 실제로 무일이 있었던 것일까. 그래서 나는 부상당한 시위대원을 찾아보았다. 오사카대 세포 책임자 때와 마찬가지로 생각지도 못한 곳에서 도움의 손길이 나타나 그 사람을 만나게 되었다.

친분이 있던 에히메愛媛대 의학부 교수인 정신과 의사를 통해 당시의 오사카대 의학부 학생의 존재를 알게 되었다. 그 정신과 의사가 연락해 물어보니 "뭐, 잠깐 만나보는 것 정도라면 괜찮아요"라는 답변이 왔다는 것이다. 가슴이 고동친다는 것이 바로 이런 것인가 생각하면서 전해 받은 번호로 조심스럽게 버튼을 눌러 전화를 걸었다.

"○○진료소입니다." 여성이 전화를 받았다.

"○○선생님 부탁드립니다"라고 말하고 잠시 기다리자, 수화기 건너편의 목소리는 초로의 남자 목소리로 바뀌었다. 용건을 다시 한번 말하자,

"뭐, △△선생의 소개이니까 믿을 만한 사람일 거라고 생각하지만 자네가 원하는 대답을 해 줄 수 있을지 어떨지는 모르겠네. 아무튼, 진료소로 한 번 오시게"하고 부드러운 음성의 대답이 돌아왔다. 날짜와 장소를 묻고 방문하기로 했다. 주말은 휴진이라고 하여 금요일에 연차를 내고 진료소를 방문했다.

진료소는 오사카부의 중부, 나카가와치中河内 지역에 있었다. 맑게 갠 푸른 하늘이 눈부신 날이었다. 하얀 뭉게구름이 두둥실 떠 있고 이코마산이 가까이에 또렷이 보였다. 그 이코마산 기슭의 주택지 안쪽에 호젓이 진료소가 자리 잡고 있었다. 약속대로 오전 진료시간이 끝나기 직전에 진료소 접수창구로 가서 "○○선생님을 뵙고 싶은데요"라고 조심스레 말했다. "무슨 용건이시죠?" 하고 묻는 접수창구의 여성에게 스이타 사건에 관한 이야기를 꺼내기는 좀 그래서 "저...선생

님께서 알고 계실 거예요" 하고 어중간하게 대답했다.

진료소의 대기실에 앉아서 기다렸다. 대기실은 온통 그 지역 노인들뿐이었다. 허리가 구부정한 한 할머니가 복도에서 진료소 직원을 붙들고 큰 소리로, "허리가 아파서 말이지, 당최 나아지질 않네"라며 통증을 호소하는 건지 그저 신세한탄을 하는 건지 모를 이야기를 늘어놓는 모습은 의사의 성품을 반영하기라도 하듯 정감 있는 분위기였다.

이윽고 오전 진료가 끝나고 진료실 안쪽에서 나를 부르는 소리가 들렸다. 사실은 그때, 가능하면 녹음이나 비디오 촬영으로 기록하면 좋겠다는 생각에 가정용 비디오카메라를 넣은 커다란 검은 가방을 양손에 들고 있었는데, 의사는 나의 얄팍한 속셈을 모두 간파하고 있었는지 나를 보자마자 이렇게 말했다.

"내가 알고 있는 것은 무엇이든 말하겠네. 하지만 조건은 단 하나, 고유명사는 쓰지 않았으면 하네." 나는 진실을 알고 싶었기 때문에 의사의 말대로 촬영이나 메모는 일체 접어두고 오로지 이야기에만 귀를 기울였다. 이야기의 요점은 다음과 같았다.

내가 다니던 나카노시마의 오사카대 의학부 앞으로 한국전쟁 2주년을 맞아 집회를 한다는 안내가 왔었네. 나는 일본의 평화를 바라는 마음에서 도요나카 캠퍼스로 나갔지. 사전에 시위행진이나 행동방침에 대해 자세한 내용을 듣진 못했지만 시위 책임자를 따라 움직였네. 6월 24일 밤에는 끼니를 때웠던 기억이 나지만 이튿날 아침엔 아무것도 먹을 것이 없었지. '산 넘는 부대'에 합류해서 스이타조차장 구내의 시위행진을 그럭저럭 무사히 마치고, 시위대 책임자의 지시대로 스이타역으로 들어갔네.

플랫폼에는 맨 앞칸이 증기기관차로 된 오사카행 열차가 이미 구내로 들어오고 있었고 우리는 그 열차에 올라탔지. 출근과 등교를 하는 승객들로 가득 찬 열차에 깃대와 죽창을 든 시위대원까지 타자, 말 그대로 콩나물시루 같았어. 시위대의 일부는 교토행 플랫폼으로 갔지만, 시위참가자의 대부분은 오사카 방면으로 가는 열차를 탔네. 그 수가 수백 명은 되었지 아마.

그런데 시위대 뒤에서 100명 정도의 경찰관이 나타났어. 경찰관은 운전사에게 권총을 들이대며 열차를 출발시키지 말라고 명령했지. 그리고는 열차 안에서 시위참가자를 검거하기 시작했어. 경찰관 중 한 명이 열차 창문으로 상반신을 들이밀고 그대로 팔을 뻗어 갑자기 권총을 쏘기 시작했는데, 그중 한 발이 좌석에 앉아 있던 내 왼쪽 허벅지 안쪽에 맞았던 거야. 경찰관은 천장을 향해 위협 사격을 한 것이라고 후에 변명했지만, 천장을 향해서 쏘았다면 어떻게 앉아 있던 사람의 허벅지에 명중할 수 있겠나. 현실적으로 앞뒤가 맞지 않는 이야기지.

내가 허벅지에 총을 맞은 것을 보고 가까이 있던 여성 승객이 역무원에게 알려, 스이타 시내의 병원으로 옮겨졌지. 대퇴골 골절로 6월 25일부터 10월 21일까지 거의 4개월 동안 입원했었네. 어느 정도 회복되자 이틀간 구속되어 경찰에게 조사를 받았지만, 결국 기소유예 처분이 내려졌고 재판에 회부되지 않은 채 마무리됐네. 변호사와도 이야기해 보았지만 피해 신고서는 제출하지 않기로 했지.

만약 기소되면, 천장을 향해서 발사했다고 하는 경찰관의 주장은 거짓이라는 게 밝혀지기 때문에 기소유예 처분을 내리는 것으로 정면을 향해 총을 쏘았다는 사실을 은폐하고 싶었던 것이라고 생각하네. 당시 변호사의 설명도 마찬가지였고. 내가 단순한 시위참가자라는 것을 경찰도 파악하고 있었을 것이네. 왼쪽 허벅지는 지금도 가끔씩 쑤실 때가 있지만, 그 후에 의사면허도 따고, 이렇게 동네 의사로서 환자들을 상대하며 하루하루를 보내고 있다네.

진료소를 나오자마자 나는 황급히 검은 가방에서 노트북을 꺼내어 기억나는 대로 이것저것 메모를 했다. 허벅지에 총을 맞은 의대생은 그 후, 경찰관의 고용주 격인 스이타시를 상대로 손해배상청구소송을 제기하여 승소했다. 판결에서 오사카지방법원은 "모리카와森川 순경은 동료 경찰관이 공격을 받은 것에 매우 흥분하여 열차 내에 있던 시위대를 보고 그 발밑을 겨냥해 권총을 발사했다"고 인정했다. 재판에서 당시 플랫폼에 있었던 국철 직원들이 증언을 했다. 이 증언에 의해 시위대가 권총을 쏘았다고 하는 경찰 측의 발표는 완전히 부정되었다(오사카지방법원판결, 1960년 5월 17일).

사법거래라는 말이 있다. 나는 이것이 형을 면제해 줌으로써 진실을 말하도록 하는 것이라고 알고 있었다. 하지만 그것이 결코 피의자의 책임을 면제해 주는 경우에만 사용되는 것이 아니라 권력 측의 약점을 면제하기 위해서도 사용된다는 사실을 묘한 곳에서 짐작할 수 있었다. 결국, 경찰관에게 특별공무원폭행능학치상죄暴行陵虐致傷罪[12]는 적용되지 않았다.

---

12) 특별공무원이나 감옥의 간수 등이 그 직권을 남용해 피의자 혹은 피고인에게 폭행을 가하는 행위는 형법 제195조에 의해 금지되어 있다.

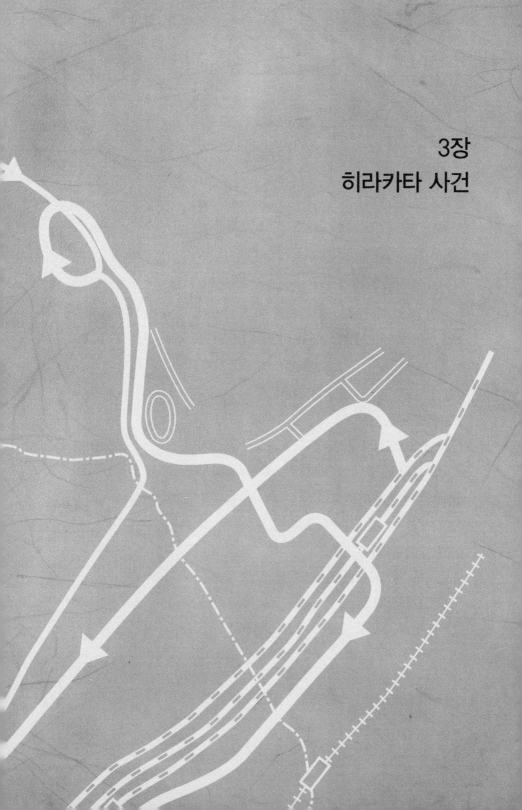

3장
히라카타 사건

1. 히라카타 방화 사건

동양에서 제일가는 두 가지

전전에서 전후에 걸쳐 간사이에는 동양 제일이라 할 만한 것이 두 가지 있었다. 하나는 스이타 사건의 무대가 된, 동양에서 가장 넓은 국철 스이타조차장이고, 또 하나는 동양 최대의 생산 규모를 자랑하는 무기공장 오사카 조병창이다. 오사카 조병창에서 분리되어 나온 공장이 히라카타 시내에 있었는데, 이곳을 공격한 사건이 바로 히라카타 사건이다.

이 공장의 정식명칭은 '구 육군조병창 오사카공창工廠[1] 히라카타 제조소'다. 1940년 4월에 오사카 육군조병창·히라카타 제조소로 명칭이 바뀐다. 히라카타 사건 당사자들은 이곳을 히라카타 공창이라 불렀다. 정식명칭보다 간명하기 때문에, 이 책에서도 히라카타 공창이라 부르기로 한다.

스이타 사건과 히라카타 사건은 같은 날에 일어났다. 잇페이의 마스타에게 사건에 관해 물어보니 관계자를 알고 있다고 했다. 그의 이름은 와키타 겐이치脇田憲一. 일본공산당이 군사방침을 채택하고 있던

---

1) 육해군에 직접 소속되어 군수품을 제조하던 공장을 공창(工廠)이라고 불렀다.

시기의 군사조직을 중핵자위대中核自衛隊라 불렀는데, 와키타는 히라카타 사건 당시 17세의 최연소 중핵자위대원이었다.

그는 기타하마北浜의 오사카증권거래소에서 고객에게 위임받은 주식을 매매하는 일을 하고 있었다. 와키타에게 연락해서 우리 모임에 나와 이야기를 해달라고 요청했다. 그는 사건의 경과를 담담하게 말해 주었다.

히라카타 사건에 오사카대 학생들이 많이 참가했어요. 오사카대 공학부는 전쟁 전에 오사카 미야코지마구都島区에 있었는데, 미군의 공습으로 학교 건물의 일부가 불타버려서, 히라카타에 있던 구 일본육군 무기공장 부지의 한쪽을 빌려 쓰고 있었습니다. 당시 그 지역에서는 히라카타 공창을 재가동시켜서 미군이 사용할 포탄을 제조하려는 유치운동이 있었고, 지역 주민들은 그에 대한 반대 운동을 하고 있었어요. 이처럼 전쟁을 반대하는 지역 여론을 배경으로 일어난 것이 히라카타 사건입니다.

히라카타 사건에는 두 가지가 있는데, 하나는 히라카타 공창을 다이너마이트 시한폭탄으로 폭파한 사건이고, 또 하나는 무기공장 유치에 열심이던 지역유지 자택 방화미수 사건입니다. 저는 시한폭탄 설치 사건에 관여했습니다. 그 일로 경찰에 체포되어 기나긴 재판을 받았지요.

한 통의 전화

방화미수 사건은 1952년 6월 25일 새벽 2시 45분경, 피해자의 신고로 발각되었다. 스이타에서 '산 넘는 부대'와 '인민전철부대'가 이동 중이던 바로 그 시간에 일어난 일이다. 히라카타시 경찰서에 한 통의 전화가 걸려 왔다.

여보세요, 히라카타 경찰서요? 누가 우리 집 현관에 화염병을 던졌소. 문짝과 장지문이 불타고 맞은편 차고까지 불길이 옮겨붙었어! 당장 와 주시오! 우리 집은 게이한 히라카타공원京阪枚方公園역 바로 동쪽, 나는 고마쓰 마사요시小松正義요!

고마쓰 마사요시는 히라카타에 있는 운송회사 사카에구미榮組의 사장으로, 구 히라카타 공장을 민간기업으로 만들기 위해 유치위원으로서 열심히 활동하고 있었다. 그리고 당시로써는 드물게 자가용 승용차를 소유하고 있었다.

히라카타 경찰은 한국전쟁 2주년 투쟁에 대비하여 대기 중이던 경찰대를 즉시 출동시켰다. 헤구리平群 경위의 지휘로 열두 명의 경찰이 트럭에 올라타고 현장으로 향했다. 히라카타시 경찰서에서 현장까지는 불과 200미터. 경찰관은 금방 고마쓰 마사요시의 자택에 도착했다. 현장에는 팬티만 걸친 한 남자가 공포 때문인지 분노 때문인지 얼굴이 새파랗게 질린 채로 서 있었다. 고마쓰 마사요시였다.

1층 현관 옆 거실에서 처제가 아이 네 명을 데리고 자고 있었소. 그런데 갑자기 쨍그랑하고 현관 유리문 깨지는 소리에 무슨 일인가 해서 나가 보니, 봉당에서 불길이 활활 치솟고 있었다는 거요. 현관에서 집안으로 이어지는 복도도 불길을 뿜고 있었소. 수상쩍은 패거리가 근처 산 쪽으로 도망쳤으니 당장 잡아들이시오!

헤구리 경위는 경찰관들에게 2인 1조로 범인을 추적하여 검거하라고 명령했다. 그리고 얼마 지나지 않아 고마쓰의 자택에서 약 200미터 떨어진 민가 앞에서 한 무리의 사내들과 맞닥뜨렸다.

"누구냐!" 경찰이 묻자마자 남자들은 한달음에 도망쳤다.

"삑─" 호루라기 소리가 늦은 밤거리에 울려 퍼졌다. 그리고 400미터 떨어진 산 아래의 간쇼도観照堂라는 절 근처에서 경찰들은 다시 한번 남자들과 마주쳤다. 남자들은 "몇 놈 안 되잖아", "그냥 해치우자", "죽여 버려!"라고 소리치며 돌을 던지기 시작했다.

그러자 길 앞쪽에서 갑자기 죽창과 곤봉을 든 남자들 20~30명이 우르르 튀어나와 '와아─'하는 함성과 함께 경찰에게 달려들었다. 위험을 느낀 경찰이 허리춤에서 권총을 뽑아 들고 하늘을 향해 두 발을 발사했고 남자들은 삽시간에 흩어졌다. 산 쪽으로 도망칠 생각이었겠지만 근처 수풀에 숨어있던 남자들은 날이 밝아오는 동안 줄줄이 경찰에 체포되었다.

동틀 때까지 붙잡힌 남자들의 수는 13명. 그 중에는 당시 오사카대 공학부 학생 하세가와 게이타로長谷川慶太郎가 있었다. 몰려든 사람들은 100여 명인 데 비해 경찰관은 7명뿐이었다. 경찰 조사에서 하세가와는 14명의 참가자를 통솔하는 제1소대의 리더로 밝혀졌다. 체포된 13명은 조사과정에서 철저하게 묵비권을 행사했다. 하세가와도 입을 닫고 있었지만, 이미 히라카타시에서 학생운동가로 경찰들 사이에 얼굴이 알려져 있었기 때문에 신원이 금방 드러나고 말았다.

검찰의 모두진술은 다음과 같다.

6월 24일 저녁, 하세가와를 비롯한 몇 명의 학생들은 오사카대 공학부 히라카타 교사校숨의 학생홀에 집합하여 화염병을 준비한 사실.

같은 날 밤 10시 무렵 부대를 편성할 때 피고인들은 모두 제1중대 제1소대에 편입되었고 하세가와는 제1소대장이 되어 제1분대장을 겸한 사실.

하세가와 게이타로는 사건 다음 달 19일에 보석금 1만 엔을 내고 풀려났는데 구류기간은 23일이었다.

2. 히라카타 공창의 시한폭탄 설치 사건

다이너마이트 시한폭탄

또 하나의 히라카타 사건인 다이너마이트 시한폭탄 사건을 조사하기 위해 다시 한번 오사카 시립중앙도서관을 방문하여 당시의 신문 기사를 찾아보았다. 1952년 6월 27일 자 아사히신문 오사카 본사 발행의 사회면에 다음과 같은 기사가 있었다.

다이너마이트 시한폭탄을 발견.

제목은 사회면 톱으로 4단을 차지하는 크기였다. 본문 앞에 요약된 내용을 읽어보았다.

26일 오후 2시경, 오사카부 히라카타시 나카미야中宮, 전 육군 오사카 조병창 히라카타 제조소 구 프레스 공장 내에 시한폭탄으로 보이는 물건이 설치되어 있는 것을 발견한 경비원이 놀라서 히라카타 시경에 신고했다. 시경의 조사 결과 끈으로 묶은 여섯 개의 다이너마이트에 원형 건전지 네 개, 각형 건전지 두 개를 가느다란 전선으로 연결하여 그 안쪽에 타이머를 부착해 놓은 것으로 밝혀졌다. 히라카타 서署에서는 시위대의 별동대가 25일 혹은 26일 해당 공장의 유리창을 부수고 침입, 시한폭탄을 설치하여 폭파를 계획한 것으로 보고 조사하고 있다.

추가된 기사는 다음과 같다.

　시한폭탄을 발견한 경비원이 허둥지둥 떼어내려다가 시곗바늘이 부러졌기 때문에 이 수제 시한폭탄이 언제 폭발하도록 되어 있었는지, 혹은 불발로 그친 것인지는 알 수 없었다. 또한 해당 제조소는 패전 후 폐쇄되어 긴키近畿 재무국 히라카타 분실分室에서 관리하고 있었는데, 최근 고마쓰제작소에 매각되어 시설의 일부가 무기공장으로 재가동될 것이라는 소문이 있었다. 그래서 지역 내에서는 이러한 무기 제조에 반대하는 소리가 나왔고, '나 혼자서라도 공장을 파괴해버리겠다'는 말을 퍼뜨리고 다니는 자가 있음을 히라가타시 경찰서는 알고 있었다.

　폭탄이 발견되긴 했지만, 이 단계에서는 미수 사건에 그치게 된다. 다이너마이트도, 시한장치도 폭파되지 않은 상태로 발견되었기 때문이다.
　당일의 사회면에는 미국인이 타고 있던 자동차에 공기총이 발사된 사건, 스이타 사건으로 오사카지검이 34명을 구류청구한 건, 이바라키시 경찰서의 전 직원 55명 중 약 절반인 25명이 스이타 사건으로 부상당하여 이바라키시 방범위원 400명이 대체 업무를 신청한 건 등이 기재되어 있다. 그 와중에 한 컷에는 헬싱키올림픽 선수단이 장마철의 흐린 날씨 속에서 하네다 공항을 출발했다는 내용이 커다란 사진과 함께 실려 있었다.
　그렇다면 범행그룹이 히라카타 사건을 일으킨 이유는 무엇일까? 우선은 히라카타의 역사를 되짚어보자. 히라카타시는 오사카와 교토의 중간, 요도가와강의 남쪽에 위치하며 동쪽으로 이코마 산지, 서쪽으로 요도가와강 저지대 그리고 중앙으로는 구릉지대가 펼쳐지는 곳으로, 요도가와강을 이용했던 배편의 역참으로 발달했다.

메이지 시기에는 긴야禁野화약고가 설립된다. 국철 도카이도선이 요도가와강의 북쪽으로 개통되었다. 이로 인해 히라카타의 역참은 일시적으로 쇠퇴했지만, 1898년 간사이철도[2]가 개통되면서 전환기를 맞이한다. 일본 육군은 히라카타시 긴야 지구에 화약고를 설치하기로 했다. 청일전쟁(1894~95년)이 한창일 때, 청나라에서 가져온 전리품을 모아둔다는 명목으로 강제로 토지를 매수했고 3년 후에는 화약 수납이 시작되었다. 이곳에 화약고를 설치한 이유는 첫째, 가타마치선을 이용하여 원재료와 제품의 수송이 수월하고, 둘째, 인가가 별로 없어서 토지 매수가 용이하며, 셋째, 긴야 지구는 구릉지대이기 때문에 만에 하나 화약이 폭발하더라도 2차 피해가 적다는 점 등이 유리하게 작용했다. 긴야 화약고는 확장을 거듭하여 1933년에는 43헥타르, 고시엔甲子園야구장의 약 10배에 달하는 규모가 되었다.

이어서 포탄공장이 세워졌다. 쇼와시대에 접어들어 육군은 중일전쟁이 시작된 지 1년 후인 1938년에 긴야 화약고 바로 옆에 무기공장을 만들었다. 육군 조병창 오사카공장 히라카타 제조소는 포탄과 폭탄을 제조하고 화약을 충전하는 거대한 무기고가 되었다.

히라카타 제조소는 고시엔 야구장의 무려 25배, 직원 수 1만 명이 넘는 초대형 공장으로 육군에서 사용하는 대구경과 중구경의 포탄 중 70퍼센트 이상을 제조했다. 제2제조소에서 포탄을 만들고, 옆에 있는

---

2) 훗날 국철 가타마치선(片町線), 현재의 JR 갓켄토시선(学研都市線).

긴야 화약고에서 화약을 채운 다음, 제5제조소에서 만든 신관을 장착하여 완성하는 식이었다. 아시아·태평양전쟁 직전에는 고리香里 제조소가 신설되어 화약을 만들기 시작했다. 히라카타는 이렇게 당대 최대의 군수공장이 되어갔다.

군수공장의 개설은 고용의 기회를 제공해주었지만, 포탄과 폭탄 혹은 화약이라는 위험물과 함께 살아가야 한다는 점에서 지역 주민들의 불안감은 컸다. 아니나 다를까, 주민들의 예감은 적중했다. 1939년 3월 1일, 긴야 화약고는 대폭발을 일으켜 많은 사상자를 냈다. 개설한 지 얼마 안 된 1909년의 첫 번째 대폭발에서도 사망자는 없었지만 부상자는 17명이었고 약 1,500채의 가옥이 피해를 입었다.

전쟁 중 일어난 일이었기 때문에 정확한 피해 기록은 남아 있지 않고 사망자에 대해서도 다양한 설이 있다. 『히라카타시사枚方市史』제4권(1980년)에는 다음과 같은 기록이 나온다.

> 3월 1일. 작업 중이던 오후 2시 45분, 갑자기 폭발이 일어났다. 크고 작은 스물아홉 번의 폭발이 이어졌다. 사망자 95명(그중 조선인 1명), 부상자 352명. 주택의 전소·전파가 836세대. 대부분의 주민들은 폭발이 일어날 때마다 쏟아져 내리는 쇳조각과 자갈을 피해 방석을 머리에 뒤집어쓰고 대피하느라 우왕좌왕했다.

이 폭발로 화약고 근처의 도노야마殿山 제1초등학교는 전소됐고 오사카부와 오사카시에서는 구호 본부를 설치하여 3만 명의 피난민에게 급식을 실시했다.

지금 사고 현장 주변을 걷다 보면 히라카타초町 소방노조원 15명과 마을회 의원 1명의 '순직기념비'가 긴야 보육소의 정원에 조용히 서 있는 것을 볼 수 있다. 그리고 긴야 화약고 폭발사고로 목숨을 잃은 38명을 기리기 위해 나카미야 초등학교 앞에 세운 '순직의열의 비'에서 대화재의 흔적을 가까스로 찾아볼 수 있다. 그러나 전쟁 중에는 육군의 위세에 압도되어 드러내놓고 반대운동을 할 수는 없었다.

오사카성 근처에 있는 육군 조병창 오사카공창은 1945년 8월 14일, 미군의 공격으로 완전히 파괴되었다. 이와는 대조적으로 히라카타 공창의 공습 피해는 적었다. 패전 후, 히라카타는 한동안 평온함을 되찾았다. 일본 정부는 히라카타 공창을 연합국에 대한 배상물건으로 지정했기 때문에 유휴 상태로 방치되어 대장성 긴키 재무국 직원이 보수점검이나 하는 정도의 조용한 장소로 변했다.

다만, 연합군총사령부GHQ의 허가를 받으면 일시적으로 시설을 대여할 수 있었기 때문에, 부지의 일부는 국립 오사카대 공학부나 히라카타중학교 등의 교육시설 혹은 시민병원 등으로 이용되었다. 히라카타 사건을 일으킨 오사카대 공학부 학생들이 구 히라카타 공창을 전용轉用한 오사카대 공학부 기숙사에서 생활한 데에는 이러한 배경이 있다.

구 히라카타 공창, 고마쓰제작소에 매각

히라카타는 한국전쟁으로 인해 생각지도 못한 전기를 맞이하게 된다. 또다시 전쟁의 발소리가 가까워진 것이다. 농업지대였던 히라카타시는 패전 후에도 히라카타 공창의 매각 운동에 적극적으로 나섰고, 1951년 6월에 시의회는 매각 촉구를 결의했다. 지방세 수입을 늘리고 지역 주민의 고용을 확대하려는 것이 그 목적이었다. 주민들은 긴야 화약고 대폭발이라는 참사의 기억 때문에 평화산업이 들어오길 바랐지만 찾아온 것은 군수산업이었다.

지역 유지인 고마쓰 마사요시가 극동철기주식회사라는 회사를 설립하여 대장성에 일시 사용을 신청했다. 그러나 대장성의 불허 결정으로 이 계획은 수포로 돌아갔다. 한편, 시장으로부터 유치 요청을 받은 고마쓰제작소가 1951년 11월에 히라카타 공창 중 가이다甲斐田지구의 일시사용을 신청하여 다음 해인 1952년 3월에 정식으로 매각이 결정되었다.

고마쓰제작소의 창업자 다케우치 메이타로竹内明太郞는 전후에 총리가 된 요시다 시게루吉田茂의 친형이다. 그는 전쟁 중인 1943년에 일본 최초의 불도저인 해군 항공 기지건설용 불도저를 완성시킨 인물로, 고마쓰제작소를 일본 최대의 건설기계 회사로 발전시킨다. 참고로, 앞서 언급된 자택 방화 사건의 피해자 고마쓰 마사요시는 고마쓰제작소의 사장이나 임원이 아니었지만, 성이 같다는 이유로 지역 주민들의 오해를 사는 일도 있었다고 히라카타 사건의 판결문에 쓰여 있다.

히라카타 시장이 발표한 고마쓰제작소의 계획에 의하면, 트럭과 불도저를 제조하고 3,000명의 직원을 고용할 예정이었다. 하지만 회사 측은 한국전쟁 발발로 미군의 포탄 특수特需를 위한 입찰이 필요해짐에 따라, 히라카타 공창을 포탄 제조공장으로 만들려는 계획을 추진했다. 즉, 히라카타 사건은 긴야 화약고의 대폭발 때문에 평화산업을 지향했던 지역 주민의 바람과는 정반대로, 대장성이 한국전쟁을 계기로 구 히라카타 공창을 고마쓰제작소에 매각하여 군수공장으로 부활시키려던 바로 그 시기에 계획된 것이다.

3. 사건의 막후

범행성명 삐라

고마쓰 마사요시 자택 방화미수 사건 당일 밤, 하세가와 게이타로를 포함한 대학생들과 노동자 13명이 체포된 후, 연이은 자백으로 줄줄이 관계자가 색출되어 체포자 수는 73명으로 늘어났다. 하지만 히라카타 공창의 시한폭탄 사건에 대한 수사에는 전혀 진전이 없었다. 경찰은 스이타 사건과 고마쓰 마사요시 자택 방화미수 사건을 처리하느라 거기까지 신경을 쓸 겨를이 없었던 것이다.

그런데 일이 이렇게 되자, 범행그룹은 히라카타 투쟁의 최대 관심사인 공창 폭파 사건을 세상에 알리고 싶다. 그러나 체포자가 나와서는 안 된다는 이율배반적인 선택을 해야 하는 상황에 놓이게 되었다. 범행그룹은 무엇보다 정치적인 성과를 중요시 한 것인지, 방화 사건 일주일 뒤인 7월 1일에 오사카의 모리구치守口 시내에 등사기로 찍어낸 삐라를 살포했다. 기타카와치北河内 청년신문의 호외였다.

우리 용감한 가호쿠河北 해방청년행동대 특별부대는 6월 24일 오전 0시 히라카타 공창에 잠입하여, 오전 2시 45분, 박격포탄 62만 발을 생산하기 직전에 있던 약 2천 톤가량의 포탄 인발引抜 프레스를 폭파했다.

돈의 힘에 현혹되어 충실한 개가 되어 버린 히라카타 시의원 매국노 K가 히라카타 공창을 고마쓰제작소에 팔아넘기는 데 성공하여, K는 그 대가로 고마쓰제작소로부터 고급 승용차를 받았다. 우리는 이 전쟁광과 그 앞잡이, 그리고 그들을 옹호하는 시경을 무력으로 쓰러뜨려 승리를 쟁취할 것을 호소하는 바이다(『청년의 깃발青年の旗』 1952년 6월 28일자 호외).

이 호외의 뒷면에는 엉뚱하게도 빙수 가게 광고가 실려 있다. 실은 이 광고주가 가호쿠 해방청년 행동대의 대대장을 맡고 있는 M이었다. M은 빙수 가게를 운영하고 있었는데, 광고에는 가게의 약도까지 그려져 있었다. 그는 결국 이 삐라 때문에 체포된다. 그야말로 코미디다. 그런데도 경찰과 검찰의 현장검증이 불충분하여 시한폭탄이 폭파된 것을 알아차리지 못했고, 그래서 수사가 지연되었다.

하지만 사태는 의외의 곳에서 완전히 뒤집힌다. 범행으로부터 2개월 반이 지난 1952년 9월 초순. 오사카시 경시청이 다른 방화 사건으로 체포한 조선인 N을 취조하던 중, N이 히라카타 공창 폭파 사건을 자백한 것이다. 보고를 받은 오사카지방검찰청이 공장을 다시 한번 검증한 결과 불발탄 펌프 옆의 제634호기 펌프가 다이너마이트에 의해 폭파되어, 펌프 상부의 페인트가 조금 벗겨져 있는 것이 확인되었다. 부식은 사방 7센티미터라고 검찰청 자료에 기록되어 있다.

이로써 히라카타 사건은 고마쓰의 자택 방화미수 사건과 히라카타 공창 폭파 사건에 그치지 않고 다이너마이트 폭발 사건을 포함한 복합적인 사건임이 밝혀졌다. 경찰과 검찰 수사의 미숙함도 한몫하여 사건 발생으로부터 2개월 반이 지나서야 가까스로 사건의 전체상이 드러난 것이다. 검찰과 경찰은 수사태세를 재검토하지 않을 수 없게 되었다.

실행부대와 파수부대

히라카타 사건의 피고, 와키타 겐이치가 연구모임에 나와서 했던 이야기를 계속 들어보자.

당시, 나는 17세로 군사부문 중핵자위대에 소속되어 있었습니다. 어느 날 당(공산당)의 상부에서 행동에 참가하라는 지령이 내려왔어요. 6월 23일 밤 10시가 지나자, 우리 행동대원들은 게이한 히라카타시역에서 교토방면으로 두 정거장 떨어진 마키노牧野역에 삼삼오오 하차한 다음 가타노片埜 신사에서 모였습니다. 약속된 시간은 밤 11시였던 것으로 기억해요. 망을 보는 사람이 다섯 명, 실행부대가 네 명이었지만, 만에 하나 체포되었을 경우를 대비해 서로의 얼굴은 모르도록 하고 그중 책임자들만 회의를 했습니다.

밤 11시 30분 출발이었어요. 히라카타 공창까지 4킬로미터를 그렇게 한 시간 정도 걸어갔습니다. 공장에서는 콘크리트 벽을 넘어 잔디가 깔린 부지 안으로 들어갔어요. 제 역할은 망을 보는 것이었습니다. 그럭저럭 한 시간 정도 기다렸을까요, 그 시간이 너무나 길게 느껴졌어요. 실행부대가 임무를 마치고 공창에서 나올 때 보니 모두 아는 사람들뿐이었어요. 오사카 모리구치시에서 매일같이 보던 얼굴들이었던 거예요.

아홉 명이 움직였는데, 가장 중요한 실행부대원 네 명 중 세 명이 재일조선인이었다고 한다. 와키타는 당시의 신문 기사를 손으로 짚었다. 그것은 고마쓰제작소로 매각이 결정된 단계에서 닛케이신문日本経済新聞의 기자가 공장 내부를 취재한 르포기사였다. 패전으로부터 7년 후인 1952년 당시의 기사다.

공장 안으로 들어간 우리는 옥외와는 전혀 다른 광경에 깜짝 놀랐다. 가이다 지구의 프레스공장에는 과거에 육군이 자랑스럽게 여기던 750톤 수압 프레스 여섯 대가, 7년 전과 조금도 변함없는 모습으로 새까만 광택을 자랑하며 늘어서 있었다. 육군은 이곳에서 한 달에 대형포탄 5천여 발과 15센티미터급 포탄 2만 발씩을 만들었던 것이다. 윤활유를 칠해 놓은 프레스는 모두 조용히 다시 움직일 날을 기다리고 있었다. 프레스 공장에는 대형 선반 300대가 끝없이 늘어서 있고 기름칠을 하고 기름종이로 덮어둔 기계들은 당장이라도 가동할 수 있다.

나카미야 지구도 대략 비슷했다. 부지 13만 평, 건평 2만 9천 평 안에 1천 2백 대의 기계설비를 보유하여 소구경 포탄을 한 달에 약 20만 발씩 생산하고 있었다(닛케이신문 1952년 8월 28일 자).

와키타는 체포된 후 현장검증을 위해서 공장 내부에 들어갔는데, 언제라도 공장을 사용할 수 있도록 대장성이 잘 보존하여 관리하고 있는 것에 매우 놀랐다고 한다. 와키타의 이야기는 계속되었다.

아홉 명이었던 우리 부대는 두 개 조로 나뉘어 움직였습니다. 실행부대는 제4착출 공장으로 들어가 수압펌프에 시한폭탄 2발을 설치했습니다. 이 공장에는 당시 일본 전역에 몇 대밖에 없다는 포탄 펀치프레스기계가 있었습니다.

실행대장은 조선인 W였는데, 그가 수압펌프에 폭탄을 설치하고 다른 한 대는 일본인 X가 맡았습니다. 이 시한장치가 정말로 위험한 물건인데, 설정된 시간에 타이머의 바늘이 닿으면 바로 폭발하는 지극히 원시적인 장치였어요. 조금만 실수해도 한순간에 폭발해 버릴 수 있으니까요.

파수부대는 2미터 정도 높이의 벽을 넘어야 했습니다. 혼자서는 넘을 수가 없어서 한 사람이 아래서 받쳐주는 식이었어요. 그리고 마지막 한 명은 공장 바깥쪽에서 망을 보고 있었어요. '누군가가 나타나면 담벼락을 두드려 알리라'고 했거든요.(와키타는 실명으로 이야기했지만, 인권 보호 차원에서 이니셜로 대신한다).

와키타의 이야기에 따르면, 시한폭탄을 설치한 후 실행부대는 아지트로 이동해 몸을 숨길 예정이었다고 한다.

우리 파수부대는 히라카타 공창에서 남쪽으로 3킬로미터 정도를 걸어갔습니다. 아지트에 도착하고 나서 '콰광'하는 소리가 크게 울렸고, 잠시 후에 다시 한번 '콰광'하는 두 번째 폭발음이 들렸습니다.

망을 보는 부대원들도 '아, 시한폭탄 두 발 모두 성공했구나' 하는 생각에 '해냈다!'는 기분이 들었어요. 그렇지만 나중에 생각해보니 두 번째로 들렸던 소리는 아무래도 여음餘音이었던 거 같아요. 한 시간은 족히 걸어서 무라노 지구村野地区의 아지트에 도착했을 때에는 솔직히 마음이 놓였습니다. 성취감이랄까, 고양된 기분이었지요.

그곳에서 우리는 잠깐 눈을 붙였어요. 그때는 하지 무렵이라 해가 일찍 뜨는 데다가 경찰이 움직이기 전에 탈출해야 했기 때문에 첫차를 타고 겨우 그곳을 빠져나왔어요.

와키타는 흥미로운 에피소드를 털어놓았다. '계획이 외부로 새어나간 의혹이 있다'는 이유로 예정보다 하루 앞당겨진 23일 밤부터 이튿날 아침에 걸쳐 작전이 실행되었다고 한다. 한편, '한국전쟁 2주년' 히라카타 전야제는 예정대로 24일 밤에 개최되었다. 스이타 쪽으로 집중될지도 모를 경찰병력을 조금이라도 히라카타로 유인하여 분산시키기 위한 것이었다. 와키타에 의하면, 히라카타 시내에서 열린 전야제에는 노동자와 학생들 약 100명이 모였다고 한다. 그리고 그 대부분이 고마쓰 마사요시 자택 방화미수 사건에 관여한다.

집회에서는 리더가 참가자 100명을 세 개 중대로 나누었다. 그리고 제1중대의 제1소대장을 하세가와 게이타로가 맡았다. 제1소대 구성원은 오사카대 공학부 학생들이었다.

아직 날이 밝기 전인 6월 25일 새벽 2시. 행동대는 집회 장소에서 그리 멀지 않은 고마쓰 마사요시의 자택을 습격했다. 오사카대 공학부와 치과대 학생들은 이 계획을 두고 "개인의 집을 습격하는 것은 혁명 윤리에 위배되는 것 아닌가"라며 반대했다고 한다. 하지만 머리 회전이 빠른 행동대 간부가 "그렇다면, 학생 소대는 직접 공격에 참가하지 않아도 좋아. 그 대신 고마쓰 자택에 대한 공격을 승인해 주게"라며 타협안을 제시하자 결국 학생들도 계획을 인정했다. 이것이 하세가와 게이타로가 체포된 경위였다.

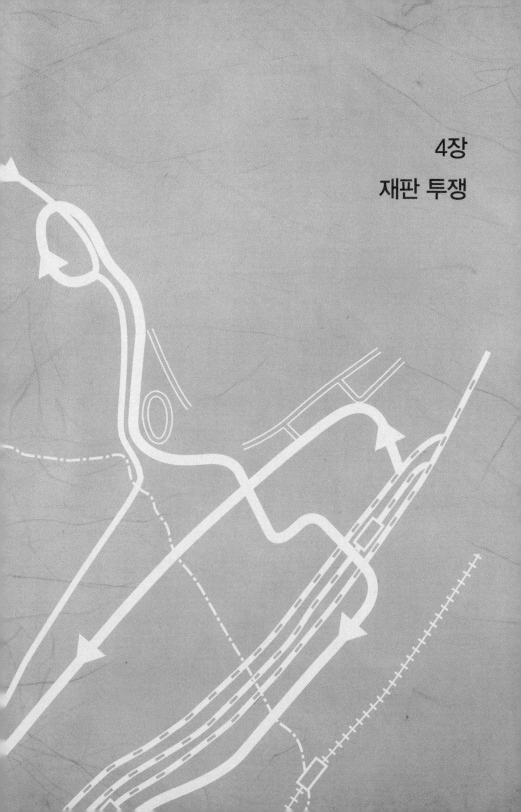

4장

재판 투쟁

1. 스이타 묵념 사건

피고인 병합방식

히라노 이치로는 스이타 사건 재판의 검찰 측 모두진술서를 집에
보관하고 있었다. 재판에서 검찰 측이 사법기자클럽에 가맹한 신문사
와 통신사에 배부한 것으로, B4사이즈의 갱지를 반으로 접은 표지에
12번이라는 보도기관용의 일련번호가 매겨져 있다. 너덜너덜해진 표
지와 일련번호가 당시의 법정을 생생하게 상기시켰다.

조선인 그룹의 리더 부덕수는 스이타역을 거쳐 오사카역에서 미도
스지까지 시위행진을 관철시키려 했다. 지름 1미터의 마칭밴드용 큰
북을 몸에 단단히 조여 맨 남자가 인민전철부대로 와서 그의 옆에 있
었다. 시위행진 총 책임자의 명령에 따라 한국전쟁 반대 시위행진을
미도스지에서 결행하려고 오사카역 동쪽 출구로 나왔다. 하지만, 그
곳에는 시위대 동료들의 모습이 거의 보이지 않았다. 경찰들에게 두
들겨 맞은 후 가까스로 조토선에 올라타 쓰루하시역에 도착했지만 역
아래 국제시장에서 무임승차 혐의로 체포되고 말았다.

부덕수는 오사카성 천수각 옆에 있는 오사카시 경시청(현재 오사카
시립자연사박물관)으로 연행되어 취조를 받았다. 그는 철저히 묵비권을
행사했으며 이름조차 대지 않았다. 취조 당시 경찰관은 목검으로 부
덕수의 후두부를 내리쳤다고 한다.

지금도 그의 뒤통수에는 우둘투둘한 흉터가 남아 있다. 나는 잇페이에서 그 이야기를 듣다가 양해를 구하고 만져봤는데, 손끝에 살짝만 닿아도 알 수 있을 정도로 부풀은 자국이 딱딱하게 굳어 있었다. 가마에서 5센티미터 정도 아래에 3센티미터쯤 되는 길이의 흉터였다.

당시 그는 구타로 상당한 양의 피를 쏟았는데, 경찰관은 의사를 부르기는커녕 아무런 치료도 하지 않았다고 한다. 언제나 온화한 모습을 보이던 부덕수도 이 얘기를 할 때만큼은 눈에서 불이 뿜어져 나왔다.

경찰관의 폭행은 한 번으로 끝나지 않았다. 의자를 발로 차 넘어뜨리고 목검으로 사정없이 두들겨 팼다고 한다. 부덕수가 아시아자원봉사센터의 4층까지 올라가는 데 층계참에서 몇 번이나 쉬어야 할 만큼 허리뼈가 상한 것은 취조 당시 맞았던 후유증 때문이라고 했다.

스이타 사건은 소요 사건인 만큼 피고의 수가 많았는데, 제1회 공판 때에 이미 79명이었다. 공판에 앞서 오사카지방법원은 검찰과 변호인단을 법원 회의실로 불러 공판의 진행 방식에 대해 협의했다. 도쿄의 메이데이 사건에서는 시작 단계에서, 또 나고야의 오스 사건에서는 재판 내내 피고를 그룹별로 나누어서 재판을 진행했기 때문이다.

오사카지방법원은 '소요죄로서 하나의 사건'이라는 관점에서 피고인 전원을 병합하겠다는 방침을 내놓았다. 네 명이 앉을 수 있는 긴 의자를 옆으로 두 개씩, 앞뒤 10열로 배열했다. 잠깐 상상해 보았으면 한다. 초등학교 한 학급의 몇 배나 되는 인원이 피고석에 늘어선 광경을. 법원은 각 의자에 착석번호를 붙이고 그것을 피고인의 소환장으로도 사용했다. 말하자면 피고에게 번호를 매긴 것이다. 게다가 검찰은 첫 공판 후에도 용의자를 줄줄이 추가기소하여 최종 피고인의 수는 111명에 달했다. 그중 조선인은 50명이었다. 법원은 135석의 방청석을 마련하고 선착순으로 방청권을 배부했다. 이렇게 재판이 시작되었다.

스이타 소요죄 사건을 맡은 재판장은 사사키 데쓰조左々木哲蔵였다. 나에게 한 권의 책이 있다. 언젠가 스이타 사건을 연구하는 데 참고가 될까 해서 발매되자마자 사두었다. 『어느 판사의 회상―裁判官の回想』(技術と人間社, 1993)이라는 제목의 이 책은 저자가 사사키 본인이고, 구입 당시에는 알아차리지 못했지만 편집자 중 한 사람이 히라노 이치로였다. 사사키 데쓰조와 히라노 이치로는 그 정도로 가까운 사이였다. 두 사람은 사법기자와 오사카지방법원의 판사라는, 직업상의 교류를 넘어서는 우정을 나눈 사이였다고 히라노는 기록하고 있다. '인권의 화신이라 할 만한 사사키 데쓰조 씨를 향한 주체할 수 없는 존경심에 이 글을 쓰지 않을 수 없었다'는 문구로 그의 글은 시작된다.

사사키는 스이타 사건의 공판이 진행되는 도중에 판사직을 그만 두고 변호사가 되었는데 변호사가 된 사사키에게 히라노는 한 사람을 소개한다. 그는 사야마狭山 재판 공소심에서 타개책을 모색하던 부락해방동맹의 아사다 젠노스케朝田善之助 위원장이었다. 이를 계기로 사사키는 사야마 재판 공소심의 변호단장에 취임한다. 뿐만 아니라 사사키는 야카이八海누명 사건[1]의 변호단장을 맡아 사형 등 유죄 판결을 받은 네 명을 무죄판결로 이끈다. 히라노는 어떤 글에서 법률가 사사키와 저널리스트인 자신이 나눈 마음의 교류를 담담하지만 따뜻하게 묘사하고 있다.

---

1) 1951년 야마구치현(山口県)의 무코무라(麻郷村) 야카이(八海)에서 일어난 강도살인 사건. 이후 일곱 번의 판결에서 유죄 → 무죄 → 유죄 → 무죄사실인정으로 5명의 피고들 중 4명의 무죄가 입증되기까지 17년이 걸린 장기 재판이었다.

1906년 미야기현宮城県 출생. 판사 사임 후 변호사. 1930년 도쿄대 법학과 졸업. 사법고시에 합격하여 졸업 후 바로 판사가 되다. 1938년 '만주국'(중국 동북부)으로 건너가 하얼빈哈爾濱고등법원의 판사, 신징(新京)법정대 교수를 역임. 패전 후 2년 반 남짓 시베리아에 억류, 1948년에 귀환하여 오사카지방법원에 복직. 1957년에 변호사가 되어 야카이 사건, 사야마 재심청구 사건 등 다수의 재판에서 변호단장으로 활약(『아사히인물사전朝日人物事典』, 朝日新聞社, 1990).

히라노는 사사키를 다음과 같이 평가했다.

1925년의 치안유지법과 1927년의 제1차 중국 산둥山東출병의 시대에 학창 시절을 보낸 사사키는 소위 마르크스주의의 세례를 받지 않았다. 굳이 말하자면, 센다이仙台 출신인 아베 지로安部次郎의 『바보 일기三太郎の日記』(1914)로 대표되는 교양주의의 입장인 것 같다.

사실 히라노도 마르크스주의의 영향을 받지는 않았지만 타고난 감각과 심지 곧은 정의감을 지니고 있었다. 사사키와 히라노가 서로 존경하는 사이가 된 데는 이러한 배경이 있었을 것이다.

대학 졸업 후, 사사키는 '당시의 평균적인 일본인의 한 사람으로서, 선배의 권유에 소박한 공명심이 더해져' 구 만주국의 판사가 된다. 그리고 패전 후 2년 반의 시베리아 억류 생활은 사사키에게 전기轉機가 되었는데 소련군 장교의 한 마디가 그의 마음을 움직였다.

만주 땅에 대한 자네의 계획이 얼마나 아름다운 것이었는지 그 주관적인 선의는 중요하지 않아. 만주국을 만든 일본의 침략, 그러한 일본의 고급 간부로서 자네가 해낸 객관적인 역할, 그 책임은 면할 수 없어. 인류에게 큰 죄를 범한 것일세.

그의 말을 마음속에 간직한 채 사사키는 본국으로 귀환하여 오사카지방법원으로 복귀한다. 새로운 헌법과 형사소송법 하에서 사사키는 '역사를 공부하지 않으면 안 된다. 사회과학적인 관점을 몸에 익혀야 한다'고 다짐했다.

히라노는 불쑥 오사카지방법원의 판사실에 들러 사사키와 이야기를 나누곤 했다고 한다.

"경찰과 검찰청의 역할은 질서유지이고 법원의 역할은 인권보장입니다." 이것이 사사키가 입버릇처럼 하던 말이었다.

스이타 묵념 사건

훗날 스이타 묵념 사건이라고 불리는 사건이 일어난 것은 스이타 사건 발생 이듬해인 1953년이었다. 북한, 미국, 중국(남한은 보이콧)이 한국전쟁의 휴전협정을 맺은 지 이틀 후인 7월 29일, 오사카지방법원에서 스이타소요 사건의 공판이 열렸다.

아사히신문에 입사한 지 7년째였던 히라노 이치로에게는 붉은 벽돌로 지어진 오사카고등법원·지방법원 건물에 있는 사법기자클럽에 드나드는 날들이 이어졌다. 히라노는 그날도 스이타 사건의 재판을 방청하며 역사의 목격자가 되었다.

히라노에 따르면, 스이타 사건의 피고인들은 여느 때처럼 대열을 짜서 정연하게 법정으로 입장했다. 심리에 들어가기 전에 조선인 피고 한 명이 자리에서 일어나, "한국전쟁의 휴전은 조선민주주의인민공화국을 중심으로 하는 세계평화 세력의 승리이자, 미국 전쟁광들의 패배입니다. 이 승리를 기뻐하며 박수를 보냄과 동시에, 전쟁 희생자의 영혼에 묵념을 올리고 싶습니다"라고 말했다. 입회 중이던 오사카 지방검찰청 후지타 다로藤田太郎 공판 부장검사는 "재판장님, 반대합니다. 금지해 주십시오"라고 외쳤다.

사사키 판사는 "법원은 금지하지 않겠습니다"라고 답변했는데, 이 발언이 나중에 문제가 되었다. 100여 명의 피고인들은 '기립'하여 '박수'를 치고 '묵념'을 했다. 피고인들이 호령에 맞추어 대략 30초 동안에 한 행동이었다. 사사키는 그런 다음 심리에 들어갔다. 오사카 지방검찰청은 즉각 최고 검찰청에 보고했다.

'법정 내에서 묵념을 금지하지 않았다. 이것은 법정의 위신에 관계되는 일이다'라며 중의원 법무위원회가 이 건을 문제 삼았다. 국회의원으로 구성된 재판관소추위원회가 조사에 착수하여 사사키 재판장을 비롯한 세 명의 판사를 소환했다.

이에 사사키는 "본 사안은 법정 내의 소송지휘권에 속하는 것입니다. 지금 재판이 한창 진행 중에 있는데 외부에서 조사한다는 것은 사법권 침해입니다"라는 입장을 내놓으며 국회의 소환조사를 의연하게 거부했다. 변호사들 또한 전원이 소추위원회의 조사를 거부하였고, 오사카변호사회는 임시총회를 열어 '소추위의 조사는 헌법이 보장하는 사법권의 독립을 침해하는 것으로 볼 수 있다'는 비난 결의를 했다. 히라노는 당시 사사키의 심정을 다음과 같이 추측했다.

경찰과 검찰청은 '있을 수 없는 일이다', '폭도다'라는 입장을 취하고 있지만, 법원에서 그들은 어디까지나 피고다. 피고인들은 '일본의 군사 기지화 반대, 한국전쟁 반대라는 애국적 시위 운동을 한 것인데, 경찰이 이러한 항의 행동을 탄압한 것'이라고 주장해 왔다. 이 주장의 옳고 그름을 떠나서, 한국전쟁의 휴전을 맞아 묵념과 박수를 보내고자 한 것은 피고의 입장에서 보면 자연스러운 인간성의 발로라 할 수 있다.

법정 안에서 바람직한 행위라고 할 수는 없지만 중립을 지켜야 하는 법원의 입장에서는 허가도, 금지도 하지 않겠다는 태도를 취했다. 재판의 권위라는 것은 납득할 수 있는 심리를 가장 민주적이고 공평하게 진행하여 올바른 판결을 내리는 데 달려 있다. 심리의 진행 방식은 재판장의 자유재량권을 허용한 법정에서의 소송재량권에 따라, 형사소송법이라는 절차와 규칙의 틀 안에서 이루어져야 한다. 그러한 심리가 한창 진행 중일 때 외부로부터 조사를 받는다는 것은 재판에 대한 부당한 간섭이며 사법권의 독립에 대한 침해다.

사사키 재판장의 국회 소환조사 거부와 오사카변호사회의 비난결의 등의 반발로 국회의 재판관소추위원회는 '소추유예'라는 결론을 내렸고, 스이타 묵념 사건은 이렇게 막을 내렸다.

여기까지만 보면 정의가 관철된 듯 보이지만 실은 후일담이 있다. 사사키 재판장은 묵념 사건이 있고 나서 4년이 지난 1957년 12월에 사임했다. 스이타 묵념 사건은 메이지 시기의 오쓰 사건大津事件[2]과 더불어 사법권의 독립이 문제시된 사건이다. 오쓰 사건의 재판장도 나중에 사임했다. 국회의 재판소추위원회와 대치한다는 것이 재판장들에게 얼마나 혹독한 압박이었을까.

---

2) 1891년 5월 11일에 일본을 방문 중이던 러시아제국의 황태자(훗날 니콜라이 2세)가 시가현 시가군 오쓰초(大津町)에서 경비를 맡고 있던 쓰다 산조(津田三蔵)의 급습으로 부상당한 암살미수 사건이다. 당시 일본은 서구의 식민지가 되지 않기 위해 안간힘을 쓰던 시기로, 러시아제국에 대항할 만한 힘을 갖추지 못하고 있었다. 일본 정부는 이 사건을 관할하던 재판관에게 구 형법 116조에서 규정하는 대역죄(일본 천황이나 황족에게 위해를 가할 때 적용하는 죄)를 적용해 사형을 언도할 것을 요구했지만, 최고재판소장은 형법에 외국 황족에 대한 규정이 없다며 무기징역의 판결을 내렸다.

2. 소요죄

변호단장 이시카와 모토야

처음에는 야마모토 하루오山本治雄가 스이타 사건의 주임변호를 맡았다. 야마모토는 나중에 스이타 시장선거에 무소속으로 출마하여 당선된다. 재판이 시작되고 6년이 지난 1958년 여름, 야마모토의 뒤를이어 변호단장이 된 이시카와 모토야石川元也는 스이타 사건 연구모임의 주요멤버인 모리 준과 가까운 사이다. 나는 모리 준과 함께 오사카기타구北区 니시텐마西天満의 간사이 TV 구 본사에서 그리 멀지 않은이시카와 모토야 변호사 사무실을 방문했다. 야마모토 하루오는 이미사망했기 때문에, 두 번째 주임 변호사인 이시카와에게 스이타 사건연구모임에 나와 강연해 달라고 부탁하기 위해서였다. 이시카와는 흔쾌히 제안을 받아들여 주었는데, 그의 경력 또한 꽤나 독특했다.

이시카와의 경력을 소개한다. 1931년 나가노현長野県 마쓰모토시松本市 출생. 도쿄대 법학부 3학년에 재학 중이던 1952년 5월 1일에 메이데이 사건을 접하게 된다. 메이데이 사건은 '샌프란시스코 강화조약은 매국 조약이다, 미국놈들은 돌아가라!'고 주장하는 노동자와 학생들이 집결지인 메이지진구가이엔明治神宮外苑에서 출발하여 황거皇居앞 광장까지 시위행진을 하던 중, 광장에 진입한 시위대를 향해 경찰관이 권총을 발사하여 2명이 사망하고 약 1,500명이 부상당한 사건이다. 이 사건으로 1,232명이 검거되었고, 그중 261명이 소요죄로 기소되었다.

이시카와는 점령 후 처음 열리는 메이데이를 구경이나 해보자는단순한 호기심에 혼자서 시위에 참가했다고 한다. 도쿄대 학생들은 노동자 시위대를 추월해 선두에 서서, '인민광장으로 가자!'고 외치며 바바사키몬馬場崎門에서 니쥬바시二重橋 부근까지 몰려갔다. 이시카와는 광장에서 경찰대와 대치하던 중 경찰봉에 뒤통수를 맞아 열상裂傷을 입었는데, 이때 히비야日比谷병원에서의 진료기록이 단서가 되어 체포된다. 그는 마루노우치丸の内 경찰서에 23일간 구류되었다가 결국 처분 보류의 상태로 석방된다. 이때의 경험을 계기로 이시카와는 변호사의 길을 선택한다.

변호사가 된 이시카와는 사법연수생 동기이자 훗날 공산당 참의원 의원이 된 하시모토 아쓰시橋本敦의 권유로 도쿄나 출신지인 나가노가 아닌 오사카의 변호사회에 등록하고, 히라카타 사건의 주임 변호사이자 나중에 공산당 중의원이 된 히가시나카 미쓰오東中光雄 변호사 사무실에 소속되었다. 스카우트 제1호였다고 한다. 스이타 사건 변호단에는 모리 요이치毛利与一나 사에키 지히로佐伯千仞 등 간사이의 베테랑 변호사에 신예 변호사가 합세하여, 총 23명이 검찰 측과 대치했다.

아직 늦더위가 기승을 부리던 9월 2일, 오사카의 나카노시마 북쪽에 위치한 오사카지방법원에서 스이타 사건의 첫 공판이 열렸다. 모두진술에서 검찰 측이 기소장을 읽어 내려갔고 그 후에 변호인 측이 해명을 요구했다.

> 변호 측: 경비선警備線이란 무엇인가? 어떤 근거로 만들어진 것인가?
> 검찰 측: 경비선이란 스사노오노미코토 신사 앞의 산업도로 위에 배치된 경찰관 약 130명이 경비를 섰던 곳을 말한다.

검찰 측은 스사노오노미코토 신사를 소요죄의 시작지점으로 규정했다.

소요죄의 기점인 스사노오노미코토 신사를 찾아가 보았다. 예전에 내가 다니던 회사의 방송센터가 있던 곳이 이곳 국철 센리오카역의 산쪽이다. 20년 가까이 매일같이 다니던 센리오카역 앞, 국철 선로와 나란히 나 있는 산업도로[3]에서 북쪽으로 불과 몇 미터 떨어진 후미진 곳에 그 신사가 있었다. 같은 규모의 신사에 비해서 경내가 조금 넓게 느껴진 것 외에 특별한 점은 없었다. 이곳에서 1,000명이 넘는 시위대와 130명의 경찰관이 대치했다고는 도무지 상상할 수 없는 작은 신사였다.

변호 측: 경비선을 돌파한 후, 폭도로 변한 것인가?
검찰 측: 무장한 약 800명의 집단이 경비선을 돌파하려고 폭행과 협박을 개시했을 때 폭도로 변한 것이다.

소요죄와 표현의 자유

스이타 사건의 죄상인 소요죄는 자유민권운동을 단속하기 위한 조문으로서 규정된 죄명이다. 일본 형법의 기초가 된 보아소나드[4]의 초안에는 없었던 것을 일본 정부가 추가했다. 소요죄의 특징은 현장에 있는 사람들 전원을 일망타진할 수 있다는 것이다. 예를 들면, 농민봉기는 소요죄가 최초로 상정된 사례다. 구 형법상의 죄명인 흉도취중

---

3) 현재의 오사카부도 다카쓰키 · 13선(大坂府道高槻 · 13線).

4) 보아소나드(Gusutave Emil Boissonade de Fontarabie, 1825~1910)는 일본 근대법의 아버지로 불린다. 메이지 정부는 최대 과제였던 일본의 근대화를 위해서 불평등조약의 철폐를 전제로 서구 열강이 일본에 요구했던 근대법전을 마련해야 했다. 메이지 정부는 보아소나드가 파리에서 일본 사법부 서구시찰단에게 법률 강의를 했던 것을 계기로 그를 법률 고문으로 초빙했다.

죄兇徒聚衆罪의 유래는 먼 옛날의 다이호 율령大宝律令(701년)으로 거슬러 올라갈 만큼 오래되었다.

일본에서 소요 사건의 역사는 전전과 전후를 관통하는 사회운동의 역사 그 자체다. 메이지시대에는 자유민권운동기의 지치부 사건秩父事件[5], 아시오동산足尾銅山의 가와마타 사건川俣事件[6], 다이쇼시대에는 쌀소동[7], 전후의 4대 소요 사건인 후쿠시마현福島県 다이라 사건平事件[8],

---

5) 1884년 사이타마현(埼玉県) 지치부군에서 일어난 자유당원과 농민의 봉기 사건을 가리킨다. 이른바 자유민권운동이 격화되던 때에 일어난 사건들 중 하나이다. 당시 마쓰카타(松方) 디플레이션 정책의 영향으로, 제사업(製絲業)을 주로 하던 다마, 지치부 지방의 농가 대부분이 곤궁해져 사채업자들에게 의존하게 되었다. 이에 1884년 8월, 지치부 곤민당(困民党)이 결성되었지만, 합법운동에 한계를 느껴 무력 봉기를 준비하게 되었고 11월 1일에 수천 명의 무장농민이 결집하여 이튿날 오미야고(大宮郷)를 점거했다. 헌병대가 출동했지만 농민군에 패하여 퇴각하자, 2개 대대가 출동하여 11월 5일에 농민군은 제압되었다. 사건 이후, 7명의 사형을 포함하여 3,386명의 유죄가 확정되었다.

6) 메이지 중엽 와타라세(渡良瀬)강의 상류 아시오 동산에서 유출된 광독은 농민들의 생계를 위협했다. 1898년 9월, 홍수로 심각한 피해를 입는 농민들이 아시오 동산의 광업 중단 요구를 시작으로 결국 1900년 2월 13일에 2,500여 명의 피해민이 상경 청원을 위해 출발하던 중 경찰관과 몸싸움을 벌이다가 300여 명의 경관대와 충돌하여 많은 희생자를 냈다.

7) 일본의 자본주의 경제는 제1차 세계대전의 영향으로 급속히 발전했지만, 물가등귀가 심해 전쟁 말기인 1918년 무산대중의 실질임금은 전쟁 전의 70% 이하로 떨어졌다. 게다가 쌀값은 정부의 가격 조절 실패, 시베리아 출병을 앞둔 지주와 상인들의 투기 매점으로 급격히 상승하여, 민중들은 극심한 식량 위기와 생활난에 빠졌다. 7월 23일, 도야마현(富山県) 우오즈시(魚津市)에서 어민 부인들의 운동을 시작으로, 쌀 소동은 급속한 기세로 전국 각지에 파급되어 갔다. 쌀가게에 싸게 팔기를 요구하거나 쌀 투기상, 미곡거래소를 비롯해 고리대금업자 등도 군중의 습격 대상이 되었다. 정부는 경찰과 군대를 출동시켜 진압에 나섰지만, 9월 19일까지 1도 3부 32개 현 500여 곳에서 발생했고 직접 참가자는 70여만 명으로 추산됐다. 쌀 소동은 사전에 아무런 조직도 없었던 자연발생적인 봉기로서 근대 일본이 경험한 최초의 대규모 대중투쟁이었다.

8) 일본공산당 후쿠시마현 이와키(岩城) 지구 위원회에 의한 다이라서(平署) 점거 사건. 다이라시 경찰서장이 공산당의 선전용 게시판을 철거하도록 명령한 것에 대해, 동(同) 위원회는 부당 탄압이라고 항의하며 1949년 6월 30일에 군중 500여 명과 함께 경찰서를 점거한다. 이들은 구류인들을 석방하고 그 대신에 경찰관을 구류소에 감금했다. 후쿠시마현 경찰당국은 소요죄로 231명을 체포했고, 이 중 159명이 기소되어 1심에서는 소요죄가 인정되지 않았지만, 2심의 센다이(仙台)고등법원은 소요죄를 적용하여 148명이 유죄가 되었다. 1960년 12월 8일, 최고재판소는 상고를 기각했다.

도쿄 메이데이 사건, 오사카 스이타 사건, 나고야 오스 사건, 그리고 미일안보개정운동 때의 신주쿠역 소란 사건(1968년)에도 소요죄가 적용되었다.

1918년의 쌀 소동 때에는 30명이 넘는 민중이 사망하고 검거자 2만 5천여 명 중 8,253명이 형사처분을 받았으며 7,786명이 소요죄로 기소되었다. 1심판결에서 2명이 사형, 12명이 무기징역을 선고받았다.

흉도취중죄, 소요죄, 소란죄로 명칭이 바뀌기는 하지만 이 죄가 누구를 단속하고 누구를 지키기 위한 것인지가 확연히 드러난다. 스이타 사건도 이러한 계보에서 예외는 아니었다. 달리 호소할 수단이 없어서 어쩔 수 없이 행동을 일으킨 민중들을 상대로 한 여론몰이라는 것을 잘 알 수 있다.

전전에서 전후로 오면서 생겨난 가장 큰 변화는 헌법에서 찾아볼 수 있다. 천황주권의 대일본제국헌법에서 주권재민의 일본국헌법으로 바뀐 것이다. 일본국헌법에는 표현의 자유가 명문화되어 있다.

집회, 결사 및 언론, 출판을 포함한 일체의 표현의 자유를 보장한다(21조).

이에 따라, 스이타 사건 재판의 쟁점은 소요죄로 추궁당한 행위가 일본국헌법이 규정하고 있는 표현의 자유에 해당하는지의 여부로 그 핵심이 좁혀진다. 이렇게 해서 20년에 걸친 기나긴 재판이 시작되었다.

고마쓰제작소 오사카 공장의 포탄가공작업(『고마쓰제작소 50년의 역사(小松製作所50年の歩み)』)

2부

한국전쟁과 일본

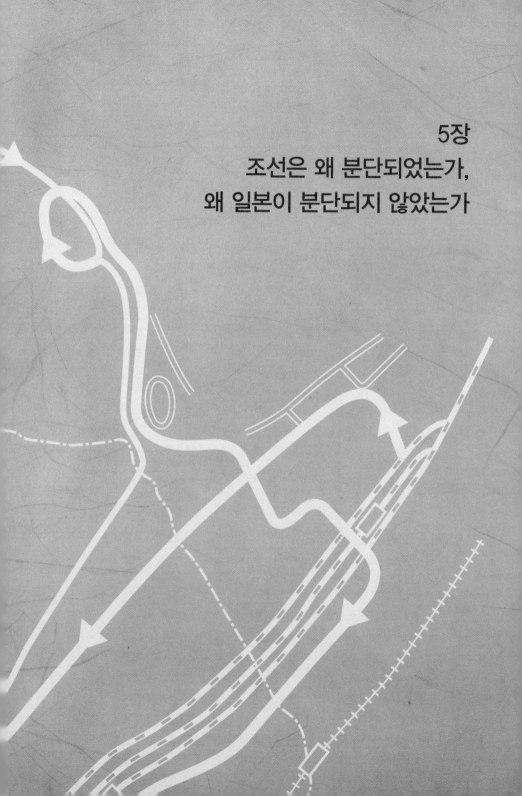

5장
조선은 왜 분단되었는가,
왜 일본이 분단되지 않았는가

싱가포르와 하노이

트럼프 미대통령과 김정은 북한 국무위원장이 좌우에서 등장하여 서로 오른손을 내밀며 천천히 발걸음을 내디뎠다. 2019년 2월 27일 베트남의 수도 하노이. 두 사람은 손을 꽉 잡았다. 뒤에는 붉은색과 파란색, 흰색으로 된 성조기와 북한 국기가 나란히 걸려 있고, TV 카메라와 스틸카메라가 두 사람의 움직임을 주시하고 있다.

나는 TV 화면을 통해 두 사람의 표정을 관찰한다. 활짝 웃는 얼굴이다. 그 모습을 보고 '둘 다 배우가 따로 없군'하고 생각했다. 미국과 북한의 미래, 그리고 동아시아의 미래는 어떻게 될까.

독일과 일본

이 책의 주제인 '한국전쟁'을 생각할 때, 그 전사前史인 한반도 분단의 과정을 모르고서는 핵심을 제대로 이해할 수 없다. 한국전쟁에는 국제와 국내라는 두 가지 요소가 얽혀 있다. '한반도를 둘러싸고 제2차 세계대전 말기부터 시작된 미소의 세력권 다툼과 통일의 주도권을 놓고 한반도 내부에서의 대립이 교착하고 융합하며 발생한 전형적인 국제내전[1]'이며, 일본과의 관계에서 보면 '전후 일본의 향방에 결정적

---

1) 赤木莞爾,「朝鮮戦争-日本への衝撃と余波」,『朝鮮戦争と日本』(防衛相防衛研究所, 2013年).

인 영향을 주었다'[2]고 평가되고 있다.

제2차 세계대전의 결과 유럽에서는 독일이 패전하여 동독과 서독으로 분할되었고 전쟁 이전 영토의 4분의 1이 폴란드에 편입되었다. 미국의 한국문제 전문가는 저서에서 다음과 같은 흥미로운 일화를 소개하고 있다.

"어느 날, 수업 중에 학생이 손을 들고, 조선은 왜 1945년에 분할되었는지 왜 일본은 독일처럼 분할되지 않았는지를 물었다."[3]

이 질문을 받고 커밍스는 사안의 중대성에 눈이 번쩍 뜨였다고 한다.

"그때는 할 말을 잃고 말았다. 그러는 편이 '정당한' 해결책이었다. 일본인은 듣고 싶지 않은 말이겠지만 조선보다 일본을 분할하는 편이 더 합당한 조치였을 것이다."

왜 조선이 분단되었나

왜 조선이 분단되었나, 어째서 식민지 종주국인 일본이 분단되지 않았는가. 미 군부는 일본을 4분할하려는 계획을 가지고 있었다.[4]

하지만 결론부터 말하자면, 미 국무성이 이 계획에 반대하여 일본 영토는 셋으로 분할되었다.

그 첫 번째가 연합국 군 최고사령관 겸 미국태평양방면 육군 총사령관 맥아더에 의한 홋카이도北海道, 혼슈本州, 시코쿠四国, 규슈九州의

---

2) 神谷不二, 『朝鮮戦争』(中央文庫, 1990年)의 한국어판은 가미야 후지 지음, 이기택 옮김, 『한국전쟁』(프로젝트 한반도 출판, 2004년)을 참고할 것.

3) 브루스 커밍스 지음, 김자동 옮김, 『한국전쟁의 기원』(일월서각, 1986년), Bruce Cumings, The Origins of the Korean War(Princeton University Press, 1981).

4) 五百旗頭真, 『米国の日本占領政策』(中央公論社, 1985年).

점령이고, 두 번째는 미국 태평양함대사령관 니미츠 제독에 의한 류큐열도琉球列島, 오가사와라제도小笠原諸島의 점령이며, 세 번째가 소련 극동군총사령관 바실레프스키Aleksandr Vasilevsky에 의한 '북방영토'(가라후토樺太[5], 치시마千島[6])의 점령이다.[7]

한국전쟁의 기원, 그리고 한국전쟁과 일본의 관련성을 이해하기 위해 동아시아 근현대사의 출발지점에서 이야기를 시작하려고 한다. 20세기의 역사에 잠시 동행해 주기를 바란다.

미국은 일본의 조선 지배를 승인하고 있었다

북미정상회담의 한쪽 주역은 미국이지만 미국이 한반도와 국경을 접하고 있는 것은 아니다. 대륙 국가인 중국과 러시아는 압록강과 두만강을 국경으로 하여 조선과 접하여 있고, 일본은 동해를 사이에 두

---

5) 사할린은 몽골어 '사할랸 울라'에서 유래한 말로, '검은 강으로 들어가는 바위'를 뜻한다. 일본제국주의 시대의 지명인 가라후토(樺太)는 아이누어로 '자작나무의 섬'이라는 뜻이다. 러시아 연해주 동쪽, 일본열도 북쪽에 있는 사할린은 러시아와 일본의 대립 속에 격변의 역사를 겪은 땅이다. 1875년 상트페테르부르크 조약으로 사할린섬 영유권은 러시아로 넘어가지만, 1904년 발발한 러일전쟁의 결과 일본이 북위 50도 이남 사할린 남쪽 절반을 차지하게 되어, 사할린섬 남부를 가라후토라는 이름으로 통치한다. 1차 세계대전에서 패전한 일본은 가라후토 영유권을 포기한다.

6) 러시아의 동쪽 끝에 위치한 캄차카 반도와 일본 열도의 최북단 섬인 홋카이도 서북쪽의 여러 섬 가운데 네 개의 섬, 즉 이투룹, 쿠나시르, 시코탄, 하보마이의 영유권 문제를 둘러싸고 일본과 러시아가 오랫동안 분쟁을 겪어왔다. 일본은 제정 러시아와 1855년에 통상과 국경에 관한 양자 조약을 맺게 되는데, 당시 4개 섬에 대한 영유권은 일본에 있었지만, 2차 대전 종전 후 전승국과 패전국 간의 배상 문제를 규정한 1951년 샌프란시스코 강화조약에 따라 러시아에 귀속된다. 1956년에 소련은 소일공동선언에 기초해 일본에 시코탄과 하보마이 등 쿠릴열도 2개 섬을 돌려주겠다고 제안했고, 대신 일본은 나머지 2개 섬에 대한 영유권을 주장하지 않겠다고 합의했지만, 소련은 이후 체결된 미일안보조약에 반발하여 1956년 공동선언에 담긴 쿠릴열도 관련 내용을 무효화했다. 2001년 일본과 러시아는 1956년에 맺은 공동선언은 유효하다는 내용을 담은 '이르쿠츠크 성명'을 발표함으로써 논쟁이 해결되는 듯했지만, 이후 집권한 일본의 고이즈미 준이치로 내각이 4개 섬 동시 반환을 주장하면서 쿠릴열도에 대한 논쟁은 다시 불붙게 된다.

7) 竹前栄治, 『占領戦後史』(岩波書店, 2002年).

고 동쪽에 있다. 조선은 대륙 국가와 해양 국가인 대국들에 둘러싸인 지정학적 장소에 위치해 있다.

일본 역사에서 미국이 본격적으로 등장한 것은 1853년 이른바 흑선의 내항이 그 시초이며 이듬해 미일화친조약의 체결로 역사가 움직인다. 미국이 동아시아에 모습을 나타낸 것은 필리핀의 식민지배를 통해서였다. 양국은 1905년에 가쓰라·태프트 협정을 맺는다. 일반적으로는 잘 알려져 있지 않은데 그도 그럴 것이 미일 간의 비밀협정이었기 때문이다.

이 시기는 1868년의 메이지유신으로부터 약 40년이 지난 시점인데, 일본이 한반도의 지배권을 둘러싼 청과의 전쟁(1894~95년)에서 승리한다. 이 전쟁에서 획득한 중국 랴오둥遼東반도와 만주철도의 이권을 놓고 러시아와 벌인 전쟁(1904~5년)에서도 가까스로 승리를 거두었던 때이다.

또한 미국이 제국주의의 노선으로 발을 내디뎠던 시기이기도 하다. 미국은 1898년에 뒤뜰처럼 여겨왔던 카리브해의 섬나라 쿠바에 대한 패권과 독립을 둘러싸고 스페인과 치른 전쟁에서 승리를 거둔다. 이와 때를 같이 하여 태평양 서쪽에서는 미국이 스페인의 국왕 펠리페 2세의 이름을 딴 스페인령 필리핀에서 벌인 미국–스페인 전쟁에서 승리하여 필리핀을 지배하는 식민종주국이 된다.

가쓰라·태프트 비밀협정

미국–스페인 전쟁에서 활약한 시어도어 루즈벨트 대통령의 특사이자 육군 장관이었던 태프트는 필리핀으로 향하던 도중 1905년 7월에 일본을 방문하여, 당시의 총리대신 겸 외무대신이었던 가쓰라 다로桂太郎를 만나 비밀협정을 맺는다. 그 내용은 다음과 같다.

⑴ 일본은 미국의 필리핀 통치에 동의하고 동지同地에 어떠한 야심
   도 갖지 않는다.
⑵ 극동의 평화를 위해 미·일·영 3개국 간 호의적인 이해가 필
   요하다.
⑶ 미국은 대한제국에 대한 일본의 보호감독권을 승인한다.

이 협정은 직후에 체결된 영일동맹 개정, 러일강화조약과 함께 일
본에 의한 한국의 보호국화를 열강이 보증한 것이었다.[8] 제국주의의
시대였다.

을사조약과 조선병합

영일동맹 체결로부터 3년 후, 미·일·영 3개국이 동아시아의 패
권을 잡았다. 가쓰라·태프트 협정을 맺었던 해인 1905년에, 일본은
을사조약(제2차 한일협정)을 체결하여 한국의 외교권을 빼앗아 보호국화
하고 통감부를 설치했다. 미국은 같은 해 11월에 서울의 공사관을 폐
쇄하고, 이후 36년간 일본의 조선 지배를 승인했으며 조선독립운동에
대한 지원을 억제했다.

1910년, 일본은 한국을 병합하고 식민지배에 들어갔다. 사전을 찾
아보니, '병합은 두 개 이상의 것을 합쳐서 하나로 만드는 것. 유의어
로는 통합, 합병, 합일, 합체, 합치'라고 나와 있다.[9] 사실 '병합'은 외
무성 정무국장 구라치 데쓰키치倉知鉄吉가 '어조가 너무 과격하지 않은

---

8) 『岩波日本史辞典』(岩波書店, 1999年).
9) 『現代新国語辞典』(三省堂, 1988年).

말'을 의식하여 새롭게 만들어낸 단어다. 그는 당시 대한對韓정책의 원안을 작성했는데, 각서에는 "이 신조어에 대해서 오스트리아와 헝가리제국처럼 대등한 연방국가의 관계로 오해하는 사람도 있지만, 한국이 완전파멸로 귀결되어 대일본제국 영토의 일부가 되는 것을 분명히하기 위해 만든 것"이라고 쓰여 있다. 식민지 지배의 혹독한 현실을 완화시키는 연착륙 효과를 노린 조어造語인 것이다.

한국병합조약은 형식상으로는 대한제국의 황제가 일본의 천황에게 병합을 청하여 일본의 천황이 그것을 받아들인 '임의任意'를 가장하고 있지만, 실제로는 일본이 군대와 경찰을 동원하여 철저히 탄압한 결과다.

서울의 서대문형무소가 있던 자리는 현재 역사관이 되어 일본제국주의에 의한 한국병합시대의 정치범이 어떤 취급을 당했는지 전시하고 있다. 이곳에는 정치범의 사형을 집행한 장소가 생생하게 보존되어있다. 이곳을 방문할 때마다 나는 무의식적으로 합장을 하게 된다.

한국에서는 지금도 여전히 한국병합조약이 합법적으로 체결된 국제조약이 아니었다며 합법성을 의문시하는 목소리가 높다. 21세기에 들어선 오늘날, 이른바 종군 '위안부', '징용공'의 문제로 매스컴이 시끄럽다. 일본 정부는 병합조약이 합법이라고 전제하고 있지만 한국에서는 그렇지 않다. 한국과 일본은 역사인식의 근본이 서로 엇갈려있다.

조선은 일본의 거울

조선은 일본의 거울이라고 생각한다. 미국 해군의 흑선내항이라는 포함외교砲艦外交를 계기로 쇄국체제에 있던 일본은 개국을 강요받게 되었다. 메이지유신 이후, 일본은 청의 책봉국인 조선을 지배할 의도로 1873년에 정한론, 1875년에는 강화도 사건을 일으켜 이번엔 거꾸로 자신들이 포함외교를 펼쳐 조선을 개국시킨다. 존 다우어의 표현을 빌리자면 '대사를 빨리 외우는 배우'인 것이다.[10] '대사'가 제국주의 방식을 가리키는 것은 말할 필요도 없겠지만.

청일전쟁과 러일전쟁의 원인이 된 것은 모두 조선과 만주를 둘러싼 대립이었다. 청일전쟁은 1894년에 조선의 지배문제로 일어났다. 급진개화파 김옥균이 일으킨 쿠데타 갑신정변과 그것의 좌절, 갑오농민전쟁을 계기로 청일전쟁에 이르는 과정은 생략하기로 한다.

일본은 청일전쟁에서 승리하여 랴오둥 반도와 대만을 지배하게 되었지만, 러시아는 삼국간섭을 통해 랴오둥 반도를 청국에 반환하도록 일본을 압박하고, 다롄大連, 뤼순旅順의 조차권을 획득하여 만주에 군대를 주둔시켰다. 이러한 러시아와 일본의 교섭 난항은 결국 러일전쟁으로 불붙게 된다. 일본은 동해 해전에서 간신히 러시아 함대를 무찔렀지만, 일본의 재정 문제, 러시아에서의 혁명운동의 격화라는 쌍방의 사정으로, 양국은 미국의 시어도어 루즈벨트 대통령의 중재를 받아들여 포츠머스 강화조약을 맺는다. 이 전쟁의 결과로 일본은 조선을 식민지화하고, 랴오둥 반도의 조차권과 만주의 철도이권을 손에 넣게 된 것은 잘 알려진 사실이다.

1895년의 명성황후 시해 사건을 예로 들어보자. 입장을 바꾸어, 만약 메이지 천황의 황후가 이웃 나라 사람에게 암살당했다면 일본인은 그 사실을 어떻게 생각할까? 결코 쉽지 않겠지만 역사를 직시하는

---

10) 존 다우어 지음, 최은석 옮김, 『패배를 껴안고-제2차 세계대전 후의 일본과 일본인』(민음사, 2009년).

것 외에 화해의 길은 없다.

괴뢰국가 '만주국'

미국은 한국병합을 승인했다. 하지만 대일본제국이 1931년에 만주사변을 일으켜 1932년에 괴뢰국가 '만주국'을 수립하자 국제사회는 그것을 용인하지 않았다. 리튼Lytton조사단이 '만주국의 독립은 자발적이라고 볼 수 없다'는 보고서를 제출하자 일본은 국제연맹을 탈퇴하고 1937년에 중일전쟁을 선포한다.

나아가 일본은 '자위를 위해', '대동아공영권 건설'이라는 대의명분으로 1941년 12월, 미국과 영국에 선전포고를 하고 전쟁에 돌입한다. 당시의 대일본제국 정부는 이 전쟁을 '대동아전쟁'이라 명명했고, 전후의 교과서는 '태평양전쟁'이라 이름 붙였다. 하지만 그렇게 하면 중일전쟁이 시야에 들어오지 않기 때문에 대부분의 사회과학자들은 '아시아태평양전쟁'이라고 부른다. 나 또한 그렇게 부른다.

소비에트연방의 대일정책

이제 이야기는 유럽을 포함한 제2차 세계대전으로 이어진다. 일본 군부는 사회주의국가 소비에트연방(이하, 소련)을 가상의 적으로 보고 소련과 거리를 두는 문제에 대해 고민한다. 제2차 세계대전은 1939년 9월, 유럽에서 나치독일의 폴란드 침공으로 시작되어 네덜란드와 프랑스에 대한 침공으로 이어졌다. 나치독일은 폴란드 침공 직전인 1939년 8월에 소련과 상호불가침 조약을 맺고 영국, 프랑스와의 전투에 전념했지만 2년 후인 1941년 6월, 소련을 침공함으로써 조약을 파기했다.

소련은 '만주국'에 주재하는 일본 관동군[11]의 병력을 경계하기 위하여 1941년 4월에 일본과 일소중립조약을 체결하고 나치독일과의 전쟁에 전념하는 한편, 미국과 영국이 조속히 서유럽에 병력을 상륙시켜 나치독일을 동서에서 협공할 것을 바랐다. 하지만 영미군의 상륙이 늦어지자, 소련은 미국과 영국이 나치와 소련이라는 전체주의국의 공멸을 바라는 것은 아닌지 의심하게 되었다.

1943년 7월, 미국과 영국을 주축으로 한 연합국의 시칠리아 상륙, 같은 해 9월 이탈리아 본토 상륙, 1944년 6월 프랑스의 노르망디상륙으로 유럽 제2전선이 형성되는 동안 나치와의 단독 전쟁을 할 수밖에 없었던 소련은 레닌그라드 공방전 등에서 막대한 사상자를 냈다.

카이로 회담

미국과 일본으로 초점을 맞추면 미 해군이 1942년 6월의 미드웨이 해전에서 일본 해군에 이기면서 국면이 변한다. 그리고 같은 해 11월, 미군이 과달카날Guadalcanal 섬의 전투에서 승리하자, 진주만공격 이후 계속된 일본의 파죽지세에 겨우 제동이 걸렸다. 그 단계에서 영국과 미국의 수뇌부는 1943년 11월에 중화민국의 총통 장제스蔣介石를 북아프리카 카이로에 초대하여 대일정책을 논의하는 정상회담을 열었다. 영국의 처칠은 장제스의 초빙에 의구심을 품었지만, 미국 대통령 프랭클린 루즈벨트는 중화민국이 영미를 따돌리고 일본과 강화조약을 맺을 것을 경계한 나머지 그를 카이로에 초대한 것이다.

---

11) 중국, 만리장성의 동쪽에 위치한 산하이관(山海関)에서 동쪽 방향에 있는 지역을 '관동(關東)'이라고 한다. 중국의 동쪽 세 개의 성은 헤이룽장성(黑龍江省), 지린성(吉林省), 랴오닝성(遼寧省).

영미 정상은 카이로와 테헤란을 오가며 테헤란에서 소련의 스탈린과 제2차 세계대전 이후의 유럽에 대해 논의하는 한편, 다시 카이로로 돌아와 1943년 12월 1일에 미·영·중 삼국 정상이 카이로 선언을 발표했다. 이 선언은 조선에 대해서도 다음과 같이 언급하고 있다.

조선인의 노예상태에 유념하여, 적당한 시기에 조선을 자유롭고 독립적인 나라로 할 것(mindful of the enslavement of the people of Korea, are determined that in due course Korea shall become free and independent).

'적당한 시기'라는 제약 조건이 붙은 것은, 조선이 독립하기 전에 미국과 영국이 조선을 국제적으로 신탁통치하려는 의도가 배후에 있음을 의미했다. 영국은 식민지 인도의 문제를 떠안고 있었기 때문에 식민지 조선의 독립에도 반대했다.

얄타회담

나치독일의 패색이 짙어진 1945년 2월, 러시아 로마노프왕조의 휴양지였던 흑해 연안 크림반도 얄타에 미국의 루즈벨트, 영국의 처칠, 소련의 스탈린이 모여 회담을 개최했다. 주된 의제는 유럽의 중요문제, 특히 폴란드 문제였는데, 대일참전에 대해서는 미국과 소련만이 논의를 하고 처칠은 제외되었다.

'나치독일의 항복 후, 소련은 2, 3개월 안에 대일전쟁에 참전'하는 것에 동의했다. 이때 스탈린은 러일전쟁에서 잃은 가라후토의 남반부의 반환과 만주에서의 기득권 확보에 그치지 않고, 외몽골(당시의 몽골인민공화국)의 현상유지, 지시마제도의 획득까지 루즈벨트에게 요구했다. 얄타회담 후, 1945년 4월 12일에 루즈벨트가 병사하여 부대통령이었던 트루먼이 제33대 미국 대통령으로 취임했다. 선거를 거치지 않은 대통령이라는 점에 대해서 트루먼 본인도 꺼림칙하게 여기고 있었다.

소련에 평화공작을 의뢰한 일본

드디어 일본의 항복과 조선의 분단은 절정으로 치닫게 된다. 일본의 패색은 점점 더 짙어져 갔다. 1945년 4월 4일, 소련의 몰로토프 Vyacheslav Mikhaylovich Molotov 외무장관이 모스크바의 주 소련 일본대사 사토 나오타케佐藤尚武를 불러내어 일소중립조약을 연장할 뜻이 없음을 통보하고 기한이 끝날 때까지는 현상 유지를 할 것이라고 전했다.

같은 시기, 도쿄에서도 움직임이 있었다. 총리대신이 바뀌었다. 쇼와천황의 두터운 신임을 받고 있던 해군대장이자 추밀원의장인 스즈키 간타로鈴木貫太郎가 4월 5일에 내각을 조직했다.[12] 미국의 지일파는 스즈키 내각의 탄생을 두고 일본이 '무조건 항복'까지는 아니더라도 전쟁 종결의 준비를 시작했다고 받아들였다.[13]

소련은 얄타회담에서 미국의 동의를 바탕으로 대일참전 준비에 들어간다. '시베리아에서 소련 붉은 군대[14]의 군비력 증강'이라는 정보가 일본의 첩보망에 걸려 도쿄에 보고가 올라가 있었다. 그럼에도 불구하고 당시의 일본 육군은 연합국과의 평화를 중개仲介해 줄 것을 소련

---

12) 추밀원은 국무에 관한 친황의 최고 자문기관이다. 스즈키 간타로는 쇼와천황의 시종장을 지냈고, 2·26 사건에서는 친영미파, 군축조약 긍정파로 간주되어 습격을 당해 중상을 입었다.

13) 武田清子, 『天皇観の相剋 - 1945年前後』(岩波現代文庫, 2001年).

14) 1918년부터 1946까지 존재했던 소련의 정규군, 원래의 명칭은 노농적군(勞農赤軍)으로 1918년 적위군을 대신하여 노동자와 농민으로 조직되었다.

에 요청했다.

5월 7일, 나치독일이 항복하자 마침내 소련은 대일참전 준비를 본격적으로 시작한다. 일본 상부는 일본과 연합국 사이의 유일한 중개자는 소련이라고 굳게 믿고 있었다. 쇼와천황은 7월 9일에 소련으로 특사 파견을 결정하고, 이튿날 전 총리대신 고노에 후미마로近衛文麿를 특사로 지명한다. 그러나 주소련 일본대사 사토 나오타케는 몰로토프 외상을 만나지도 못했다. 일본의 서툰 외교력과 소련의 능수능란한 외교술이 대비되는 대목이다. 소련은 '일본이 전쟁 종결을 원하고 있다'는 중대하고도 귀중한 정보를 일본에서 바로 입수하여 영미에 전했다.

포츠담 회담

소련이 일본의 평화교섭 의뢰에 매몰찬 태도를 취하는 가운데, 지도자 스탈린과 몰로토프 외상은 7월 14일에 모스크바를 출발하여 독일 베를린 교외에 위치한 포츠담으로 떠났다. 연합국정상회담에 참가하기 위해서였다.

루즈벨트의 병사로 인해 갑작스럽게 미국 대통령에 취임한 트루먼은 미주리주 변호사 출신으로 외교사정에는 어두웠다. 전임 루즈벨트가 미국 역사상 이례적으로 4선을 연임하며 13년간 대통령을 지내면서 외교와 군사의 모든 결정에 관여해 온 것과는 극명한 차이를 보인다. 취임 후 얼마 되지 않은 4월 25일, 트루먼이 가장 놀랐던 것은 원자폭탄의 개발 비화였다고 한다. '단 한 발로 하나의 도시 전체를 파괴할 수 있는 폭탄'이라고 육군 장관에게 들었고, 네바다 사막에서 원폭실험이 성공했다는 보고를 받았다. 포츠담 회담이 시작되기 전 날인 7월 16일의 일이었다.

제2차 세계대전의 종결은 초읽기 단계에 들어갔다. 문제는 일본을 어떻게 항복시킬 것인가였다. 미군은 1945년에 오키나와상륙전을 치르고, 다음 순서인 본토 결전은 같은 해 11월에 남규슈부터 상륙하는 것을 목표로 하여 작전 준비에 들어갔다. 트루먼은 '원폭'과 '소련의 대일참전'이라는 카드를 손에 쥐고 있었다. 이제 '천황'을 어떻게 하면 좋을지의 문제가 남았다.

트루먼의 대리서명

포츠담선언에 대한 자료를 다시 조사하면서 가장 놀랐던 점은, 포츠담선언에 직접 서명을 한 이는 트루먼 한 명뿐으로, 영국, 중화민국 대표의 서명란에 트루먼이 대리서명을 했다는 사실이다. 스탈린은 애당초 선언에 참가하지 않았고 서명도 하지 않았다.[15]

독일이 항복하고 2개월 후에 있었던 영국 총선거에서 보수당이 패배함으로써 처칠은 실질적으로 수상의 자격을 잃게 되어, 노동당 당수 애틀리Clement Richard Attlee가 차석대표로서 참가했다. 중화민국의 장제스는 포츠담에 초대되지 않았기 때문에, 트루먼은 무선상으로 중국의 동의를 얻어 장제스를 대신하여 서명했다. 게다가 트루먼은 중화민국의 정식명칭을 사용하지도 않고 그냥 차이나라고 표기했다. 외교상으로는 각국의 동의를 얻고 있기 때문에 문제가 없어 보이지만 역사의 면면으로 들어가 보면 흥미로운 사실들이 숨어 있다.

---

15) 小此木政夫, 『朝鮮分斷の起源』(慶應義塾大学 法学研究会, 2018年) 한국어판은 오코노기 마사오 지음, 류상영 외 6인 옮김, 『한반도 분단의 기원』(나남출판, 2019년).

천황, 원폭, 한반도 분단

미국, 영국, 중국은 7월 26일, 일본에 '무조건항복'을 요구했다. 포츠담선언에 스탈린이 서명하지 않은 이유는, 그 시점에서 소련이 아직 대일전쟁에 참전하지 않았기 때문이라는 공식 성명이 나왔다.

트루먼은 스탈린에게 원폭의 존재에 대해 귀띔해 주었지만, 스탈린은 이미 미국에 있는 소련의 정보원으로부터 원폭개발에 관한 정보를 전해 듣고 그 경과를 알고 있었다고 한다. 스탈린은 포츠담에서 트루먼과의 회담 후, 8월 하순이었던 기존의 대일참전 계획을 앞당겨, 곧바로 공격을 개시할 수 있도록 준비할 것을 군부에 명령했다.

일본항복 '초읽기'

외교문서는 대사관을 통해 직접 통보하는 것이 일반적이다. 제2차 세계대전 중이라고는 해도, 일본은 유럽의 영세중립국인 스위스와 스웨덴에 대사관을 두고 있었기 때문에 직접 통보하면 좋았겠지만, 연합국은 포츠담선언을 일본에 직접 통보하지 않았다. 미국의 서해안 샌프란시스코에서 라디오 단파로 방송을 하여 일본이 수신했다. 이제 일본은 대응을 강구할 수밖에 없는 상황에 몰리게 되었다.

분게이슌쥬文藝春秋의 편집장이었던 현대역사가 한도 가즈토시半藤一利의 『일본에서 제일 긴 하루日本のいちばん長い日』(文藝春秋新社, 1965)라는 흥미로운 논픽션 작품이 있는데 이는 두 번이나 영화화되었다. 이 작품에는 일본이 군사적으로 연합국에 압도적으로 밀리고 있는 상황에서 일본의 지도층이 어떻게 천황제를 지켜낼 것인가를 두고 고군분투하는 모습이 묘사되어 있다.

미국 내부의 대립

전쟁 전 미국에서 유학 생활을 하다가 미일개전과 함께 미일포로 교환선으로 귀국한 일본의 사상사가思想史家, 다케다 기요코武田清子는 『천황관의 상극天皇観の相剋』이라는 뛰어난 연구서를 썼다. 이 책에 의하면, 미국은 1940년대 초부터 일본에 관한 연구를 해 왔다고 한다. 일본과의 전쟁에서 승리한다는 전제하에, 전쟁 후의 일본 정치체제를 둘러싸고 미국 정부 내부의 '지일파'와 '지중파' 사이에 오랜 의견 대립이 있었다는 것이다.

장제스는 중국을 침략한 대일본제국의 군국주의와 천황제는 떼려야 뗄 수 없는 관계로 군국일본의 두 축을 떠받치고 있기 때문에, 제2차 세계대전 후 일본은 천황제를 폐지해야 한다고 강하게 주장했다. 이에 따라 미국 국무성의 '지중파'는 천황제 폐지를 원했다. 한편, '지일파'의 대표 조셉 그루[16]는 천황제 존속을 주장했다. 그가 천황제 존속을 주장한 이유는 한마디로 '천황이용'설, 즉, 천황의 권위를 이용해야 일본국의 무장해제와 전후 통치가 수월해지리라 생각했기 때문이다. 더 구체적으로 말하자면, 그루는 천황제 존속을 내비치면 일본의 항복을 앞당길 수 있다고 트루먼을 설득했다고 한다. 지중파와 지일파의 대립은 미국 국무성 내부의 인사 갈등과 함께 한동안 지속되었다.

---

16) 조셉 그루(Joseph Clark Grew, 1880~1965)는 미일개전시의 주일 미국대사로, 다케다 기요코와 반대 방향의 미일 포로 교환선으로 미국에 귀국하여 국무성의 차관으로 활약했다.

일본 정부의 애매한 태도

이 시기, 일본 국내의 논점은 연합국 측이 '국체수호', 즉 천황제를 남겨둘 것인가, 아니면 공화제로의 이행을 요구할 것인가를 둘러싸고 그 동향을 살피는 것이었다. 포츠담선언에는 천황제 존속을 보전한다는 내용은 없다. 일본의 항복, 원폭, 소련의 대일참전, 천황제 존속은 서로 얽혀 있는 문제였다.

7월 26일, 일본에서는 외무성, 육군, 해군이 각각 단파 방송을 통해 포츠담선언을 수신하여 번역했다. 도메이통신同盟通信(훗날 교도통신)이 '리스본발 도메이통신 전보'를 전송하여 신문의 전면에 기사가 게재되었다. 내가 존경하는 대선배기자 하라 도시오原寿雄(훗날 교도통신 편집감독)는 이 전면기사를 보고 전쟁의 종결이 가까워졌음을 느꼈다고 당시의 심정을 말해준 적이 있다. 서민들은 여러 가지 징후에서 역사의 커다란 흐름을 알아챈다.

일본 정부 내부에서 포츠담선언에 천황제 존속보전의 내용이 없다는 문제를 둘러싸고 엄정한 논의가 이루어졌다. 결국 '언급하지 않음'과 '묵살'할 것을 결정했다. 이 '묵살'을 신문사나 통신사가 '거절'로 보도하여 연합국은 일본이 포츠담선언을 '거부'했다고 판단했다. 이러한 일본 정부 지도부의 애매한 태도가 한반도의 분단과 함께 커다란 비극을 초래했다.

원폭투하

8월 6일, 마리아나제도 티니안 섬의 미 공군 기지에서 신형폭탄을 실은 폭격기 B29가 날아올라, 오전 8시 15분 히로시마 중심부 상공에서 투하된 폭탄이 엄청난 위력으로 폭발했다. 당시 히로시마의 인구는 약 35만 명. 그중 14만 명이 단 한 발의 신형폭탄으로 목숨을 잃었다. 희생자들 중에는 재일조선인과 미군 포로 십여 명도 포함되어 있었다.

육군은 조사단을 파견하여, 히로시마 적십자 병원의 엑스선 사진이 모두 감광되었던 것으로 보아 신형폭탄이 원자력폭탄이라고 판단했다. 같은 날, 스탈린은 소련의 붉은 군대에 사흘 후인 8월 9일, 대일전쟁에 참전할 것을 명령했다. 포츠담선언의 '묵살' 혹은 '거부'가 미국의 원자폭탄 투하, 그리고 소련의 대일참전에 대한 대의명분을 가져다준 것이다.

30분 만에 결정된 분단

일본 정부가 연합국으로부터 천황제 보장을 이끌어 내려고 머뭇거리던 그 며칠 사이에, 소련의 붉은 군대는 무서운 기세로 진군한다. 러시아 동부시간 기준으로 8월 9일 오전 0시, 만주침공작전을 개시하여 만주와 몽고의 국경을 넘고, 조선 쪽으로는 두만강을 도하, 8월 13일에 동해항 및 청진 등으로 상륙작전을 펼쳤다. 그리고 남사할린을 침공하여 불과 며칠 만에 한반도로 남하한다. 애초의 목표는 경성(서울)이었지만, 원폭을 두 번이나 투하한 미군의 실력과 진의를 간파할 수 없어서 경성에는 선발대 파견에 그쳤다.

미국은 당황스러웠다. 조선분단의 과정을 좀 더 자세히 살펴보자. 1945년 8월 9일에 소련군이 만주국과 조선으로 진군을 시작하자, 10일 밤부터 이튿날 새벽에 걸쳐 미국 정부의 국무·육군·해군 3성 조정위원회는 두 명의 젊은 육군 대령에게 조선 분할안을 작성할 것을 지시했다. 두 사람은 북위 38도선에 의한 분할 계획을 제출했다. 이유는 '미국 측에 수도(서울)을 포함시키기 위해서'였다. 작업에 걸린 시간

은 고작 30분이었다.[17]

미국의 퓰리처상 수상작가, 데이비드 핼버스탬David Halberstam은 이렇게 묘사했다.

두 사람은 한반도 중앙부의 잘록한 부분을 가로지르는 선에 시선을 멈췄다. 북위 38도선이다. 이렇게 해서 지도에 다트를 던지는 것보다 약간 복잡한 정도의 절차를 거쳐 분할안을 제출했다.[18]

두 명의 입안자 중 한 명은, 케네디 정권에서 국무장관을 지냈던 딘 러스크David Dean Rusk(당시 대령)였다. 러스크는 "조선의 지형을 정확하게 알아볼 수 있는 내셔널 지오그래픽의 지도를 사용했다"고 증언했다.[19] 조선분단의 원인을 핼버스탬은 다음과 같이 단언했다.

미국에는 제대로 판단할 수 있는 한반도 전문가가 없었다.[20]

조선민족의 분단은 미국과 소련에 큰 책임이 있고, 포츠담선언을 적절한 타이밍에 수락하지 못했다는 의미에서 일본의 책임도 작지 않다. 조선분단의 결과 일본은 수익자가 되었고 조선은 새로운 고통을 강요당했다. 소련은 이 조선 분할안을 순순히 받아들였지만 이를 두고 입안자 러스크는 "조금 놀랐다"고 증언했다.

---

17) ブルース・カミングス, 『現代朝鮮の歴史』(明石書店, 2003年) 한국어판은 브루스 커밍스 지음, 김동노 외 3인 옮김, 『브루스커밍스의 한국현대사』(창작과비평사, 2001년).
18) デイヴィッド・ハルバースタム, 『ザ・フィフティーズ』(新潮社, 2002年) 한국어판은 데이비드 핼버스탬 지음, 김지원 옮김, 『1950년대』(세종연구원, 1996년).
19) 饗庭孝典, 『朝鮮戦争』(日本放送出版協会, 1990年).
20) 위의 각주 18과 동일.

조선분단은 38도선인가 39도선인가

경계선 북측의 일본군은 소련에 남측의 일본군은 미군에 각각 항복하고 무장해제하는 결정이 내려졌다. 일본군 중에서 소련과의 전쟁을 준비한 관동군과 한반도를 맡은 조선군의 경계가 북위 38도였기 때문에 미국이 이곳을 경계로 정했다는 설이 있다.

하지만 실상은 그렇지 않았다. 패전 직전에 일본군이 실시한 지역 재편에 따르면 관동군과 조선군의 경계는 북위 39도선이었다. 군 제도에 따라 분단된 것이라면, 원산과 평양을 잇는 선과 거의 같아지기 때문에 조선분단의 역사는 지금과는 달라져 있을 것이다.[21]

유엔신탁통치안

앞에서도 언급했지만, 미국은 필리핀의 경우에 그랬던 것처럼 제2차 세계대전 후 아시아 각국에 윌슨의 민족자결주의를 그대로 적용하는 방식이 아니라, 유엔에 의한 신탁통치 방식을 채용할 방침이었다. 그 기간은 40~50년. 영국이 식민지 인도의 문제로 조선의 독립에 반대하고 있었던 것이 신탁통치의 배경이 되었다. 한반도에서 소련의 붉은 군대가 남하를 개시한 8월 9일의 시점은, 미군이 오키나와에 군대를 보낸 직후였기 때문에 남한은 공백 상태였다.

제1회 어전회의

조선의 분단과 일본이 항복을 수락하는 과정을 조사하다 보니, 마지막까지 납득이 가지 않았달까, 이해하기 어려운 점이 있었다. 역사

---

21) 宮田節子, 『朝鮮軍槪要史』(不二出版, 1989年).

134 '일본'에서 싸운 한국전쟁의 날들

학자이자 정치학자인 고케쓰 아쓰시纐纈厚에게 "일본의 지도층은 왜 최종적으로 포츠담선언을 받아들였는지, 그 과정이 보이지 않는다"며 줄곧 궁금하게 여겨온 점에 대해 묻자, 그는 최근의 저작을 소개해 주었다. 읽어보니 꽤 흥미로웠다.[22]

1945년 8월 8일, 모스크바에서는 몰로토프 외무장관이 주소련 일본대사 사토 나오타케를 불러들여 선전포고를 하고 양국 간의 관계를 단절했다. 하지만 이러한 내용은 소련당국의 방해로 도쿄 외무성으로 전달되지 못했다. 8월 9일 오전 0시(현지 시각), 소련의 붉은 군대는 '만주국' 국경을 넘어, 곧이어 한반도의 북부까지 침입했다.

도쿄에서는 황급히 어전회의가 열렸다. 8월 9일에 열렸던 첫 어전회의의 사흘 전에는 히로시마 원폭투하, 8월 9일 당일 새벽에는 소련의 대일참전, 게다가 어전회의가 한창 진행 중이던 오전 11시경에는 나가사키長崎에 두 번째의 신형폭탄(원자폭탄) 투하 소식이 전해졌다. 어전회의에서는 쇼와천황, 스즈키 간타로 수상, 도고 시게노리東郷茂德 외무대신, 아나미 고레치카阿南惟幾 육군대신, 요나이 미쓰마사米内光政 해군대신 등이 장시간에 걸쳐 논의를 이어갔다.

회의는 좀처럼 결론이 나지 않은 채로 8월 10일 새벽이 되었다. 포츠담선언을 수락하는 기본방침에는 모두 동의했지만, 1조항, 즉 천황의 지위존속만을 보장할 것을 주장하는 외무대신과 4조항, 즉 천황의 지위존속보장 및 전쟁책임자를 일본 측이 처단할 것을 주장한 육군대신 사이에서 의견이 팽팽하게 맞섰다. 결과는 3대 3으로 갈렸다.

쇼와천황의 성단聖斷이 없으면 국민을 포함한 군부가 결론을 받아

---

22) 纐纈厚, 『日本降伏』(日本評論社, 2013年).

들이지 않을 것이라고 여긴 내무대신 기도 고이치木戶幸一 측이 사전에 준비를 했다. 즉 열쇠를 쥔 인물은 기도 고이치였고 결국 스즈키 간타로 총리는 '성단' 방식을 채용한다. 최종적으로 쇼와천황의 '성단'에 따라 형태로 외무대신 안案이 채택되었다.

일본의 회답은 스웨덴과 스위스의 일본대사관을 경유해서 연합국에 통지되었다. 연합국 측은 외무대신 안이 요구하는 천황의 지위보장에 대해 '일본의 정치형태는 국민이 자유롭게 표명하는 의사를 바탕으로 결정된다'는 미 국무장관 번스James Francis Byrnes의 답변이 있었다.

종전조서

8월 9일의 첫 회의에 이어 두 번째 어전회의가 14일 황거의 어문고御文庫에서 열려, 그날 밤 늦게 '종전조서'가 결정되었다. '미국, 영국, 중국, 소련의 공동선언을 수락'한다는 내용이었다. 소련이 포츠담선언 이후에 대일참전을 했기 때문에, 8월 14일 시점에 일본과 싸우고 있는 주요 연합국은 4개국이었다.

천황이 직접 일본 국민, 특히 일본군 병사에게 일본의 항복을 알리지 않으면 무장해제가 순조롭게 진행되지 않을 것이라는 이유로, 쇼와천황이 라디오를 통해 호소하기로 결정하였다. 이날, 밤늦게 NHK 직원이 황거로 찾아가서 이제 막 작성된 '종전조서'를 낭독하는 천황의 목소리를 레코드판에 녹음했다.[23]

일본 정부는 14일 밤, 국민에게 임시방송을 통해 '다음날 정오에

---

23) 이 레코드판을 둘러싸고 근위부대가 봉기한다. 이를 궁성 사건이라고 부르는데, 半藤一利, 『日本のいちばん長い日』(文藝春秋, 1995年)에 자세히 나온다. 한국어판은 한도 가즈토시 지음, 이정현 옮김, 『일본의 가장 긴 하루』(가람기획, 1996년)을 참고할 것.

중대방송이 있을 예정'임을 알리고, 각 신문사에 이튿날의 조간은 정오 이후에 배포할 것을 명령했다. 전국의 신문사는 참모본부와 육군성의 기자클럽을 통해 포츠담선언 수락 사실을 하루 먼저 알고 있었던 셈이다. 당시 도쿄아사히신문 기자였던 무노 다케지武野武治는 이날 밤을 마지막으로 출근하지 않았다. 그는 전쟁책임을 진 단 한 명의 저널리스트라 불린다.

광복절

7월 26일의 포츠담선언 발표로부터, 8월 6일 히로시마 원폭투하, 8월 9일 소련의 대일참전 · 나가사키 원폭투하, 8월 14일 포츠담선언을 수락하는 '종전조서'를 거쳐 8월 15일의 옥음방송에 이르는 3주 사이에 동아시아의 운명은 크게 바뀐다.

내가 가르치고 있는 대학의 학생들에게 1945년 여름 일본이 패전한 날은 언제인가를 물으면 흥미로운 반응이 돌아온다. 답변은 세 가지. 첫 번째는 8월 14일, 두 번째가 8월 15일, 세 번째가 9월 2일이라는 대답이다. 여러분도 한 번 생각해보기 바란다. 그런데 셋 다 정답이다. 워싱턴, 베이징, 모스크바에서는 세 번째 답변인 9월 2일에 대일승리를 축하한다. 9월 2일은 일본이 미주리호 선상에서 연합국에 대한 항복문서에 서명조인한 날이기도 하다.

8월 14일이라는 대답의 근거는 쇼와천황이 '종전조서'에 서명한 날이자, 황거에서 어전회의가 열려 '종전조서'가 완성된 날이라는 것이다. 학생들의 대답이 가장 많이 나왔던 것은 8월 15일. 매년 도쿄의 니혼부도칸에서 천황이 참석하는 추도식이 열리는 날이다. 또한 이날 서울과 평양에서는 일본의 패전으로 민족의 권리를 되찾은 것을 기념하고 경축하는 행사가 열린다.

옥음방송

8월 15일 정오, 옥음방송이 시작되었다. "견디기 어려운 것을 견디라"는 문구는 메이지천황이 러일전쟁 후에 삼국 간섭을 수락했던 때부터의 인용구라는 것을 한도 가즈토시의 책을 통해 알게 되었다.

황거 앞에 운집한 사람들은 그때까지 국민들에게 직접 말을 건넨 적이 없던 쇼와천황의 목소리, 즉 옥음玉音에 귀를 기울였다. JODK는 NHK 경성중앙방송국의 콜사인[24]이다. 참고로 AK는 도쿄, BK는 오사카, CK는 나고야를 의미한다. 서울에서는 JODK로부터 흘러나오는 옥음방송에 많은 사람들이 귀를 기울였다.

일본인에게는 '패전'이었지만 같은 일본 국적 소유자라 해도 조선 사람들에게는 '대일본제국으로부터의 해방'을 의미했다. 제국주의로 가려져 있던 빛을 되찾았다는 의미에서, 조선 사람들은 이날을 '광복절'이라 부른다. 드디어 민족의 독립이 보이기 시작한 것이다. 아니, 그런 줄로만 알았다.

직접통치인가 간접통치인가

일본이 항복함에 따라, 조선은 연합군 최고사령관 일반명령 제1호에 의해, 북위 38도선의 북쪽에서는 소련군이, 남쪽에서는 미군이 각각 일본군의 무장해제에 돌입하게 되었다.

조선인은 '적국인敵國人'인가 '해방된 인민'인가. 미군에게 이것은

---

24) 국제협정으로 정해진 각 방송국의 호출 부호.

미묘한 문제였다. 이 문제는 미 정부 내에서도 논의되었지만, 결론이 나기 전에 일본이 항복했다. 분명히 말하자면, 미국에게 조선 정책은 언제나 뒷전이었다. 적군인가 아군인가. 골치 아픈 문제였다. 36년에 걸친 일본의 식민지배 하에서 조선 출신자가 조선총독부나 일본군의 충실한 앞잡이로 활약하는 실정을 보고, 미국은 판단을 내리지 못하고 있었다. 훗날 한국에서 '친일파'를 어떻게 처리할 것인지 문제시되는 것도 이러한 실정에 기인한다.

필리핀에 있던 미군의 최고사령관 맥아더가 가나가와현神奈川県의 아쓰기 비행장에 도착한 것은 8월 30일이었다. 오른손에 파이프 담배를 쥐고 폭격기를 개조한 전용기의 트랩을 내려오는 모습은 아시아태평양전쟁의 종말을 결정짓는 장면이다. 그러나 맥아더가 일본을 방문하기 며칠 전에, 일본을 통치하는 방식이 미군에 의한 직접통치에서 종래의 일본 정부를 중개로 하는 간접통치로 변경되었다.

마찬가지로 그때까지 오키나와에 있던 미군 중장 하지John Reed Hodge가 이끄는 제24군은 소련군보다 한 달 늦은 9월 8일, 인천에 상륙했다. 하지는 일본 본토에서 맥아더가 취했던 통치방식 그대로, 종래의 일본인 조선총독부를 이용한 간접통치를 목표로 했다. 그의 기자회견에 조선총독부의 총독 아베 노부유키阿部信行가 동석하여 일본인 관리의 지위를 그대로 유지할 것임을 발표하자 조선인들은 맹렬히 반발했고, 하지는 사흘 만에 어쩔 수 없이 아베를 사임시켜야 했다. 남한의 민심을 얻으려고 했던 미국의 시도는 시작하자마자 실패했다.

군정하軍政下

아시아태평양전쟁은 종결되어, 한반도 북위 38도선을 경계로 북쪽은 소련군, 남쪽은 미군 군정 하에 놓이게 되었다. 이렇게 해서 한반도는 분단되었다.

역사에 '만약'은 없다고 하지만 7월 26일의 포츠담선언 발표 직후에 일본 정부가 그것을 바로 받아들였더라면 히로시마와 나가사키의 원폭투하는 물론, 소련의 대일참전에 의한 남사할린·쿠릴열도의 영토문제, 그리고 무엇보다 조선의 분단은 없었을 것이다.

트루먼은 왜 그루의 조언대로 포츠담선언에 천황제 존속을 포함시키지 않았던 것일까. 만약 그랬더라면 일본 정부는 즉시 선언을 받아들였을 것이고, 원폭투하나 소련의 대일참전도 없었을 것이다. 연구자들의 해석에 따르면, 트루먼이 천황제 보장의 문구를 넣지 않은 이유는 불 보듯 뻔한 일본의 패배보다 훗날 냉전이라 불린 소련과의 대립을 더 중시하여 원폭의 위력을 소련에게 드러내 보이는 데 있었다고 한다.

역사의 '만약'은 차치하고, '천황', '원폭', '소련 참전'의 연립방정식을 푼 결과 일본에는 두 개의 원폭이 투하되었고 소련의 대일참전으로 남사할린과 쿠릴제도의 '북방영토'를 잃었지만, '천황'제는 남았다. 그리고 '조선'은 남북으로 분단되었다. 조선의 분단은 '제국주의'와 '냉전'이 낳은 괴물이라고 생각한다. 조선의 진정한 비극은 5년 후에 찾아온다. 한국전쟁이 발발한 것이다.

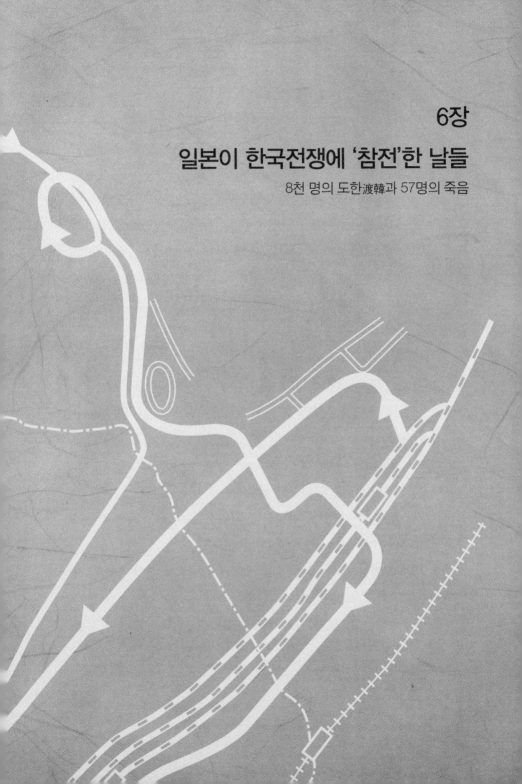

6장
일본이 한국전쟁에 '참전'한 날들
8천 명의 도한渡韓과 57명의 죽음

인민군의 남하

1950년 6월 25일, 한국전쟁이 발발했다. 당시 남북한의 병력을 비교해 보면, 한국군이 약 10만 명인데 비해 북한의 인민군(이하 인민군)은 약 20만 명으로, 북한이 한국의 거의 두 배에 가깝다. 탱크 또한 북한이 소련으로부터 공급받은 최신형의 T34형 242대를 보유함으로써, 압도적인 수를 자랑했다. 이 탱크들을 앞세운 인민군은 개전한 지 불과 사흘 만에 서울을 점령했다.

일찍이 주한미군 3개 사단이 주둔하고 있었지만, 개전 당시는 '군사 고문단' 500명 정도밖에 남아 있지 않았다.[1] 개전 직후, 인민군은 거침없이 밀고 내려와 한반도 남서부에 있는 부산항 근교의 낙동강 서안까지 다다랐다.

병력이 절반밖에 되지 않았고 탱크에 맞설 실질적인 대항 수단도 보유하지 못한 한국군은 인민군에 일방적으로 밀려 부산의 일부만 남을 때까지 패배를 계속했다. 한국군을 지원하는 미군도 전쟁 직후의 남한에는 거의 남아 있지 않았던 셈이다.

7월 7일, 유엔안보리에서 중국의 대표권 문제로 소련이 불참한 가운데, 바꿔 말하면 소련이 거부권을 행사하지 않은 상태에서 북한을 침략자로 규정하는 비난결의가 채택되었다. 이 결의에 근거하여 '유엔

---

1) David Halberstam, 『ザ・コールデスト・ウィンター朝鮮戦争』(文藝春秋, 2012年).

군'이 결성되어 16개국이 참가했는데, 군사력의 대부분은 미군이었다. 한편, 일본이 유엔에 가맹한 것은 1956년 12월로 소련과의 국교회복 이후의 일이다.

유엔군 지원과 일본의 해상수송

미군이 거의 없는 상태의 한반도에서 전쟁이 발발했을 때, 미군이 생각한 것은 재일미군의 투입이었다.[2] 아시아태평양전쟁에서 일본이 패배한 후 40만 명에 달했던 점령군은 한국전쟁 직전에 11만 명 정도로, 당초의 1/4 수준으로 줄어 있었다. 주일 미 육군 제8군은 홋카이도에서 오키나와에 걸쳐 광범위하게 분산되어 주둔해 있었다. 주일 미 해군은 함정 17척의 제96기동함대가 일본을 모항母港으로 삼고 있었을 뿐 항공 병력도 후방지원 사령부 조직도 없었다.

기타큐슈에 내려진 경계경보

한반도와 가까운 규슈에서는, 한국전쟁의 불똥이 튈지도 모른다는 불안감이 퍼졌다. 아사히신문의 네 컷 짜리 만화『사자에상サザエさん』에서 사자에가 검은 스커트를 만든 것을 보고 엄마가 의아하게 여기자, '등화관제'에 도움이 된다고 대답하는 장면이 나온다. 규슈가 고향인 작가 하세가와 마치코長谷川町子가 서일본신문의 석간지 후쿠니치フクニチ에서 연재하던 것을 도쿄의 아사히신문으로 막 옮겨왔을 때로, 규슈에 사는 사람들의 심정을 대변한 것이라는 생각이 든다. 1950년 6월 29일, 기타큐슈에 정체불명의 비행기 한 대가 접근하여 고쿠라小

---

2) 한국전쟁 휴전협정 체결로부터 60년이 된 2013년에 일본 방위성 방위연구소가 한국 국방부 군사편찬연구소와 교류하여 정리한 논문집『朝鮮戦争と日本』을 공표했기에, 여기서부터는 이를 참고한다.

倉, 도바타戸畑, 야하타八幡, 모지門司 4개 시에 공습경계경보가 내려져 등화관제가 실시되었고, 같은 날 나가사키현 사세보佐世保시에도 공습경보가 발령된 것이 그 배경이 되었다.

싱가포르 북미회담을 계기로 2019년 1월, 아사히신문의 기자가 나에게 논평을 청해왔다. 마침 야마구치현의 역사가 한창 화젯거리가 되던 때였다. 다나카 기이치田中義一 전 총리의 장남 다나카 다쓰오田中龍夫가 야마구치현의 도지사를 지내던 당시, 그는 담당 부서에 '조선정보실'을 설치했다. 패전 전까지 조선총독부 소속이었던 어학에 능통한 직원이 한반도로부터 장·단파를 수신하여 「조선정보」를 발행하는 한편, 이것을 내각에도 송부하고 있었다는 것이다. 전쟁 발발 직전인 6월 21일, 다나카 도지사는 오이소大磯에 있는 요시다 시게루의 자택을 방문하여 한반도의 급박한 정세를 호소했다. 하지만 요시다는 사흘 전에 38도선을 시찰한 덜레스John Foster Dulles(훗날 국무장관) 특사가 "미군은 장비도 충분하고, 전혀 걱정할 필요가 없다"고 말했다며 크게 화를 냈다는 일화 등이 꽤 흥미로웠다.

특히 화제가 되었던 것은 야마구치현사山口県史에 실린 '한국 망명정권 6만 명 이주계획'이었다. 한국 정부는 처음에 서울에서 대전, 대구, 부산으로 수도를 이전했고 8월 하순에는 인민군이 한국의 대부분을 제압했다. 그때, 일본의 외무성으로부터 야마구치현청으로 '한국 정부가 야마구치현에 6만 명의 망명정권 설치를 희망'이라는 전보가 왔다. 당시 야마구치현은 현민들을 대상으로 하는 배급 쌀도 보름 이상 지연된 상황이어서, 6만 명의 식량 확보는 어렵다며 곤혹스러워했다.[3]

---

3) 『山口県史 史料編 現代 2』(2000年).

한국 정부의 야마구치현 망명정권 설치계획에 대해서는 2019년 2월 2일 자 아사히신문 「사자에상을 찾아서」에 나의 변변치 못한 코멘트와 함께 게재되었다. NHK도 이튿날인 2월 3일, 〈NHK스페셜 한국전쟁 비록—알려지지 않은 권력자의 공방NHKスペシャル朝鮮戦争秘録—知られなざる権力者の攻防〉에서 다나카 다쓰오 당시 도지사의 녹음테이프 자료와 함께 같은 내용을 방송했다.

주일 미군의 이동

인민군이 북위 38도선을 넘어 남하하자 주일 미군은 서둘러 군대를 한국으로 이동시켰다. 요코스카橫須賀[4]에 기지의 기능을 집중시키고 있던 주일 미 해군은 조선과 가까운 사세보항을 긴급히 정비했다.

7월 1일, 고쿠라에 사령부를 둔 육군 제24보병사단 소속 제34보병연대가 사세보항에서 출발하여 이튿날 부산에 도착한 것을 시작으로, 7월 3일에는 구마모토熊本에 주둔해 있던 주력 부대가 출발하여 다음 날 부산에 도착했다.

일본에서 한국으로 향하는 군인들과는 반대로, 전화戰禍를 피해 한국에서 일본으로 도망쳐 온 미국인도 많았다. 전쟁 발발 직후인 6월 26일부터 사흘 간 여성과 아이들 약 700명은 인천항에서 노르웨이 선적의 비료운반선으로, 그리고 800여 명은 항공편으로 총 1,527명이 피난했다.

특징적인 것은 일본의 '협력'이었다. 사세보항의 경우, 전쟁발발 직후 일본에 주둔하는 미국 장교와 하사관은 총 103명뿐 이었던 것에

---

4) 구 일본 해군의 주요한 항구.

비해 일본인 노동자는 669명에 달했다. 미군은 일본의 '협력'없이는 한국전쟁을 치를 수 없는 상태였다.

인천상륙의 수송작전

유엔군 최고사령관은 일본 점령군 최고사령관 맥아더가 겸하고 있었다. 맥아더는 부산 끄트머리까지 내몰린 한국의 전황을 뒤집기 위해 9월 중순 인천상륙작전을 계획했다.

상륙작전 준비는 8월 하순에 시작됐다. 제1해병사단은 고베神戶항에, 제7보병사단은 요코하마横浜항에, 함포사격 지원을 맡은 제7함대의 주력부대는 사세보항에 집결하여 최종 준비를 진행했다. 9월 초순에는 무기와 탄약의 적재작업이 시작되었고 태풍 제인으로 작업이 지연되기는 했지만 예정대로 66척이 고베항 등 각 항을 출발했다. 9월 15일의 인천상륙작전까지 약 8만 명의 인원과 16만 톤의 화물이 수송되었다. 이 수송 작전에 투입된 함선으로는 일본의 상선 후쿠쥬마루福寿丸, 쇼난마루松南丸, 가이코마루海光丸, 제15히노마루第一五日の丸, 센요마루扇洋丸 등의 이름이 기록에 남아 있다.

일본인 선원과 노동자

그 후, 북한 쪽 동해의 원산상륙작전, 같은 해 11월 중국 의용군의 역습으로 인한 흥남철수작전 등, 마치 아코디언을 연주하듯 일진일퇴一進一退를 거듭했는데, 당시에 해상수송을 지원한 것은 일본인이었다.

수송뿐만 아니라, 항구의 하역작업에도 다수의 일본인이 포함되어 있었다. 1950년 10월 15일, 인천에 입항한 미해군 병력수송함대에는 일본인 하역 노동자 913명이 승선하고 있었다는 기록이 남아 있다.

점령사占領史 연구자인 도쿄게이자이대東京経済大 명예교수 다케마에 에이지竹前栄治의 연구에 따르면, 당시 협력 작업을 지휘한 기타무라 마사노리北村正則의 구술사 녹취록과 미국 측의 공문서를 대조해 본 결과는 다음과 같다.

1950년 9월 2일, 선박회사 도자이키선東西汽船과 재일 병참사령부 사이에 기범선 120척, 모선 1척, 수리선 1척(선원 약 1,300명)의 계약이 맺어졌다. 9월 18일 모지항에 집결, 23일에 부산에 도착했다. 하지만 최종목적지는 인천이라는 것을 듣고 몇 척의 배는 인천행을 거부하여, 최종적으로 97척과 모선이 부산을 출발했다. 인천 이외에도 군산, 해주, 진남포 등 한반도의 서해안에서, 군의 수송함에 있던 모든 화물을 해안으로 옮기는 작업을 했다. 12월 중순, 한밤중에 거센 풍랑을 만나 선단 1척이 조난, 침몰했다.[5]

일본인 8천 명

방위연구소의 이시마루 야스조石丸安蔵는 「한국전쟁과 일본의 관여—잊힌 해상수송朝鮮戦争と日本の関わり―忘れられた海上運送」(방위연구소, 2013)이라는 연구논문에서 다음과 같이 총괄한다.

상선 관리위원회 선원 약 2,000명, 기범선 선원 약 1,300명, 인천으로 파견된 항만노동자 약 1,000명, LR선원 약 2,000~3,000명. 전부 합쳐서 8,000명 정도의 일본인이 한국전쟁의 해상수송을 위해 일본을 떠나 활동하고 있었던 셈이다.

---

5) 『東京経済大学人文自然科学論集』 105号(1998年).

반년 만에 일본인 사망자 56명

일본 정부의 특별조달청(이후의 조달청, 훗날 방위시설청)이 점령기간 중에 한 일을 정리하여 1956년 3월, 『점령군조달사占領軍調達史』를 간행했다. 오사카시 중앙도서관에서 이 책을 빌렸다. 세로 27센티미터, 옅은 녹색 표지의 다섯 권짜리 시리즈였는데, 책을 담은 얇은 종이봉투의 바닥이 찢어질 듯 무거워서 지하철의 환승이 꺼려질 정도였다. 이 다섯 권의 책은 한국전쟁 중에 일본 정부가 했던 '전쟁 협력'의 실태를 명확히 밝히고 있다.

> 조선해역에서 근무하는 선원과 특수항만 하역 등에 종사하는 자 중, 1951년 1월까지 사망, 부상, 업무상 발병한 자는 다음과 같다.
> (a) 특수항만 하역자: 업무상 사망 1명, 업무상 질병 79명, 그 밖에 21명(사망자 3명 포함), 계 101명.
> (b) 특수선원: 업무상 사망 22명, 업무상 질병 20명, 사상사私傷死 4명, 사상병私傷病 208명, 계 254명.
> (c) 그 밖에 조선해역 등에서 특수 수송업무 중 사망한 자 26명(항만하역 4명, 선원 22명).[6]

조선해역에서 사망한 선원 수(c의 선원 수)는 상세하게 알 수 있다. 1950년 11월 15일 원산 앞바다를 항해 중이던 LT(대형 예인선) 636호가 기뢰에 접촉해 침몰한 해난사고에서 승무원 27명 중 실제로 22명이 사망했다.[7]

---

6) 『占領軍調達史 · 基調編』(調達庁, 1956年).
7) 横浜市編, 『横浜の空襲と戦災五~接収 · 復興編』(有隣堂, 1977年).

22명의 사망

미군의 원산상륙작전 때, 보안청 특별소해대 이외에도 수많은 일본인이 현장에 있었다. 1954년 1월 21일 자 산교게이자이신문産業経済新聞은 '일본선원 22명 사망. 원산상륙작전. 유족포상은 흐지부지'라고 전했다. 일본선원조합 요코하마본부의 사무국 직원 고바야시 이사무小林勇(당시 34세)는 다음과 같이 증언했다.

1950년 11월 15일, 미군 예인선 LT 636호(650톤)가 원산상륙작전에 참가하기 위해, 한국의 부산수역을 북상하던 중 기뢰에 접촉해 침몰했다. 배에는 미 해군과 고용계약을 맺은 일본인 선원 27명이 타고 있었는데, 그중 22명이 사망했다. 사망자의 유족에게는 72개월분의 급여 등 특별수당이 지급되었는데, 사고 후 4년이 경과했음에도 서류 미비를 이유로 4, 5명의 선원에게는 지급되지 않았다.

가나가와현청 직원이 사실관계를 인정했다. 가나가와현의 선박섭외 노무관리 사무소장 사가와 야이치佐川弥一 씨는 다음과 같이 말했다.

사건 직후인 12월 초, 본 사무소와 전일본해외선박노동조합全日海外船労의 두 사람이 스물 두 개의 유골함을 만들어 요코하마시 가나가와구 혼카쿠지本覚寺에 안치하고 유족에게 유골함을 전달했다.

유골함에는 한 장의 사진이 있을 뿐이었다. 유족에 대한 보상은 일본 정부에 의해 이루어졌다. 결국, 전쟁이 발발한 지 불과 반년이 지난 1951년 1월까지, 특별조달청과 관련하여 한국전쟁에 협력한 일본인 사망자 수는 56명에 달했다. 여기에 다음 장에서 다룰 보안청 직원의 순직자 1명을 더하면, 총 57명에 이른다.

'잊힌' 해상수송

1987년 2월에 국회 참의원 의원 요시오카 요시노리吉岡吉典가 '한국전쟁에 일본인이 관련된 것에 대한 질문주의서質問注意書'를 제출하자, 정부로부터 회답이 있었다. 그것은 '현시점에서, 정확한 사실관계를 말하기는 곤란하다'는 답변이었다(답변서. 1987년 4월 10일). 일본 정부는 제대로 된 답변을 내놓지 않았다. 한국전쟁에 일본인 선원과 항만노동자가 관련된 사실은 왜 '잊힌' 것일까? 방위연구소 이시마루 야스조石丸安蔵는 다음과 같은 가설을 내놓았다.

　일본인이 관여한 해상수송은 수송부대 지휘자가 미국인인 군사작전으로, 철저하게 비밀로 관리되어 승조원乘組員 신분이었던 일본인에게는 작전의 전체적인 내용을 알려주지 않았다. 따라서 해상수송에 관한 사실은 미 해군의 비밀문서에는 군사작전으로 남아 있지만, 일본 측에는 기록이 남아 있지 않다. 다만 일부 승조원들의 기억이나 회상이라는 형태로 남아 있을 뿐이다.

여기까지 논문이나 기록을 훑어가며 되짚어보니, 싱가포르, 하노이, 요코타 공역 등의 관련 내용에서 알 수 있는 것은, '전쟁에서는 군사물사의 관리가 승패를 결정한다'는 중대한 사실이다.

고교 시절, 쓰쓰이 야스타카筒井康隆의 『도카이도전쟁東海道戦争』[8]을

---

8) 하야카와 SF시리즈, 이후 주코분코(中公文庫, 1965年).

읽었을 때, 전시 수송을 맡은 것이 국가가 접수한 택배회사(일본통운 日本通運)의 트럭이라는 내용에 박장대소하면서도 그 디테일에 기막힌 현실성을 느꼈던 기억이 난다.

만일 '한반도 유사시'라는 상황이 발생하면, 민간 선박, 승조원, 항만노동자가 전쟁에 동원되어 전쟁을 수행하는 것이 지극히 당연한 논리라는 점을 말해 두고 싶다. 이 모든 것은 탁상공론이 아니다. 나고야 TV가 제작한 〈방위페리: 민간선과 전쟁防衛フェリー: 民間船と戦争〉[9] 이라는 프로그램에 민간 연락선이 자위대 훈련에 동원되는 실태가 분명히 묘사되어 있다. 전쟁은 군대만의 싸움이 아니다. 그것은 아시아태평양전쟁뿐만 아니라, 한국전쟁에 일본인이 '협력'한 실상을 보면 금방 알 수 있다.

조선유엔군의 병력을 조사해 보면, 1953년 7월 휴전협정 체결 단계에서 한국 59만 명, 미국 30만 명으로 주요 2개국이 전체의 95%, 그밖에 영국 1만 4천 명, 태국과 캐나다가 각각 6,000명의 순이다(총 93만 명). 이러한 통계는 한국으로 건너간 일본인 8,000명이 얼마나 많은 인원인지를 보여준다. 물론 그들은 군인이 아니다. 말하자면 민간군사회사民間軍事會社의 선봉대인 것이다. 이것이 바로 일본이 '기지국가基地國家'라 불리는 이유다. 일본은 한국전쟁에 실질적으로 '참전' 하고 있었다.

---

9) 2017년도 문화청 예술제상 TV다큐멘터리 부문 대상 수상.

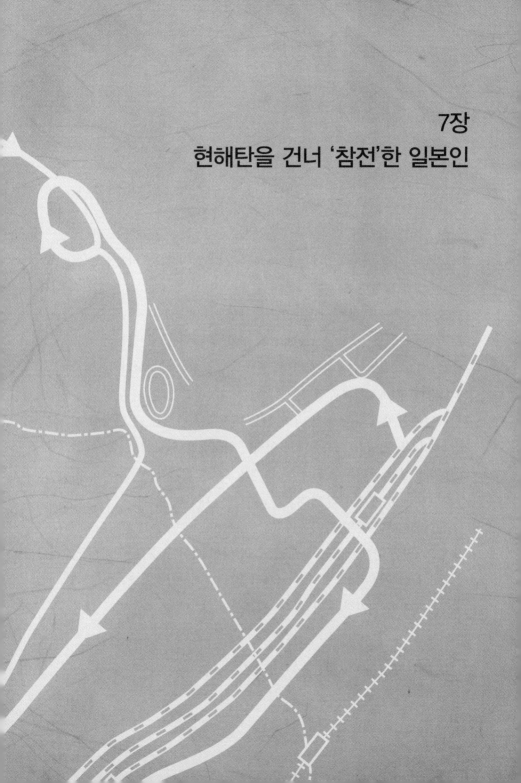

7장
현해탄을 건너 '참전'한 일본인

1. 한국전쟁과 일본의 재군비

한국전쟁의 기원

스이타 사건 연구모임에서, 아사히신문의 전직 기자 히라노 이치로는 이렇게 말했다.

"한국전쟁에 관한 연구로, 게이오기주쿠대의 가미야 후지神谷不二 교수가 쓴 『한국전쟁朝鮮戦争』(中公新書, 1966)이 나왔을 때 솔직히 깜짝 놀랐다네… "김일성이 무력적·혁명적 통일전쟁을 개시했다"는 명확한 문장에 고개를 갸우뚱했지."

가미야의 주장에 따르면, 김일성은 내전을 시작했을 때 미국이 개입하지 않을 것이라 예측했다고 한다. "한국전쟁 연구에서 오랫동안 논의의 중심이 되어온 것은 누가 전쟁을 시작했는가였다"[1]는 와다 하루키의 말처럼, 북침설과 남침설은 정면으로 대립해 왔다.

유의해야 할 점은 가미야의 남침설(북한이 남한을 침략했다는 설)이 1966년 2월에 간행된 저서에서 발표되었다는 것이다. 또한 여기서 강조되어야 할 것은 한국전쟁이 시작된 1950년 낭시 재일조선인 사이에서는 북한을 지지하는 사람들이 다수파를 형성하고 있었으며, 그들

---

1) 和田春樹, 『朝鮮戦争全史』(岩波書店, 2002年).

은 북침설(남한이 북한을 침략했다는 설)을 믿었다는 역사적인 사실이다. 이 점은 아무리 강조해도 지나치지 않다. 1950년 초에 애치슨 국무장관이 "미국의 방위선防衛線은 일본과 필리핀을 묶는 선"(한반도와 대만은 포함되지 않는다)이라 발언한 데 이어, 6월 18일에는 미국의 존슨 국방장관과 브래들리 통합참모본부 의장이 일본을 방문하여 맥아더와 협의를 하고 있었다. 같은 시기, 전쟁이 발발하기 일주일 전에는 덜레스 국무성 고문이 38도선을 시찰했다. 이러한 일련의 움직임이 북침설의 근거가 되었다.

한국전쟁은 1950년 6월 25일 오전 4시에 발발했다. 한국군은 23일 금요일에 경계대기 명령을 해제하였고, 공격이 시작된 것은 일요일 새벽이었기 때문에 당직을 제외한 한국 군인은 깊은 잠에 빠져 있었다. 북한의 인민군은 맹렬한 기세로 남하했다. 대부분의 재일조선인들의 눈에는 '무력으로 조선 통일을 이루려는 김일성 장군(인민군)의 움직임을 미국이 일찌감치 알아채고, 북한이 38도선을 넘어 남하하는 것을 지켜보고 있었던 것'으로 비쳤다.

오전 8시 30분경, 도쿄의 GHQ(연합국군 총사령부)에 최초의 보고가 올라왔다. 일본의 요시다 시게루 수상은 한국전쟁 발발의 첫 보고를 받고 가미다나神棚[2] 앞으로 가서, "이것이야말로 하늘이 내려주신 축복입니다. 부디 굽어 살펴주시기를…"이라고 읊조리며 깊이 머리를 숙였다고 한다.[3]

요시다 시게루의 관심사는 일본의 독립이었다. 그의 눈에는 이웃 나

---

2) 집안에 조상신을 모셔놓은 제단.

3) 일본의 재무장을 담당했던 미국 군사고문단 참모장이었던 프랭크 코왈스키(Frank Kowalski)가 쓴 책을 참조. *An Inoffensive Rearmament*(Naval Institute Press, 2013). 勝山金次郎 訳, 『日本再軍備』(サイマル出版会, 1969年).

라에서 일어난 전쟁이 일본의 독립을 위한, 그리고 아시아태평양전쟁으로 피폐해진 일본경제가 다시 일어설 수 있는 절호의 기회로 보였다.

6월 25일, 일본 국민들은 NHK의 정오 뉴스에서 처음으로 보도를 접했다. 신문사는 호외를 냈다. 당시 한국은 일본과 국교를 맺고 있지 않았기 때문에 신문사와 통신사 모두 AP, 로이터 등 외국 통신사의 기사를 정보의 출처로 삼고 있었다. NHK는 오후 1시 32분 임시뉴스를 방송했다. '북한, 남한에 선전포고'. 하지만 선전포고는 없었다. 로이터 통신사의 오보였다. 그것을 확인하는 것조차 불가능했다고 NHK의 역사는 기록하고 있다.[4]

신문사는 이튿날 26일 조간을 통해 본격적인 보도를 시작했다. 26일 자의 지면은 거의 전면이 전쟁개시에 대한 뉴스로 채워졌다. '조선, 드디어 전면적 내전/경성(서울) 벌써 위기에 직면/북한군 동해안 네 군데 상륙'이라는 큰 제목이 눈길을 끈다. 아사히신문 6월 26일 자 기사에는 '한국 측 전사자 4천 명인가', '쌍방 5만 명의 병력 투입'이라는 제목이 이어졌다.

『아카하타』의 간행 정지와 레드퍼지[5]

일본공산당의 기관지 『아카하타 赤旗』에는 '조선공화국군/ 전면적 반격을 명령/ 각지에서 한국군의 침입격퇴', '한국군으로부터 발포' 등의 제목이 붙은 기사가 실려 있다. 모두 북한이 발표한 내용을 받아 쓴 기사였다. 이 기사를 빌미로 맥아더는 6월 30일, '아카하타가 진실

---

4) 『20世紀放送史』(NHK出版, 2001年).

5) 레드퍼지(Red Purge)는 미군정하에서 공산주의자나 그 동조자로 의심되는 사람들을 공직에서 추방하는 일련의 조치를 말한다.

을 왜곡했다. 타국의 파괴적 음모의 도구임을 스스로 드러냈다'는 이유에서 『아카하타』에 30일간 간행정지를 명령을 내렸다.

한국전쟁 개시 전인 6월 6일, GHQ는 공산당 중앙위원 24명(그중 국회의원 7명)의 공직추방을 명령하고, 이튿날인 7일에도 기관지 『아카하타』의 편집위원 17명을 공직 추방했다. 언론인을 대상으로 한 레드퍼지가 시작된 것이다.

이미 한 해 전인 1949년 4월, 일본 정부는 「단체 등 규정령」을 공포하고 법무부에 특별심사국(훗날 공안조사청)을 설치하여 공산당원의 신고와 등록을 요구했다. 공산당은 합법정당으로 인정받기 위해 1950년 3월 당시 10만 8,692명이 등록을 마쳤다.

같은 해 5월, 행정기관 직원 정원법(총 정원의 최고한도를 규정하는 법률)이 제정되어 약 3만 명에 대한 레드퍼지가 진행되었다. 한편, 시모야마 사건下山事件[6], 미타카 사건三鷹事件[7], 마쓰카와 사건松川

---

[6] 일본 국유철도 총재 시모야마 사다노리(下山定則)의 죽음을 둘러싼 사건이다. GHQ의 명령으로 국철이 대량 해고를 실시하기 직전인 1949년 7월 5일에 소식이 끊긴 시모야마가 이튿날 죽은 채로 발견되었다. 사인에 대해서는 경시청의 자살설, 법의학의 사후 역단설, 정부 측의 좌익에 의한 모살설이라는 3자가 대립하여 점령기 최대의 미스터리가 되었다. 작가 마쓰모토 세이초(松本淸張), 취재를 맡은 전 아사히신문 기자 야다 기미오(矢田喜美雄) 등이 사건을 둘러싼 작품을 발표하여 모살을 시사했다.

[7] 1949년 7월 15일, 일본 국유철도 중앙선 미타카역 구내에서 무인열차가 폭주하여 주차장에 격돌 후 전복한 사건이다. 사망자 6명, 부상자 20명을 낸 사건 당시, 국철노조에서는 인원 정리 반대 투쟁이 격화되고 있었는데, 이 사건은 조합원 10명의 공동 모의에 의한 계획적 범행으로 같은 해 8월 22일 기소되었다. 1950년 8월 11일의 제1심은 가케우치 게이스케(竹内景助)의 단독 범행으로 인정되어 무기, 그 외는 무죄로 판결받았고, 제2심에서는 다케우치가 사형을 판결 받아 상고, 1955년 6월 22일의 최고재판소의 상고 기각 판결에 의해서 사형이 확정됐다. 그러나 다케우치는 최고재판소에서 구두변론을 하지 않아 도쿄고등법원에 재심을 청구했으나, 심리 중인 1967년 1월 도쿄구치소에서 병사했다. 미타카 사건은 같은 시기에 일어난 시모야마 사건, 마쓰카와 사건과 함께 국철 3대 미스터리 사건의 하나로 여겨진다.

事件[8] 등 국철노동조합원의 해고와 맞물린 불가해한 사건이 연이어 일어났다.

10월에는 중화인민공화국의 수립으로 냉전의 긴장이 한층 고조되었고, 이에 정부는 레드퍼지에 착수했다. 해고 대상자 선발에는 「단체 등 규정령」에 의해 공산당이 제출한 당원 리스트가 이용되었다.

NHK오사카국(BK)에는 '연합국사령관 더글라스 맥아더 장군의 명에 의해, 다음에 열거한 공산주의자와 그들에게 동조하는 자는 본 건물 및 시설 내에 들어가는 것을 금한다'라는 전단이 붙었고, 지명된 자는 7월 28일 미군 헌병에게 잡혀갔다.

신문, 통신, 방송 등 50개 보도기관에서 704명이 해고되고, 전기산업노조에서 2,137명이 해고되는 등 1950년 12월에 실시된 노동성의 조사에 의하면 500개 이상의 회사에서 1만 972명, 정부기관에서 1,171명이 해고되었다. 전체 산업 평균 해고율(0.38%)에 비해, 신문, 통신, 방송 분야에서의 해고율은 4배(1.7%)나 높았다.

게다가, 당시 NHK 도쿄방송국에 근무하던 미디어 연구가 가와타

---

8) 1949년 8월 17일, 가나야가와(金谷川)역과 마쓰카와역 사이의 커브 지점에서 열차 12 량이 탈선, 둑 아래로 전복돼 기관사 1명, 조수 2명 등 3명이 숨지고 수 명의 승객이 부상당한 사건이다. 현장 근처에서 빠루와 스패너가 발견되었다. 이 사건을 당시의 마스다 가네시치(增田甲子七) 관방장관이 "미타카 사건과 사상적 저류가 같다"고 발표하여, 경찰 당국은 별건으로 체포한 전 선로 공수의 자백을 기초로 20명을 체포했다. 1950년 12월 6일 후쿠시마 지방재판소는 5명에게 사형, 5명에게 무기징역 등 전원에게 유죄를 선고, 1953년 12월 22일 센다이 고등법원에서의 항소심은 3명에게 무죄판결을 내렸지만 4명은 사형, 2명은 무기징역을 선고하는 등 17명에게 유죄를 선고했다. 상고심에서는 최고재판소가 이를 파기해 센다이고등법원으로 돌려보냈고, 1961년 8월 8일 전원에게 무죄를 명하기에 이르렀다. 검찰 당국은 상고했지만 최고재판소는 1963년 9월 12일에 센다이고등법원 판결을 지지, 판결을 확정했다. 이 사건은 노동운동에 대한 탄압으로 조작 혐의가 짙다는 견해가 있었으나, 진위는 규명되지 않은 채 끝났다. 그러나 작가 히로쓰 가즈오(広津和郎) 등에 의한 피고의 구제 지원 활동을 시작으로 학자, 문화인, 시민에 이르는 국민적 운동이 폭넓게 전개되어, 판결 그 자체로부터 재판에 대한 본연의 자세까지 사법제도상의 문제를 추구하는 대 사건이 되었다.

케 가즈오川竹和夫로부터 직접 들은 증언은 이렇다. 그가 개인의 사물함에서 『아카하타』가 발견되었다는 이유로 해고된 사례를 살펴본 결과, 직장의 누군가가 본인도 모르는 사이에 사물함에 넣어 놓은 경우 등 근거가 모호한 것이 많았다고 한다. 또 재판에서 부당해고를 호소해 보아도 점령군의 명령이라며 묵살당할 뿐 구제조치는 이루어지지 않았다.

개전 이틀 후인 6월 27일, 유엔안전보장이사회는 '북한의 무력행사를 침략으로 단정'한다고 결의했다. 거부권을 가진 소련은 대만의 중국대표권 문제로 안보리에 참가하지 않았다. 미군은 이 결의를 근거로 참전했지만, 인민군은 기세를 몰아 개전 사흘째에는 이미 한국의 수도 서울을 점령했다. 전쟁 개시로부터 2주가 지난 7월 7일, 안보리는 유엔군 창설을 결의하고 미국은 유엔군의 이름으로 싸우게 된다. 8월 초, 인민군이 주로 한국군과 미국군으로 구성된 유엔군을 부산 끄트머리까지 몰고 간 사실은 앞에서 기술한 바와 같다.

9월 15일 맥아더는 인천상륙작전을 강행하여 바로 서울을 탈환하였고, 10월 말에는 38도선을 넘어 북상했다. 그 시점에서 맥아더는 '북한군 격퇴'에서 '북한 점령'으로 목표를 변경하고, 유엔군은 한·중의 국경인 압록강까지 북상하려 했다. 맥아더는 트루먼 대통령과의 회담에서 중국군은 참전하지 않을 것이라는 자신의 예상을 전했다. 하지만 중국 인민의용군이 10월 25일을 기해 참전하는 바람에 유엔군은 38도선까지 내몰렸다. 이렇듯 전황은 일진일퇴를 거듭했고 서울은 네 차례의 점령과 탈환을 겪었다.

한국전쟁의 결과 남북을 합쳐서 인적피해만으로도 126만 명의 사망자를 냈고, 남북 총인구의 5분의 1에 해당하는 약 1천만 명에 이르는 이산가족을 낳았다. 경제적인 측면에서는 건물의 40%와 생산설비의 30~70%가 소실되어, 당시의 국민경제 규모로 환산하면 30억 달러를 잃었다.[9]

소련공산당의 비밀문서

한국전쟁의 기원에 대해 다시 살펴보자.

한국은 1989년 베를린장벽이 붕괴한 후 이듬해 1990년에는 소련과, 1992년에는 중국과 국교를 맺는다. 그리고 1994년 러시아의 옐친 대통령이 한국의 김영삼 대통령에게 한국전쟁 당시의 소련공산당 비밀문서를 건네줌으로써 관련 연구는 크게 진전되었다. 결론부터 말하면 이렇다.

> 김일성과 박헌영의 무력통일 계획에 반대하던 스탈린이 1950년에 그 계획을 인정하여 스탈린과 마오쩌둥의 승인, 원조를 받아 북한이 최초로 공격을 개시했다(와다 하루키).

말하자면, 첫발을 북한이 먼저 쏘면서 전쟁을 시작했다는 내용이 소련공산당의 비밀문서에 분명히 나와 있는 것이다. 그렇다면 남한 쪽에는 그런 의도가 없었을까? 남한 역시 '북진통일'이라는 무력통일론이 존재했었다. 역사를 단순하게 바라볼 수 없는 이유가 바로 여기에 있다.

최근에 중국에서 상당히 흥미로운 한국전쟁 연구서가 출판되었다. 냉전 연구자 션즈화沈志華 화둥사범대華東師範大 교수의 저작『최후

---

9) 숫자는 모두『朝鮮を知る事典』(증보개정판 · 平凡社, 2000年)을 참고.

의 천조: 모택동 김일성 시대의 중국과 북한最后的 "天朝": 毛泽东、金日成与中朝关系』[10]이다. 선즈화에 의하면, 1950년 1월이 되어서야 스탈린이 그때까지 반대하던 김일성의 전쟁계획에 찬성한 배경에는, 중국 랴오둥반도에 있는 소련 군항軍港의 대체 항 확보라는 소련의 이익이 있었다. 북중 관계가 '피로 맺어진 동맹'이라는 것은 신화일 뿐, 실제적으로는 그렇지 않다는 것을 폭로하고 있다. 러시아도 중국도 미국과 군사동맹을 맺은 나라와 국경을 접하고 있는 것 보다, 북한이 완충지대로 존속하는 냉전구조가 지속되기를 내심 바라고 있었다는 지적은 그 뿌리가 깊다. 사회주의든 자본주의든, 국가는 자국의 이익을 최우선으로 생각하는 것이다.

또 하나의 '만약에'를 소개한다. 한국문제 전문가 오코노기 마사오 小此木政夫 게이오기주쿠대 대학원慶應義塾大学院 교수의 다음과 같은 예측은 매우 흥미로우며 시사하는 바도 크다.

> 만약에 '냉전'이라는 이름의 미소 대립이 존재하지 않았다면, 한반도의 지역분쟁은 내전의 형태로 개시되어 단시간에 종결되었을 것이다. 이승만, 김구, 김일성 등 해외에서 귀국한 독립운동지도자 간의 리더십 경쟁이 심화되고, 그 결과 무장투쟁에 뛰어난 좌파세력이 승리하여 한반도는 사회주의 정권에 의해 통일되었을지도 모른다. 통일된 사회주의 국가는 시장경제를 받아들여 북한 주민이 현재와 같은 불행을 경험하는 일도 없었을 것이다.[11]

---

10) 『最后的 "天朝": 毛泽东、金日成与中朝关系(1945~1976)』(香港: 中文大學出版社, 2017年) 한국어판은 선즈화 지음, 김동길 외 2명 옮김, 『최후의 천조: 모택동 김일성 시대의 중국과 북한』(선인, 2017년).

11) 小此木政夫 監修, 東北アジア問題研究所 編, 「北朝鮮問題とその展望」, 『在日朝鮮人はなぜ帰国したのか』(現代人文社, 2004年) 한국어판은 오코노기 마사오 지음, 「북한문제와 그 전망」, 『재일조선인은 왜 귀국한 것일까』(현대인문사, 2004년).

즉, 내전이었다면 조선은 빨리 통일되었겠지만 대국이 관여한 결과 국제적 분쟁으로 발전했다는 것이다.

경찰예비대

한국전쟁 발발로부터 2주 후인 7월 8일, GHQ는 두 장의 메모를 일본 정부에 전했다. 이것이 일본의 재군비를 결정한, 이른바 '맥아더 서간'이다.

7월 8일 토요일 오전 9시경, GHQ의 민정국 차장이 외무성의 기무라 시로시치木村志郎七 연락국장에게 두 장의 메모를 건넸다.

'일본의 사회질서 유지를 강화하기 위해, 현재 12만 5천 명인 경찰대에 7만 5천 명의 내셔널 폴리스 리저브National Police Reserve를 설치함과 동시에 8,000명의 해상보안관을 증원하도록 필요한 조치를 허가한다'고 쓰여 있었다. 사실상 명령이었다.

요시다 시게루는 오카자키 가쓰오岡崎勝男 관방장관 및 관료들과 논의하여 내셔널 폴리스 리저브를 '경찰예비대'라 번역하기로 정하고, 같은 날 정오가 지나 관방장관 두 명이 GHQ에 보고했다. 일본의 재군비는 이렇게 3시간 만에 결정되었다.

한 달 후인 8월 9일, 국회의 심의 없이 경찰예비대령(포츠담 정령政令 260호)이 결정되었다. GHQ의 민정국장 휘트니Courtney Whitney는 7월 21일에 '이것은 일반적인 경찰이 아니다. 내란이 일어나거나 외국의 침략이 있을 때에 맞서는 존재로, 향후 대원들은 대포와 탱크를 갖게 될 것이다'라고 설명했다. 이 말을 들은 오카자키 관방장관은 그것이 군대의 시초임을 비로소 알아차렸다고 한다.

일본의 재무장을 담당한 미국 군사고문단 참모장 프랭크 코왈스키는, 미국 본토에서 비행기로 막 일본에 도착한 부하에게 다음과 같이 주의를 주었다.

"일본의 헌법은 군대의 보유를 금하고 있다. 자네는 경찰예비대의 대원을 군인이라고 부르거나, 간부를 군의 계급으로 불러서는 안 된다. 탱크를 보아도 전차라 부르지 말고 특수차Special Vehicle라 부르도록!"[12] 경찰예비대는 8월 9일에 대원모집을 발표했다. 모집 전단에는 '평화일본은 당신을 원하고 있다'는 글과 함께, 정중앙에 흰 비둘기가 날개를 펼치고 있는 모습이 있고, 비둘기의 발밑에는 '경찰예비대원 모집'이라는 글자가 가로로 쓰여 있었다. 조금 비꼬아 말하자면, 실로 평화를 사랑하는 패전 후의 시대정신이 스며 나오는 전단이다.

2년간 일하면 1년분이 퇴직금으로 가산되는 파격적인 조건이었다. 이것 때문에 정원 7만 5천 명의 약 다섯 배인 38만 2천 명이 응모했다. 합격자는 먼저 경찰학교에서, 다음으로 미군 캠프에서 훈련을 받았다. 미군 캠프에서 미군 지휘관의 지시를 받는 것에 불만을 품고 그만두는 사람도 나왔다. 카빈총을 시작으로 얼마 후엔 M24탱크가 공여되어, 겉으로는 경찰이었지만 실질적으로는 군대라는 왜곡된 형태로 일본의 재군비가 시작되었다.

재군비와 일본국헌법

여기서 잠깐 옆길로 빠져보면, 일본의 재군비와 일본국헌법과는 사이에는 정합성의 문제가 있다. 경찰예비대(훗날 자위대)를 보유하려면 헌법을 바꾸어야 하는 것 아닌가 하는 의문에 어떻게 대답할 것인

---

12) 『日本再軍備』(サイマル出版会, 1969年).

가라는 문제다. 일본국헌법에는 전문과 9조에 평화주의가 강조되어 있다. 전문은 이렇다.

일본 국민은 항구평화를 염원하고, 인간 상호 관계를 지배하는 숭고한 이상을 깊이 자각하며, 평화를 사랑하는 모든 국민의 공정과 신의를 신뢰하여 우리의 안전과 생존을 온전하게 지키기로 결의하였다.[13]

제1장에서 상징천황제를, 제2장에서 전쟁의 포기를 규정한다.

제9조 1항: 일본 국민은 정의와 질서를 기조로 하는 국제 평화를 성실히 희구하며, 국제 분쟁을 해결하는 수단으로써 국권이 발동되는 전쟁과 무력에 의한 위협 또는 무력의 행사는 영구히 포기한다.

제9조 2항: 제1항의 목적을 달성하기 위하여 육해공군, 그 밖의 전력을 보유하지 아니한다. 국가 교전권은 인정하지 아니한다.

문제는, 9조 2항에서 정하는 '무력을 보유하지 않음'에 경찰예비대 (훗날 자위대)가 해당하는지의 여부다. 누구라도 의문을 품을 것이다.

일본국헌법과 요시다 시게루

최근 무심코 집어 든 책에서 흥미로운 내용을 발견했다. 쇼와사 연구의 일인자 중 한 명인 논픽션 작가 호사카 마사야스保阪正康가, 한국전쟁 발발 당시 요시다 시게루 총리의 셋째 딸 아소 가즈코麻生和子[14]를 인터뷰한 내용이었다.[15]

---

13) 법제처 세계법제정보센터, 일본국헌법 번역본에서 발췌 인용.
14) 2019년 현재의 부총리이자 재무대신 아소 다로(麻生太郎)의 모친.
15) 保阪正康, 『昭和の怪物七つの謎』(講談社現代新書, 2018年).

일본이 군국주의를 향해 돌진하던 1936년에 요시다 시게루는 주영 대사로 취임한다. 그는 같은 시기에 영국 런던 주재 무관武官이었던 다쓰미 에이이치辰巳榮一를 매우 신뢰했다. 군인이었던 다쓰미에게 전후에도 유일하게 마음을 터놓았고 총리 재임 중에 방위 문제의 고문으로 임명하기도 했다. 1954년 연말에 요시다는 총리직에서 물러난다. 이듬해인 1955년, 다쓰미가 요시다에게 물었다.

"(한국전쟁 때 설치된 경찰예비대, 나아가) 자위대를 인정하려면 헌법 개정이 필요하지 않은가?"

그에 대한 요시다의 답변을 다쓰미는 아래와 같이 전하고 있다.

"요시다 씨는 표정을 싹 바꾸고 날이 선 어조로 말했습니다. 헌법은 나라의 기본법으로서, 한번 결정된 이상 5년 혹은 10년 만에 그렇게 쉽게 개정될 수 없다는 것이었습니다."

아소 가즈코도 호사카의 인터뷰에서, 다쓰미의 이 말을 인정하고 있다. 구술기록이기 때문에 불가피하게 취재자와 피취재자가 네 단계(요시다, 다쓰미, 아소 가즈코, 호사카)로 되어 있어 조금 산만한 감이 있지만, 발언의 진위를 몇 단계에 걸쳐 확인하는 작업은 역시나 호사카답다는 생각이 드니 이해해주길 바란다.

요시다의 발언에 대한 호사카의 해석은 이렇다.

천황제 유지를 두고 논란이 있던 때에[16] 천황의 존재를 헌법 중에 명확히 한 것은 (요시다 시게루의) 가장 큰 자부심이었다. 요시다는 이 헌법이 천황제에 반대하는 전승국이나 논자들로부터 천황을 지키는 방파제

---

16) 당시 요시다 시게루는 패전 직후의 히가시쿠니(東久邇) 내각, 시데하라(幣原) 내각의 외무대신, 이후 총리 겸 외무대신이었다.

가 될 것이라 생각했던 것이다.

말하자면, 요시다 시게루를 비롯한 대다수 보수 정치가들의 머릿속에는 일본국헌법 제1장의 천황과 제2장의 전쟁포기는 떼려야 뗄 수 없는 관계로 일체화되어 있는 것이다.

다양한 의용군

한국전쟁 발발 당시의 이야기로 돌아가 보자. 민단에서는 한국으로 의용군을 보내려는 움직임이 시작되었다. 전쟁발발로부터 불과 나흘째인 6월 29일에 '의용군 조직으로', 그리고 이틀날인 30일에는 '오사카에서도 모병개시'라는 글이 아사히신문에 실렸다. 『민단오사카 30년사』에는 다음과 같은 기록이 있다.

> 1950년 8월 8일, 민단중앙은 '자원군 지도본부'를 설치했다. 오사카에서는 동란발발 3개월 후인 1950년 9월, 애국심에 불탄 김규봉金圭奉과 55명의 결사자원병이 민단 오사카부 본부 강당에 집합하여, 눈물을 머금은 가족들의 배웅 속에, 도쿄, 아사카朝霞[17]의 미군 캠프에 입대했다. 1950년 9월 15일, 인천상륙작전 전투에 제1진 546명이 용감하게 뛰어들어 싸웠다. 오사카에서 55명이 출정했는데, 일본에 귀환한 자 16명, 국군에 편입한 자 31명, 거기에 2명의 전사자와 6명의 행방불명자가 나왔다.

민단중앙이 정리한 내용을 보면, '자원군은 총원 644명에 달했다. 전사자 59명, 행방불명 97명, 귀국자 266명, 미귀국자 222명'이라고

---

17) 정확하게는 사이타마현(埼玉県).

되어 있다.[18] 도쿄의 절에 납골당과 충혼비가 만들어지고, 재일학도의 용군 동지회가 결성되었다.

나에게는 한국 국적의 친구가 있다. 그의 숙부는 의용군으로 한국에 건너가, 지금은 서울에서 변호사로 활동하며 지내고 있다. 재일조선인 사이에서 자원병은 결코 낯선 이야기가 아니다. 가족, 친족의 이야기인 것이다.

이 시기에 매우 흥미로운 일이 일어났다. 일본인 지원병이 나타난 것이다. "전 특공대 비행사라는 일본인 두 명이 대한청년단 오사카부 본부에 나타나 참전을 희망했지만 두 사람의 마음만 받는 것으로 하고 돌려보냈다"는 단장의 이야기가 전해진다(아사히신문 오사카본사판 사회면, 1950년 6월 30일 자).

> 기타큐슈, 고쿠라에서는 6월 29일 하루만에 70명의 일본인이 지원했다. 20대 청년과 30대의 조선귀환자가 많았다. 한눈에 노동자임을 알수 있는 사람이 많았고, 유복해 보이는 이들은 거의 없었다(아사히신문 오사카본사판 사회면, 1950년 6월 30일 자).

마지막 이 한 줄이, 일본인 지원자의 동기를 한마디로 설명해 주고 있다.

그리고 전 A급 전범 고다마 요시오児玉誉士夫는 반공의 입장에서 의용군을 파견하고 싶다는 취지의 편지를 맥아더에게 보냈다(요미우리신문, 1980년 10월 30일자).

요시다 시게루 총리는 이러한 움직임에 거부하는 입장을 분명히

---

18) 『民団大阪三〇年史』(1980年).

밝혔다. 7월 21일, 요시다 시게루는 국회에서 '일본이 재군비한다는 의혹이 일본의 대일강화, 조기강화의 성립을 방해하는 원인'이라는 이유로 의용군을 단호히 거부했다. 요시다는 소련의 의향을 무시할 수 없었다. 미국 국내에서 민주당의 상원의원 맥너슨Warren Magnuson 이 일본인 의용군을 허가하는 법안을 의회에 제출했지만 맥아더가 단칼에 거부하여, 결국 일본인 의용군 문제는 표면적으로 실현되지 못했다.[19]

2. 특별소해대掃海隊[20]

전사戰死 제1호

맥아더 서간의 또 다른 핵심은 해상보안관 8천 명의 증원이었다. 1998년에 출간된 『해상보안청 50년사海上保安庁五〇年史』라는 한 권의 책이 있다. 여기에는 50년간의 순직자 82명의 이름이 나열되어 있다.

쇼와 25년(1950년) 10월 17일 6본부 MS14, 나카타니 사카타로中谷坂太 郎(285쪽)

본문에는 "쇼와25년(1950년) 10월, 연합군의 명령에 의해 해상보안 청 특별소해대 25척이 조선 수역의 소해에 참가하여, 19명의 사상자 를 낸 것도 점령하의 특이한 사건이었다"고 되어 있다(2쪽).

순직자 나카타니 사카타로의 가족을 찾다가, 우연찮게 나카타니의

---

19) 信夫清三朗, 『戦後日本政治史Ⅳ』(勁草書房, 1967年).

20) 소해는 바다에 부설한 기뢰 따위의 위험한 것을 제거하여 항해를 안전하게 하는 일이다.

형이 오사카에 살고 있다는 것을 알게 되었다. 전화로 사정을 설명하고 만나보겠다는 약속을 받았다. 다음날, 지하철을 타고 나카타니의 자택으로 향했다. 오사카 난바역에서 지하철을 타고 남쪽으로 가서 역을 나와 몇 분 걷자, 작은 공장과 오피스빌딩이 늘어 서 있는 시내의 한쪽에 나카타니의 자택이 있었다. 문패를 확인하고 초인종을 누르니, 현관 안쪽에서 나이 지긋한 남자가 나타났다. 인사를 하자, 나카타니 도이치中谷藤市라는 명함을 건네주었다.

도이치는 1927년생으로 취재 당시는 77세. 실제 나이보다 꽤 젊어 보였다. 일찍이 소방관으로 근무한 그는 정년퇴직 후 상당한 세월이 흘렀음에도 가슴팍이 두텁고 어깨가 솟아있는, 근육질의 탄탄한 체형이었다. 하지만 눈빛은 부드러웠다.

2층에 있는 자신의 방으로 안내해 주었다. 불단 위의 사진이 눈길을 끈다. 젊은 나카타니 사카타로의 초상이었다. 사망 당시 겨우 스물한 살. 조금 야윈 볼, 미처 꽃피워 보지 못한 인생이 서글픈 듯 쓸쓸한 표정을 하고 있었다. 나는 조용히 합장을 했다. 책장에 해상보안청의 책자와 사진첩이 가지런히 꽂혀 있었다. "동생분에 대해 여러 가지 여쭙고 싶습니다"라며 말을 꺼냈다. 도이치의 첫 마디가 가슴을 때렸다.

"동생은 전후 제1호 사상자예요. 전쟁에 참가했으니까요... 일본 정부의 명령으로 전장에 나가 있었으니까요... 전사戰死지요". 이렇게 말하고는, 부모보다 먼저 죽은 동생에 대해 느릿느릿 이야기를 시작했다.

"사카타로는 제 바로 아래 동생으로 두 살 터울, 육남매의 셋째 아들이에요. 형제 중에서 우리 둘은 가장 마음이 잘 맞았지요."

도이치는 책장에서 서류뭉치를 꺼내 책상에 놓았다. 얼른 서류를 집어 들어보니 흑갈색의 빛바랜 편지 한 통이 있었다. 세토우치瀬戸内

에서 부모님과 함께 사는 여동생과 형 도이치 앞으로 보낸 편지다.

갑작스럽게 슬픈 소식 전해드립니다. 어제 사카타로가 소속되어 있는 본부에서 높은 분이 오셔서 17일(1950년 10월 17일) 밤 소해 작업 중 기뢰에 접촉해 배가 침몰하여, 승선원 25명 중 21명이 구조되고 나머지 네 명이 사망하였는데, 사망자 중 한 명이 사카타로임을 전했습니다. 한밤중의 사고인 관계로 정확한 내용은 알 수 없으나, 경황없이 소식을 전하러 온 모습을 보니 가망이 없는 듯합니다. 연로하신 아버지가 너무나 딱하여 차마 볼 면목이 없습니다. 이것은 미군의 명령으로, 이야기가 새어나가면 시끄러워질 것이니, 부디 외부에 이야기하지 않도록 부탁드리는 바입니다. 그럼 급히 소식을 전합니다. 안녕히 계십시오.

갑작스런 사고에 경황없이 대처하는 해상보안청과 가족의 모습이 눈앞에 떠오른다. 첫 보고였기 때문에 사상자의 수가 나중에 판명된 수와 차이가 난다. 해상보안청은 가족에게 발설하지 못하도록 못을 박았다. 하지만 가족의 입장에서 보면 '나라를 위해서 죽은' 육친에 대한 진상을 세상에 알리지 못하는 것이 견딜 수 없었다. 그 심정은 얼굴을 마주하고 이야기를 듣고 있는 나에게도 전해져 왔다. 한국전쟁으로부터 70년 가까운 시간이 흘렀지만 나오는 것은 한숨뿐이었다.

나카타니 사카타로는 1929년에 세토나이카이瀬戸内海에 떠 있는 야마구치현山口県 오시마군 오키우라손大島郡沖浦村(현재, 스오시마周防大島)의 스오시마에서 태어났다. 열여섯 살에 소년해군지원병에 지원했지만, 4개월 후에 패전을 맞았다. 전투에 한 번도 니가 본 적 없이 해병단을 탈퇴한 사카타로는, 이듬해 세토나이카이 기뢰 소해대에 지원하여 시모노세키下関의 소해대에 들어갔다.

당시 세토나이카이의 항로는 미군이 투하한 약 1만 개의 기뢰에 의

해 심각한 타격을 받아 해상운송이 제대로 이루어지지 않는 상태였다. 이 때문에 GHQ는 일반명령 2호로 '일본국 및 조선 수역의 기뢰는 연합국최고사령관이 정한 해군대표가 지시하는 곳을 소해할 것'이라는 명령을 내렸다.

한국전쟁 발발 후 반격을 꾀한 유엔군은 9월 15일에 인천상륙작전(서해)에 이어 북한의 원산상륙작전(동해)을 계획했다. 한편, 북한은 소련제 기뢰를 원산항 입구 주변에 대량으로 설치했다. 하지만 유엔군은 충분한 소해능력을 갖추지 못하여 일본의 소해정掃海艇에 의지하고 있었다.

인천상륙작전으로부터 보름 후인 10월 2일, 미국 해군참모부장 앨리 버크Arleigh Albert Burke 소장이 해상보안청장관 오쿠보 다케오大久保武雄에게 소해대를 조선으로 파견할 것을 요청했다. 오쿠보는 즉시 요시다 수상에게 지시를 내려주기를 청했고, 요시다는 정치적 결단을 내렸다. 그는"일본 정부는 유엔군에 전적으로 협력하여, 강화조약을 우리나라에 유리하게 이끌어야 한다"는 목적을 밝히고, "국제적으로도 미묘한 입장이므로 이 작업은 비밀리에 실시한다"고 오쿠보에게 전했다. 나카타니 사카타로는 이런 과정에서 특별소해대에 참가를 결정했다.

급하게 휘갈겨 적어 죄송합니다. 갑작스런 미군의 명령에 의해 소해정 순시선 21척이 조선으로 가게 되었습니다. 언제 돌아올지는 알 수 없습니다. 정월에도 집에 갈 수 없을 것 같습니다. 도이치 형에게는 조선행이 불확실하다고 편지했었는데, 연락이 되면 제가 조선으로 갔다고 전해주세요. 송금은 본부에서 할 것으로 생각합니다. 곧 출항하기 때문에 이만 줄입니다. 사카타로.

출항 직전, 전보용지를 이용해 급하게 부모님 앞으로 쓴 편지가 사카타로의 마지막 편지가 되었다.

제2소해대 대장의 수기

한편, 제2소해대를 지휘했던 노세 쇼고能勢省吾의 수기를 읽어보면, 상황은 많이 다르다. 노세는 전 해군 중령이다. 제5해상보안본부(고베)의 항로계개航路啓開[21] 부장으로, 오사카 요도야바시淀屋橋 사무실에 근무 중이던 10월 2일에 도쿄의 다무라 규조田村久三 항로계개 본부장으로부터 전화가 걸려왔다. "조선해협의 부류浮流기뢰 소해 작업을 하게 되었는데, 자네가 지휘관으로 가주겠나?" 하는 말에, 노세는 일반적인 소해 작업이라 생각하여 제안을 받아들였다.

조선해협은 일본의 쓰시마対馬와 한반도 사이의 해협을 말하고, 부류기뢰는 먼바다로 흘려보낸 기뢰를 말한다. 본부장 다무라는 실정을 제대로 설명하지도 않고 부하를 전장에 보낸 것이다.

오사카만에서 소해 작업 중이던 소해정을 즉시 시모노세키로 향하도록 명령하고, 지휘관인 노세는 오사카에서 특급열차로 서둘러 출발했다. 10월 4일에는 시모노세키항에 정박해 있던 지휘정 '유치도리ゆうちどり'를 타고 도쿄에서 달려온 다무라 본부장과 함장들 사이에 정장艇長회의가 열렸다. 이하, 노세의 수기를 인용한다.

지휘관 회의에서 다무라는 "일본 소해부대는 미국 제7함대 사령장관의 지휘에 따라, 일장기 대신 국제신호기 E기를 달 것"이라고 지시했다. 이 말을 듣고, 각 함장들은 "조선 현지에서 미 해군 지휘관의 지휘 하에 들어

---

21) 물 속의 장애물을 제거하여 수로를 트는 일.

간다는 것은 한국전쟁에 참가하게 된다는 말이 아닙니까? 그렇게 되면 헌법위반 아닙니까?" 등의 질문이 쏟아졌지만, 회의의 마지막에 다무라가 '38도선은 넘지 않는다'고 단언했기 때문에 정장들도 납득했다고 한다.

승무원의 안위를 걱정한 가족들이 시모노세키항에 배웅을 위해 와 있었다. 가라토唐戸 부두는 소해정 승무원의 가족들로 북새통을 이루었다. 가족들은 소해대의 조선 출동을 소문으로 알고 있었다.

"여보, 배에서 내려요! 조선에는 가지 말아요! 소해대를 관두고, 집으로 돌아오세요"라고 눈물을 흘리며 호소했다. 갓난아이를 안고 "무슨 일이 있어도 가야 한다면, 이 아이를 바다에 던지고 나도 죽어버리겠어요!"라며 비통하게 울부짖는 부인도 있었지만, 동료 선원들과 정장들이 설득하여 겨우 진정시켰다.

10월 8일 이른 아침, 시모노세키를 출발했다. 전체 지휘정 '유치도리'를 선두로, 소해정 13척, 순시정 7척, 승무원 323인은 조선해역으로 향했다. 목적지는 다무라만이 알고 있었다. 등불을 켜지 않고 암야의 무등항행을 계속하는 동안, 미 해군의 구축함 몇 척이 나타나 소해대의 주변을 호위하듯 감시하며 따라붙었다. 침로는 북쪽, 속력은 8노트 정도였다. '유치도리'의 항적을 그저 묵묵히 따라가던 중에, "이봐, 결국 북위 38도선을 돌파했다네. 엄청난 일이 벌어진 거라구"하는 소리가 조타실에서 들려왔다. 10월 10일, 날이 밝자 마침내 원산항 부근까지 와 있었다. 아득히 먼 바다에, 미국 제7함대의 항공모함航空母艦 등이 죽 늘어서 있어서 모두 깜짝 놀랐다.

이렇게 해서 운명의 10월 17일을 맞이했다.

MS14호
제2소해대 대장, 노세 쇼고의 수기를 이어간다.

(조선 동해안의 원산, 영흥만)만 내의 조용한 해면을 소해하면서 항진, 오후까지 작업을 계속하였다. 함경남도의 여도麗島 앞쪽을 통과해 작업을 끝내려고 했을 때, 정확히 오후 3시 21분에 해안에서 가장 가까운 위치에 있던 MS14호가 돌연 폭파했다.

쾅-!

하는 낮은 굉음에 깜짝 놀라 뒤를 돌아보니, 연기인지 물보라인지 분간할 수 없는 어두컴컴한 것이 순식간에 퍼져나가, 주변 일대의 해면을 뒤덮어 아무것도 보이지 않았다. 주위가 조금 보이게 되었을 때, MS14호의 모습은 없었다. 나무토막인지 사람의 머리인지 알 수 없는 검은 물체들이 여기저기 흩어져 해면 위에 떠 있을 뿐이었다.

MS14호의 기관장, 이다 모토요시井田本吉는 이렇게 기록했다.

15시 무렵 나는 함교 쪽의 화장실에 들어갔다. 이내 엄청난 소리가 나면서 깜깜해졌고, 사방을 둘러보았지만 아무것도 보이지 않았다. 상갑판 쪽 출구 주변은 바닷물이 출렁이고 있었다. "어서 뛰어들어!"하고 외치면서, 이토伊藤 군과 함께 기름 바다에 뛰어들어 헤엄쳤다. 미군의 기중기 같은 팔이 나를 쑥 잡아 올렸다. 나는 살아남았다.

MS14호는 배수량 135톤의 작은 목조선이다. 승무원 27명 중, 나카타니 사카타로가 사망, 그밖에 18명이 중경상을 입었다. 취사병인 사카타로는 마침 저녁 식사 준비를 위해 후갑판의 주방에 들어갔을 때 기뢰에 접촉하여, 사카타로의 사체는 결국 찾지 못했다.

스오시마의 부모에게 전해진 유골함에는 유골 없이 사진만 있었고, 부모는 충격을 받은 나머지 몸져눕고 말았다. 장례식은 히로시마 구레吳의 해상보안 본부에서 조용히 진행되었지만, 사카타로의 '전사'

는 일절 발표되지 않았다. 해상보안청의 상사는 유족에게, "일반에게 공개되면 국제문제가 될 우려가 있다. 세토나이카이에서 일어난 사고로 받아들여 주었으면 한다"며 몇 번이나 반복해서 못을 박았다.

한편, 남겨진 제2소해대원들 사이에 선후지책을 둘러싸고 분쟁이 일어났다. 어찌 되었든 눈앞에서 동료 나카타니 사카타로를 잃은 직후였다.

각각의 배들이 '유치도리'를 중심으로 모여 정박했을 때에는 이미 저녁이 되어 있었다. "미군의 전쟁에 더 이상 말려들고 싶지 않다. 소해를 멈추고 일본으로 돌아가야만 한다", "출발 전 시모노세키에서 총지휘관이 설명했던 것과 내용이 다르다" 등의 의견이 쏟아졌다.

다무라는 직접 정장艇長들과 한 명씩 따로 만나, 소해를 계속할 것인지에 대해 예스와 노로 물었다. 세 명의 정장 모두 대답은 '노'였다. 다무라는 그것을 미군 스미스 소령에게 전했다. "각 정장은 일본으로 돌아가기로 결정했다. 나는 더 이상 할 수 있는 게 없다."

일본 측 총지휘관 다무라와 미 해군 스미스 소령이 이야기를 나누었는데, 스미스가 격분해서 이렇게 말했다. "일본 소해대는 소해를 속행하라. 그럴 수 없다면 일본으로 돌아가라. 15분 이내에 출항하지 않으면 포격하겠다!"

다무라는 이 말을 노세에게 전했다. 현장을 맡은 노세는 이 말을 듣고 분노하여 이를 계기로 귀국을 결정했다. 노세가 지휘하는 제2소해대의 소해정 3척은 18일 오후 2시, 원산 바다의 영흥만을 출항했다. 만 내에서 돌연 검은 연기가 솟아오르는 것을 목격했는데, 한국의 소해정 1척이 기뢰에 접촉하여 침몰한 것이라고 나중에 밝혀졌다.

제2소해대 세 척은 10월 20일 시모노세키에 도착, 노세는 그날 밤 특급열차를 타고 도쿄로 가서 오쿠보 장관 등에게 전말을 보고했다. 며칠 후 미 해군은 "노세를 비롯한 정장들의 행동은 탈주행위"라며 격노하여 결국 지휘관과 세 명의 정장은 해고되었다.

이러한 소해대의 조선 파견을 둘러싸고 해상보안청 본부로부터 비판이 제기됐다. 당시 보안청 고문이자 국제법 권위자인 에노모토 시게하루榎本重治가 이의를 신청했다. 에노모토는 "이번 작전 참가가 일본 공무원으로서의 직무를 벗어나 있는 것은 분명하다"며 의견서를 당국에 제출했지만 아무 답변도 없었다.

결국, 일본 특별소해대는 2개월 만에 작전을 종료했는데, 4개의 소해대와 총 1,200명의 작업자가 기뢰 27개를 처리했다. MS14호 이외에도 군산에서 1척이 좌초하여 침몰하는 사고가 발생하여, 결국 2척의 소해정을 잃고 1명이 사망, 18명이 중경상을 입었다.

12월 5일 오쿠보가 요시다 수상을 찾아갔다.

요시다는 안경 너머로 눈을 가늘게 뜨고 기뻐하며, "대원들의 노고를 치하해 주게"라며, 벼루를 가까이 가져와 친필로 '제군들의 행동은 국제사회에 참가하고자 하는 일본인에게 빛을 주는 것이었다'고 위로의 글을 써주고는, 반려견을 안고 친히 현관까지 배웅해 주었다.

또, 미국 극동 해군사령관 조이 중장으로부터는, '웰 던well done'이라는 미 해군 최고의 감사장을 받았다. '웰 던'이라는 표현은 미 해군에서 최고의 찬사라고 기록되어 있다.[22]

---

22) 大久保武雄, 『海鳴りの日々』(海洋問題研究会, 1978年).

기뢰접촉 사고로부터 3년 6개월이 지나서야 신문이 '전사'를 보도했다.

한국동란이 한창일 때, 미국 극동군 사령부의 요청으로 일본 해상보안청 항로계개 본부에서 소해정이 출동, 북한 원산상륙작전에 참가했다가 대원들 중 전사자가 있었다는 극비사항이 밝혀졌다(산교게이자이신문 1954년 1월 18일 자).

뉴욕타임즈가 곧바로 도쿄특파원 특별뉴스로 전했다. 심지어 AP 통신은 여행지에 있던 맥아더를 쫓아갔고 맥아더는 기본적인 사실관계를 인정했다. 그는 "일본 소해정을 조선 원산의 소해에 사용한 것은 사실이지만, 항복조건에 근거하여 전후 처리를 위해 사용한 것"이라며 어디까지나 전후처리의 일환이라고 주장했다.

이 뉴스에 대해, 공산당의 가와카미 간이치川上貫一[23] 중의원 의원이 당시 개최 중이던 국회의 중의원 본회의에서 요시다 시게루 수상을 추궁했다.

가와카미 간이치: 원산상륙작전에 일본의 소해정이 참가했다고 하는데, 사실인가?
요시다 시게루: 조선인 포로송환을 위해 일본에서 배를 보낸 사실은 모른다. 또 원산 바다의 소해정 운운은 맥아더 장군이 일본에 있던 때의 일로 아무것도 기억나지 않는다.

일본의 특별소해대 파견은 일본국헌법을 위반하는 것일 뿐 아니

<hr>

23) 1월 30일. 오사카 2구(大阪二区) 선출.

라 공동 군사행동의 의혹 또한 상당히 짙다. 백 보 양보해서 일본이 GHQ의 명령을 거절할 수 없었다 하더라도, 샌프란시스코 강화조약으로 주권을 회복한 단계였기 때문에[24] 일본 정부는 주권자인 일본 국민에게 전말을 설명할 책임이 있다.

'일본의 국토에 공격이 있을 경우에 인정된다'고 일본 정부가 설명하는 자위권의 행사에 특별 소해대는 해당되는가 되지 않는가. 집단적 자위권이란 무엇인가. 이 문제를 둘러싸고, "집단적 자위권을 보유하는 것은 주권국가인 이상 당연한 것이지만, (생략) 행사하는 것은 헌법상 허용되지 않는다"[25]는 정부의 견해가 오랫동안 지속되었다. 바로 이 점 때문에, 일본국헌법의 '개정'문제에서 집단적 자위권을 어떻게 다루어야 하는지가 핵심 사안이 되는 것이다.

대일본제국이 '자위권의 행사'를 이유로 일으킨 이른바 만주사변이나, 미국이 '공산주의의 위협'이라는 집단적 자위권을 이유로 일으킨 베트남 전쟁의 예를 끄집어낼 필요도 없이, 한국전쟁 당시 특별소해대에서 나카타니 사카타로가 '전사'하는 과정을 검증해 보면, 일본이 법률을 준수하는 민주국가가 맞는지 강한 의심이 드는 것이다.

1978년 해상보안청 창립 30년이 하나의 계기가 되어, 특별 소해대 파견 당시의 해상보안청 장관 오쿠보 다케오가 회고록을 출판하여 전말을 분명히 밝혔다. 또 해상보안청이 도쿄의 쓰키지築地에 '순직자 위령비'를 건립하고 나카타니 사카타로의 이름을 새겨 넣었다. 나카타니의 유족에게는 훈8등의 훈장이 전달되었다. '전사'한 지 28년째 되던 해의 일이었다.

---

24) 산교게이자이 신문의 기사는 주권회복 후에 쓰였다.
25) 쓰노다(角田)내각 법제국장 답변, 1958년 4월 1일.

모르모트 선船

또 하나의 특별소해대가 있다. 도쿄의 시민집회에서 '부전병사회不 戰兵士會'라는 모임의 멤버를 우연히 알게 되었다. 이름은 시노다 마사 미치信太正道. 특공대에서 살아남은 사람이었다. 집회가 끝나고 구석에 서 이야기를 나누던 중, 우연히 한국전쟁 이야기로 화제가 넘어가 시 노다의 특이한 경력을 알게 되었다. 그것은 특별 소해대와는 다른 임 무에 대한 것이었다.

그의 경력은 흥미롭다. 시노다는 1926년 12월 홋카이도에서 태어 났다. 1945년 3월에 에타지마江田島 해군사관학교 마지막 졸업생으로 같은 해 7월 홋카이도 지토세千歳 항공대 훈련 중 가미카제神風 특별공 격대의 멤버로 지명되었다. 지토세 비행장 근처의 여관에서 부모님께 사정을 털어놓으니, 어머니는 "안 가면 안 되는 것이냐?"며 쓰러져 울 었다. 시노다는 가족에게 유서를 남기고 이바라키현茨城県의 하쿠리하 라百里原 비행장으로 이동했는데, 그곳에서 패전을 맞아 목숨을 부지했 다. 전후에 교토대 경제학부에서 다시 공부하고 해상보안청과 항공자 위대를 거쳐 1958년 일본항공에 입사하여 조종사가 된다.[26]

해상보안청에서 맡은 임무는 모르모트 선에서의 작업이었다. 특 별 소해대가 파견되고 귀국한 지 3개월 후인 1951년 3월, 다무라 규조 항로계개 본부장이 시노다를 불렀다. "두 달간 조선에 다녀오지 않겠 나?"하고 물었다. 시노다는 이미 나카타니 사카타로의 '전사'와 3척의 귀국을 들었던 터였다.

목조 소해정이 소해 작업을 한 차례 끝낸 해역에, 다시 한번 1만 1

---

26) 信田正道, 『最後の特攻隊員』(高文研, 1998年).

천 톤의 강철제 화물선 소에이마루桑米丸를 출항시켜, 현장 해역에 고성능의 자기磁氣 기뢰가 없는 것을 확인하는 실로 위험한 작업이었다. 해상보안청의 기호는 GP. 즉 기니피그(=실험용 쥐=모르모트)라는 의미이다.

1951년 4월 하순, 한국의 목포 앞바다를 출발해 동쪽으로 전진, 여수, 마산, 진해, 부산으로 이동했다. 소에이마루가 작업을 하는 동안에는 미 해군 함정이 감시를 위해 따라붙었고, 작업 종료 후에는 정박지에서 미군 기뢰전문 장교가 소에이마루의 항해용 지도를 엄격하게 확인하여 안전한 항로를 그려 넣었다.

시노다의 이야기에 후일담이 있다. 6월 하순 시모노세키에 무사귀환 후, 시노다는 다무라 본부장의 비서가 되었다. 해상보안청에서 치러진 나카타니의 장례식에서 다무라가 조사弔辭를 읽었는데, 어느 날 공무용 차 안에서 다무라가 말했다.

"나카타니는 별난 놈이었어. 아버지 속을 꽤나 썩였다더군. 하지만 이번에는 엄청난 효도를 하게 됐지. 4백만 엔이 지급되었거든. 아버지는 구레에서 파친코장을 시작할 모양이야."

이것을 듣고 시노다는 마음속으로 외쳤다.

'야스쿠니의 영령이여, 들어라. 이것이 지배자의 본심이다!'

오사카에 사는 나카타니 사카타로의 형 도이치에게 확인해보니, 반년 분의 급여, 퇴직금, 위험수당 거기에 장례비 등 일본 정부에서 나카타니의 집으로 지급된 보상금 총액은 시노다가 기록한 금액의 절반 정도였다. 차액은 어디로 간 걸까. 나는 의아하게 생각했다.

운수성運輸省의 항해훈련소 소속의 실습범선 닛폰마루日本丸와 가이오마루海王丸도 한국전쟁에 동원되었다. 운수성은 실습생을 하선시키고 나가사키현의 사세보를 기지로 삼아, 1950년 8월 중순부터 이듬해 3월 상순까지 한국인과 미국인을 한국의 부산과 인천항으로 수송했다. 닛폰마루와 가이오마루의 총 6회에 걸친 '특수수송항해'를 통해 5,411명이 일본에서 한국으로 건너갔다.[27] 드넓고 새파란 바다에 새하얀 돛을 휘날리며 바다의 귀부인이라고 불리는 우아한 모습의 실습범선 닛폰마루와 가이오마루 또한 피투성이 전쟁의 역사로부터 자유롭지는 못했다.

3. 동원된 여성들

미스 재팬 · 야마모토 후지코의 헌혈

한국전쟁으로의 동원은 여성들에게도 영향을 미쳤다. 야마모토 후지코山本富士子는 당시 18세였다. 4월의 제1회 미스 재팬 콘테스트에 막 뽑혔을 때였다. 한국전쟁 발발로부터 3개월 후인 9월 28일. 미스 재팬 야마모토 후지코가 도쿄 마루노우치에 있는 유엔군 진료소에서 헌혈을 한다. 일본적십자는 헌혈 운동에 적극적으로 착수했다.[28]

일본적십자는 전쟁이 시작된 직후인 7월 10일, 요코하마항横浜港에서 한국적십자로 보내는 의약품 3톤을 배에 실었다. 또한 11월부터 12월에 걸쳐 '유엔군 부상병과 한국 난민구조를 위한 모금'을 실시하고, 국제연합 혈액은행에 헌혈해 줄 것을 호소하는 신문광고를 전국지(아사히 신문 1951년 2월 1일 자)에 싣는 등 일본적십자는 유엔군과 한국적십

---

27) 運輸省航海訓練所 監修, 『練習帆船日本丸 · 海王丸50年史』(成山堂, 1980年).

28) 日本赤十字社, 『赤十字家庭新聞』(1950年 10月 12日).

자를 열심히 지원했다. '전시 부상병은 적군과 아군의 구별 없이 간호받을 것'이라는 박애정신이 1864년에 체결된 적십자조약의 기본이지만, 일본적십자가 한국전쟁 당시 조선적십자회(북한)에 헌혈이나 의약품을 보낸 기록은 없다.

아카가미에 의한 소집

'아카가미赤紙가 날아든' 것은 1950년 12월 8일 한밤중의 일이었다. 후쿠오카시의 국립 지쿠시筑紫병원에 갑자기 비상벨이 울렸다. 숙소에 있던 마키코 지에코牧子知惠子(결혼 전의 성은 고가古賀, 당시 25세)가 황급히 사무실로 달려와 보니, 이미 몇 명의 간호사가 모여 있었다.

병원의 사무장이 아카가미를 내밀었다. 아카가미는 1927년의 병역법 성립 후에 붉은색 용지를 사용한 소집영장으로, 일본적십자의 간호사에게도 사용되었다. 일본국헌법 하에서 더 이상 사용될 리 없는 아카가미가 돌연 부활한 것이다.

일본적십자 본사가 사가佐賀지부에 GHQ의 동원 명령을 내렸고, 지부는 무슨 이유에서인지 아카가미라는 구시대적인 물건을 사용하여 소집을 했다. 일본적십자의 간호사학교를 졸업한 간호사는 의무적으로 일본적십자에서 봉사하게 되어 있었는데 기간도 10년부터 15년 정도로 길었다. 마키코 지에코는 13년이라고 증언했다. 일본적십자는 이러한 제도를 이용해 간호사를 한국전쟁에 동원했다. 마키코는 '어쩌면, 조선에 끌려가는 것은 아닐까?' 하는 의문이 커져갔다.

같은 시기, 후쿠오카 옆 사가현의 국립 우레시노嬉野병원에서도 간호사 다섯 명 앞으로 아카가미가 도착했다. "간호사 두세 명이 울고 있어요"라는 수간호사의 말에 외과부장이 무슨 일인지 물었다.

"이제 와서 다른 나라의 전쟁에 동원되기는 싫어요!"라며 아카가미를 거부하는 간호사가 있었다. 이튿날 병원 원장은 후생성 규슈 의무사무소에 확인을 요청했고, 외과부장은 간호사 다섯 명을 데리고 일본적십자 사가지부로 찾아가 직접 담판을 지었다. "국립병원의 간호사를 적십자에서 일방적으로 소집하는 것은 번지수가 틀린 것이다. 더구나 시대착오적인 아카가미로 소집하다니 당치도 않다"며 소집을 거부했다.

과달카날섬에서 종군했던 간호사는 "이제 막 돌아왔는데, 더 이상은 전쟁에 나가기 싫어요"라고 울면서 아카가미를 찢어버렸다. 일본적십자 사가지부의 주사主事는 "GHQ의 명령이니 어쩔 수 없다"고 일축했지만, 다섯 명이 아카가미를 반환했다. "나라를 위해 기꺼이 일해줄 것이라 생각했건만, 일본적십자의 은혜를 원수로 갚는 것인가"라며 주사는 욕을 퍼부었다고 한다.

전시 구호반은 수간호사 한 명, 간호사 스무 명으로 구성되었지만 12월 11일, 예정보다 다섯 명 적은 열여섯 명이 집합했다. 출정식은 사가 구청의 회의실에서 열렸다. 간호사 전원은 전쟁 때처럼 짙은 감색의 제복을 입고 군용 밥통과 물통을 가슴 앞에 엇갈리게 메고 있었다. 출정식의 엄숙함이 비장감을 높였다. 마키코는 당시의 분위기가 마치 전전戰前 같았다고 했다.

"신분보장이나 대우는 어떻게 되어 있나요?"하고 간호사가 질문했지만, "이렇게 명예로운 일에 어울리지 않는 질문이다"라는 볼멘소리가 돌아왔다. 만세삼창의 배웅을 받으며 국철을 타고 하카타博多역으로 향했다.

하카타역 앞으로 '엄브렐러umbrella'라는 덮개를 씌운 미군 차량이

간호사들을 태우러 왔다. 마키코와 열여섯 명의 간호사들은 후쿠오카시 중심부에서 약 30km 떨어진, 현해탄과 하카타만 사이의 바다에 솟아있는 우미노나카미치海ノ中道의 유엔군 제141병참병원으로 향했다.

유엔군은 일본에 14개의 야전병원을 개설했다. 도쿄의 대동아병원(현재의 세이루카 국제병원聖路加国際病院)이 제42종합병원, 오사카의 일본 적십자 병원이 오사카육군병원으로 사용되었다. 한국전쟁이 격화되자 후쿠오카현 시가마치志賀町 사이토자키西戸崎(현재는 후쿠오카시)에 제141병참병원이 개설되었다. 환자 수가 약 1,500명 정도 되는 대규모 병원이었다.

나는 조사를 위해 141 병참병원이 있던 자리에 갔는데, 일찍이 몽골내습의 격전지이기도 한 이 땅에 지금은 리조트 호텔이 세워져 야전병원의 흔적은 전혀 남아 있지 않았다.

마키코의 기억에 의하면 이 야전병원에는 간호사가 약 1,000명이었고, 의사는 모두 미국인으로 환자 중에 한국인 병사는 없었다고 한다.

간호사의 숙소는 비닐하우스 형태의 막사로 커튼 등의 칸막이가 전혀 없었다. 침대도 구급차에 있는 들것 정도의 폭이 좁은 접이식 간이침대였다. 가장 곤란했던 점은 화장실의 각 칸에 칸막이가 없다는 것이었다. 미군에게 항의하자 화장실의 칸막이는 바로 달아 주었지만 숙소의 커튼은 그 후에도 개선되지 않았다.

마키코는 수술실에 배속되어 매일 수술을 담당했다. 미군 환자의 대부분은 아프리카계 미국인으로 전신화상 혹은 낙하산 하강 시의 골절이 많았고, 성병 환자도 많았다고 한다.

마키코는 게이트를 통과할 때 남성 경비병이 몸수색을 하는 것이 싫어서 견딜 수가 없었다. 같은 일본 영토지만 여권을 제시해야 했는데, 어떤 때에는 여권을 보여주는 태도가 불량하다면서 캠프밖에 서 있으라 명령하기도 했다. 그곳은 겨울의 현해탄. 매서운 북풍 속, 눈이 회오리바람을 타고 지면 위 사방으로 흩날리던 모습이 지금도 기억 속에 또렷하게 남아 있다고 한다.

한편, 고용 측도 간호사의 신분보장에 대해 고민하고 있었다. 국립병원의 간호사가 공무원이라는 사실에 입각하여 후생성 규슈 의무사무소는 일본적십자에 항의했다. "임명권자 이외의 자가 지휘명령을 하는 것은 부당하다." 국립 지쿠시筑紫·사가병원이 일본적십자에 "소집 중의 급여, 신분보장은 어떻게 할 것인가"라고 추궁하여, 일본적십자 사가지부에서 온 열여섯 명은 약 2개월 후에 본래의 직장으로 복귀했다.

유엔군 야전병원으로 간호사를 파견한 문제를 둘러싸고, 일본적십자 법안을 심의 중에 있던 중의원 후생위원회에서 한 의원이 일본적십자에 질문했다. 그러자, 아래와 같은 답변이 돌아왔다.

규슈지방 각지의 지부에서 제1차 54명, 제2차 25명, 제3차 17명을 교대로 파견하여 현재 66명이 유엔군 병원에서 근무하고 있다(1952년 6월 2일 중의원후생위원회).

일본적십자의 사사社史『일본적십자사 사사고日本赤十字社社史稿』에는 이와 관련된 아무런 기술도 없다. 각 지부의 사사, 『적십자 후쿠오카 90년사赤十字福岡九十年史』에 '간호사 파견의 요청이 있어서 소집 전보를 치다'라는 기술이, 또 사가현 지부 발행『백 년의 변천사百年の歩み史』에도 관련 기록이 있다.

그럼, 한반도로 건너간 간호사는 있었는가 없었는가. 이에 대해 현지의 취재기자 고토 벤五島勉은 『검은 봄黑い春』(倒語社, 1985)에 다음과 같이 썼다.

1950년 10월, 한반도의 야전병원에 위생병이 부족하다는 이유로, 간호사와 가정부 아홉 명이 후쿠오카현 아시야芦屋비행장(현재의 항공자위대 아시야 기지)에서 더글러스 수송기에 태워져 한반도로 보내졌다.

나는 일본적십자 본사와 노동조합의 전 일본 적십자사에 확인을 요청했지만 증거는 확보하지 못했다. 일본적십자 사가지부에는 야전병원에 파견된 간호사가 보내온 편지가 보존되어 있다.

"패전국의 비참함이 절실히 느껴집니다. 우리 일본인들은 병에 걸려도 약 한 봉지 받을 수 없습니다. 여기는 저처럼 명령으로 마지못해 온 사람들이 일할 만한 곳이 아닙니다. 영어를 할 수 있어서 자원해서 온 간호사가 아니면 근무할 수 없습니다. 제발, 돌아가게 해 주세요"

4. 현해탄을 건넌 일본인 '병사'

오이타 · 벳푸
조선에서 소식이 끊긴 일본인 청년이 있다고 신문은 전했다.

벳푸시 가이몬지海門寺 마을의 Y 군(22세)은 재작년(1950년) 7월, 당시 벳푸 주재의 미 보병 19연대에서 취사병으로 근무했는데, Y 군은 해당

부대의 명령으로 조선 출동에 동행한 후 소식이 끊겼다(아사히신문 1952년 2월 14일 자).

소식이 끊긴 것은 Y뿐만이 아니었다.

쓰쿠미시津久見市에 사는 O 씨(35세)의 남편 E 씨(40세)도 미군 벳푸캠프에 근무하던 중 Y군과 동행, 조선으로 건너간다는 말을 남긴 채 소식이 끊겼는데, O 씨의 이야기에 의하면, 오이타 쓰루사키마치鶴崎町 H 씨(38세)도 조선으로 건너갔다고 한다(아사히신문, 1952년 2월 14일자).

즉, 세 명이 미 보병 19연대에 동행하여 조선으로 건너간 채 행방불명이 되었다는 것이다.

가족이 외무성이나 오이타현 외무과에 수색원을 내고 조사를 의뢰한 결과 미일 합동위원회를 통해 1952년 10월 14일에 극동군 사령부로부터 다음과 같은 회답이 왔다.

온갖 수단을 동원해 보았지만 행방을 알 수 없었다. Y군의 경우, 참가의 의무가 있는 유엔군의 신분이 아닌 자로, 어디까지나 한 병사의 개인적인 권유에 의해 무분별한 행위를 한 것이기 때문에, 해당 병사에 대해서는 징계처분에 부쳐야 할 성질의 일이다.

'한 병사의 개인적인 권유'라는 견해였다. 나는 조사를 시작했다. 쓰쿠미시는 인구이동이 적어서 비교적 조사하기 쉬울 것이라 생각했다. 하지만 도쿄도립 히비야도서관에서 오십음별五十音別 전화번호부를 찾아보아도, 해당 지역에 그런 성씨는 없었고 쓰쿠미를 찾기 위한 단서는 사라지고 없었다. 오이타군 쓰루사키마치는 시정촌市町村 합병으로 오이타시의 일부가 되어 마찬가지로 추적의 끈은 끊겨 있었다.

일요일 아침, 렌터카로 벳푸 시내를 한 바퀴 돌았다. 벳푸역 앞에 가이몬지라는 절과 공원이 있었다. 절의 입구에서 문의해 보았지만 그곳 담당자 역시 50년도 더 된 일은 모른다고 했다. 가이몬지 공원의 한쪽 면에는 벳푸답게 시에서 운영하는 천연온천이 있었다. 목욕탕 카운터 직원에게 허가를 얻어 안으로 들어가 보니 안에는 투명한 목욕물이 뿜어져 나오고 있었다. 뿌연 창문으로 아침 해가 비스듬히 비치자 자욱한 김이 정서를 자극한다. 카운터의 여성에게 이것저것 물어봤지만 옛날 일을 알고 있는 사람은 없다고 하여 실마리를 찾지 못했다.

하지만 현지에 간 보람은 있었다. 벳푸역에서 해안 쪽으로 내려오면 바로 환락가라는 것을 알았다. 조사를 계속하다가 지역의 마쓰노이松の井 호텔에 근무하면서 향토사를 연구했던 사가 다다오佐賀忠男의 저서 『도큐멘트 전후사·벳푸와 점령군ドキュメント 戦後史·別府と占領軍』(자비출판)을 보고 깜짝 놀랐다. 표지를 넘기자 '전후 벳푸를 대표하는 2대 가시세키 거리貸席街'의 지도가 실려 있었는데, 가이몬지 공원 주변은 2대 가시세키 거리 중 하나이다. 당시 그곳에 가시세키가 30채나 있었다는 것을 알게 되었다. 가이몬지 공원 옆에도 '류구龍宮'라는 가시세키가 있다. 즉, Y는 미군 병사가 평소에 드나들던 '특수음식점가' 부근에 살던 주민으로, 미군 병사와 접점이 있다 해도 전혀 이상하지 않다는 것을 알 수 있었다.

고쿠라에 사단 사령부를 둔 미군 제24보병사단은 시코쿠와 규슈를 잇는 분고豊後 해협의 경계요원으로 벳푸에 19연대의 병사 약 16,000명을 주둔시켰다. 구 스기노이杉乃井 호텔 등 많은 여관을 장교용 관사로 접수한 결과 특수음식점 거리가 탄생했다.

유후인湯布院 마을

벳푸에서는 좋은 결과를 얻지 못했지만 찾고자 하는 사람이 근처인 유후인에 있어서 규슈 횡단자동차 도로를 이용해 유휴인 마을로 향했다. 그곳은 유후인由布院 온천이 있는 고급 리조트이면서 히쥬우다이日出生台 훈련장의 토지 소유자가 많이 사는 마을이기도 하다. 히쥬우다이 훈련장은 1908년 구 일본육군에 접수되어 전후엔 미군이, 그 후에는 자위대가 사용하고 있다.

내가 찾는 사람은 야마시타 교코山下恭子로 히쥬우다이에서의 육상자위대 훈련에 반대하는 시민 단체의 멤버다. 야마시타는 오이타 현립 도서관에 3개월 동안 다니면서 종전 직후부터 현재에 이르기까지 히쥬우다이에 관련된 신문 기사를 모으고, 그것을 분석하고 있었다. 야마시타와 함께 스크랩한 신문 기사를 조사해 보니 흥미로운 기사가 있었다. '벳푸 시내에서 미군 병사와 함께 조선으로 건너간 일본인 청년이 일곱 명 있었는데, 그중 다섯 명은 무사히 일본으로 돌아왔지만, 두 명은 행방불명'이라는 내용이었다(오이타 합동신문 1952년 11월 2일 자).

사실관계는 이러하다. 스물다섯 살의 A군은 한국전쟁 발발 당시 벳푸 주둔군 연대 지원service중대의 취사병으로 근무하고 있었는데 이 연대가 조선으로 가기 전날, 제비뽑기로 조선에 같이 건너갈 것이 정해졌다. 20대부터 30대의 사환과 취사병 일곱 명이 동행하게 되었다. 일행 일곱 명은 미군과 똑같은 복장을 하고 대구 등 열 군데의 최전선에서 행동을 같이했다.

A 군은 병으로 한 달 보름여 만에 병원선病院船으로 하카타에 송환되었다. 그 후 2개월 동안 네 명이 연이어 귀국했지만 조선에 남은 B 군(30세)과 C 군(30세 정도) 두 명의 소식은 두절되었다. 아내는 돌아오지 않는 남편이 전사했는지 중국군에 억류되었는지 걱정되어 소식을 요청했다고 한다.

십여 명의 노동자가 제비뽑기를 한 결과 내가 가기로 정해졌습니다. 출발 전날, 어머니는 울면서 말렸지만 결심은 바뀌지 않았습니다. 그 당시로써는 어쩔 수 없었습니다. 조선에서 한 달간 취사병을 했습니다. 전쟁은 무섭습니다. 두 번 다시 가고 싶지 않습니다.

오이타 합동신문에 소개된 A와 그보다 먼저 아사히신문에 게재되었던 Y는 모두 취사병이고, 시기도 1950년 7월로 공통점이 많지만 연령은 다르다. 오이타 합동신문의 기사는 아사히신문 기사보다 일주일 뒤에 게재되었다. 하지만 Y는 소식 불명, A는 무사 귀환. 이런 점으로 미루어 보아 이와 동일한 사례가 여러 건 있었을 것이라는 추측이 가능하다.

오이타현에서 발생하는 미일 간의 문제점을 협의하기 위해 미일합동협의회가 설치되어 오이타현 지사는 미군과 정기적으로 대화를 했다. 벳푸시립도서관에는 '쇼와 27년 12월부터 30년 12월까지, 미일합동협의회 의사록'이 있는데, 내가 조사한 바로는, 새로운 사실관계는 없었다. 미군은 오이타에 10년간 주둔한 후 1956년 7월에 돌아갔다. 하지만 히쥬우다이 훈련장에는 지금도 오키나와에서 미국해병내가 실탄연습을 하기 위해 찾아온다. 히쥬우다이에서의 훈련은 1995년 오키나와의 소녀 폭행 사건 이후 증가했다. 이런 이야기를 들으면 한국전쟁이 결코 과거의 일이 아님을 통감한다.

아카사카 기타마치赤坂北町

조선으로 건너간 후 소식이 끊긴 일본인은 도쿄에도 있었다.

한국전쟁이 일어난 직후인 1950년 8월, 미군 부대에 의해 조선으로 건너간 한 일본 청년이 경성 부근에서 전사하고 말았다. 부친은 유골과 유품의 내부송환, 유엔군 병사로서의 전사戰死 확인, 보상금 또는 위자료 청구를 외무성을 통해 재일극동군사령부에 제출했고, 이 문제는 미일합동위원회에서도 다루어졌다(아사히신문 1950년 11월 13일 자).

이 청년은 시게하루重治(29세) 군으로 도쿄도 미나토구港区 아카사카赤坂 기타마치北町에 사는 페인트공 히라쓰카 모토하루平塚元治(56세)의 장남이다. 미군 병사가 네오 히라쓰카라는 닉네임을 붙였다.

모든 일은 현장에 가서 조사해 봐야 제대로 알 수 있다. 나는 아카사카로 향했다. 미나토구 아카사카 기타마치는 미나토구 기타아오야마北青山로 표지판이 바뀌어 있었다. 하지만 정작 히라쓰카 집안은 이미 이사 가고 없었다. 그 후 간신히 이사 간 곳을 알아냈다. 아오야마가쿠인대青山学院大 서쪽 문에서 한 블록 들어간 길가에 4층짜리 건물이 있었다. 계단을 천천히 걸어 올라가자 4층에 히라쓰카라는 문패가 있었다.

'딩동.'

초인종을 누르자, 안에서 나이 든 여성이 나왔다.

"저, 네오 히라쓰카 씨 댁입니까?"하고 묻자 조금 놀라는 듯했지만, "네, 그렇습니다"라는 대답이 돌아왔다. 그 여성은 히라쓰카의 여동생이었는데 거실로 안내하여 이야기를 들려주었다.

"오빠는 고생을 많이 하며 자랐어요. 미군이 조선으로 데리고 가버린 후 아버지는 걱정이 많으셨지만, 미국 대사관이나 일본 외무성에서는 아무런 연락도 오지 않았습니다."

다섯 남매 중 여자는 그녀 한 명뿐, 현재는 이 건물의 한 집에서 혼자 생활하고 있다. 그때 초인종이 울렸다. 히라쓰카의 바로 아래 동생이 병원에 가기 위해 누나를 데리러 온 참이었다. 나는 남동생에게도 사정을 설명하고 히라쓰카에 관해서 이것저것 질문했다.

히라쓰카는 장남이었다.

"형제들 중에서 제일 됨됨이가 좋다며 아버지가 늘 자랑스러워하셨습니다. 헌데, 멀리 오사카에서 이렇게 오셔서 누나와 저를 한꺼번에 만나게 되다니. 형이 우리를 이어준 게 틀림없어요."

그는 놀라워했다. 형의 사진이 있다고 했다. 침실의 침대 위, 액자에 넣은 네오의 사진이 반듯하게 걸려있었다. 사진을 보자 가슴이 먹먹해졌다. 누이의 마음속에 그가 살아있다는 것을 확인할 수 있었다.

남동생의 설명을 들었다.

"네오 히라쓰카, 그러니까 히라쓰카 시게하루는, 한국전쟁이 시작되던 해인 1950년 1월 20일, 구 아자부麻布 3연대 터에 진주하고 있던 미국 기병 제1사단 E8중대에 페인트칠하는 일이 있다고 하여 불려가서는 돌아오지 않았습니다. 이것이 시작이었습니다.

2개월 후인 3월 20일, 중대는 가나가와현의 지마座間로 이동하여 형은 그곳에서 사무일을 담당했다고 합니다. 다섯 달이 지나 6월 중순이 되자 어머니가 걱정스러운 마음에 자마로 찾아가 보았지만, 정작 형은 그곳에 없어서 만나지 못하고 확실치는 않지만 후지산 기슭으로 훈련에 끌려갔다는 이야기를 들었습니다.

한국전쟁이 시작되자, 더욱 걱정이 되신 부모님은 형의 동료들을 찾아서 이야기를 들었는데, 7월 16일에 형이 미군 제복을 입고 중대와 함께 조선으로 갔다는 것이었습니다. 이 소식에 아버지는 깜짝 놀랐습니다. 즉시 경시청에 신고하고 법무성에 본국송환 수속을 신청했습니다. 하지만 10월 10일에 돌연 형이 전사했다는 연락이 온 것입니다."

동생은 그렇게 말하면서 누나의 침대 위에 걸려있는 액자를 내려서 보여주었다. 액자 속에는 사진과 영문 편지가 들어 있었다.

"보세요, 형은 미군 야전 막사 앞에서 오른손에 총을 들고 있잖아요. 심부름을 하려고 따라갔던 게 아니에요. 군인으로서의 역할을 하고 있던 거예요."

확실히 사진에는 웃음기가 없는 조금 긴장한 듯한 표정의 시계하루가 찍혀 있었다. 이때 시계하루는 29세. 야전 막사 앞에서 오른손으로 총을 단단히 잡고 있었다.

동생은 "이거예요, 이 편지가 미군에게서 온 것입니다"라며 영문의 편지를 가리켰다.

"편지의 내용은 '네오 히라쓰카는, 8월 30일 남한 기지 부근의 전투에서 상당수의 적을 쓰러뜨린 후 전사했'고 되어 있습니다. 편지의 발신인은 E8중대의 윌리엄 매클레인 대위입니다. 하지만 이 매클레인 대위는 그해 11월 2일, 최전선에서 행방불명되었어요. 사망은 확인되었지만, 유골과 유품은 없었다고 합니다. 아버지는 황망해하며 연말(12월 16일), GHQ에 아들의 전사확인을 요청하는 상신서를 제출했습니다."

단숨에 여기까지 이야기한 후, 잠시 한숨을 내쉬었다. 동생은 설명을 이어갔다.

"그런데 이듬해가 되어 답장이 왔습니다. '분명 9월 4일 남한에서의 사망자에 포함되어 있는 것은 확인했다. 하지만 시게하루 군은 일본 점령 당국이 전혀 모르는 사이에, 당국의 승인 없이 유엔군 병사로 변장하여 밀항한 것이다. 매장된 장소나 소지품은 확인되지 않는다'라는 터무니없는 답장이었습니다. 아시겠어요? 형이 밀항했다는 것입니다. 그게 말이 됩니까? 무엇보다 형은 밀항할 이유가 없었어요."

나는 위로할 말을 찾지 못해 무거운 침묵이 잠시 이어졌다. 동생은 다시 한번 정신을 가다듬고 설명을 시작했다.

"아버지는 이 답장에 노여움을 참지 못했는지, 다시 한번 GHQ에 해명을 요구하는 편지를 보냈습니다. 답장을 받고 닷새 후의 일이니까, 바로 보낸 것이나 마찬가지입니다.

아버지는 '가업을 버리고, 부모형제도 뒤로한 채 중대와 행동을 함께하다 전사한 아들이, 밀항자의 오명을 뒤집어쓰는 것은 참을 수 없다'는 내용의 편지를 보냈습니다. 열심히 일했는데 너무하지 않습니까. 미군에서는 그 후로 답장이 오지 않았습니다. 할 수 없이 아버지는 외무성에 도움을 요청했습니다. 일이 이렇게 되자 외무성이 미일합동위원회에서 형의 문제를 다루어 주었습니다. 그러자, 미국 극동군 사령부 참모 번즈 준장의 이름으로 다음과 같은 각서가 왔어요. 한마디로 말해, 군의 명령이 아니라 중대의 매클레인 대위가 제멋대로 조선에 데리고 갔다는 것이었습니다."

남동생은 각서의 내용을 천천히 설명해 주었다.

"미군은 51년 1월부터 3월에 걸쳐 철저하게 조사했다. 하지만 자세한 내용은 밝혀지지 않았다. 이유는 매클레인 대위가 전사했기 때문이다. 시게하루 군은 유엔군 병사가 아니었고 무엇보다 유엔군 병사가 될 수 없었다. 그렇기 때문에 개인의 부정행위이다. 유엔군 병사로서 전사했다는 주장은 확인할 수 없다. 중대 또는 매클레인 대위의 고용인이었던 이상, 가족에게 보상을 해 줄 근거도 권한도 없다는 결론에 도달했다는 내용이었어요. 하지만 이해하시죠? 이런 부당한 처사는 가족으로선 납득할 수 없습니다."

외무성을 창구로 GHQ와 미일합동위원회에서 교섭했지만, 결국 Y와 마찬가지로 '한 병사의 개인적인 권유'라고 답변하여 가족들의 요청은 묵살되었다. 히라쓰카 시게하루의 부친은 납득할 수 없어서 조달청에 계속 따져 물었다. 하지만 조달청 조사에서도 "그는 군 소속도 조달청이 고용한 노동자도 아니다. 이번의 경우는 1946년에 각의 결정된 '진주군에 의한 사고 피해자의 위문금의 처리'규정에도 해당하지 않는다"고 했다.

당시의 신문에 부친의 이야기가 실려 있다. 그는 다음과 같이 속마음을 털어놓았다.

"유골이든 유품이든 가족에게 돌려주는 인간적 차원의 대책을 마련해 주었으면 한다. 남의 아들을 멋대로 데려가 놓고 밀항했다는 주장은 너무하다고 생각한다."

결국 갖은 노력에도 제대로 된 답변을 듣지 못한 히라쓰카 시게하루의 부친 모토하루는 미국 대사관 앞에서 날마다 '아들을 돌려 달라'고 쓴 플래카드를 들고 일인시위를 계속했다. 하지만 결론이 나지 않아 결국 슬픔 속에서 세상을 떠났다.

5. 기지국가 일본

기지국가

전후 최초의 주일 미국대사 로버트 머피는 한국전쟁에서의 일본의 역할에 대해 다음과 같이 총괄하고 있다.

일본인은 눈 깜짝할 사이에 그들 네 개의 섬을 하나의 거대한 보급창고로 바꾸어 버렸다. 그렇지 않았더라면, (미국은) 한국전쟁을 치를 수 없었을 것이다.[29]

한국전쟁 발발과 함께 일본은 미군의 출격 기지가 되어갔다. 전투기는 일본 국내 열다섯 곳의 공군 기지에서 직접 출격했다. 폭격기는 수도권의 요코타 기지(도쿄도 훗사시福生市와 미즈호마치瑞穂町), 이타미 공군 기지 오사카부 도요나카시와 효고현 이타미시가 중심이 되었다. 요코타 기지에는 30~40대의 B29가 상주하면서 회당 100에서 1,000파운드의 폭탄을 탑재하여 출격했다.

항속거리가 짧은 제트 전투기는 이타즈케板付(=현재의 후쿠오카 국제공항), 아시야, 쓰이키築城(모두 후쿠오카현, 항공자위대 기지)를 거점으로 삼았다. 그 외에도 이와쿠니岩国(야마구치현), 다치카와(도쿄), 이루마入間(사이타마현) 등이 미 공군의 출격 기지가 되었다. B29 추락사고도 빈번히 발생했다. 1950년 10월, 후쿠오카현에서 추락한 것을 비롯하여, 1951년 다치카와 기지 근처의 스나가와 나카자토砂川中里 마을의 민가 100여 호가 전소하였다. 게다가 이듬해 1952년에는 사이타마현 사네코

---

29) ロバート・マーフィー, 古垣鉄郎 訳, 『軍人のなかの外交官』(鹿島研究所出版会, 1964年). Robert Murphy, *Diplomat Among Warriors*(Greenwood Press, 1964).

金子 마을에 추락하여 주민 17명이 사망했다.

해군을 살펴보자.

나가사키현 사세보시는 1950년 1월에 평화선언을 하고, 시의회가 '평화산업 항만도시'의 발족을 결의하여 6월 6일의 주민투표 결과 압도적 다수의 지지를 얻었다. 여기에는 나가사키에 원폭이 투하된 비참한 경험도 영향을 미치고 있다. 나가사키 시볼트Siebold대에서 일본 언론학회가 열렸을 때, 나는 지역의 나가사키 방송이 '나가사키 평화방송'이라는 회사명으로 출발했다는 이야기를 듣고 감명을 받았다. 그만큼 일본 국민, 특히 원폭의 피폭지인 히로시마와 나가사키 시민은 평화를 열망했다.

하지만 한국전쟁이 발발하자 사태는 일변한다. 미군은 사세보의 항만시설을 연달아 접수했다. 결국 항구와 접한 지역에서 시설의 20퍼센트만 시민에게 사용이 허가되는 상태에 이르렀다.

오키나와에서도 사정은 마찬가지였다. 가데나 폭약고 설치, 나하那覇 공군 기지 오로쿠小禄 장교숙소 건설 등이 1951년 6월부터 4년에 걸쳐 이루어졌다. 종합 건설회사 오바야시구미大林組의 사사社史에서 그 이유를 다음과 같이 기술하고 있다.

한국전쟁으로 인해 미국은 극동 최대의 군사 기지 오키나와를 급히 정비·증강할 필요성에 압박감을 느꼈다(『오바야시구미 80년사大林組八〇年史』(1972년 10월).

훈련장을 보면 히가시후지東富士(야마나시현山梨県), 아에바노饗庭野(시가현 다카시마시滋賀県高島市) 등이 있었는데 미군 병사뿐만 아니라 한국군 장교도 여기에서 훈련을 받고 있었다. 이러한 군사시설을 비롯해

RR센터Rest and Recuperation Center라고 하는, 미군의 공식 '귀휴기지歸休基地'가 마련되었다. 나라시奈良市의 경우, 아마가쓰지 요코료尼ヶ辻横領의 RR센터로 일본인이 경영하는 카바레와 선물가게가 1952년 여름에 45군데에서 6개월 후에 단번에 75군데로 늘었다.

일교조(일본교직원조합)가 '귀휴기지'의 실태를 조사한 보고집『기지 일본, 상실되어가는 조국의 모습基地日本 失われていく祖国のすがた』의 제목이 상징하듯 일본은 기지국가가 되었다. 일본은 미군의 전쟁 수행을 위한 후방 기지가 된 것이다. 한국전쟁이 시작되었을 때 일본에 있던 미군 병사의 수는 12만 5천 명, 전쟁이 한창일 때는 35만 명이었다.

1953년 1월 말 당시, 일본 국내의 미군 기지는 733곳이었다. 전국의 기지를 합치면 오사카부의 면적에 필적하고, 해상 훈련소는 규슈와 거의 같은 면적을 차지한다. 미군 기지화는 ① 출격하기 위한 전선 기지, ② 물자·병사 수송을 위한 중계 기지, ③ 수리·조달을 위한 보급 기지, ④ 훈련·휴양을 위한 후방 기지, 이렇게 네 개의 성격을 가진다.

조선특수特需

한국전쟁의 결과 일본경제는 전쟁 전의 수준으로 회복되었다. 히라카타 사건의 무대가 된 고마쓰제작소의 당시 사장, 가와이 요시나리河合良成는 훗날 다음과 같이 회고하고 있다.

"이 회사는 당시 자본금 3천만 엔이던 것이 현재(1964년)는 150억 엔이니까, 대략 500배 성장한 셈이지. 이것도 한국전쟁 없이는 불가능했을 게야. 한국전쟁 직전은 불경기여서 너무 힘들었어. 쇼와

24(1949년)년 3월이었으나, 주문 취소가 쇄도하는 거야. 그런데 한국전쟁으로 온 일본이 구원을 받았다네. 요시다 수상은 이걸 두고 '가미카제神風'라고 했지"(『슈칸분슌週刊文春』 1964년 8월 3일 자).

　재일 미군을 주력으로 한 유엔군이 일본에서 조달하는 군수물자와 서비스, 이른바 '특수'는 거액으로 올라 특수 붐을 가져왔다. 1951년에는 광공업 생산이 전전 수준(1934~1936년=100)을 넘어 127.8의 지수 값을 나타내는데 이르고, 실질국민총지출도 전전 수준을 약 9퍼센트 상회하는 규모로까지 회복했다.[30]

　특히, 국철의 기능은 특기할 만한 것이었다. 일본 국내는 전시체제에 편입되어 갔다. 전국 구석구석까지 이어진 국철은 그러한 미군의 전시 수송에 불가결한 요소가 되었다. 전쟁 발발 직후 2주간, 국철은 임시열차 245대, 객차 7,324량, 화물열차 5,208량을 동원했다.[31]

　이는 아시아태평양전쟁 중에도 달성하지 못했던 숫자로 국철의 군사수송 사상 최고치를 기록했다. 전쟁이 시작되기 전인 1950년 2월, 국내 수송량 중 연합군 수송량은 전체의 3.5퍼센트에 불과했다. 하지만 전쟁이 시작되고 2개월째 되던 1950년 8월에는 6.1퍼센트, 4개월째 되던 10월에는 8퍼센트가 되어, 평상시보다 두 배 이상을 운반했다는 계산이 나온다.

　일본 정부는 이렇게 총괄했다.

---

30) 中村隆英編, 『日本経済史』(岩波書店, 1989年)에 수록된 三和良一의 논문.
31) 日本国有鉄道外務部編, 『鉄道終戦処理史』(大正出版, 1981年).

조선특수는 일본경제의 '회생 약'이었다.[32]

와다 하루키和田春樹는 "일본은 한국전쟁에 '실질적으로' 참전했다"
는 견해를 취한다. 부덕수를 비롯한 모임의 멤버들은 해상보안청의 일
본 특별소해대라든가 일본적십자의 간호사 동원까지는 알지 못했다.
하지만 밤낮으로 한반도에 군대와 무기 탄약을 보내는 국철의 군수 열
차에 맞서 스이타 사건을 일으킨 재일조선인들은 '무슨 수를 써서라도
군수 열차를 멈추게 해야 한다'는 생각을 가슴속에서 증폭시켰다. 이
런 마음이 스이타 · 히라카타 사건의 저변에 흐르고 있었던 것이다.

32) 経済企画庁, 『戦後経済史』(東洋書林, 1992年).

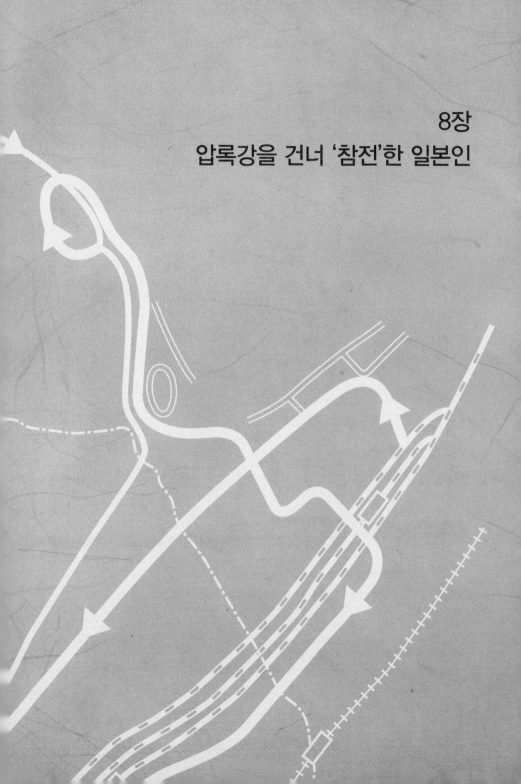

8장
압록강을 건너 '참전'한 일본인

1. 만몽개척단[1]

패전 당시

일본이 전쟁에 패했을 때, 어느 정도의 인원이 해외에 있었고 어느 정도의 인원이 일본에서 출국하기를 희망하고 있었는지 조사해 보았다. 해외에 약 660만 명, 출국 희망자가 약 130만 명 있었다.[2] 『원호 50년사援護五〇年史』에 따르면, 해외에 있던 사람들은 '구 만주를 포함한 중국, 구 소비에트 연방, 그리고 동남아시아 각지와 태평양의 섬들에 있던 군인군속 및 일반인'이었다. 반면, 출국을 원한 이들은 '조선반도 출신자 등 재일외국인'이었다.

패전 후, 대부분의 군인 및 군소속자는 일본에 있는 가족의 품으로 돌아왔다. 하지만 현지에 남은 일본 병사가 있었다. 인도네시아와 베트남에 네덜란드와 프랑스를 상대로 한 독립전쟁에 참여한 일본군이 남아 있었던 것이다. 중국에는 공산당과 국민당의 '국공내전'에 휩

---

1) 만주사변 후 일본이 만몽(滿蒙)지구에 들여보낸 농업이민단을 말한다. 1932년에 제1차 이민이 배출되어 1945년 패전시에 청소년 의용군을 포함하여 약 32만 명이 있었다고 한다. 대부분이 소련·만주 국경 지대에 정착하여, 중국인·조선인의 기경지(旣耕地)를 수탈하는 결과가 되었다. 패전 직전 소련의 대일 참전에서 관동군으로부터 방치되어 많은 희생자를 냈다.

2) 生省社会援護局援護五〇年史編集委員会編, 『援護五〇年史』(ぎょうせい, 1997年).

쓸렸던 일본군이 산둥성에 잔류하는 등 여러 가지 문제가 있었다.

만몽개척 청소년 의용군

한국전쟁에 관여한 일본인은 앞 장에서 소개한 것처럼 크게 두 부류로 나뉜다.

첫 번째는, 한국과 일본 국내에서 해상수송, 항만노동, 일본특별소해대의 해상보안청 직원으로 종사한 일본인이다.

두 번째는, 북한에서 참전한 일본인인데 이들에 관한 내용은 아사히신문 기자 후루카와 만타로古川万太郎의 선행취재를 통해 알고 있었다.[3]

여기서는 한국전쟁 당시 중국에서 압록강을 건너 북위 38도선 북쪽에서 이 전쟁에 가담하게 된 일본인에 대해 기술하기로 한다. 그중한 명이 중국인민해방군으로 한국전쟁에 참전한 오하바 히로유키大巾博幸다. 한국전쟁이 발발한 지 70년 가까운 시간이 흘렀지만, 수소문끝에 오하바의 주소를 알 수 있었다. 도호쿠東北의 센다이에 살고 있다고 한다. 하지만 전화번호는 알 수 없었다. 자택으로 편지를 보내고얼마 되지 않아 내 휴대전화로 연락이 왔다. 인터뷰에 응하겠다는 고마운 답변이었다.

오하바는 〈NHK 전쟁증언 아카이브(NHK戦争証言アーカイブス)〉라는방송 프로그램에서, 중국 국공내전 당시 만몽개척단에서의 체험을 일본주재 중국 기자에게 증언한 바 있다.[4] 하지만 정작 한국전쟁 당시의증언은 눈에 띄지 않는다.

---

3) 古川万太郎, 『中国残留日本兵の記録』(岩波現代ライブラリー, 1994年).
4) 『続 新中国に貢献した日本人たち』(日本橋報社, 2005年).

나는 센다이로 향했다. 간사이공항에서 센다이공항으로 그리고 센다이 공항에서 철도로 센다이역까지 간 다음 택시를 탔다. 운전수에게 주소를 말해주고 보니 의외로 역에서 가까웠다.

단독주택의 초인종을 눌렀다. 곧바로 "들어오세요"라는 여성의 목소리가 들리면서 현관문이 열렸다. 친절하게 나를 맞아 주었다. 오하바의 인터뷰는 하루에 끝낼 예정이었지만 체험담이 너무나 흥미진진해서 결국 이튿날도 첫째 날과 마찬가지로 세 시간 정도 이야기를 듣게 되었다.

만몽개척단

2층 응접실로 안내를 받았다. 오하바는 2층까지 총총걸음으로 계단을 올라갔다.

우선 호적 확인부터 시작했다. 태어난 것은 1929(쇼와 4)년 11월, 지금은 90세 가까운 나이가 되었다. 나가노현 니시치쿠마군西筑摩郡(현재의 기소군木曽郡 기소무라木祖村), 기소강의 원류인 기소타니木曽谷 출신이다. 겨울에는 영하 20도까지 내려가는 곳이라고 한다. 겨울의 에베레스트 취재로 영하 20도를 경험한 적이 있는데 아침에 일어나면 텐트에 붙어있는 서리가 바삭하고 떨어진다.

오하바의 아버지는 자동차 정비사였다. 어머니는 조그마한 밭을 경작하고 있었는데, 생계를 꾸려나갈 정도의 규모는 아니었다. 그는 여섯 형제의 차남. 중학교에 진학하고 싶었지만, 가난하고 자식 많은 집에서 둘째 아들놈을 공부시킬 경제적 여력은 없었다.

1944년 봄, 학교 선생님이 오하바에게 만몽개척 청소년 의용군에 지원해 보라고 권했다. '만주에 가면 한 사람당 6만 평(약 20헥타르)을 받을 수 있다'는 솔깃한 이야기였다. 그가 14세가 된 지 3개월이 지난 때였다.

오하바는 만몽개척단에 대해서 다음과 같이 설명했다.

"식민지 정책이라 하나요, 당시의 일본 정부는 만주에 5백만 명을 이주시킬 계획을 세웠죠. 영화, 신문, 잡지 등을 이용해서 국책을 일대 캠페인으로 선전했어요. 특히 나가노현은 가난하잖아요, 엄청나게 선전을 해댔지요. 그 학교의 선생님이 줄곧 권유했었으니까요.

나는 키가 140센티미터 정도밖에 되지 않았기 때문에 소년병이될 자격도 안 되었어요. 그래서 만몽개척 사업에 참여하는 것도 천황폐하와 나라를 위하는 일이라고 생각했어요. 그런 순수한 마음이었지요."

결국, 교사의 열정적인 권유에 넘어가 기소무라에서 세 명이 지원하게 되었다.

만주국

1928년 6월 4일, 관동군의 모략으로 중국 펑톈奉天군벌의 수령 장쭤린張作霖이 폭살당한 장쭤린폭살 사건[5] 발생 3년 후, 1931년 9월 18일에 일어난 류탸오후柳条湖 사건을 빌미로 관동군은 만주철도 선로주변 일대에 군대를 출동시켰다. 이듬해 1932년 3월, 영화 〈마지막황제〉에 묘사되었던 것처럼 신해혁명으로 퇴위한 청나라의 마지막 황제 아이신줴러 푸이愛新覚羅溥儀를 황제의 자리에 앉혔다. 처음엔 '집정'이라 했다.

---

5) 제국 육군의 관동군이 모략으로 중국 펑톈군벌의 수령 장쭤린을 폭살한 사건.

이렇게 해서 일본은 괴뢰국가 '만주국'을 만들어낸다. '만주국'의 슬로건은 '오족협화五族協和'였다. 일본인, 한족, 만주족, 조선인, 몽고족의 다섯 민족이 서로 화합하는 이상 국가라고 사전에 선전을 했다. 하지만 실권을 쥐고 있었던 건 일본인이었다. 참고로 아베 신조安倍晋三 총리의 외조부 기시 노부스케岸信介는 만주국 총무청 차장, 상공차관을 역임했다.

만주 이민

제국 육군의 관동군과 척무성拓務省 등의 추진으로 1936년에 만주 이민이 시작된다. 만주에 일본인 거주자를 늘리는 것이 주된 목적으로 대부분은 치안이 불안정한 변두리 지역에 배치되었다. 이민자 수는 27만 명. 1938년부터 조직된 만주개척 청소년 의용군은 16세에서 19세로 대부분 농가의 차남이나 삼남으로 구성되었고, 그 수는 약 9만 명에 이른다. 그들은 정신교육과 군사훈련을 받았으며, 아시아태평양전쟁 말기에는 거의 대부분 군에 소집되어 많은 이들이 전사했다.

만주의 방어를 담당해야 할 관동군은 미국과의 전황이 악화된 1943년 이후, 그 주력부대가 남쪽방면 즉 동남아시아에 전용轉用되었다. 일본군은 부족한 병력을 메우기 위해 1945년 1월에 이른바 '싹쓸이 동원'으로 만주에 있는 민간인을 대거 소집했다. 하지만 군사 훈련도 충분히 받지 못한데다, 무기나 탄약도 없었기 때문에 소련이 만주 국경을 넘은 시점에 개척단을 지킬 전력은 없었다.

집단자결

여기까지 쓰고 나니 30여 년 전에 취재했던 집단자결이 떠올랐다. 1945년 8월 9일에 소련이 만몽국경을 넘어 만주를 침공해 왔을 때, 만몽개척단인 '구타미來民개척단'이 중국인에게 포위되자 도망칠 수 없다는 결론을 내리고 총인원 275명 모두가 집단자결한 비극이다. 집단자결한 사실을 고향에 전하기 위해 선발된 젊은이 한 명이 포위망을 빠져나왔다. 이와 관련하여, 1988년에 구마모토현熊本県 가모토군鹿本郡 구타미來民 마을(현재의 야마가시山鹿市)에서 사실관계와 증언을 정리한 출판물이 간행되었다.

이를 계기로 나는 취재를 위해 찾아가 보았다.[6] 『붉은 황토 지평으로부터의 고발 구타미개척단赤き黄土 地平からの告発 来民開拓団』에서 엮은이의 말처럼 이 개척단은 피차별 부락에 사는 사람들을 해외로 이주시킬 목적으로 조직되었다. 일본 국내의 불합리한 부락 차별에서 벗어나기 위해 만주로 이주한 것인데, 결과적으로 먼저 거주하고 있던 중국인의 토지를 빼앗음으로써 대일본제국의 식민지경영에 앞장서게 된 것이다.

이 비극에는 또 하나의 비극이 숨어있다. 구타미개척단의 집단자결 사실을 전달하기 위해 선발된 청년이 가장 먼저 도망친 곳은 30킬로미터 떨어진 곳에 있던 '구로카와黒川개척단'이었다. 기후현岐阜県 동부의 구로카와 마을 출신 129세대, 약 600여 명이 식민지 개척을 위해 모여 살고 있었다. 하지만 그곳도 중국인에게 포위되었고 소련군까지 쳐들어와 여성들을 연달아 강간했다. 그래서 마을 간부들이 기

---

6) 部落解放同盟熊本県連, 旧満州来民開拓団遺族会編, 『赤き黄土地平からの告発 来民開拓団』(1988年).

껏 고안해 낸 것이 '성접대'였다. 18세 이상의 미혼 여성을 선발해 소
련군 장교에게 '성접대'를 시켜 중국인으로부터 개척단을 지키는 수비
대 역할을 여성들에게 떠넘기고 식료품 등을 공급받도록 하여, 구로
카와개척단은 고향으로 돌아간다.

구로카와개척단의 '성접대'를 기록한 다큐멘터리 프로그램 〈기억
의 앙금記憶の澱〉[7]의 사사키 사토시佐々木聰 감독을 인터뷰하기 위해
야마구치현 호후防府로 갔다. 이야기를 한창 듣고 있던 중, 나는 구
로카와 마을과 구타미 마을이 이웃 마을이라는 사실을 알게 되었다.
인터뷰가 끝나고 그것을 사사키에게 알렸더니 "소름이 돋는다"는 반
응이 돌아왔다. 서민이 어쩔 도리 없이 수난을 겪게 되는 전쟁의 비
극이 이렇게 인접한 곳에서 일어나다니, 그 불합리함이 뼈아프게 느
껴졌다.

중국 공산당군의 종군일본인 병사

나가노현 기소 마을 출신 오하바 히로유키의 이야기로 돌아가자.

소련의 대일참전 후, 오하바가 소속된 만몽개척 청소년 의용군도
식량이 바닥을 드러내어 세 끼를 이어가기 어려웠다. 1945년 9월 초,
오하바의 기억으로는 9월 3일쯤에 청소년 의용군 소재지로 소련군이
쳐들어와 오하바와 동료들은 포로수용소에 수용되었다. 이러다가 시
베리아로 보내지는 것은 아닌지 모두가 걱정하고 있던 12월 무렵, 청
소년 의용군은 미성년이라는 이유로 석방되었다. "석방된 것은 기뻤
지만, 매 끼니를 때우기가 너무 힘들어 엄동의 만주에서 어쩔 수 없이

---

7) 야마구치방송(山口放送), 2017년 일본 민간방송연맹 상 TV 부문 등을 수상.

야숙을 해야 했다"고 한다.

만주에도 봄기운이 찾아든 1946년 4월 무렵, 중국인민해방군 병사가 오하바에게 "우리 쪽 군을 도와주지 않겠냐"고 권유를 해 왔다. 아버지가 자동차 정비공이었고 본인도 자동차 운전뿐 아니라 트럭의 배터리에 황산을 넣어 보충하는 기술을 알고 있었던 것이 크게 작용했다고 한다. 또, (만주) 백성의 말을 몸에 익혀두었기 때문에 중국어로 의사소통하는 데에는 지장이 없었다. 그래서 얼마 후에 친구 몇 명을 더 끌어들였다.

이 시기, 중국 내에서는 일본군의 패배 후 중국공산당 군과 국민당 군이 '국공내전國共內戰'을 치르고 있었다. 아시아태평양전쟁이 한창인 때, 미국은 장제스가 이끄는 국민당 군을 지원했지만, 일본의 패전 후 소련군은 일본군으로부터 빼앗은 무기를 공산당군에게 넘겼다.

니시무라: 왜 공산당군에 들어갔습니까?
오하바: 밥, 밥을 먹기 위해서요(쓴웃음).

오하바는 병사와 무기 탄약을 수송하는 트럭운전을 했다. 식사는 매일 수수뿐이었지만 한 달에 몇 번은 흰 쌀밥이 나왔다. 고기는 항상 돼지고기. 트럭운전수의 일은 구만주(=중국 동북부)가 주요 활동 지역이었다. 1949년 4월에는 구이린桂林[8]까지 물자를 운반했다.

한국전쟁
1950년 6월 한국전쟁이 발발하자 오하바의 근거지인 중국 동북부

---

8) 중국 남부, 광시좡족자치구, 카르스트지대로 뾰족하게 솟아난 산이 유명한 관광지.

에서도 여러 가지 움직임이 있었다. 한국전쟁 발발은, 그곳에 있던 오하바에게도 민감하게 전해져 왔다. 유엔군이 인천상륙작전을 펼치고 북위 38도선을 넘어서 북상하자마자, 이번에는 중국이 항미원조[9] 의용군으로 참전하겠다는 소식이 오하바의 귀에까지 들려왔다. 중국과 북한 사이를 흐르는 압록강의 중국 측 국경 마을을 지금은 단둥丹東이라 표기하지만 한국전쟁 당시에는 안둥安東이라 표기했다. 오하바는 중국인민해방군이 한국전쟁에 참전하여 북한으로 건너가기 직전에 안둥에 체재했다. 거기서 오하바는 미군 전투기가 북한을 공중 폭격하며 기관총으로 빗발치듯 난사하는 모습을 목격했다. 미 공군의 전투기가 국경을 의식해서 중국령까지는 공격하지 않았지만, 눈앞의 불길, 냄새, 굉음이 오하바의 체감을 뒤흔들었다고 한다.

그는 얼마 후 군의 명령에 따라 공작선을 타고 압록강을 건너 북한으로 넘어갔다. 오하바의 이야기에 등장하는 낯선 지명들을 노트에 기입하고 바로 지도책을 대조해 가며 조사해 보았더니, 대관, 천마는 모두 중국 국경 연변 쪽에 있는 북한의 평안북도 지역이었다. 중국인민해방군의 배려였는지는 몰라도 오하바가 최전선으로 보내지는 일은 없었다.

귀국

이윽고 한국전쟁에 대한 휴전협정이 결정되자 오하바는 일본으로 돌아가기로 결심한다. 그때는 중화인민공화국이 성립된 후였다. 패전 당시라면 몰라도 신중국 성립 후 중국에서 8년이나 체재하고 있던 일

---

9) 미국을 반대하고 북한을 지원하는 중국의 외교정책.

본인을 사람들은 빨갱이 즉, 공산주의자라며 색안경을 끼고 보았다. 그런 이유로 오하바는 귀국 후 일자리를 얻지 못하여 생활에 어려움을 겪다가 나가노현의 기소다니木曾谷에서 성행하던 칠 제품 판매 회사에 겨우 발탁되었다. 죽기 살기로 일하여, 마침내 도호쿠 지방의 판매를 맡아 지금에 이른 것이라고 한다.

2. 팔로군 종군 간호사

만몽개척평화기념관

나가노현은 만주로 보내진 개척민의 수가 전국에서 가장 많았다. 다른 현에 비해 현격히 많았는데, 그 수는 의용대원을 포함해서 37,859명이었다. 가토 기요후미加藤聖文에 따르면, 2위인 야마가타현山形県은 1만 7,177명이다.[10]

나가노현에는 만몽개척평화기념관이 있다. 일본에서 유일하게 만주 이민의 실상을 전시하고 있는 곳이다. 나가노현 이나군伊那郡 아치阿智 마을 출신의 승려 야마모토 지쇼山本慈昭가 '아치쿄개척단阿智郷開拓団'의 교원으로서 초등학교의 학생들을 만주로 인솔하다 시베리아에 억류[11]된 적이 있는 과거를 반성하고 그 역사를 후세에 남길 목적으로

---

10) 『満蒙開拓団』(岩波全書, 2017年).

11) 제2차 세계대전 종전 후 소련군에 무장해제되어 투항한 일본군 포로들이 주로 시베리아 등으로 이송·격리되어 장기간에 걸친 억류 생활과 노예적 강제노동으로 다수의 인적 피해를 일으켰다. 시베리아억류(抑留)란 이를 가리키는 일본 측의 호칭이다. 소련에 의해 전후에 억류된 일본인은 일본 정부 조사 결과 57만 5천여 명으로 알려졌으며, 이 중 조선인 포로도 1만여 명이 있었다. 5만 5천여 명이 사망하고 47만 3천여 명이 귀환했다. 억류자는 주로 군인이었지만 만주개척단 농민, 만주관리, 남만주철도주식회사

2013년에 개관했다. 만주로 이주한 아치쿄개척단 215명 중 이나다니伊那谷로 돌아온 이들은 야마모토를 포함해 겨우 13명이었다. 그의 제자 51명 중 생존자는 6명에 불과했다.

이다시飯田市 역사연구소

나가노현에 있는 신슈대信州大에 역사학과가 있고, 그곳에 다수의 연구자가 있다고 알려준 이는 상징천황제 연구자 가와니시 히데야河西秀哉였다. 민속학의 아버지라 불리는 야나기타 구니오柳田国男의 자택 서재가 도쿄 세이조成城로부터 이축되어 지금은 이다시 미술박물관으로 사용되고 있는데, 벽면 가득한 장서藏書를 보고 놀라지 않을 수 없었다.

이다시 역사연구소에 연락하여 한국전쟁에 종군한 사람에 대해 문의하자 정중하게 응해 주었다. 이 연구소의 조사연구원 사이토 도시에斎藤俊江가 한국전쟁 종군간호사에게 들은 이야기를 기록한 적이 있다고 한다. 몇 번이나 전화를 해 준 사이토에게 고마움을 느꼈다.

사이토가 인터뷰한 상대는, 중국공산당군인 팔로군에 종군한 적이 있는 부부 마쓰시마 도시카즈松島年一와 요시코嘉子다. 두 사람에 대해서는 아래와 같은 기록이 남아 있다.

마쓰시마 도시카즈. 1922년 이다시 출생. 징용되어 나카지마 비행장 (현재의 스바루)에서 부품을 만들었고, 난징의 다쟈오大校 비행장에서 비

등 국책회사 직원, 종군 간호사 등도 있었다. 시베리아 외에 중앙아시아, 극동, 몽골, 유럽·러시아 등의 2,000여 개 수용소와 감옥에 수용되어 철도건설, 탄광·광산노동, 토목건축, 농사일 등 각종 노동에 강제로 종사했다. 1946년 12월부터 인양이 시작되어 1949년에 대부분 귀환했고, 1956년에는 유죄판결을 받은 자들도 석방되었다.

행기 정비를 담당했다. 만주에서 패전을 맞아, 펑톈奉天(지금의 선양瀋陽)에서 팔로군에 참가, 후방병원에서 일하다가 1953년 5월 마이즈루舞鶴로 귀환했다.

마쓰시마 요시코. 1927년 출생. 국민학교 졸업 후 1942년 조선 경성 일본적십자 간호학교에 입학. 1944년 7월 소집된 제630구호반에서 조선 각지를 돌았다. 패전 후 소련군과 한국군의 관리하에 있다가 팔로군에 종군한다. 1953년 도시카즈와 결혼하여, 그해 5월에 귀국한다.[12]

소련군

마쓰시마 요시코의 체험을 들어보자.

1945년 8월 10일경, 북한 청진항에서 소련군의 함포사격을 받았다. 또 8월 15일에는 함흥의 하천 상류에 청산가리가 살포되어 물고기가 엄청나게 떠오른 일이 있었다. 소련병은 요시코와 일본적십자 간호사들을 화물차에 태우고 한 달간 만주의 이곳저곳을 전전했는데, 의사들이 기지奇智를 발휘하여 소련병에게 강간당할 위기를 간신히 모면했다고 한다.

팔로군에 대해서도 물어보았다.

질　문: 팔로군의 대우는 어땠습니까?
요시코: 팔로군은 말이죠, 포미서슨, 고량, 수수와 옥수수 같은 것이 거의 주식이었어요. 한 달에 한 번인가 두 달에 한 번 정도는 흰쌀밥이 나왔어요. 그리고 국경일에는 전원이 만두를 빚었어요. 옌지延吉에 있을 무렵부터 그랬어요.

---

12) 飯田市歷史硏究所編, 『戰争と養蚕の時代をかたる』(2016年).

한국전쟁

질　문: 한국전쟁이 일어났을 때에는 중국에 있었다는 말씀이지요?

요시코: 류저우柳州(중국 남부의 광시좡족 자치구)에 있을 때 한국전쟁이 시작됐어요. 군대가 거침 없이 조선을 향해 진군하고 있었죠. 거기서 부상병이 나와 그들을 간호하고 있었어요. 일본인은 병원에서 꽤나 귀한 대접을 받았는데 군의관이나 간호사들도 마찬가지였어요.

질　문: 중국에서는 1945년에 전쟁이 끝난 것이 아니었어요. 1952년까지 계속되었으니까요.

요시코: 1952년 4월쯤에 뤄양洛陽에 도착했어요. 거기도 역시 한국전쟁의 부상자들이 있었죠. 단순 부상자는 별로 없었고, 질병이 있는 사람들이 많았어요.

질　문: 뤄양이요?

요시코: 뤄양 맞아요. 우리가 한국전쟁에 간 건 절대 아니에요. 직접적인 관계는 없었어요. 그저 한국전쟁에서 부상당한 환자들을 간호하고 있었어요.

3. 또 한 명의 팔로군 종군 병사

부산 근교까지 종군

한국전쟁에서 병사와 물자를 수송하던 오하바 히로유키의 이야기로 돌아가자. 오하바의 지인 중에, 압록강을 건너 북한으로 갔다가 부산 근교까지 종군한 일본인 병사가 있다고 한다. 이름은 몬마 야스오門馬保夫. 오하바는 몬마의 주소를 잃어버렸지만, 몬마는 자신의 활동을 기록한 책을 냈다. 제목은 『어느 중국 억류자의 회상록ある中国抑留者

の回想録』이다. 센다이에서 오하바에게 책을 빌려 출판사부터 확인해보았다. 나가노현 스와시諏訪市에 소재한 조에이샤鳥影社였다. 개인정보에 민감한 시대이기 때문에, 문의의 취지와 나의 신원을 확인할 수 있는 자료를 조에이샤에 보냈다. 그러자 '저자 명단'이 남아 있지 않다는 무정한 답변이 엽서로 도착했다.

국회도서관의 홈페이지에서 몬마에 대해 조사해 보니 조에이샤 밖에 나오지 않았다. 구글로 검색하자 다른 책이 있었다. 『손자들에게 들려주는 증언 제4집孫たちへの証言第四集』이라는 증언집에 몬마의 수기가 실려 있었다. 출판사는 신푸쇼보新風書房. 회사 이름을 보고 '아아, 그곳이구나' 하고 바로 알았다. 오사카에서 주로 자비 출판 서적을 취급하는 출판사로, 사장과는 이전부터 안면이 있는 사이다. 조에이샤와 마찬가지로 우편으로 취지를 적은 서류를 첨부하여 몬마의 연락처를 문의하였다. 그러자 곧바로 메일이 왔다.

서류를 찾아봐야 하니 시간이 조금 걸릴 것이라고 했다. 1991년에 출판된 책이라 이번에도 틀렸다고 포기하고 있었는데, 얼마 지나지 않아 전화가 걸려왔다. 저자 명단이 운 좋게 발견되었다고 한다. 즉시 주소를 받아 적었다. 전화번호는 알 수 없었다. 연락처는 도쿄 메구로구目黒区의 아파트 관리인 사무소였다.

오랜만에 시부야渋谷에 갔다. 재개발이 한창이었다. 도쿄 급행 도요코선東横線의 출입구를 찾을 수가 없었다. 하치코ハチ公[13]가 앉아 있던 방향도 바뀌어 있었다. JR야마노테선JR山手線 시부야역의 하치코

---

13) 도쿄·시부야역까지 주인의 귀가를 마중 나가 주인의 사후 약 10년에 걸쳐서 계속 주인을 찾아 다녔다는 개다. 아키타견(秋田犬)으로, 이름은 하치. 시부야역 하치코 출구 앞에는 동상이 설치되어 있다.

출구 앞에서 미야마스자카宮益坂 출구 쪽으로 나왔다. '학생 시절에는 이노카시라선井の頭線에서 도요코선까지 쉽게 갈 수 있었는데' 하고 투덜거리며 도요코선 완행열차를 탔다. 다이칸야마代官山역을 지나 금세 목적지인 도리쓰다이가쿠마에都立大学前駅역에 도착했다. 메구로구의 고급 아파트가 죽 늘어서 있었는데, 찾고 있던 아파트는 비교적 쉽게 눈에 띄었다. 10층이 넘는 높은 아파트였다. 아파트 입구로 주뼛주뼛 돌아 들어가 관리인사무소를 찾았다. "실례합니다, 갑자기 찾아와서 죄송합니다만"하고 용건을 말했다. 결론부터 말하자면, 몬마는 이미 이곳 아파트 관리인 사무소에는 없었다. 현재의 관리인도 깜짝 놀랐을 것이다. 메구로구의 고급 아파트로 70년 전의 한국전쟁에 관한 일로 수상한 사람이 찾아왔으니 말이다.

후쿠시마 출신

몬마를 직접 인터뷰하지는 못했다. 그렇지만 그가 종군활동을 상세히 기록한 책 두 권이 남아있다. 간결하고 요령 있는 문장이었다. 요점을 적어둔다.

몬마 야스오는 1928년 후쿠시마현의 가시마鹿島 마을에서 태어났다. 아버지는 농가 출신으로 이발 장인인 어머니 몬마 가문에 양자로 들어갔다. 어머니의 본가는 나미에浪江 마을에 있는 덴리교天理教 분교회分教会였다. 그렇다, 동일본 대지진이 있었던 도쿄전력 후쿠시마 제1원자력 발전소에서 가까운 나미에 마을이다.

몬마는 오 남매 중 넷째인 장남으로 태어났다. 위의 세 명은 여자, 아래로 남동생이 있다. 아버지의 가업인 이발소의 경영이 변변치 않아 1934년 11월에 부모님은 비참한 생활에 가망이 없다며 단념하고,

덴리교가 모집한 이민자가 되어 만주에 건너갔다. 도쿄, 나고야, 덴리를 거쳐 고베항에서 승선, 세토나이카이를 통과해 2박 3일 만에 다롄항에 다다랐다. 기차로 갈아타고 하얼빈 교외의 싼커수三棵樹역에 도착했다.

식민지 개척을 위해 정착한 곳은 하얼빈시에서 동북으로 25킬로미터 떨어진 곳이었다. '빈장성 아조현 덴리촌 후루사토개척단濱江省阿城縣天理村生琉里開拓団'이라 불렸다. "말이 개척이지 실제로는 원주민의 기존 경작지를 강제적으로 매수하여 조성한 마을이었다"고 몬마는 말한다. 어떤 집에 살고, 무엇을 먹고, 어떻게 일했는지는 생략하고 다음 이야기로 넘어가 보자.

억류

패전 후에도 몬마가 중국에 남게 된 이유, 북한군에 종군한 이유가 궁금했다.

라디오를 통해 일본의 패전을 알게 된 소련군이 1945년 8월 27일 오후, 처음으로 개척단에 쳐들어왔다. 중국인들도 소련군을 뒤따라 마을로 몰려들어와 약탈을 시작했다. 몬마와 부친 등 남자들 160명이 포로가 되어 하얼빈 교외에 수용되었다. 한 달 보름 후인 10월 13일에 수용소에서 돌아왔을 때, 마을에 남아 있던 남자들 35명은 소련군에게 이미 사살된 뒤였다. 무엇이 행운과 불운을 가르는지 모르겠다고 몬마는 기록한다.

월동기, 우리 개척단은 전체 인원 중 4분의 1에 해당하는 약 400명이 굶주림과 전염병으로 죽었다. 겨울이 되기 전에 깊게 파 놓은 좁고 긴

무덤에, 거적으로 싸인 사체가 겹겹이 매장되었다. 살아남은 약 1,200명은 이듬해 9월 일본으로 귀환할 것을 대비해 하얼빈 육군병원이 있던 자리에 집결했다. 그중 나를 비롯한 약 60명의 남녀는 열차 운행을 보증하는 인질로 중공군에게 억류되었다.

말하자면 인질이 된 것이다.

당시의 만주지구에 억류된 일본인 총수는 약 5만 명이었던 것 같다. 나를 포함한 150여 명은 무단강牧丹江에 주둔하던 동북 민주연합군(인민해방군) 위생부 제2병참병원으로 연행되어 여성은 간호사, 남성 전원은 잡역부가 되었다.

그렇다. 자발적으로 중국에 남은 것이 아니다. 운명에 농락당한 것이다.

인민해방군으로

1946년 12월에 시작된 국공내전의 부상자를 담당했던 병원은 하얼빈 남쪽의 쌍청바오双城溝로 옮겨졌다. 이때부터 나를 포함한 열 명은 마차 담당이 되어, 해방 전쟁 중 베트남 근처의 광시성廣西省까지 남하한 곳에 있었다. 우리 앞엔 쇼와 25(1950)년 6월 25일 발발한 한국전쟁에 휘말리는 비참한 운명이 기다리고 있었다.[14]

38도선 이남으로

1950년 8월 중순, 몬마가 소속한 인민해방군 마차대는 구이린에서 남서쪽으로 약 200km 떨어진 곳에 위치한 류저우柳州에서 허난성河

---

14) 『孫たちへの証言, 戦争, それからの私たち』第四集(新風書房, 1991年).

南省 장저우시鄭州市로 북상하여 편성이 바뀌었다. 10월 하순에는 더욱 북쪽으로 이동하여 중국과 조선의 국경 마을 안동시에 도달했다. 센다이의 오하바가 그랬던 것처럼, 몬마 또한 중국과 북한의 접경지대 안동으로 간 것이다.

안동에 체재 중이던 11월 8일, 몬마와 동료들은 건너편 강가에 있는 북한의 신의주가 미군 B29 폭격기 100대의 폭격으로 궤멸하는 광경을 목격했다. 곧 조선으로 들어간 중국의용군은 미군을 격파하고 38도선 이남까지 추격했다.

우리도 서울남방작전에 참가하는 부대의 뒤를 쫓아 야간행군을 시작했다.

1951년 1월 4일, 중국군은 서울을 점령했다. 몬마의 부대도 1월 1일 새해 아침, 판문점에서 그리 멀지 않은 개성에 도착했다.

한강 이남으로

1951년 1월 중순, 몬마 부대는 한강을 건넜다. 서울시 한가운데를 흐르는 큰 강이다.

우리 치중대輜重隊[15]도 작전에 참가했다. 주요 임무는 최전선까지 탄약을 나르고 돌아올 때 부상병을 데려오는 일이었다. 매일 밤 서울 야전병원까지 돌아오는 도중에 다수의 부상병이 죽었는데, 길가의 눈 속에

---

15) 전선에 보급을 담당하는 부대.

버리는 것 말고는 다른 방법이 없었다. 아군의 제공권制空權[16]이 전혀 없는 전장은, 낮에 자고 있는 사이에 공습을 당해 후방근무임에도 죽음과 등을 맞대고 있는 나날이 계속되었다.

야간 수송로는 낮에 미군기의 공격으로 죽은 민간인 시체가 여기저기 나뒹굴어 마차가 밟고 지나가는 형국이었다. 서울 남쪽의 방위전은 3월 초순까지 계속되었지만, 소속부대의 약 절반이 괴멸했다고 한다. 1군단이 약 2만 명이니, 1만 명이 사상한 셈이다. 다행히 우리 일본인은 한 명이 경상을 입었을 뿐, 여덟 명 전원이 무사히 생환했다.

귀국

센다이에서 오하바를 만났을 때, 오하바가 특별히 몬마에 관한 이야기를 해 준 이유를 잘 알 수 있었다. 몬마의 글을 인용하는 것만으로 한국전쟁 당시 최전선의 가혹함을 상상할 수 있다. 1953년 7월에 휴전협정이 맺어진 후 몬마와 동료들은 중국으로 송환되었다.

전장의 위험에서 간신히 살아남은 우리는 1953년에 시작된 집단 귀국 때에 다시 한번 부당한 취급을 받았다. 우리를 포함하여 당시 구 만주에 살고 있던 민간인과 베트남으로 들어가 활동하던 자동차부대원들까지 합쳐 수천 명이, 가장 외진 서북의 닝샤寧夏, 간쑤甘肅, 산시陝西, 서남의 쓰촨四川, 구이저우貴州, 칭하이靑海, 러허지방熱河地方 등으로 강제이주를 당했다.

내가 유형자 취급을 받아 보내진 장소는 닝샤후이족 자치구寧夏回族自治區의 사상개조소인 영무농장이었다. 닝샤지구에 보내진 일본인은 총 200여 명으로 1955년에 대부분이 가까스로 귀국했다. 억류 후 이미 10

---

16) 항공 전력이 적보다 우세하여 적으로부터 큰 방해를 받지 않고 육·해·공군 작전을 수행할 수 있는 상태.

년이 지나 있었다.

나와 같은 마을에서 억류된 친구 열 명 중 다섯 명이 타국 혁명의 희생자가 되었다. 같은 시기에 사망한 일본인 총 수는 1만 명 전후로 추정되지만 아직까지 공표되고 있지 않다.

그의 문장은 이렇게 끝맺고 있다. 깊은 한숨이 들려온다.

기후현 출신

이것저것 조사해 보니, 만주로 간 만몽개척단 사람들 가운데 한국전쟁에 종군 혹은 후방부대에 있던 일본인 중, 귀국 후에 수기를 출판한 사람이 많다는 것을 알 수 있었다.

오하바와 마찬가지로, 14세가 되고 반년이 지났을 때 만주에 간 후루카와 히데오古川秀男라는 사람을 발견했다. 기후현의 나카쓰가와시中津川市 출신으로, '천황을 위해 싸우던 침략의 선봉장에서 인민해방 전사로 삶이 180도 바뀌어 평탄치 않은 청년시대를 체험했다'고 밝히고 있다.[17]

이 후루카와의 책에는 만몽개척 청소년 의용군과 일본의 패전, 그리고 그들이 한국전쟁에 얽히게 된 이야기와 귀국에 이르기까지 팔로군 병사로서의 일화가 가득 실려 있다. 특히 관심을 끄는 대목은 다음의 이야기였다.

미군을 중심으로 한 유엔군의 인천상륙작전으로부터 약 1개월 후인 1950년 10월 20일쯤, 우리의 복장이 새롭게 바뀌었다. 지금까지 입고

---

17) 古山秀男, 『一日本人の八路軍從軍物語』(日中出版, 1974年).

있던 중국제 군복은 전부 한데 모아서 후방에 남겨두고 간다고 했다.

'이젠 정말 조선 전선으로 출동하는구나' 하고 직감했다. 새롭게 지급된 군복은 소비에트제 루바슈카로, 풀색 겉감에 솜을 넣은 방한용 옷에 5센티 정도의 간격으로 누빈 뻣뻣한 것이었다. 그리고 주변의 모든 물건 중 한자가 새겨진 것은 모두 잘라 버리거나 없애도록 하라는 엄중한 명령이 내려왔다. '도대체 윗분들은 무엇을 생각하고 있는 것일까.' 투덜대며 타월의 끝자락을 잘라내고, 고무신 뒤축의 한자를 칼로 벗겨냈다.

저자 후루야마는 그 이유를 다음과 같이 추측했다.

만에 하나 포로가 되었을 경우, 국적 때문에 문제가 되는 것을 피하기 위한 조치였을 것이다.

팔로군 소년병

중국인민해방군에 있던 일본인의 기록을 또 한 권 발견했다. 야마구치 미쓰후미山口盈文의 자서전이다.[18] 이 책이 흥미를 끌었던 것은, 압록강을 건너 팔로군으로 한국전쟁에 종군한 일본인 병사가 다시 중국으로 철수하는 과정이 생생하게 기록되어 있다는 점이었다.

야마구치는 1929년, 기후현 가모군加茂郡 야오쓰八百津 마을의 창호장인 집에서 태어났다. 1944년 고토초등학교高等小学校를 졸업하고 만몽개척 청소년 의용군에 지원하여 이바라키현의 우치하라内原훈련소에 들어간다. 그리고 3개월의 연수를 거쳐 만주로 건너갔다가, 1945년 일본이 패전하자 소련군의 포로가 된다. 옌지 일본거류민 수용소

---

18) 山口盈文, 『僕は八路軍の少年兵だった』(光人社NF文庫, 2006年).

에서 수많은 동료가 죽어가는 것을 보고 탈주하여 이듬해 1946년, 팔로군에 가담한다.

야마구치가 소속된 동북인민해방군은 국공내전에서 포병단으로 배속되어 국민당군을 공격했다. 동북을 해방한 후, 톈진을 공격하고 남하를 계속하여 양쯔강揚子江을 건너 광저우廣州로 향하던 중, 1949년 10월 1일 중화인민공화국이 성립되었다는 뉴스를 듣는다. 그해, 야마구치는 중국공산당의 당적을 획득한다.

한국전쟁이 발발한 1950년 6월에 그는 광저우에 체재하고 있었다. 전쟁이 시작되고 얼마 지나지 않아, 미군은 인천상륙작전을 성공시켜 평양과 부산 간의 북한군 보급로를 단절시켰다. 곧 미군을 중심으로 한 유엔군이 북위 38도선을 넘어서 북상하자, 광저우에 있던 야마구치 소속의 인민해방군에게도 북상하라는 명령이 내려왔다.

1950년 10월 19일 광저우에서 한중 국경 마을 안둥으로 건너가 대기하던 중 다시 동쪽으로 이동하여 국경 마을 무산茂山을 수비하게 된다. 무산은 백두산의 동쪽 두만강 상류에 위치한 곳으로, 동북아시아 최대 규모의 철광석이 매장된 광산 지역이다. 이곳은 김일성과 김정일의 인민회의의원(국회의원에 해당) 선거구로 북한의 경제와 정치에서 상징적이고도 중요한 지역이다.

야마구치가 있던 부대에 소련제 최신예 고사기관포高射機關砲가 배급되었다. 미 공군 전투기가 공습해오면 중국인민해방군 병사가 소련제 고사기관포로 맞받아쳤다. '국제내전'의 최전선에서, 야마구치는 "최초의 근대전에 놀라움을 금치 못했다"고 한다.

1951년의 새해가 밝은 어느 날 고비를 맞이한다. 야마구치의 자서전 일부를 인용한다.

'인민지원군에 참가하고 있는 외국인 장병은 전원 신속히 중국으로 퇴거하라'는 펑더화이彭德懷 총사령관의 명령이 떨어졌다. 이유는 '국제문제'라고 했을 뿐 자세한 설명은 없었다.

야마구치의 한국전쟁 '참전'은 이렇게 끝났다.

귀국

1953년 정월 초에 베이징을 방문한 일본의 귀국 3단체(일본 적십자, 중일우호협회, 평화위원회) 대표와 중국 적십자회는 3월, 재화在華일본인의 귀국문제에 관한 공동성명서에 조인했다.

공식성명서에 조인한 후, 해방군에 속해 있던 우리 일본인에게 귀국 준비 소식이 날아들었다. 해방군 종군 기간에 비례한 퇴직금과 귀국 원조금 등 수백만 위안[19]이 지급되었다. 당시 중국 국민들의 생활과 비교해 보면 엄청난 금액이다.

4월 17일 오전, 병원선 다카사고마루高砂丸는 톈진항에 도착한 전 해방군 일본인 전우 수백 명을 태우고 귀국 길에 올랐다고 한다.

센다이의 오하바 자택 서재에서 이야기를 들었을 때, 구이린, 류저우 등 모든 지명이 나에게는 낯설었다. 그 후 중국에 잔류하게 된 일본인의 증언을 모아 보았는데, 나가노현 이다飯田의 팔로군 종군간호사 마쓰하라 요시코와 몬마 야스오는, 하나같이 체류했던 지명이 같았다. 중국에 남은 일본 병사와 종군간호사의 체류 지역은 중국공산

---

19) 1만 위안이 현행 인민위안의 1위안에 해당된다.

당이 계획한 것이라는 생각이 들었다.

왜 일본인을 잔류시킨 것일까. 의료기술이나 트럭운전기술, 배터리 충전기술 등을 원했던 것이 틀림없다. 후루야마의 추측으로는, 패전 후에도 계속해서 중국에 남아있던 일본인은 3만여 명으로, 그중 중국 인민해방군 병사로 참가한 인원수는 수백 명에 이른다.

쥬소(十三)의 꼬치구이 집

부덕수 부부. 사진 촬영 조지현(曺智鉉).

3부

스이타 사건의 해방

9장
재일조선인과 스이타 · 히라카타 사건

1. 주모자의 반생

부덕수의 반생

스이타 사건 연구모임은 느리지만 확실히 진전되고 있었다. 문제는 누구에게 이야기를 부탁할 것인가였다. 그래서 몇 명이 쥬소의 잇페이에 모여 이 사람이 좋겠다, 저 사람은 와 줄까 하며 의논했다. 어느 날 저녁, 간사인 히라노 이치로가 카운터 안쪽에서 닭꼬치를 굽고 있는 부덕수에게 말을 걸었다.

마스타, 이제 얘기해 줄 때도 되지 않았나요?
또 그 소리.

부덕수는 적당히 넘기려 했지만, 평소 상냥하던 히라노의 눈빛이 이번만큼은 진지했다. 잠시 침묵이 이어지는가 싶더니, 부덕수는 "히라노 씨 부탁이니 어쩔 수 없지"라며 강연 제안을 받아들였다. 이렇게 하여 그는 자신의 반생을 이야기하게 되었다.

나는 옆에서 맥주를 홀짝거리며, 이제껏 강연 의뢰를 완강히 거절해 온 그가 왜 마음을 바꾸었는지 조금 의아해졌다. 설익지 않고 절묘하게 구워진 꼬치구이에 산초를 뿌리며 이런 생각이 들었다.

'부덕수 씨가 왜 이야기할 마음이 생겼는지를 생각해 보면 스이타 사건의 핵심에 좀 더 다가갈 수 있지 않을까. 스이타 사건의 현재적 의미가 여기에 있는 것 아닐까.'

다만, 답은 내 손안에 없다. "The answer is blowing in the wind." 하타 마사아키가 무척이나 좋아하는 밥 딜런의 노래가 떠올랐다. "답은 바람 속에 있지." 부스스한 머리의 밥 딜런이 상상 속에서 쓴웃음을 짓고 있다. "답은 찾았나?"

평소처럼 모임 장소는 아시아 자원봉사 센터 4층 회의실이었다. 토요일 오후, 부덕수는 허리가 아프다면서 몇 번이고 층계참에서 쉬었다가 엘리베이터도 없는 낡은 건물 4층까지 올라갔다. 나도 그를 따라 계단을 올라가 회의실을 정돈했다. 엽서로 안내문을 보낸 덕분인지 그날은 여느 때보다 참석자가 많았다. 그래 봤자 고작 스무 명 정도지만... 이렇게 부덕수의 이야기가 시작되었다.

부덕수는 1929년 10월 1일에 태어났다. 부모님은 모두 한반도 남서쪽의 제주도 출신이다. 어머니는 물질로 성게나 전복을 캐는 해녀였고 아버지는 마을 해녀들을 관리하는 나룻배의 선장으로, 말하자면 해녀들의 리더였다. 어머니는 만삭의 배로 청진에 돈 벌러 갔다가 부덕수를 낳았다. 청진은 북한의 동해 쪽에서 가장 큰 항구였다. 그러니까 부덕수의 출생지는 청진이지만 고향은 제주도인 셈이다. 부덕수가 리더십이 풍부한 것은 아마도 해녀 그룹을 통솔하던 아버지의 영향을 받았기 때문일 것이다. 부덕수는 이렇게 말했다.

전쟁이 나기 전에 우리 어머니는 해녀였고 아버지는 대여섯 명이 탈 수 있는 나룻배의 선장이었네. 해녀를 모으면서 항구에서 항구로 떠돌아다녔지. 해녀들은 처음엔 제주도에서 출발해 사할린, 원산, 청진, 소련의 블라디보스토크, 그리고 모스크바까지 갔네. 겨울의 동해는 춥잖은가, 그 추운 겨울 동해에서 배를 타며 지냈던 거야. 그렇게 일하다보니 아버지는 보드카와 소주를 너무 많이 마신 탓에 속을 다 버리신거고.

블라디보스토크에서 보드카에 맛을 들여 술독에 빠진 부덕수의 아버지는 모스크바에 머물던 중 그곳에서 쓰러졌다. 어머니는 '고향에서 죽고 싶다'는 병든 아버지를 끌어안고, 어린 부덕수, 여동생의 손을 잡고 시베리아 철도와 배를 번갈아 타며 가까스로 제주도에 도착했다. 아버지는 바람대로 고향에서 숨을 거두었다. 37세의 젊은 나이였다. 아버지의 장은 강한 술에 타들어 가 완전히 짓무른 상태였다고한다.

아버지가 돌아가신 1937년에 부덕수는 겨우 여덟 살, 여동생은 여섯 살이었다. 그해 7월, 일본은 중일전쟁에 돌입하여 연말에는 중화민국의 수도 난징南京을 함락하고 난징대학살을 일으킨다.

셋째 아들이었던 아버지는 집도 땅도 아무것도 없었네. 그런데도 당신의 고향으로 돌아간 거야. 모스크바에 있을 때 어머니는 제주도로 돌아가고 싶어도 돈이 모자랐지. 돈을 빌려서 겨우겨우 아버지를 제주도로 모시고 간 거야. 나도 부모님 손에 이끌려 같이 갔어. 아버지는 고모집에서 돌아가셨는데 묘를 세울 땅조차 살 수 없어서, 도롯가에 간신히묘를 만들고는 어머니 혼자서만 도망치듯 일본으로 건너왔지. 돈을 벌기 위해 어머니는 와카야마현和歌山県의 가다加太 등 주로 간사이 각지에서 해녀 일을 했어. 나와 여동생을 이모 집에 맡기고 항구를 떠돌며 그렇게 돈을 조금씩 모았지. 어머니는 제주도에 있던 여동생과 나를 데리고 다시 일본으로 왔네. 식민지의 삶은 그런 것이었지.

이렇게 해서 부덕수는 겨우 아홉 살이던 1938년 제주도에서 오사카로 가는 정기선, 기미가요마루君が代丸를 타고 일본으로 건너왔다. 식민지였던 제주도와 오사카를 잇는 배의 이름이 기미가요마루라는 것은 참으로 얄궂다. 승객의 대부분은 조선인이었는데, 배에 탈 때마다 '황민화정책皇民化政策'을 강요당하는 식민지의 현실을 곱씹어야 했다.

부덕수 일가의 오사카 생활이 시작되었다. 현재의 오사카 북구 나카자키초中崎町, 지금은 없어진 지명인 미나미하마南浜에서 방을 빌려 지냈다.

잠깐 다른 얘기지만, 이토만 사건イトマン事件[1]을 비롯해 여러 차례 경제 사건을 일으켰던 허영중은 미나미하마에서 그리 멀지 않은 한큐 나카쓰阪急中津역 부근에서 태어나고 자랐다. 부덕수와 허영중 두 사람은 거의 같은 세대로, 재일조선인들이 많이 사는 미나미하마와 나카쓰라는 인접 지역에서 자라 의외로 가까운 사이였다.

허영중의 부친과 부덕수의 백부는 한약상을 운영하고 있었다. 나카자키초 일대에 사는 대부분의 재일조선인은 병에 걸려도 의사를 찾아갈 돈이 없어서 값싼 한약에 의지하고 있었는데, 한약상은 수많은 처방전 중에서 효과가 좋은 한약을 찾아 권해 주었다. 이처럼 한약상은 지역 주민을 살리는 중요한 일을 맡고 있었다. 방대한 지식을 갖추

---

1) 오사카시에 있던 섬유 상사 이토만을 둘러싸고 일어난 특별 배임 사건. 터무니없는 가격에 그림 거래와 골프장 투자를 권유받아 뭉칫돈이 암거래로 유출됐다. 이토 스에미쓰(伊藤寿永光), 허영중(許永中) 등에게 유죄판결이 내려졌다. 일본 전후 최대의 부정 경리 사건으로 알려져 있다.

어야 했지만, 한 번 쌓인 신용은 절대적이었다. 허영중의 부친과 부덕수의 백부는 선의의 라이벌이었다고 한다.

미나미하마에 인접한 나카자키에는 지금도 한국계 민단 오사카 본부와 조선총련계 상공업 관계자가 이용하는 미래신용조합(예전의 조긴 긴키朝銀近畿)의 본점 영업부가 있다. 허영중의 자택도 그곳에 있는데, 절에나 있을 법한 커다란 대문과 거대한 목조건물이 위세를 자랑하며 서 있다. 그리고 미나미하마에는 나라시대의 승려 교기行基가 만든 일본 최초의 묘지라 일컬어지는 미나미하마 묘지도 있다.

이렇게 조선인이 많이 사는 환경에서 아홉 살이 된 부덕수는 일본의 공립초등학교에는 가지 않고, 오사카 사투리로 곤타ゴン太, 즉 개구쟁이 소년으로 자랐다.

모리 준: 이곳으로 왔을 때 초등학교 상급생 정도의 연령이었을 텐데, 부덕수 씨는 학교에 안 다녔나?"

부덕수: 다니지 않았지.

모리준: 그럼 집안일을 도왔나?

부덕수: 특별히 도울 일은 없었어. 그냥 놀기만 했지. 친척이 기타운소北運送라는 회사에서 트럭 운전을 해서, 그걸로 그럭저럭 살아갈 수 있었거든. 친척은 군수물자를 나르는 일을 하고 있었어. 우리 식구는 그걸로 먹고살았지. 그런데 전쟁이 격화되면서 미군의 오사카 공습이 점점 더 심해졌어. 마침 외삼촌의 아들 내외가 군마현에 살고 있어서 그곳으로 소개疏開[2]를 하기로 했지.

---

2) 적의 공습이나 화재 따위에 대비하여, 한 곳에 집중되어 있는 주민이나 시설물을 분산하는 것.

아시아태평양전쟁의 전황은 누가 봐도 명명백백했다. 일본의 패색이 짙어지자 오사카 시내에 대한 미국의 공습은 더욱더 격화되었다.

부덕수: 오사카에서 연일 공습이 이어지고 있을 무렵, 친척 부부와 그 아들, 거기에 우리 가족 세 명은 공습을 피해 이웃들과 함께 방공호에 들어갔어. 공습이 끝나고 보니 친척과 그의 아들 두 명은 죽어 있었지. 옛 한신阪神, 기타오사카선北大阪線(한신노다阪神野田역과 덴진바시스지로쿠쵸메天神橋筋六丁目역을 잇는 노면전차) 가까이에 요미우리신문 판매점이 있었는데, 거기에 한 사람만 겨우 지나갈 정도로 좁은 골목길이 있어. 그곳엔 지금도 지장보살이 덩그러니 서 있는데, 방공호에서 죽은 사람들의 이름이 적혀 있다네. 그때 죽은 사람은 친척이었는데, 어디서 잘못된 것인지 우리 어머니의 이름이 적혀 있는 거야. 지금도 가끔 들여다보는데 아직도 그대로지. 이제 와서 아무려면 어떠냐는 어머니 말씀에 그대로 두기로 했네.

부덕수 일가는 소개를 하기로 했다. 소개 장소는 군마현의 아카기赤城산 산기슭이었다. 구니사다 쥬지国定忠治가 등장하는 '아카기의 자장가赤城の子守り歌'의 무대가 되었던 곳으로, 부덕수의 사촌 형이 그곳의 댐 공사 합숙소에서 지내고 있었다.

부덕수: 그래서 군마현으로 갔지. 그때는 이미 머리가 굵어졌을 때라 세세한 부분까지 똑똑히 기억하고 있어.
모리 준: 국철로 갔나?
부덕수: 열차를 타고 누마타沼田역에서 내려, 역에서 거슬러 올라가면 마을 사무소인가 군청인가가 있어. 거기서 버스를 타고 강변을 따

라 달리다가 네 번째 정류장에서 내려 출렁다리를 건너고. 그러면, 도네가와利根川강 상류 쪽 공사 현장에서 일하던 사촌 형이 다리 앞까지 나와서 우리를 숙소로 데리고 가 주었어. 작은 방이었지. 그때는 뭐더라, 심상소학교尋常小学校였는지 국민학교였는지 기억은 안 나지만 여하튼 벌써 졸업을 했을 만한 나이였는데 무슨 이유에서인지 1년간 학교에 다녔어. 처음으로 학교란 곳을 다닌 거야.

모리 준: 그 무렵 나는 중학교에 들어갔으니까, 부덕수 씨는 늦었던 거네.

부덕수: 학교에 가기는 했지만, 사실 공부보다 볏짚으로 만든 인형을 죽창으로 찌르는 군사훈련만 했어.

모리 준: 죽창 훈련?

부덕수: 학교 교정에 나란히 세워져 있었어. 20~30명이 다니는 작은 학교였는데, 내가 거기 학생회 부회장이었지. 어머니는 무엇을 했냐 하면 지주의 땅에 있는 나무를 벤 자리에 옥수수를 심거나, 소작농으로 밭일을 했고.

니시무라: 먹는 것은 어떻게 해결했나요?

부덕수: 옥수수나 무 같은 것을 먹으며 그럭저럭 버텼지.

패전 · 해방

부덕수는 일본이 패전을 맞은 날을 특별히 기억하고 있지는 않았다.

니시무라: 라디오를 듣고 알았나요?

부덕수: 어떻게 알았더라... 사촌 형이랑 살고 있었으니까... 댐 공사 현장에서 라디오 방송을 들은 일본인에게 형이 전해 듣고 왔던 것

같네.

니시무라: 다른 동포들에게는 어떻게 연락했나요?

부덕수: 형이 연락을 했지. 이것으로 조선인은 해방되었으니 조국으로 돌아가자며.

그러나 정작 귀국에 필요한 돈이 없었기 때문에, 부덕수 일가는 우선 당장에 먹고살기 위해 뻥튀기를 팔거나 암시장에 나가 일하기로 했다.

부덕수: 하루는 사촌 형이 어디선가 뻥튀기 만드는 기계를 가지고 왔어. 군마현엔 옥수수밭이 많았거든. 둥근 기계에 옥수수를 넣은 다음 밑에서 석탄을 때고 이렇게 돌리면 뻥! 하고 튀겨져. 나에게 자주 그 일을 시켰지. 그렇게 과자를 만들어서 도쿄나 요코하마橫浜로 팔러 다녔어. 첫 전철을 타고 요코하마의 암시장... 나는 그때 아직 어려서 파는 역할은 아니었고, 짐 드는 일을 맡았지.

모리 준: 동포들에게 팔았나?

부덕수: 일본 사람도 있었어. 여러 사람들을 상대했지. 뻥튀기에는 대두, 쌀, 검은콩 등을 섞어 넣었어. 시골에 어쩌다 그런 기계가 있었는지. 어디서 정보를 얻어서 장사를 했는지 어린 나로서는 알 수 없었지만, 나는 그 일만 했어.

전쟁이 끝나고 2년이 지난 1947년, 부덕수 일가는 제주도로 돌아갈 결심을 굳혔다.

부덕수: 전쟁이 끝나고 2년 정도 지나서, 조국으로 돌아가기로 마음먹고 우리 가족과 사촌 형 가족은 아카기산에서 오사카로 돌아왔어. 우리 식구가 세 명, 사촌 형네는 부부와 아들이었네. 오사카 미나미하마의 백부 집이라면 신세를 질 수 있겠다 싶어서 간 거지. 그런데 가보니 이미 다른 친척들이 바글바글 들어와 살고 있어서, 우리까지 받아줄 수가 없다는 거야. 그래도 얘기가 잘 되어서, 방 하나를 얻어 여섯 명이 함께 지냈어. 몇 개월 후에 사촌 형 가족은 모두 오사카항에서 제주도로 돌아갔어. 사촌 형은 댐 공사 일을 해서 돈을 조금 가지고 있었거든.

우리 식구도 먹고 살아야 하니까, 어머니가 다시 와카야마의 가부토나 효고현兵庫県 니시노미야西宮의 고시엔甲子園 부근으로 해녀 일을 나갔어. 전전과 전후, 미나미하마에는 기모메리야스 제조공장에서 일하는 조선인이 많이 있었는데, 어머니는 그들에게 직접 캐 온 해삼류나 미역을 그곳 조선인들에게 팔며 돌아다녔지. 그렇게 번 돈으로 이번에는 오사카의 야오八尾에서 야채를 사곤 했네.

해녀 일을 매일 나갔던 것은 아니었고, 야오에서 배추나 양배추를 사다가 우리 집 근처에서 행상으로 돈을 벌어 생활비를 마련했어. 지금에 와서 생각해 보면, 우리 어머니는 조금 알아듣기만 했지 일본어를 거의 모르는데, 어떻게 일본인을 상대로 장사를 했는지. 그만큼 생활력이 강했던 거지. 어머니는 낮에는 해녀 일을 나가고, 또 밤에는 수건으로 얼굴을 칭칭 감고 공장 앞에서 골판지나 신문지를 주워다가 도매상 같은 곳에 팔아 돈을 모았어.

부덕수가 민족의식에 눈을 뜬 것은 민족조직의 야간학교에 다니면서부터이다.

어머니가 동전을 양말에 넣어서 다다미 밑에 숨겨둔 것을, 내가 슬쩍 훔쳐서 시작한 것이 활동의 출발점이 되었지.

히라노: 그때 일본어를 읽고 쓸 줄 알았나?
부덕수: 읽지도 쓰지도 못했어. 야간학교가 개강하고 주 3회, 철학이나 경제학을 배웠는데, 그때 처음으로 마르크스 레닌주의라는 것을 공부하게 되었어. 식민지에서 해방되고 민족적인 조국애에 눈뜨는 동안 마르크스 레닌주의를 철저히 주입시켰던 거지. 그러는 사이, 조련(재일본조선인연맹)이라는 단체로 재일동포가 모여들기 시작했네.

부덕수는 민족조직인 청년조직에서 처음으로 공부다운 공부를 시작했다.

부덕수: 미나미하마에는 전전, 조선총독부와 연계된 오사카부 조선인 훈련장이 있었어. 지금의 민단 오사카 본부가 있는 곳인데 조선인들만 모아서 훈련을 시켰지. 전후에는 그곳에 조련의 사무소가 만들어져, 조국으로 돌아가는 사람들의 임시숙박소로 사용되기도 했는데 당시로써는 으리으리한 건물이었어. 마침 내가 지내고 있던 건물의 바로 뒤라서 자주 놀러 갔었지. 민족 청년조직인 민주청년동맹(이하, 민청)의 사무실은 조련의 사무실 바로 근처에 있었기 때문에, 나는 조련 사무실에서 담배 심부름도 하고 다양한 뉴스와 세계정세를 듣기도 했네.
야간고등학교라는 것이 있었어. 강당에는 멋진 피아노와 의자가

놓여 있었는데, 거기서 민족교육을 했지. 민청 본부가 운영했고. 당시 열일곱 살이었던 나는 그곳에 1, 2년 정도 다니면서 공부를 했어. 철학을 담당했던 가와카미 간이치 선생님(훗날 오사카 2구 선출의 국회의원, 일본공산당)과 일본인 선생님도 여럿 계셨지. 조선어나 조선의 역사는 나이 많은 조선인이 교원면허 없이 가르쳐 주셨어. 나는 강당 뒤쪽에서 듣곤 했지. 아이들을 위한 학교와는 달리 청년들이 중심이 되었는데, 1948년의 이승만 단독선거나 공화국에서의 선거 등에 관한 많은 이야기를 나눴다네.

해방 후 얼마간은 민족해방을 요구하는 시위가 미 제8군의 보호 아래 이루어졌어. 그래서 버젓이 시위를 해도 일본 경찰로서는 어쩔 도리가 없었지. 그러다 남한에서 단독선거가 결정되고 얼마 지나지 않아 북조선(조선민주주의인민공화국)이 건국됐어.

오사카부 산하에 조선고등학교(오사카 조선고급학교)가 있잖아. 당시 청년동맹 위원장이 공화국 깃발을 내걸고 집회를 하려고 하자, 경찰이 깃발을 이유로 해산시켰어. 대부분은 도망쳤지만, 본부의 홍보부장이 경찰에 체포돼 한국으로 강제 송환되었어. 송환되면 한국에서는 엄중한 처벌이 기다리고 있었지. 이것을 국기 사건이라고 부르는데, 국기 하나 내거는 일이 생사를 결정짓는 혹독한 시대가 성큼 다가와 있었다네.

'역코스'와 한신교육투쟁

미국과 소련의 냉전대립이 격화되자 미국은 점령정책을 크게 전환했다. 그 상징이 바로 1947년 3월의 트루먼 독트린이다. 트루먼 대통령은 미국 의회에서 다음과 같이 선언했다.

공산주의 세력의 확대를 저지하기 위하여 자유와 독립의 유지에 노력하는 한편, 소수에 의한 정부 지배를 거부하려는 여러 나라에 대하여 군사적, 경제적 원조를 제공한다.

동아시아에는 폭력의 광풍이 휘몰아쳤다. 1947년, 타이완에서는 2·28 사건이 일어났다. 중국공산당에 의해 본토에서 쫓겨난 국민당은 타이완 전역에 계엄령을 선포했다. 타이완 주민의 반국민당 폭동이 무력탄압으로 진압된 결과 1만 8천에서 2만 8천 명으로 추정되는 희생자가 나왔다. 1948년, 한국에서는 미군이 추진하는 단독선거에 반대하는 제주도 4·3 인민봉기가 일어난다. 미군과 조선인의 우호적 관계는 끝났다.

히라노: 언제쯤부터 활동가가 되었나?

부덕수: 1947년 10월경이었나. 조직의 회의가 끝나고 내부 문건이라는 것이 나오면 지부에 배포하는데, 그 문건을 만들거나 등사판을 미는 일도 했지. '각 지부로 전달할 것'이라는 지령을 받고, 오사카부 관하에 있는 모든 조직으로 배달했어. 그러는 사이에 간부 양반들은 술 마시러 다녔지. 말하자면 민족조직에 죽치고 있는 생활이었던 거지. 나중에 나는 조직 지도원이라는 직함까지 받았어.

모리 준: 경찰이 따라붙지는 않았나?

부덕수: 그때는 없었네. 그 후 얼마 안 있어 한신교육투쟁이 있었잖아. 거기에 참가했어. 주먹밥을 날라야 했거든.

한신교육투쟁은 GHQ 점령정책의 목적이 민주화에서 냉전 중시로 방향을 바꾼 시기에 일어났다. 재일조선인은 식민지 시대에 민족학교

교육을 금지당했지만, 일본이 패전하자 각지에 민족학교를 설립했다. 2년 뒤인 1947년 10월에는 학교 수 576개, 학생 수 6만 명이 넘는 규모로까지 발전했다. 빼앗긴 모국어, 그리고 민족의 역사와 문화를 되찾는 체계적인 교육을 실시하게 된 것이다.

하지만 GHQ는 일본 정부에 '조선인 학교 폐쇄'를 지시하였고, 문부성은 학교교육법에 따를 것을 요구하며 1948년 4월에 전면적으로 학교폐쇄령을 내렸다. 4월 24일, 효고현 지사실에서 대책을 협의하고 있을 때, 약 200명의 조선인 학부모가 대화를 요구하며 몰려와 지사실을 점거했다. 이와 관련해서 흥미로운 일화가 남아 있다.

미국 군 정부에서 세 명의 헌병이 지사와 회의 참가자를 구출하기 위해 지사실로 출동하여 조선인에게 권총을 들이댔다. 그때, 김창식이라는 조선인 남자가 "쏠 테면 쏴라!" 하고 가슴을 내밀며 앞을 막아섰다. 젊은 여성도 뒤따랐다. 헌병은 그 위세에 눌려 맥없이 돌아갔다고 한다. 그 정도로 조선인의 저항 의지가 강했다는 것을 엿볼 수 있다.

지사는 일단 폐쇄령을 철회했지만, 이튿날 GHQ는 일본 점령 하의 유일한 비상사태를 선언하고 철회명령을 취소했다. 당시 GHQ는 관련 사건의 보도를 일체 금지했고, 26일 자 고베신문에는 사건에 관한 내용이 한 줄도 실리지 않았다.

학교 폐쇄령에 대한 조선인의 항의 운동은 오사카로 번져나갔다. 26일 오사카부 부청 앞 집회에서, 열여섯 살 소년 김태일이 경찰의 발포로 사살되었다. 이 집회에서 연대 인사를 한 무라카미 히로시村上弘(훗날 1987년부터 2년간 일본공산당 위원장)는 점령목적 저해 혐의로 미국 군사재판에 회부되어 중노동 4년의 판결을 받았다(「정치혁신과 나政治革新と私」 마이니치신문, 1989년 11월 9일 자).

한신교육투쟁으로 약 3천 명의 조선인이 체포되었으며, 그중 178명이 군사재판에 기소되어 중형을 선고받았다. 그 후는 물론이고 조선학교 문제는 지금까지도 근본적으로 해결되지 않고 있다. 조선학교는 학교교육법 제1조에서 규정하는 학교가 아니라, 각종학교[3]로 취급되고 있다. 일본의 국공립대학은 조선학교 학생들에게 2003년부터 개별심사를 통해 겨우 수험자격을 인정한 반면, 유럽과 미국 계열의 외국인 학교에 대해서는 학교 단위로 수험자격이 인정되고 있다. 지금도 조선학교에 다니는 고등학생들은 취학지원금 지급에서 제외되는 등 여러 가지 차별을 받고 있다. 조선학교에 대한 일본 정부의 이러한 차별은 국제인권규약에 위반되는 것으로, 제네바 유엔인권위원회는 일본 정부에 개선을 권고한 바 있다. 국제적 비판에 힘입어 재일조선인들의 항의 운동이 오랫동안 계속되고 있다. 한신교육투쟁을 계기로 부덕수는 재일조선인 활동가가 되었다.

한국전쟁이 발발하자, 미군의 요청으로 일본 각지에서 무기와 탄약 생산이 시작되었고, 한국의 부산항 등으로 보내졌다. 이러한 움직임을 간파한 부덕수와 재일조선인들은 직업소개소를 통해 항만노동에 지원하여 합법적으로 화물선에 접근했다.

부덕수: 오사카항으로 1천에서 2천 톤급 화물선이 드나들잖아. 그 옆에서 거룻배가 짐을 나르고. 그 배에 노 젓는 아저씨, 아주머니들이 타고 있는데 그 사람들에게 삐라를 돌렸어. 그러면 그분들에게서

---

3) 학교 교육과 유사한 교육을 하는 정규 학교 이외의 시설을 말한다. 학교교육법은 학교의 종류로서 초등학교, 중학교, 고등학교, 중등교육학교, 대학, 고등전문학교, 특별지원학교 및 유치원을 들며(1조), 그 이외의 것으로, 학교 교육과 유사한 교육을 실시하는 것(전수학교 등은 제외한다)으로서 각종 학교를 들고 있다(134조).

"이건 비밀인데, 이것들은 말이야, 한국전쟁으로 보내는 화물이야"라는 정보가 들어오지. 그러면, 그 안에 뭐가 들었는지는 모르지만 거룻배에서 짐을 짊어지고 나오다가 실수로 바다에 빠뜨린 척하면서 나도 바다에 뛰어들어 도망치는 거야. '해냈다!'는 기분이었지. 이런 식의 투쟁을 두 번 정도 했다네. 화물의 내용물이 정확히 무엇이었는지는 몰랐지만, 아무튼 한국전쟁에 무기와 탄약이 수송되는 것을 저지했다고 생각했어. 전쟁이 일어나고 바로 그런 활동을 했지.

니시로쿠샤

2001년, 오사카에 유니버설스튜디오재팬이 오픈했다. 불과 1년 만에 입장객 수가 천만 명을 돌파하며 세계의 테마파크 중 가장 빠른 속도로 인기를 끌었고, 일본 각지뿐 아니라 중국, 한국, 타이완, 홍콩 등 동아시아 각국에서 온 관광객으로 붐비고 있다. 이 지역 일대는, 일찍이 니시로쿠샤西六社라 불리던 곳이다. 히타치조선日立造船이나 스미토모금속住友金属 등 일본을 대표하는 대규모 중공업 회사들의 공장이 늘어서 있는 동시에 노동자들의 노동운동 또한 매우 활발한 곳이기도 했다.

한국전쟁이 발발하자, 부덕수는 북한을 지지하며 미국의 군사개입 반대를 호소하는 삐라를 오사카 곳곳에 뿌렸다. 당시에는 삐라 살포로 일본 경찰에 체포될 경우 한국으로 강제송환 되었기 때문에 신중에 신중을 기해 계획에 따라 실행으로 옮겨졌다. 그리고 실제로 실행에 옮길 경우, 망을 보는 사람이나 연락책을 두는 등 조직적으로 움직였다.

예를 들어, 오사카 우메다의 한큐백화점 옥상으로 올라가, 경찰관이 있는지 없는지 주변을 잘 살핀다. 수상한 사람이 없는 것을 확인하면, 삐라 뭉치를 옥상의 철책 바깥쪽에 묶어 놓은 다음, 천천히 묶어 둔 삐라 다발의 끈을 자른다. 그러면 대량의 삐라가 국철 오사카역 공중에서 춤을 추듯 팔랑거리며 흩어져 지상으로 내려앉는다. 조선인 일행은 경찰이 오기 전에 도망친다. 이런 식의 투쟁을 계속했다고 한다. 활동을 이어가던 중, 니시로쿠샤에서 사건이 터졌다.

부덕수: 니시로쿠샤에는 노동자가 많았으니까, 출근하는 노동자들에게 삐라를 배포하려고 전철역으로 갔어. 내가 망을 보다가 신호를 주면 대여섯 명이 조를 이루어 삐라를 배포하기로 했지. 그런데 그때 느닷없이 경찰이 들이닥친 거야. 동료를 먼저 도망치게 하고, 나는 공장의 경비원이 있는 쪽으로 달아났어. 확신은 없었지만, 순간적으로 도와줄 것이라는 생각이 들어 "노동조합 사무소에 갑니다"하고 말했지. 그러자 경비원은 "네, 들어오세요"하고 문을 열어주었어.

공장 안으로 들어가서 어디에 숨어야 할지 몰라 얼떨결에 일하고 있던 사람에게 "실은 삐라를 뿌렸어요. 도망치게 도와주세요"라고 부탁하자, 이번에도 손으로 방향을 알려줬지. 결국, 공장 뒤편의 가스가데春日出 쪽으로 도망쳤네. 시영市營전철의 차고가 있던 곳, 노면전차가 달리고 있는 곳이야. 나는 해녀의 아들이었지만, 그때는 '프롤레타리아 국제연대'까지는 아니더라도 아무튼, '노동자계급이란 참 대단하구나'하고 절실히 느꼈네.

부덕수는 니시로쿠샤에서의 경험을 평생 잊을 수 없다고 한다. 그 이유를 묻자, 부덕수는 쑥스러워 하면서 말했다.

나는 조선인이라서 일본어도 어설펐어. 간부를 데려가서 부탁한 것도 아니었지. 삐라를 살포하다 경찰에 쫓기고 있으니 도와달라는 부탁에 그곳에서 일하고 있던 사람들이 나를 가스데까지 가도록 도와줬어. 한국전쟁에 반대하는 일본인과 조선인의 마음이 서로 통했던 것이라고 생각하네. 그런 마음이 지금도 필요한 것 아닐까.

개인의 생활마저 포기하고 한국전쟁 반대 투쟁을 이어가는 부덕수의 필사적인 모습을, 니시로쿠샤의 노동자는 알아본 것 아닐까. 현재라면 어떨까. 도쿄증권거래소 1부 상장회사 대기업의 경비원이, 낯선 남자가 '노동조합에 가고 싶다'고 하면 과연 문을 열어 줄까. 그리고 공장 안의 노동자는, 삐라살포를 하다가 도망쳐 온 낯선 남자를 도와줄 것인가. 니시로쿠샤의 노동자들은 어떤 마음으로 삐라살포로 도망치는 조선인을 도왔던 것일까. 여러 가지 생각이 머릿속에서 뒤엉킨다.

2. 스이타 사건

마치카네야마에서의 집회
부덕수의 이야기는 드디어 스이타 사건에 다다랐다.

부덕수: 당시 내가 알고 있었던 것은, 일본공산당 민족대책부에 조선인이 많이 있었다는 사실, 조선인의 민족조직인 민전(재일조선통일민주전선)이라는 대중단체 뒤에 노동자를 중심으로 한 조국방위대가 있었다는 사실이야. 비합법조직이기 때문에 멤버가 누구인지는 나도 잘 몰랐어. 그런데 민주애국청년동맹의 오사카본부 위원장으로 취임하

라는 지령이 나에게 내려왔지.

부덕수가 오사카부 위원장으로 취임한 민주애국청년동맹은 민전의 청년조직으로, 스이타 사건이 발생하기 불과 2주 전인 1952년 6월 10일에 결성되었다.

니시무라: 스이타 사건 당일 밤, 마치카네야마 집회 후의 행동지침에 대해 상부로부터 연락이 있었나요?

부덕수: 메모였네. 메모 한 장에 장소가 적혀 있었는데, 거기에 가면 윗선인 누군가가 "이 멤버로 실행하라!"고 해서, "네!"라고 대답했지. 그것뿐이야. 지금에야 밝히지만, 그런 비합법 조직이 활동하던 시대였지. 이런 얘기는 지금도 정말 꺼내기 어려워.

히라노: 마치카네야마에서 집회가 있었잖나. 그럼 그때 받은 메모에 '스이타조차장으로...'라고 적혀 있었나?"

부덕수: 메모는 그 전에 받았어.

히라노: 전에 받았다고?

부덕수: 현장에서는 받을 수가 없어. 자신들이 데리고 간 멤버들을 단결시키는 데 집중해야 했지. 그때까지 연락 루트도 제각각인 데다가 연락을 주고받을 수 없었고, 서로 얼굴도 몰랐으니까.

히라노: 스이타조차장으로 간다는 사실은 언제 알게 되었나? 전날이었나, 당일 오전이었나?

부덕수: 일주일쯤 전인가...

모리: 어떤 종이였나?

부덕수: 흰색의, 아무튼 얇은 종이였어.

이런 연락 방식으로, 부덕수는 한큐이시바시역에서부터 걸어서 오사카대 도요나카 캠퍼스로 향했다. 당일 오후 10시 무렵의 일이었다고 부덕수는 기억했다. 오후 8시경, 운동장에서는 이미 학생들의 집회가 시작되었다. 그런데 부덕수와 멤버들이 오후 10시경에 도착했다는 것은, 집회 후의 행동을 전제로 한 계획이었음을 말해준다.

니시무라: 리더는 보통, 사전에 시위 동선이나 전술, 전략을 짜잖아요. 어땠나요?

부덕수: 그건 말이지, 위에서 결정해서 내려보내기 때문에 알 수 없다네. 하지만 지금 생각해 보니 내 앞에 연장자 한 명이 있었던 것 같아.

니시무라: 조선인이었습니까?

부덕수: 조선인과 일본인이 같이 있었지. 선두에 있던 사람 중에 미키 쇼고三帰省吾가 총 책임자였고, 그 옆에 민전의 조선인 책임자, 그리고 나는 조선인 청년부대의 책임자였어. 민청의 일본인 책임자는 내가 모르는 사람이었는데, 선두에 있었고. 그러니까, 줄곧 미키 씨의 지휘에 따라 시위를 했던 거지.

니시무라: 판결문을 보면 가장 먼저 '소요죄(주모자)'라고 해서 미키(쇼고) 씨의 이름이 나오고, 그 다음은 부덕수 씨인데······(생략)

부덕수: 주모자는 둘 다라네.

니시무라: 그럼, 시위 동선 등을 지휘한 것은 미키 씨였다는 건가요?

부덕수: 그렇지. 하지만 얼굴은 몰랐어, 비합법 조직이니까. 그 전에 만났던 적도 없고. 그도 그럴 것이 지령에 따라 마치카네야마에 갔다가 처음 보았고, 이름이 미키라는 것도 나중에 법원에서 알게 되었

지. 지금에야 말하지만 미키 씨가 지휘를 맡고 나는 그 옆에 서도록 지령을 받아서 함께 있게 된 거야. 재판 때 이렇게 말했다면 틀림없이 주모자가 되었겠지만(웃음), 입을 다물고 있었지(그는 시종일관 묵비권을 행사했다). 지금은 얼마든지 말할 수 있지만.

히라노: 그러니까 오사카의 마치카네야마에서 한국전쟁에 반대하는 대중집회가 있다고 해서 오사카대 학생을 중심으로 한 대중이 모여들었던 거네.

부덕수: 그렇게 모인 사람들도 있었고, 다른 장소에서도 반전 노동자 집회가 있었는데, 그 중심에 당시 가장 급진적 전산노동자였던 미키 쇼고 씨가 있었던 거지.

스이타조차장으로 가는 길

니시무라: 참가자들 사이에 '마치카네야마 집회로 끝내지 말고, 스이타조차장으로 가서 한국전쟁에 사용될 무기와 탄약의 수송에 반대하는 의사표시를 하자'는 사전 합의가 있었나요?

부덕수: 그런 건 없었어.

니시무라: 네? 없었다구요?

부덕수: 응. 상부에는 계획이 있었을 거야. 당시 일본공산당에는 민족대책부가 있었는데 거기에 우두머리가 있고, 그 밑으로 대중단체의 의장과 위원장, 지부장이 있는 구조였네. 그러니까 나에게까지 계획이 전해질 리 없었지.

니시무라: 지령을 내린 사람들은 현장에 오지 않았나요?

부덕수: 나는 대중단체의 책임자였네. 미키 씨와는 그때 처음 만났지.

니시무라: 미키 씨와 부덕수 씨는 현장에서 집회가 시작될 때 처음으로 통성명을 했나요?

부덕수: 통성명도 하지 않았어. 그저 미키 씨가 선두에서 이끌었지. '이쪽으로! 저쪽으로!', '거기 정지!, 잠시 휴식!' 하고 말이야. 게릴라 별동대가 옆에서 무엇을 하는지는 나도 전혀 알 수 없었네. 여러 개의 소그룹으로 나뉘어 있어서. 너는 이렇게, 너는 후미, 너는 선두, 그런 식의 지시에 따라 움직였어. 어느새 집회가 끝났을 때에는 이미 그런 흐름이 되어 있었지. 그러니까 나는 그때 인민전철부대의 존재도 몰랐다네.

니시무라: 경찰과 검찰청은 미키 쇼고 씨와 부덕수 씨를 소요죄 주모자의 혐의로 체포해서 기소했잖아요. 그런데 사사카와 료이치笹川良一의 집을 습격한다든가, 그런 게릴라 활동에 대해 부덕수 씨 본인은 전혀 몰랐다는 건가요?

부덕수: 전혀 몰랐어.

그의 답변에 연구모임의 멤버 모두가 깜짝 놀랐다.

히라노: 아... 그랬군요.

부덕수: 그러니까, 아까도 말했듯이 공산당 내부에 민족대책부라는 비합법적 조직이 있는데, 그 대책부의 지시에 따라 계획이 세워진다네. 나는 전부터 써클 같은 곳에서 청년운동을 해 왔었는데, 6월 10일 윗선에서 시간과 장소를 정하고는 나에게 '민족애국청년동맹이라는 것을 만들었으니, 참가하라'고 지령을 내렸어. '네, 알겠습니다!'하고 대답했지. 바보 같은 소리로 들릴 거야. 하지만 한국전쟁으로부터 민족과 조국을 지키겠다는 애국심이었으니까. 정말 필사적이었어. 나

는 기회가 왔다고 생각했네.

뭐가 주모자라는 건가. 부덕수는 사전답사도 하지 않아서 시위 동선도 자세히 알지 못했다. 부덕수의 순수한 열정과 민족에 대한 헌신, 그리고 현장에서의 처리능력과 판단능력이 뛰어났던 것에 주목한 조직이(그것이 일본공산당인지, 조선인의 민족조직인지는 차치하고) 부덕수를 최대한 이용한 것이다. 도대체 주모자가 웬 말인가. 경찰과 검찰은 사건의 심층에 도달하지 못한 것 아닌가. 이것이 부덕수의 이야기를 듣고 느낀 솔직한 나의 생각이다.

시위참가자의 내역을 조사해보면, 전체의 3분의 2가 조선인이었다고 부덕수는 말한다. 게다가 시위계획은 일본공산당의 민족대책부에서 내려온 것이라고 한다. 조금 실망스러웠지만, 그와 동시에 부덕수의 마음이 동요하는 것을 엿볼 수 있었다. 그렇다면 계획을 세운 것은 누구일까. 의문이 끓어올랐다.

3. 민족조직

조련朝連과 민단民団

하나조노대花園大 교수이자 역사가인 강재언姜在彦에게 스이타 사건 연구모임에 나와 이야기를 들려달라고 부탁했다. 강재언에 대한 이해를 돕기 위해서 작가 시바 료타로司馬遼太郎와의 관계를 이야기하는 것이 좋겠다. 작가 김달수와 함께 잡지 『계간 삼천리季刊三千里』를 간행했을 무렵부터 강재언은 시바 료타로에게 조선의 역사에 대해 이것저것 설명해 주었다. 26년 동안이나 그런 관계를 유지했다고 한다. 시바 료타로는 "조선인과 일본인, 그리고 만주계 여진족은 모두 퉁구스계 민족이니, 동북아시아는 사이좋게 지내야 한다"고 말했다고 한다.

연구모임에서 '근현대사에 정통한 강재언 씨에게 당시의 이야기를 꼭 듣고 싶다'는 제안이 나와 나는 그의 자택에 전화를 걸어 승낙을 얻었다. 강재언은 아시아 자원봉사 센터로 나와 주었다.

강재언의 고희기념 논문집에 의하면, 그는 1926년 제주도 출생으로 부덕수보다 세 살이 많다. 조선의 해방 직후인 1945년 9월 6일, 민족주의자와 사회주의자들이 수립한 '조선인민공화국'[4]의 부주석이 된 독립운동가 여운형의 생각에 공명한 강재언은, 당시 서울에서 학생들을 조직화하는 활동을 하고 있었다. 하지만 여운형이 암살된 후, 한국전쟁이 한창이던 1950년 12월에 일본으로 건너와[5], 오사카 상과대(현재, 오사카시립대)에 입학한다. 한국전쟁이 발발하자 도쿄로 상경하여 조선통신사朝鮮通信社에서 근무했다. 평양의 조선중앙통신 라디오 방송을 성능이 떨어지는 녹음기로 녹음하여 밤새도록 번역해 신문사로 보내는 일을 했는데, 계속되는 철야로 결핵을 앓게 되어 오사카로 돌아왔다. 1955년 조선총련이 결성된 후에는 총련긴키학원総連近畿学院에서 간부들을 교육했는데, 중앙으로부터 교육 내용이 조선총련에 비판적이라는 규탄을 받아 1968년 총련과의 연을 끊었다.

이러한 경력을 가진 강재언이 스이타 사건 연구모임에 나와 자신

---

4) 미국이 이 정권을 승인하지 않아서 현실의 정권은 되지 못했다. 아놀드(Archibald V. Arnold) 군정장관과 하지(John R. Hodge) 미군사령관은 10월 10일과 16일에 각각 성명을 발표하여 조선인민공화국을 부인하였다. 이들은 "미군정 기관은 남한에서 최고 통치기관으로 존재하고 있으므로 북위 38도 이남의 조선에 두 개의 정부를 병립시킬 수 없다"는 이유로 조선인민공화국을 비합법적인 것으로 규정하고 해산을 명하였다. 『동아일보』 1945년 12월 9일, 13일.

5) 본인의 회고 논문에는 '밀항'이라고 쓰여 있다.

의 체험을 기반으로 전후 재일조선인들의 운동에 대해 이야기하게 되었다. 그의 첫마디는 매우 흥미로웠다.

　　나는 혁명가가 되고 싶었습니다. 하지만 실패해서 지금은 이렇게 학자 같은 얼굴을 하고 있지만...

　혁명가라니. 지금은 일본에서 사어死語가 되어버린 단어지만, 180센티미터 가까이 되는 키에 등을 곧게 편 강재언 교수에게서 평소의 온후한 모습과는 다른 면을 본 것 같았다.

　강재언은 한국전쟁 발발 이듬해인 1951년 9월에 일본공산당에 입당했다. 전후, 경제학을 연구한다며 제주도에서 오사카로 건너왔지만, 일본에 오자마자 학문과 혁명운동으로 바쁜 나날을 보냈다고 한다. 일본 패전 후의 재일조선인 운동을 잠깐 되돌아보자.

　일본이 아시아태평양전쟁에서 패했을 때 일본 국내에는 약 2백 수십만 명의 조선인이 살고 있었는데, 그들 대부분은 새로운 조선 건설을 위해 귀국했다. 오사카의 경우, 패전 한 해 전인 1944년에 약 32만 명이 살고 있었는데, 패전 후 한 달 만에 그 수가 절반으로 감소했다. 불과 한 달 만에 약 14~15만 명이 귀국했고, 그해 연말까지 5만 명이 추가로 귀국했다.

　조선인의 귀국 문제와 기존의 생활권 보호를 위해 일본 각지에서 민족단체가 결성되었다. 패전 두 달 후인 1945년 10월 15일에 전국 각지의 민족단체에서 약 5천 명이 도쿄 히비야공회당日比谷公会堂에 모여 재일본조선인연맹(조련)을 결성했다. 조련의 슬로건은, '새로운 조선 건설을 위한 헌신적 노력, 재류 동포의 생활 안정' 등 비교적 온건한 것이었는데, 일본공산당의 지도로 좌파적 성향이 짙어져 갔다.

한편, 보수적인 사람들은 조련을 탈퇴하여 1946년 1월 조선건국촉진청년동맹(건청)과 반공색이 뚜렷한 신조선건설동맹(건동)을 결성하였다. 나아가 10월에는 건청과 건동이 합류하여 재일본거류민단(후의 재일본대한민국민단, 민단)을 만들기에 이른다.

한반도에서는 1948년에 대한민국과 조선민주주의인민공화국이 각각 건국을 선언하여 남북의 대립은 되돌릴 수 없는 상태에 돌입했고, 이러한 남북의 대립은 일본으로 옮겨가 민단은 한국을, 조련은 북한을 지지하게 된다. 중국에서의 국공내전의 결과 중국공산당의 승리가 확실시되자, GHQ는 반공 정책에 더욱 박차를 가해 1949년 9월 '단체등 규정령'을 조련에 적용시켜 해산을 명령했다.

한국전쟁이 시작되었을 때 북한계 민족조직은 없는 상태였다. 때문에 앞서 서술한 바와 같이 구 조련계 사람들은 조직의 재건을 서둘렀고 1951년 1월에 재일조선통일민주전선(민전)을 결성했다.

오사카 고물상총회

여기부터가 강재언의 이야기다. 그는 민전 오사카의 결성대회 당시의 상황을 이야기해 주었다.

1951년 가을이었던 걸로 기억하는데, 오사카 조선인문화협회 멤버에게서 몇 월 며칠 몇 시에 어디로 오라는 연락이 왔어요. 그래서 지령에 따라 나라奈良의 긴테쓰 이코마金鉄生駒역으로 갔더니, 미리 와 있던 공산당 지방위원회 사람이 이코마선 전철을 타라고 내게 눈짓을 하는 겁니다. 전철을 타고 시기산信貴山으로 갔습니다. 가보니, 센쥬인千手院이라는 절에 큰 방을 하나 빌려놓고 '오사카고물상총회'라는 간판을 걸어두더군요. 당시 조선인들 중에는 고물이나 폐품 회수업자들이 상당히 많았으니까, 그들이 모여서 조선어로 이야기를 나누는 것은 전혀 의심을 살 일이 아니었죠. 누가 계획한 것인지 몰라도 기발한 발상이라며 감탄했어요.

연구 모임의 멤버들도 무심결에 웃음을 터뜨렸는데, 경찰의 눈을 피하기 위한 묘책이라고는 하지만 혀를 내두를 일이었다. 앞에서도 말했듯이 강재언은 민전 오사카가 결성된 1951년 9월에 일본공산당에 입당했다.

당시 내 심정은 이랬습니다. 조선 통일에 대한 확신이 있었어요. 그래서 통일이 되면 돌아가리라 마음먹고 있었죠. 전쟁으로 폐허가 된 조국으로 돌아가 새로운 조선을 만들겠다는 생각이었어요. 하지만 전쟁 중에는 안전한 일본에 있다가 통일이 되면 돌아간다는 것이 내내 양심에 걸렸죠. 그래서 일본에 있는 동안만이라도 통일을 위해 무언가 열심히 활동하다가 귀국해야겠다고 마음먹었습니다.

이러한 이유로, 강재언은 오사카상과대에 적을 두는 동시에, 작가 김석범과 함께 '오사카조선인문화협회' 활동에 몰두했다. 당시 일본공산당과 민전의 관계가 어땠었냐는 질문에, 강재언은 다음의 일화로 이야기를 시작했다.

민전 의장단 중에 이강훈李康勳이라는 사람이 있었습니다. 그는 1932년 상하이 폭탄테러 사건으로 체포되어 일본 후추府中형무소에 장기간 수감되어 있었습니다. 패전 후 두 달이 지나 GHQ가 치안유지법을 철폐하자 드디어 출소하게 되었지요. 그렇지만, 그는 열렬한 독립운동가였기 때문에 절대로 북한을 지지한다는 말은 하지 않았습니다. 그와 함께 후추형무소에서 출소한 동료들 중에는, 훗날 일본공산당 서기장이 된 거물 도쿠다 규이치德田球一라든가 일본공산당 정치국 중앙위원이 된 조선인 김천해金天海도 있었습니다. 아무튼 이강훈은 1954년 민전 의장을 그만두고, '민전은 민족단체가 아니라 일본공산당의 첨병이다'라는 성명을 발표합니다. 즉, 이강훈의 경우가 말해주듯, 당시는 민전이 됐든 산하단체가 됐든 일본공산당이 지도하고 있었던 겁니다. 공산당 내부에서 민족문제를 지도하고 있던 것이 민대(민족대책부)였구요.

재일조선인이 왜 민대의 지도를 받은 것인지에 대한 질문이 이어졌다.

거슬러 올라가 보면, 1920년대에는 조직이 민족별로 구성되어 있었어요. 그런데 공산주의 정당의 국제조직으로 1919년에 창립된 코민테른이 '일국 일당'이라는 원칙을 내놓았습니다. 소련 같은 다민족 국가에서는 민족은 달라도 하나의 공산당지도부를 따른다는 원칙이겠지요. 1930년대부터 이 원칙에 따라 예를 들면, 만주에서 반일투쟁을 하는 조선인은 중국공산당의 지도를 받고 일본 국내에서 활동하는 조선인은 일본공산당의 지도를 받게 됩니다. 문제는 해방 후에도 일국 일당의 원칙이 계속되었다는 것입니다. 해방이 되고 1948년에 북한이 독립한 단계에서, 조선인이 여전히 일본공산당의 지도를 받고 있었던 것이 문제가 되었지요.

강재언의 이야기는 점점 핵심을 향해 가고 있었다. 더욱 구체적인 이야기로 들어갔다. "당시, 일본공산당 내부는 어떤 상황이었습니까?"라는 질문이 이어졌다.

앞에서도 말한, 이강훈의 동료 도쿠타 규이치와 김천해가 후추형무소에서 함께 출소했습니다. 간부들이 출소하고 두 달 후인 1945년 12월 1일,

19년 만에 열린 제4회 당대회에서 도쿠타 규이치가 서기장으로 선출됩니다. 또, 김천해는 7인의 중앙위원 중 한 명으로 뽑히고 그중에서 선발되는 5인의 정치국원 중 한 명에도 선출되었습니다. 즉, 당 최고 지도자들 중에 조선인이 있었던 거예요. 김천해에 관한 내용은 일본공산당의 정식 당사黨史인『일본공산당 80년日本共産党の八十年』에도 분명히 기록되어 있습니다.

이어서 강재언은 역사학자답게 일본공산당의 4전협(제4회 전국협의회)을 역사의 터닝포인트로 지적했다. 그의 이야기는 일본공산당의 '이른바 50년 문제'에 다다른다.

　공산당 지도부가 분열된 것이군요.
　그건 이미 역사적인 사실이니까요.

강재언은 이러한 전제를 두고 공산당지도부의 분열에 대해 이야기를 시작했다.

　한국전쟁이 시작되기 6개월 전의 일이에요. 1950년 1월, 코민포름의 기관지,『항구평화와 인민민주주의를 위하여恒久平和と人民民主主義のために』에 한 편의 논문이 실렸는데, 그것이 분열의 발단이 되었습니다. 노사카 산조野坂参三를 비롯한 일본공산당 지도부의 이론을 비판한 겁니다. 코민포름은 냉전기인 1947년에 창설된 소련공산당과 유럽의 아홉 개 공산당의 연합 조직입니다. 러시아 혁명 후 1919년에 창설되어 1943년 해산된 코민테른만큼은 아니었지만, 코민포름의 기본 역시 소련공산당으로부터의 상의하달식 연락기관이었다는 점은 부정할 수 없는 사실이라고 생각합니다.
　그런데 비판을 받았던 노사카 이론은 미국 점령하에서 평화혁명이 가능하다는 주장이었습니다. 코민포름은 '미국의 제국주의를 미화했다', '반

민주주의, 반사회주의의 이론이다'라며 비판을 가했습니다. 일본공산당은 처음에 이에 반발하는 '소감'을 발표했습니다. 반면, 지도부 중에는 코민포름의 비판을 수용해야 한다는 의견도 있었습니다.

대립은 격화되었고, 결국 비판이 제기된 지 5개월 후인 1950년 6월에 일본공산당 지도부는 분열되었습니다. '소감파'인 도쿠타 규이치, 노사카 산조 측이 지도부의 다수파를 형성했고, '국제파'인 미야모토 겐지宮本顕治와 시가 요시오志賀義雄 측이 소수파였습니다. 다수파인 소감파는 군사노선을 채용했습니다. 공산당지도부는 이른바 6전협(제6회 전국협의회, 1955년 7월)에서 국제파가 주도권을 잡고 50년 문제에 대한 자기비판이 이루어질 때까지 혼란을 거듭하는 상태로 분열되어 있었습니다.

일본공산당 지도자 미야모토 겐지는 당시의 상황을 다음과 같이 회고한다.

코민포름의 비판은 명백히 대국주의적이었다. 당시 당 지도자의 가부장적이고 비과학적인 약점과 결함을 깨닫고 괴로워하던 이들이 적지 않았다 (『나의 50년사로부터私の五〇年史から』).

"재일조선인의 운동에 구체적으로 어떤 영향이 있었나요?" 질문이 이어졌다.

소감파가 주도권을 잡은 일본공산당은 1951년 1월의 4전협에서, 재일조선인을 일본 내의 '소수민족'으로 규정했습니다. 즉, 재일조선인은 외국인이 아니라고 정의한 것이기 때문에, 일본혁명을 완수하지 않고서는 재일조선인의 문제가 해결되지 않을 것이라고 규정한 것입니다. 이런 이유로, 민전이라는 재일조선인 대중조직에서조차 일본혁명을 위한 반미·반요시다·반이승만이라는 3반투쟁만 수렴되었고, 민족학교문제 등 민족적인 과제는 점차 슬로건에 그치는 운동이 되고 말았어요.

이러한 군사노선을 결정지은 것이 5전협의 1951년 강령 채택입니다. 조선인들은 민전의 비공식 조직으로서 조방위(조국방위위원회)와 그 산하에 조방대(조국방위대)를 만들었어요. 한편 일본인들은 중핵자위대를 만들어 빨치산(게릴라) 투쟁을 준비했습니다.

"빨치산 투쟁 말이군요"라는 한숨 섞인 반응이 나오자, 강재언은 얼른 다음과 같이 말했다.

만약 조선인이 작정하고 빨치산 투쟁을 했다면, 중국의 경우와는 달리 섬나라인 일본에서는 전멸했겠죠. 하지만 당시에 조방대 조직원들이 힘을 쏟은 것은 '조선에 평화를!'이라는 민족운동이었다고 생각합니다.

4. 55년 체제

평화 5원칙

일본공산당과 민전이 군사노선을 채택한 이유는 무엇일까. 강재언은 "중국혁명의 방위를 빼고는 생각할 수 없다"고 답했다.

1949년에 중국은 건국을 선언했지만, 혁명 직후에 미국이 중국에 세력을 집중시키는 것을 막기 위해 중국공산당은 아시아 각국의 공산당에 군사투쟁을 요청함으로써 미국의 힘을 분산시키려 했던 것 같습니다. 1950년대 초 필리핀에서도 공산당이 국내 해방을 위한 무력투쟁을 벌였지만, 결국 최고사령관 루이스 타루크Luis Taruc의 투항으로 무력투쟁은 1954년에 종식됩니다.

1953년 7월 한국전쟁의 휴전협정이 체결되고 중국이 인도와의 국경분쟁에 종지부를 찍기 위해 저우언라이周恩來 총리가 인도의 네루 수상과 '평화 5원칙'을 맺은 1954년 4월, 일본의 군사노선은 종언을 맞이했다. 평화5원칙은 ① 영토와 주권의 존중, ② 대외불침략, ③ 내정불간섭, ④ 평등호혜, ⑤ 평화적 공존이다.

그리고 이듬해에는 인도네시아 반둥회의에서 아시아와 아프리카 29개국 정상이 모두 모여 이 원칙을 승인했다. 정확히 말하면, 반둥회의에서 승인한 것은 평화 '10'원칙이다. 이렇게 평화적 공존원칙을 강력히 다진 덕분에, 중국 주변국들의 공산당은 군사노선을 거두었고, 내정불간섭의 대원칙은 재일조선인 운동에도 커다란 영향을 미쳤다. 특히 재일조선인들 사이에서 터닝 포인트가 된 것은 1954년 8월 30일, 남일南日 외무부장관의 발언이다.

재일조선인은 조선민주주의인민공화국의 시민이다.

이는 '일본 내 소수민족'이라는 기존의 규정과 달라서 운동의 형식을 바꿀 필요가 생겼다. 또 하나, 재일조선인에게 큰 영향을 준 것은 중국의 주요 인사 최초로 일본을 방문한 중국적십자 랴오청즈廖承志 부단장의 인사말이었다.

재일중국인단체는 일본의 정치에 간섭해서는 안 된다.

강재언에 따르면, 재일조선인 활동가 사이에서 두 가지 입장이 대립했다고 한다. 하나는 북한의 국기를 일본 내에서 실제로 내걸자는 입장(선각분자), 다른 하나는 폭넓은 통일전선을 만들기 위해 깃발은 마음속에 간직해야 한다는 민대(일본공산당민족대책부)의 입장(후각분자)이었다. 대립은 점점 더 격화되었다.

선각분자의 주장에 의하면, 5년간의 민전 활동은 '근본적인 과오'가 있는 것으로, 부정되어야 할 대상이라는 것이다. 하지만 후각분자들은 그 엄중한 5년을 '근본적인 과오'로 치부하는 것은 청산주의라고 비판한다. 한국전쟁에 반대하는 반미, 반전운동은 정당한 것이었지만, 휴전협정으로 인해 정세가 바뀌었기 때문에 노선을 전환해야 한다는 주장이다.

결국, 1955년 5월 24일 아사쿠사공회당淺草公会堂에서 마지막 민전 6대회가 열려, 이튿날 민전이 해산하고 대신에 조선총련(재일본조선인총연합회)을 결성하였다. 총련의 의장에는 한덕수韓德銖가 취임하여, 일본공산당 당적을 가지고 있던 재일조선인들은 일제히 탈당했다.

재일조선인 조직에 이어 일본공산당도 군사노선을 멈추었다. 조선총련이 결성되고 두 달이 지난 7월 27일에서 29일 사이에, 일본공산당은 도쿄 요요기東京代々木 당 본부에서 6전협(제6회 전국협의회)을 열었다. 당은 기존의 노선을 철회하고 50년 이래의 당 지도부 분열에 대해 자기비판을 했다. 새로운 당 지도부로는 제1서기에 노사카 산조野坂参三, 상임간부회 책임자에 미야모토 겐지宮本顕治가 선출되었다. 한편 중국에 망명해 있던 도쿠타 규이치의 사망(1953년 10월)과 중앙위원 이토 리쓰伊藤律의 제명 발표가 있었다.

당의 세력이 곤두박질 친 것도 노선을 전환한 배경이 되었다. 1949년 당시, 공산당 중의원 의원은 35명으로 총득표수는 300만 표에 이르렀는데, 1952년 총선거에서는 단 한 명도 중의원에 당선되지 못했으며 총득표수 또한 90만 표에 그쳤다. 1953년의 총선거에서는 가와카미 간이치 한 명만 겨우 당선되고 총득표수는 65만 표로, 1949년 득표수의 2할에 못 미치는 성적을 기록했다. 전국에서 유일한 당선자인 가와카미 간이치는 부덕수가 다녔던 야간고등학교의 교사로, 선거구는 부덕수가 사는 오사카 북구를 포함한 오사카 2구였다.

보수합동과 사회당의 통일

1955년 10월, 샌프란시스코 미일안보조약의 찬반을 둘러싸고 좌우로 분열되었던 사회당이 통합되고, 11월에는 자유당과 민주당을 중심으로 한 보수합동으로 자유민주당이 결성되었다. 이렇게 해서 55년 체제라 불리며 오늘날까지 일본 정당정치의 기초가 되는 정치체제가 탄생하게 된다.

이러한 정치체제의 변화는 부덕수에게도 커다란 변화를 가져왔다. 부덕수는 민전의 청년조직 민주애국청년동맹(민애청)의 오사카본부 위원장이었다. 부덕수는 조선총련이나 6전협 이후의 일본공산당이 부정했던 노선을 취했는데, 그것이 그의 생활에도 직접적인 타격을 주었다. 그는 어머니가 사는 집에 한 달에 한 번 정도 몰래 다녀가는 것을 제외하곤 지하에 숨어 살았다. 저녁 식사 때가 되면 친척 집이나 조선인들의 집에 불쑥 찾아가 밥을 얻어먹기도 하고, 그들이 모아준 돈으로 하루하루를 근근이 살아가고 있었다.

조선인 활동가와 일본인 활동가가 민대(민족대책부)의 지도 아래 한 솥밥을 먹던 시대는 이미 끝났다. 일본공산당에서 갈라져 나와 독자적인 운동을 해나갈 결심을 한 이상, 법정투쟁이나 지원 활동을 더 이상 당에 의존할 수 없었기 때문에 조선인 피고인들은 여러 가지 어려움과 마주하게 되었다.

5. 보석

국제 스탈린 평화상

부덕수는 스이타 사건 발생으로부터 정확히 2년이 지난 1954년 6월 24일에 보석으로 풀려났다. 구치소에서 그는 시종일관 묵비를 고수했는데, 주소와 이름을 말하지 않으면 보석 허가를 받을 수 없다는 히가시나카 미쓰오東中光雄 변호사(훗날 공산당 중의원의원)의 설득에 겨우 입을 열어 석방되었다. 스이타 사건 피고인들 중 최장기간의 구류였다.

장마철의 오사카는 습했고 찌는 듯이 무더웠다. 구치소는 당시, 오사카지방법원의 한 켠에 위치하고 있었다.[6] 구치소를 나온 부덕수는 가장 먼저 바깥 공기를 가슴 깊이 들이마셨다. 눈앞에 흐르는 강을 타고 부는 바람은 더없이 상쾌했다. 공기의 달콤함을 온몸으로 느꼈다.

그날, 미나미[7]의 오사카부립체육관에서는 오야마 이쿠오大山郁夫의 국제 스탈린 평화상 수상을 축하하는 집회가 열리고 있었다. 부덕수는 석방되자마자 좋다 싫다 말할 틈도 없이 피고단 동료들의 손에 이끌려 택시로 미나미의 체육관으로 향했다. 집에도 들르기 전이라, 구

---

6) 그 후 1963년 12월에 현재의 오사카 미야코지마구 도모부치초(都島区友渕町)로 이전했고, 당시의 정식 명칭은 오사카감옥 와카마쓰초(若松町) 분감(分監)이었다.

7) 오사카 남서부에 위치한 번화가의 총칭.

치소 생활의 때를 벗지도 못한 상태였다. 다이쇼 데모크라시[8]의 논객
으로 노동농민당 위원장에 빛나는 오야마 이쿠오는 만주사변으로 자
유로운 운동의 길이 막히자, 1932년에 미국으로 망명하여 16년간 지
내다가 전후에 평화운동의 리더로 활약하고 있었다.

체육관 집회에서 부덕수는 스이타 사건으로 체포되었지만 철저히
묵비를 일관한 영웅으로 소개되어 문자 그대로 스포트라이트를 한 몸
에 받게 되었다.

나는 그때 '오야마 이쿠오 평화상'을 받았던 것 같은데, 아무리 찾아봐도
증서나 메달이 없어. 애석하게도 말이야. 하지만 그때가 내 인생에서 가장
화려한 순간이었지.

부덕수의 말에 연구모임의 멤버들은 웃음을 터뜨렸다. 오야마의
출신학교인 와세다대早稻田大 현대정치경제연구소에는 오야마에 관한
자료가 보관되어 있다. 연구소에 문의해 보니, 오야마 이쿠오 평화상
같은 것은 없다고 했다. 그것은 아마도, 피고단의 동료들이 구치소에
2년간 구류되어 세상 물정에 어두워진 부덕수에게 가장 기억에 남는
방식으로 위로해 주려는 마음에서 계획한 것이 아니었을까.

그렇다고는 해도, 2년간의 구치소 생활에서 석방되자마자 느닷없
이 사람들로 가득한 체육관에 끌려가 스포트라이트를 받게 된 경험은

---

8) 다이쇼 데모크라시는 러일전쟁 이후부터 1920년대까지 일본의 정치, 사회, 문화 각 방
면에 나타난 민주주의적 내지는 자유주의적 경향을 말한다. 메이지헌법 체제에 대항한
정치적 자유의 획득운동이 그 중심이 되었다. 문화 전반을 포괄하는 시대 개념으로서
다이쇼 데모크라시는 정치면에서 정당정치 체제의 확립, 경제면에서 국가 통제로부터의
자본의 자립, 학술 면에서 '대학 자치'로 대표되는 아카데미즘의 확립, 그리고 문화면에
서 출판 저널리즘의 비약적 발전 등을 그 내용으로 한다.

분명 부덕수의 마음속에 잊지 못할 기억으로 남았을 것이다.

신혼여행

보석 이후 부덕수의 민족운동 활동가 생활이 다시 시작되었다. 하지만 스이타 사건 공판에 출석해야 했기 때문에 시간적인 제약이 컸다. 스이타 사건의 공판은 처음엔 월 1회 정도였던 것이 어느 샌가 월 2회가 되었고, 결국 주 1회 간격으로 열렸는데, 공판에 출석하지 않으면 보석이 취소될 수 있었다.

석방 후 얼마 지나지 않아, 부덕수에게 좋아하는 여성이 생겼다. 민전 여성동맹(조선민주여성동맹)의 동료 활동가로 부덕수보다 두 살 어린 김춘화金春和라는 이름의 총명한 여성이었다. 부덕수는 그룹을 조직해서 전봇대에 삐라를 붙이고 다녔다. 경찰에 체포되면 한국으로 강제송환 되어 엄중한 형벌을 받아야 하는, 긴장을 요하는 작업이었다.

부덕수가 보기에 김춘화는 빈틈없이 척척 일을 처리해 냈다. 조금 거만한 표현으로 합격점이었다. "일하는 모습에 신뢰가 갔더랬지"라고 말하며 부덕수는 전에 없이 싱글벙글 했다.

두 사람은 결혼을 결심했다. 결혼식은 오사카 이쿠노구의 쓰루하시에 민전이 새로 지은 조선회관에서 열렸고 동료 활동가들이 대거 참석했다. 친구와 지인들이 실행위원회를 만들어 모금한 돈으로 결혼식과 신혼여행 비용을 마련했다. 신혼여행은 와카야마현의 가쓰우라勝浦를 선택했다. 요즘과 달리 그때는 특급열차가 많지 않았기 때문에, 심야에 오사카 덴노지天王寺역을 출발하는 야간열차를 타고 신혼여행지로 향했다. 가쓰우라에는 이른 아침에 도착했다.

"날이 밝은지 얼마 되지 않았을 때였어요. 어촌 마을의 여관은 그렇게 일찍부터 체크인을 할 수도 없었어요. 정말 막막했죠." 김춘화는 쾌활하게 웃었다.

두 사람은 가쓰우라의 해변을 천천히 거닐었다. 너무나 행복한 시간이었다. 신혼의 첫날을 와카야마의 온천 마을에서 느긋하게 보낸 두 사람은 이튿날 오사카로 돌아왔다. 최대의 난관은 신혼집이었다. 먹고 살기도 빠듯했기 때문에 집을 빌릴 돈이 없었다. 결국, 어머니와 백부의 가족 여섯 명이 함께 사는 다다미 네 장 반짜리 단칸방에, 김춘화가 맨몸으로 들어와 두 사람의 신혼생활이 시작됐다.

김춘화는 조선국적 여성으로는 처음으로 오사카의 미용사 시험에 합격했다. 그녀는 베니어판을 붙여 만든 간소한 곳이기는 했지만 미용실을 열었고, 혼자서 동네 아주머니들의 머리 손질을 도맡아 가족들의 생활비와 부덕수의 활동비를 벌었다.

아내가 번 돈으로 놀고먹는 백수였다며 부덕수는 자조하듯 웃었지만, 그 벌이가 조선인 활동가 부덕수의 생활을 지탱해 주었다. 얼마 안 있어 세 명의 사내아이가 태어났고 부덕수 부부는 아이들을 번듯하게 키워냈다. 부부의 자랑인 장남은 북한으로 건너가 직원이 3천 명이나 되는 큰 회사를 경영하고 있다. 얼마 전, 출장 때에도 어머니 김춘화를 베이징으로 초대해 모자간에 만남을 가졌다. 또 둘째 아들은 도쿄에 있는 컴퓨터 관련 회사를 경영하고 있고, 셋째 아들은 오사카에서 둘째 아들의 회사를 돕고 있다.

6. 무죄판결

조서의 채용문제

스이타 사건의 재판 이야기로 돌아가 보자. 재판은 드디어 최종국면을 향해 가고 있었다. 스이타 사건의 재판은 1심만으로도 10년 가까운 시간이 지났다. 검찰 조서의 채택 여부가 재판의 핵심이었다. 스이타 사건의 재판은 새로운 형사소송법이 시행된 지 불과 3년 후에 시작되었다. 검찰 측과 변호 측, 그리고 법원 모두 새로운 재판 방식에 헤매던 시기였다.

피고에게는 묵비권이 인정된다. 하지만 검찰 측은 피고를 일단 분리하는 절차를 거쳐, 피고가 아닌 증인으로 심문하여 증인심문조서를 작성하고 있었다. 공판에서의 진술과 다른 검찰 조서를 법원이 증거로 채택할지의 여부가 관건이 되었다.

재판의 모두진술에서, 검찰 측은 소요죄와 관련하여 "시위대가 스사노오노미코토 신사에서 시작해 스이타역에서 해산할 때까지 '폭력행위를 저질러 지역의 안전을 해쳤다'는 이유로 사전에 계획한 행동이라고 주장하는 것은 아니다"라고 해명하고 있다. 하지만 검찰은 애초에 그 사건이 공산당의 군사방침에 따른 사전모의임을 입증하려 했다. 이에 맞서 변호사 측은 사전모의를 입증하려는 것은 용납할 수 없으며, 수사 당시의 자백 조서는 강제와 고문에 의한 것이기 때문에 채택되어서는 안 된다며 법원에 이의를 제기했다. 법원은 새로운 형사소송법을 엄밀하게 운용하여, 입증의 범위나 자백조서의 임의성 등을 판단하기로 했다.

그 결과 법원은 첫 공판으로부터 9년이 지난 361회 공판에서 검찰

조서의 대부분을 기각하기로 결정했다. 스이타 사건 재판의 최대 고비를 넘긴 것이 이때였다고 해도 과언이 아닐 것이다. 검찰 조서의 대부분을 형사재판에서 이용할 수 없게 되었기 때문이다. 법원은 기각 이유를 다음과 같이 밝혔다.

(1) 피고에게 수갑을 채운 채로 조사하거나, 폭행을 가하거나, 육체적 고통이 따르는 정좌를 강요하여 진술을 받아냈다.
(2) '자백하면 석방시켜주겠다'는 감언이설을 하거나, 조선인 피고에게 '말하지 않으면 강제송환한다'는 협박을 했다.
(3) 본 건의 기소 후, 피고는 재판의 당사자로서 피고에 대한 취조는 필요 최소한으로만 해야 하며 피고에게 출두를 강요하거나 취조실에 가두어 둘 수 없음에도, 그것에 반하는 취조가 이루어졌다.

즉, 법원은 "협박이나 고문에 의한 취조로, 자백에 임의성이 없다. 검찰 측이 제출한 진술조서의 대부분을 기각한다"고 하여, "사전모의는 사건과의 관련성이 희박하다"고 인정했다. 주임변호인 이시카와 모토야는 "이 재판이 형사소송법의 분수령"이라고 표현했다.

판결일은 1963년 6월 22일로 정해졌다. 한국전쟁 2주년인 1952년에 발생한 사건이었으니, 1심에만 장장 11년이라는 시간이 걸린 셈이다. 옴 진리교의 지하철 사린가스 살포 사건에 관한 일련의 재판에서, 교주에 대한 1심 판결까지 8년이 걸렸다는 것을 감안하면, 11년이라는 세월이 얼마나 긴 시간이었는지 알 수 있다.

기소된 111명의 피고 중 6명이 사망했다. 윤경주尹京柱는 교통사고로 사망했는데 피고의 가족은 먼저 북한으로 귀국해 있었다. 1959년부터 시작된 재일조선인의 북한 귀국운동으로 약 60명의 피고인 가족들이 귀국길에 올랐지만, 정작 피고는 재판 중이라는 이유로 귀국이 허가되지 않았다.

피고들은 "설령 소요죄를 저질렀다 하더라도 단순가담의 경우 최고형이 벌금 2,500엔 아닌가. 얼마 되지도 않는 벌금 때문에 조국으로의 귀국길을 막고 가족을 뿔뿔이 흩어지게 하는 것은 인간의 도리에 어긋난다"며 공소 기각을 요청했다. 검찰은 이를 인정하지 않았지만 인도적 측면에서 문제가 있다는 것은 누가 보아도 자명한 만큼, 피고 측은 스이타 사건 재판의 부당함을 널리 호소했다.

한편, 검찰은 윤용관尹龍官 피고의 공소를 취하하고 한국으로 강제송환하는 절차를 밟았다. 윤 피고는 송환 후 한국에서 행방불명되었고 양지종梁之鐘 피고는 근무처의 보일러 폭발사고로 사망했다.

피고 111명의 재판 투쟁은 생활투쟁이기도 했다. 재판 초기 월 1~2회였던 공판은 주 1회 간격으로 개정되었고, 피고들은 공판에 출석해야 했기 때문에 좀처럼 정규직으로는 취직할 수 없었다. 국철, 전신전화공사(후의 NTT), 학교, 법원 직원 등 공무원으로 일하던 이들은 휴직처분되어 직장에서 쫓겨났다. 어떻게든 다시 직장을 구하더라도 매주 공판에 출석하다 보면 공안 사건의 피고라는 것이 금방 드러났다. 게다가 공안조사청이나 경찰관이 취직을 방해하는 경우도 있었다.

"끝이 보이지 않는 재판 때문에 살아갈 희망을 잃었다"며 자살을 시도하는 사람도 여럿 있었다. 일찍 발견되어 병원에 실려 간 사람도 있었지만, 조선인 진택이陳澤伊 피고는 자살로 생을 마감했다. 일본공산당은 노선을 둘러싸고 당내 대립이 격화되었다. 6전협이 과거의 극좌모험주의를 자기비판하는 과정에서 스이타 사건 피고들에게 차가운

시선을 던진 것 또한, 피고들의 마음속 희망의 불씨를 꺼뜨렸다. 하지만 피고와 변호 측이 반증에 들어갈 때는 다시 한번 단결했다.

1심 판결

드디어 판결의 날이 왔다. 장마철이 코앞으로 다가온 오사카는 아침부터 푹푹 찌는 무더운 날씨였다. 지금 같은 냉방시설이 갖추어져 있지 않았던 법정은 몰려든 방청객들로 초만원을 이루었고, 여기저기서 흰 부채들이 팔락거리고 있었다. 벽돌로 지어진 오사카지방법원 앞에는, 정식으로 식을 올린 부덕수와 김춘화 부부의 사이좋은 모습도 보였다. 당시의 뉴스 필름에는 훤칠한 부덕수 곁에 수줍은 표정의 김춘화가 서 있는 영상이 남아 있다. 피고들은 가족이나 지원자들과 법원 구내에서 집회를 가진 뒤, 대열을 맞춰 낡은 건물 3층에 있는 배심 1호 법정에 줄지어 입장했다.

오전 9시 34분 개정. 먼저, 서기관이 피고인들을 호명했다. 11년 동안 여섯 명이 사망하고, 두 명이 도주, 한 명이 강제송환 되어 피고인 수는 102명으로 줄어 있었다.

"미키 쇼고."
"네."
"부덕수."
"네."

호명 소리가 법정에 울려 퍼졌다. 마치 초등학교 신입생들 같았다고 당시의 신문은 기록하고 있다. 재판장은 사사키 데쓰조가 물러나

고, 우배석 판사였던 이마나카 고이쓰今中五逸로 바뀌어 있었다. 서기
관이 피고의 기립을 요청했고, 이어서 이마나카 재판장이 판결문을
읽으려던 순간. 부덕수는 마른 침을 삼키며 귀를 기울였다. 일본인 주
모자 미키 쇼고도 조금은 긴장한 기색이었다. 나머지 100명의 피고들
역시 숨을 죽이고 있었다.

　　소요죄는 성립하지 않는다.

　이마나카 재판장의 다소 떨리는 목소리가 넓은 법정에 울려 퍼졌
다. 짧은 정적이 훑고 간 후, 피고들은 자신에게 무슨 일이 일어난 것
인지를 깨달았다. 그 순간 방청석에서 박수가 터져 나왔고 박수 소리
는 거대한 파도가 되어 법정을 뒤덮었다. 이마나카 재판장은 판결문
을 계속 읽어 내려갔다.

　　위력업무방해죄, 폭발물단속벌칙 위반에 대해서도 모두 성립하지 않으
　　므로 무죄.

　커다란 함성이 피고석과 방청석을 뒤흔들었다. 방청인 수가 많았
기 때문에 한 층 아래의 2호 법정에 마련된 특별방청석에도 판결이 전
해졌고, 거기서도 박수와 함성이 터져 나왔다. 아래층에서 터져 나온
함성이 이번에는 본 법정으로 다시 전해져, 피고들의 기쁨을 배가시
켰다. 본 법정의 방청석에서 큰 박수가 나왔다. 스무 명 남짓한 변호
사들의 얼굴에도 미소가 번졌다. 상대 검사 세 명은 미동도 없이 어깨
를 축 늘어뜨린 채 판결문 낭독에 귀를 기울이고 있었다.

　부덕수는 무죄를 얻어냈다. 마음속으로 '됐다!'라고 외쳤다. "일부

피고의 시위 중 행위는 폭력행위로 유죄, 살인미수죄는 상해죄로 격하, 별건의 폭력행위와 협박죄는 유죄"로 인정되어, 열다섯 명만이 징역 2개월에서 10개월의 유죄판결을 받았다. 그중 두 명은 집행유예였다. 주문 낭독에는 약 30분이 걸렸고 이어서 판결의 요지를 낭독했다. 판결문에서 이마나카 재판장은 이렇게 결론을 내렸다.

> 본 법원은 소요죄 성립 요건인 공동의사에서 비롯한 폭행협박 여부를 중심으로 해당 집단의 목적, 성격, 행동으로 나누어 검토해 왔으나, 이를 총합 고려해 보아도 본 사건은 이른바 집단의 공동의사에서 나온, 집단 그 자체의 폭행인지의 여부가 의문시되는 바, 이를 증명할 만한 정황이 없는 것으로 보아 소요죄의 성립을 부정한다.

방청석 한 가운데에는 묵념 사건 후 얼마 안 되어 판사직에서 물러난 사사키 데쓰조의 모습도 보였다. '무죄'라는 말이 법정에 울린 순간, 사사키는 싱긋 미소를 지었다고 당시의 신문은 기록하고 있다. 판결이 있은 후, 논평 요청을 받은 사사키는 조심스럽게 답했다.

> 전前 재판장의 입장에서, 이마나카 재판장의 판결에 대한 비판은 삼가고 싶다.

또, 사사키는 "피고들의 얼굴을 보자, 제1회 공판 당시가 또렷이 떠올랐다. 내가 퇴임할 때까지만 해도 판결의 전망이 서지 않았는데…"라며, 11년간의 세월을 곱씹었다. 스이타 사건 연구모임의 멤버인 히라노는 당시 사회부 기자로서 이 원고를 받아 기사를 작성했다.

판결 후, 법원의 안뜰에서 보고 집회가 열렸다. 도쿄 메이데이 사건이나 나고야 오스 사건의 피고와 지원자 등 약 200명이 몰려든 가운데, 법정에서 나온 피고들까지 차례로 모여들었다.

"다행이다!"
"이겼다!"

모두 기쁨을 감추지 못하는 얼굴이었다. 부덕수도 함박웃음을 지으며 법정을 나섰고 아내 김춘화가 조용히 옆으로 다가왔다. 부덕수는 "이 사람 덕분입니다, 내가 조직(조선총련)과 함께 끝까지 싸워 이겨낼 수 있었던 것은"이라며 아내 쪽을 돌아보았다. 김춘화는 뜨거운 것이 가슴에 차올라 말없이 손수건으로 눈시울을 훔쳤다. 그리고 조선을 향한 마음을 털어놓았다. "일본에 친구들이 많이 있지만, 그래도 조국이 그립습니다."

7. 판결 이유

스사노오노미코토 신사 앞

법원이 소요죄를 부정한 이유를 지금부터 설명해 보려고 한다. 검찰 측이 기소장에 묘사한 구도와 이마나카 재판장의 판결문을 비교해 보았을 때 가장 크게 엇갈리는 점은, 스사노오노미코토 신사 앞에서 시위대와 경찰관이 대치하는 장면이다. 소요죄의 기점이 되는 중요한 장소이다.

오사카지검이 소요상태라고 주장한 것은, '오전 5시 40분경 시위대가 스사노오노미코토 신사 앞에서 최초로 경찰대와 대치하여 저지선을 돌파한 이후부터 오전 8시 10분경에 스이타역에서 시위대를 체포하려고 열차 내로·진입한 경찰관에게 저항한 약 2시간 반 동안'이다. 1심 판결에서는 다음과 같이 사실인정을 했다.

스이타경찰은 집단의 조차장 침입을 저지하기 위하여 스이타시 경찰본부 차장 마쓰모토 미쓰아키松本三秋가 지휘하는 약 130명의 경찰관을 출동시켰다. 그중 스이타경찰서의 36명(그 밖의 경찰관은 조금 떨어진 곳에 집결해 있었다)은 신사의 참배로와 직각으로 교차하는 산업도로 위에 횡대로 가로막아 섰다. 마쓰모토와 경찰들은 집단에 가까이 다가가 '책임자는 나오라, 대표자는 없는가'라고 소리쳤지만, 시위대는 '모두가 대표자다. 천하의 공도公道를 지나는 것이 무엇이 문제가 되는가!'라고 외치며 교섭에 응할 기미를 보이지 않았다. 이에 마쓰모토와 경찰들은 포기하고 다른 대책을 세우기 위해 물러났다. 시위대는 팔八자 모양으로 팔을 엮고 붙어 서서(그중 한 명의 경찰만이 시위대의 행진을 저지하려 했다.), 돌아가는 경찰관의 뒤쪽에서 전진하기 시작했다. 산업도로상에 가로막고 서 있던 경찰관 36명은 시위대의 위력에 압도당해 부랴부랴 팔八자의 벌어진 틈새로 달아났고 시위대는 대열을 유지한 채 함성을 지르며 횡단을 마쳤다.

소요죄 성립의 최대 핵심인 '공동의사'의 여부에 대해 이마나카 재판장은 다음과 같이 인정했다.

본 건은, 약 900명의 집단이 경찰관과의 충돌을 예상하여 다수의 인원이 죽창, 대나무, 몽둥이, 돌 등을, 또한 일부는 화염병, 황산병, 라무네[9] 병폭

---

9) 라무네(ラムネ)는 독특한 모양의 유리병에 든 일본의 탄산음료.

탄 등을 몰래 소지한 상태에서, 출입이 금지되어 있는 스이타조차장을 포함하여, 신사 앞에서부터 국철 스이타역에 이르는 약 8킬로미터의 구간을 두 시간 가까이 행진하였다. 그 사이에 집단 중 일부는 경찰관, 파출소, 주둔군의 자동차 등에 공격을 가한 사실이 있으며, 특히 산업도로 상에서의 일련의 폭행은 일견 폭도적 양상을 드러내 근방 주민들에게 적지 않은 불안과 동요를 야기했다고 인정되어 당연 소요죄가 성립하지 않는다고 할 수 없으나, 본 법원이 신중하게 심의하여 토론을 거듭한 결과 본 건의 폭행협박이 이른바 집단의 공동의사에 기인한 것이라고는 보기는 어렵다는 결론에 도달하여 소요죄 성립을 부정한다.

본 사건에서 집단의 목적은 검찰의 주장처럼 스이타조차장의 군수 열차를 습격하거나 파괴하는 것에 있다고 보기는 어려우며, 한국전쟁에 반대하여 스이타조차장의 군수 열차에 대해 항의하기 위한 시위행진에 있다고 봄이 상당하다.

스이타조차장에 관한 인정내용은 위력업무방해죄 적용에도 영향을 미쳤다.

이처럼 표현의 자유에 속하는 시위행진 자체가 곧 위력업무방해죄의 요건인 부당한 세위勢威일반에 해당한다고 보기 어렵다.

결국, 오사카지방법원은 스이타 사건이 한국전쟁에 반대하여 군수 열차에 항의하는 시위행진이었으며, 일본국헌법 제21조 표현의 자유에 해당하는 것으로서, 시위행진을 용인하고 소요죄는 무죄라는 판결을 내렸다.

항소심

1심 판결이 난 후, 오사카지검은 '단순가담자'를 제외한 주모자와 지휘자, 그리고 솔선조력한자 등 총 47명을 추려서 항소했다. 오사카지검은 고등법원에서 조서의 기각문제를 쟁점으로 들고나왔다. "1심의 오사카지방법원이 피고의 진술조서를 증거로 채택하지 않고 기각한 것은 위법이며 모두 채택해야 함이 마땅하다"고 주장했다. 하지만 오사카고등법원은 "오사카지방법원의 기각결정은 합당하다"며 받아쳤다.

2심 판결은, 1심 판결로부터 5년이 경과한 1968년 7월 25일에 선고되었다. 오사카고등법원도 1심과 마찬가지로 소요죄를 인정하지 않았다. "검찰의 주장은 증거를 과대평가하여 군중심리의 법칙을 강조한 나머지, 집단의 행동을 공동의사로 안이하게 평가하려는 의도가 있다고 보여진다'고 검찰 측 주장을 일축했다. 하지만 위력업무방해죄에 대해서는 1심 판결보다 엄격하게 판단해, 항소된 47명 중 46명을 유죄로 인정했다. 그중 세 명에게는 실형이 선고되었는데 미결구금일수를 참조하여 다시 복역하는 일은 없었다.

2심 판결에 대해, 검찰 측은 상고를 단념했다. 우에마쓰 모토오植松元夫 피고단장과 실형을 선고받은 피고 5명이 판결에 불복하여 최고재판소에 상고했지만, 최고재판소는 '이유 없음'이라며 1972년 3월 17일에 상고를 기각했다. 이로써 스이타 사건에서의 소요죄가 무죄로 확정되었다. 사건 발생 이후 20년이라는 시간이 경과한 시점이었다.

8. 히라카타 사건의 재판

히라카타 사건의 재판기록 발견

알고 지내던 변호사에게서 "히라카타 사건의 재판자료를 찾았다"는 연락을 받았다. 나카지마 미쓰노리中島光孝 변호사와는 타이완으로 함께 여행한 적이 있다. 타이완의 선주민[10] 34명이 원고가 되어, 야스쿠니신사靖国神社를 상대로 합사合祀[11] 취하를 요구하는 재판이 있었는데 그것을 위한 현지 조사로 간 여행이었다.

청일 전쟁에서 청이 패배한 후 타이완은 일본의 식민지가 되어 타이완에 살고 있는 사람들도 일본군 병사가 되었다. 이렇게 아시아태평양전쟁에서 전사한 '영령'은 야스쿠니신사에 합사되었다. 하지만 타이완, 특히 선주민들의 종교적 관례와는 맞지 않았기 때문에 합사를 중지해 달라는 소송을 했고 나카지마가 그 대리인을 맡게 되었다.

나카지마는 홋카이도 출신으로 1949년부터 무로란室蘭에 있는 신일철무로란제철소新日鉄室蘭製鉄所에서 근무하다 1970년에 퇴사하였다. 그 후 홋카이도대 법학부에서 다시 공부를 시작해, 농림중앙금고農林中央金庫를 거쳐 1993년에 변호사 자격증을 딴 그야말로 산전수전을 다 겪은 인물이었다. 바로 그 나카지마가 연락을 해 온 것이다. 곧바로 오사카고등법원 근처에 있는 그의 법률사무소를 찾아갔다.

그곳에는 '히라카타 사건 논고요지'라고 타이핑된, 누렇게 빛바랜 세 권의 재판기록이 놓여 있었다. 나는 얼른 차용증에 사인을 했다.

---

10) 타이완에서는 원주민이라고 부른다. 나카지마의 저작 제목이 『還我祖靈~台湾原住民族と靖国神社』(白澤社, 2006年)인 것은 그 때문이다.

11) 둘 이상의 혼령을 한곳에 모아 제사를 지냄.

"분실되면 곤란하니 만일을 위해서입니다"라며 그는 멋쩍은 웃음을 지었다.

B4 사이즈의 갱지를 반으로 접은 것이었는데도 총 544페이지나 되는 엄청난 분량이었다. 접지 않고 각각 쪽수를 매겼다면 페이지 수는 두 배가 될 것이다. 한자는 옛날식 한자로 요즘의 한자에 익숙한 사람에게는 조금 읽기 성가신 문서였다.

목차

목차부터 논고요지의 구성을 소개한다. 제1편이 공소사실의 증명, 제2편이 법원의 증거채택여부에 대한 의견, 제3편이 법률의 적용에 대해, 제4편이 정황 및 형벌부과의견으로 구성되어 있었다. 이 중, 제1편은 2부로 나뉘어져 있는데 1부가 히라카타 방화미수 사건, 2부가 구히라카타공창 폭파 사건이다.

제1편 2부의 방화미수 사건은 다시 1장 총론, 2장 각론으로 나뉜다. 거기에는 오사카대 공학부의 10명, 제2절에서 '충치그룹'이라 닉네임을 붙인 오사카치과대 6명, 그밖에 네야가와寝屋川 그룹 6명, 모리구치 그룹 8명, 히가시오사카東大阪 그룹 8명, 여성 그룹 2명, 조선인 그룹 7명, 히라카타 그룹 8명, 지도자 그룹 3명, 모두 합쳐 58명의 이름이 나열되어 있다. 리스트도 남아 있었다. 총인원 60명에 지도부 3명. 그 밑에 세 개의 중대가 있고 제1중대가 다시 둘로 나뉘어 한 개소대 각 8명으로 되어 있다.

히라카타 사건의 판결

사건 발생으로부터 7년째 되는 1959년 2월 19일, 가사마쓰笠松 재판장이 내린 히라카타 사건의 판결은 가혹했다. 스이타 사건의 판결보다 조금 먼저 나온 1심 판결이었다. 57명의 피고 중 여섯 명을 제외한 나머지는 모두 유죄였다. 하세가와 게이타로 징역 1년 6개월에 집행유예 2년. 와키타 겐이치 징역 2년에 집행유예 2년. 그밖에 히라카타공창 폭파 사건의 피고 일곱 명은 징역 3~5년의 실형이 내려졌고, 집행유예는 총 44명이었다. '대체로 만족한다'는 다케하라竹原 오사카 지검 검찰청장의 담화가 판결 내용을 상징하고 있다. 피고 측은 항소(1964년 1월 21일 판결)를 거쳐 최고재판소에 상고(1967년 9월 16일 판결)했지만 형세는 변하지 않았다.

히라카타 사건 피고들에게 그나마 다행이었던 것은 당초의 예정대로 고마쓰제작소에서 화약장전이 되지 않았던 것과 구 군사시설 중 고리제작소가 매각되지 않고 고리 단지로 다시 태어난 것이다. 고리지구 주민 1만 명의 반대서명과 1953년 1월 중의원통산위원회 위원이 현지시찰을 나왔을 때 4천 명의 주민이 고리제작소까지 1킬로미터나 되는 길을 완전히 메워 서서 반대 시위를 한 것이 배경에 있다. 이렇게 히라카타 사건은 8천 호의 주택이 건설되어 당시 동양 제일의 규모라 불렸던 뉴타운 탄생에 영향을 주었다.

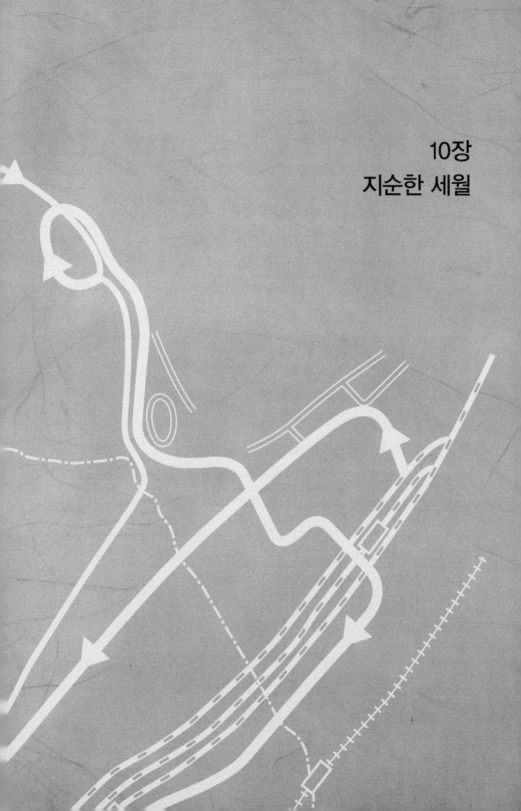

10장
지순한 세월

1. 검찰 측 총괄과 오사카시의 반론

검찰연구 특별자료

스이타 사건 연구모임에서, 주임변호인이었던 이시카와 모토야가 흥미로운 비화를 털어놓았다. 사건 발생 2년 후, 피고단의 한 멤버가 검찰 측이 정리한 총괄 문서를 고서점에서 발견했다. 변호인단은 그 문서를 철저히 분석하여 공판의 대책을 세웠다고 한다. 어찌 되었든 1심에만 11년이 걸린 기나긴 재판이었다. 사건 발생으로부터 2년이나 지난 뒤에 작성된 것이기는 했지만 공판 대책을 세우는 데는 충분히 도움이 되었다고 이시카와는 미소지으며 설명했다.

총괄문서의 제목은 『스이타 · 히라카타 사건에 관하여吹田 · 枚方事件について』이다. 1954년 3월에 발행된 558페이지짜리 자료집으로 세로 21센티미터의 A5판이다. 흰색 표지의 오른쪽 상단에 검찰연구 특별자료 제13호, 왼쪽 하단의 발행자란에는 법무연수소라고 쓰여 있다. 검찰이 스이타 사건과 히라카타 사건을 일련의 사건으로 취급하고 있었음을 알 수 있는 제목이다.

검찰연구 특별자료는 그 밖에도 『메이데이 사건의 수사에 대하여メーデー騒擾事件の捜査について』(18호), 『오스소요 사건에 대하여大須騒擾事件について』(14호)가 있다. 또한 『재일 북한계 조선인단체 자료집在日北鮮系朝

鮮人団体資料集』(6호), 『중국공산당에 관한 강연과 방침中国共産党に関する講演と方針』(9호) 등 같은 시기 법무성이 관심을 기울이던 공안 관련 자료들이 있었다.

지금은 이 자료들을 국립 국회도서관에서 누구나 손쉽게 열람할 수 있다. 오사카시 중앙도서관의 청구 절차를 통해 검찰연구 특별자료 제14호『오스소요 사건에 대하여』를 국회도서관에서 대출할 수 있었다. 오스 사건에 관한 자료는 '스이타·히라카타 사건'과 같은 시기에 작성된 것이기 때문에, 같은 지휘체계 하에서 같은 목적으로 작성되었다는 것을 알 수 있었다.

오스 사건 자료집은 제13호와는 달리 감색 하드커버에 세로 21센티미터의 B5판 281페이지로 되어 있었다. 흥미롭게도 뒤표지에 '닛코도쇼텐日光堂書店'이라는 헌책방에서 판매된 흔적이 남아 있었다. 겉표지엔 검은 잉크로 일련번호가 찍혀 있었는데 내가 본 책이 700번대였으니 아마도 상당한 양을 인쇄했을 것이라 짐작된다. 혹시나 하는 생각에 헌책방 인터넷 홈페이지를 검색해 보니 검찰연구 특별자료 시리즈 35권(1권 결본)을 28만 엔에 구입할 수 있다고 나왔다.

오사카지검의 검사가 정리한 이 총괄 문서에는 대체 어떤 내용이 담겨 있을까. 이 문서를 한마디로 요약하면 경찰을 엄중히 규탄하고 나아가 지자체 경찰과 국가경찰로 분리되어 있던 당시의 경찰제도로는 재발을 막을 수 없다고 총괄하고 있다.

당시의 경찰제도에 대해 잠깐 짚고 넘어가자면, 전전에 천황제 군국주의를 지탱하던 내무성이 패전 후 1947년에 해체되자, 구 경찰법에 따라 국가 지방경찰(국경)과 지자체 경찰(시 및 인구 5,000명 이상의 시정촌市町村)의 이원체제가 되었다. 스이타 사건 당시의 오사카부 관하를 살펴보면 오사카 시내는 오사카시 경시청이, 도요나카시, 스이타시, 이바라키시, 이케다시 등은 지자체 경찰이, 그리고 도요노군豊能郡 미노초箕面町 등 정촌町村은 국가지방경찰 오사카본부가 관할하도록 되어 있었다.

시위대 측은 이러한 이원적인 경찰체제의 약점을 교묘하게 파고들었다. 예를 들어, 집회 장소였던 마치카네야마는 이케다 시경, 도요나카 시경, 국경 미노지구 경찰의 관할 경계에 인접해 있었고, 한큐 이시바역은 이케다 시경, 오사카대 운동장은 도요나카시경의 관할이었다. 그리고 '산 넘는 부대'의 시위 동선은 도요노군 미노초, 미시마군 도요카와무라 야마다무라, 마시타무라味舌村 등으로 대부분 배치 인원이 적은 국가 지방경찰 관할 지역이었다.

완전한 패배

이 책이 흥미로운 것은 오사카지검의 검사가 경찰의 경비체제를 신랄하게 비판하고 있다는 점이다.

"6·25 스이타 사건에서 경찰 측의 경비 활동은 '제대로 한 게 하나도 없다'고 할 정도로 실패의 연속이었으며 완전한 패배였다"고 거침없는 필치로 기술되어 있다. 게다가 경비계획이 졸렬했으며 경찰들의 사기 저조가 그 원인이라고 분석하고 있다.

그렇다면, 구체적으로 어떤 점이 그랬던 것일까. 검찰의 보고서를 살펴보자.

한국전쟁 2주년 기념 집회가 각지에서 열릴 것이라는 사전 정보에 따라, 경찰은 미군 이타미 공군 기지를 관할하는 도요나카 시경에 경비본부를 설치하고 약 520명의 경비부대를 편성했다. 오사카시 경시청도

222명을 오사카역 주변에 대기시키고 경계에 들어갔다.

정보전의 패배가 실수의 근원이 되었다고 분석했다.

(1) 목적지 추정 실패: 마치카네야마 집회의 경우, 무단집회와 무단시위의 묵인, 사전 검색의 포기, 정보활동의 봉쇄 등으로 시위대의 최종 목표가 이타미 기지나 도네야마 하우스가 아닌 스이타조차장이었다는 것을 파악하는 데 실패했다.
(2) '산 넘는 부대'에 대한 파악 실패: 집회 후, 이시바시역에 집결한 이른바 '인민전철부대'에 정신이 팔려, '산 넘는 부대'의 행동은 완전히 경비본부의 관심 밖에 있었기 때문에 산을 넘은 후에 행동이 판명되기까지 몇 시간이나 걸렸다.
(3) 한큐 이시바시역에서의 실패: 이시바시역의 인민전철에 대해 도요나카 시경에 설치된 경비본부의 수뇌부 사이에서 '시위대의 대다수가 오사카로 돌아가고 싶다 하니, 속히 발차시켜 그들을 오사카로 보내 버리면 그만이다'는 식의 책임을 회피하려는 속내가 없었더라면 그나마 다행이다.
(4) 스사노오노미코토 신사 앞에서의 실패: 스사노오노미코토 신사 앞에서 스이타시 경비부대와 국가 지방경찰 관구경찰학교 학생 응원대가 시위대와 처음으로 맞닥뜨렸다. 경비부대의 지휘자는 시위대의 인원 및 무장 정도에 대하여 파악하고 있지 못했다. 고작 132명의 경비부대로는 완전무장에 가까운 상태로 서전緖戰을 장식하고자 적대 의식에 불타오른 약 1,000명의 시위대를 상대로 선제 경비 조치를 취하기란 어림도 없는 일이었다. 시위대에 대한 경비정보를 완전히 파악하지도 않은 채 그들을 제압코자 했다는 점에 스이타시 경비본부의 커다란 오산이 있었다. 현장 경비원들도 시위대의 기세에 눌리고 무력해져 손쉽게 밀리고 말았다.

스사노오노미코토 신사 앞에서 벌어진 경비 경찰과 시위대의 대치는 소요죄 인정의 시작점인 만큼, 소요죄의 성립 여부를 결정하는 데 핵심이 되었다. 그렇기 때문에, 스이타 시경의 경비방식에 대해 검찰이 이토록 신랄하게 비판하는 문서를 재판 도중에 입수한 변호 측은 소요죄가 성립하지 않는다는 확신을 품었을 것이다.

오사카지검의 총괄 문서를 계속 살펴보자.

'산 넘는 부대'와 '인민전철부대'가 야마다무라에서 합류한 것은 스이타 시위의 성공을 의미했다. 두 부대가 합류한 후 기세는 더욱 고조되었다. 경비부대의 저자세와 전투의지의 저하를 간파한 합류부대는 경비부대의 제지를 손쉽게 뚫고 스이타조차장에 돌입할 수 있었다. 분쟁과 혼란을 예상했던 주모자의 입장에서는 무혈 돌입이 가능했던 것이야말로 예상치 못한 큰 성공이었을 것이다.

경비부대의 소극적 대응과 전투의지 저하를 한탄하는 내용이다. 이 문장도 상당히 통렬하지만 이 문서와는 다른 주장을 하는 문서를 도서관에서 입수했다.

지자체 서찰을 통한 반론

제목은 『스이타 사건의 진상』이다. 오사카시 행정국이 제작한 문서로, '경찰제도개혁자료(1954년 2월 2일)'의 일환으로 작성된 팸플릿이다. 이 문서의 특징은 소책자라는 것이다. 총 17페이지밖에 되지 않는 분량에 출동경비인원 일람표와 시위대의 동선을 기록한 지도가 첨부된 B5판 사이즈다. 이와나미북클릿岩波ブックレット을 떠올린다면 얼추 비

숫할 것이다. 우선, 결론부터 살펴보자.

여기서 범한 중대한 오산은, '산 넘는 부대'가 마치카네야마를 출발한 후 다섯 시간 동안이나 그들의 행동을 전혀 파악하지 못했다는 사실이다. 그리고 그 책임은 지구를 관할하는 국경国警(국가 지방 경찰)에 귀속될 수밖에 없다.

오사카시의 치안을 담당하는 오사카시 경시청은 오사카지검과 마찬가지로 국경에 사건의 책임이 있다고 추궁하고 있다.

야마다시모에 갑자기 나타난 별동대와 먼저 와 있던 부대의 합류로 스이타시 경찰의 스이타조차장 지원대책에 중대한 차질이 생겼다. 게다가 스이타 시경의 요청에 의해 스이타로 온 국경증원부대 대부분은 충분한 훈련도 받지 못한 초임교육생이거나 학생 부대였다. 그들은 두 번씩이나 시위대를 진압·저지하는 데 실패했다. 최종단계인 스이타역에서의 검거에 이르기까지 주로 활약한 것은 스이타 시경과 이바라키 시경의 부대였다. 이로써 국경증원부대의 허술함이 드러났다.

오사카시 경시청의 국경비판은 이후 더욱 거세진다.

이 사실을 조금 깊이 생각해 보면 도요나카 시경에 국경과 시경의 합동경비본부가 설치된 이래, 국경이 사건 진압에 주동적 책임을 분담하고 있었음에도 잘못된 정황 판단을 내렸고, 스이타 시경과 오사카 시경 등이 여러 차례 희망했음에도 오사카시 기동대의 지원요청을 거부했다.

첫째, 국경의 장비와 사기에 대해 충분히 재검토를 해야 할 필요가 있는 것은 아닌지 생각해 볼 것.

둘째, 국경이 오늘날까지도 여전히 도시 경찰에 대해 가지고 있는 근거 없는 우월감 혹은 분파주의의 잔존이 적절한 판단을 그르친 것 아닌가 하는 의구심이 강하게 든다. 적어도 스이타 사건의 책임을 오로지 지자체 경찰의 약체나 비협조 탓으로 돌리는 것은 큰 오산임이 분명하다고 믿고 있다.

즉, 스이타 사건에서 시위대가 계획대로 실행할 수 있었던 원인은, "국경의 경비태세가 나빴기 때문이며 오사카시경을 비롯한 지자체 경찰은 최선을 다했다. 전혀 잘못한 게 없다"며 국경을 향한 비판을 강화하고 있다.

경찰제도 변경의 움직임

이렇게 오사카시 행정국이나 오사카 시경이 국경을 비판하는 배경을 조사해 보면, 스이타 사건을 계기로 다시 한번 국가경찰에 일원화하려는 움직임이 있었음을 알 수 있다. 오사카시 행정국 팸플릿의 '머릿말'에 다음과 같은 기술이 있다.

스이타 사건은 그 후, 일부에 지자체 경찰의 약체를 폭로한 사건이었다고 선전되면서, 추후 관련 사건의 재발을 막기 위해서는 도시자치경찰을 국가경찰로 개편해야 한다는 주장이 제기되었다. 이 주장은 제15회[1] 국회 이래 경찰법개정의 이유가 되기도 했다.

---

1) 1952년 10월 24일~1953년 3월 14일까지 열린 일본의 국회.

이러한 현황을 소개한 뒤에 진상은 그렇지 않다고 반론하며 다음과 같이 반론했다.

이것은 스이타 사건의 진상을 완전히 잘못 전달한 것이고, 실상은 이와 반대로 국경 측의 경비태세 및 정황 판단이야말로 커다란 의문을 품게 하는 부분이 있었던 것으로, 결코 지자체 경찰제도의 결함을 드러내는 내용은 아니었다.

즉 스이타 사건에서 경찰이 시위대를 진압하지 못한 것에 충격을 받은 일본 정부는, 국경과 지자체 경찰의 이원체제로는 안 된다는 캠페인을 벌여, 책임을 은폐하고 논점을 바꿔치기한 것이다. 오히려 정부는 이미 일어난 일을 역이용하여, 지자체 경찰을 해체하고 도도부현都道府県경찰로의 재편과 통합을 노렸다. 1954년, 국회에서 경찰법이 통과되었다. 오사카시 행정국이 존속시키려 했던 오사카시 경시청 등 도시자치경찰제도는 해체되어 도도부현 단위의 경찰로 바뀌었고, 이로써 치안의 측면에서 국가경찰의 의사를 관철시키는 것이 수월해졌다.

스이타 사건 직후의 파괴활동방지법 제정과 2년 후의 경찰법 개정이야말로 일본 정부가 스이타 사건 등 3대 소요 사건으로부터 배운 교훈의 실천이었다. 시위는 보기 좋게 성공했다. 하지만 일본 정부는 그것을 역이용하여 지방자치가 아닌 국가의 의사를 관철시킬 수 있는 경찰 제도를 손에 넣게 되었다.

2. 공산당 간부의 증언

자연농법

스이타 사건 당시의 공산당 오사카부 위원회 간부가 생존해 있다는 소식을 들었다. 이름은 우에다 히토시上田等. 그의 존재는 이전부터 알고 있었는데, 『인민신문人民新聞』을 발행한 중심 멤버다. 이 신문에는 아랍에서 보내온 일본적군日本赤軍 시게노부 후사코重信房子의 기고문이나 신좌익 당파의 기사가 게재되었다. 나는 오사카부 경찰 기자클럽에서 공안 부문을 담당하고 있을 무렵, 오사카 덴마天満의 작은 임대 빌딩 2층에 있는 인민신문사로 몇 번인가 취재를 하러 갔던 것을 기억한다.

우에다는 자연농법으로 알려진 노세能勢농장을 경영하는 중심 멤버이기도 했다. 그는 이 농장을 무대로 한 다큐멘터리 〈영상80 · 노세의 이른 봄노래映像八〇 · 能勢早春賦〉(마이니치 방송)가 방송되면서 오사카의 저널리스트 사이에서는 어느 정도 알려진 존재였다. 바로 그가 일본공산당에서 제명당한 경력이 있을 뿐 아니라, 스이타 사건에도 관계가 있다는 풍문을 역시나 꼬치구이 집 잇페이의 단골 손님에게 전해 들었다.

조사해보니, 우에다는 단순히 사건의 관계자 정도가 아니었다. 사건을 계획한 간부들 중 한 사람이었던 것이다. 사건 발생 당시, 그는 일본공산당의 오사카부 위원회에서 농촌대책부장을 맡고 있었다. 스이타 사건 연구모임에서 우에다 본인에게 이야기를 듣고 싶다는 요청이 나왔다. 하지만 그는 1999년에 심근경색과 뇌혈관 장애 합병증으로 쓰러져, 스이타 시내의 국립 순환기병 센터에서 관상동맥 우회 수

술을 받는 등 건강이 좋지 않아 연락이 닿지 않는다고 하여 포기하고 있었다.

그런데 어느 시민 집회에서, 부인이 밀어주는 휠체어를 타고 밝은 모습으로 나타난 우에다를 보게 되었다. 나는 재빨리 인사를 하러 갔다. 시간도 별로 없고 해서, 단도직입적으로 "스이타 사건 당시의 이야기를 듣고 싶습니다"하고 청했더니, "여기서는 좀 그러니 집으로..."라며 그 자리에서 바로 집 전화번호를 적어 건네주었다. 이렇게 해서 우에다의 이야기를 듣게 되었다.

원래의 바람대로 연구모임의 멤버들이 모인 곳에서 이야기를 들었으면 해서, 그의 집 근처에 휠체어 출입이 가능한 작은 모임 장소를 찾아보았다. 하지만 마땅한 장소가 없었던 데다가 우에다 본인도 몸 상태가 좋지 않다는 연락에, 결국 나 혼자 그의 자택을 방문하기로 했다.

우에다가 알려 준 주소를 지도로 확인하고 물어물어 찾아갔는데, 그곳에 도착해서 조금 놀란 점이 있었다. 스이타 사건의 '산 넘는 부대'의 동선과 매우 가까웠기 때문이다. (이 책 24~25쪽의 지도 참조). 오사카대가 있는 마치카네야마에서 구 사이고쿠가도로 향하는 시위 동선 중, 첫 관문이 경찰예비대의 도요나카 통신소였다. 사건 당일 밤 '산 넘는 부대'는, 시위대의 습격에 대비해 카빈총을 들고 서 있던 경찰예비대원 사이를 유유히 빠져나와 그대로 통신대 게이트 앞을 통과했다고 부덕수에게 들은 적이 있다. 그때의 동선에서 가까운 주택지에 우에다의 집이 있었다.

현관의 초인종을 누르자, 우에다의 부인이 문을 열어주었다. 우에다는 휠체어를 타고 거실로 나와 차를 마시며 편안한 분위기에서 질문에 솔직하게 답해주었다.

우에다 히토시는 1928년 8월생으로 부덕수보다 한 살이 많고 사건 당시 스물세 살이었다. 오사카시 스미요구住吉区에서 4남 1녀 중 장남으로 태어났다. 부친은 도쿄대 수학과 출신으로 구제 오사카고등학교의 수학 교사였으며, 외할머니는 사립학교 긴란카이가쿠인金蘭会学園의 설립자 중 한 사람이었다. 그는 이런 교육자 집안에서 자랐다. "독립해서 본인의 의지대로 살고 싶다는 생각이 강했던 아버지와 격식에 얽매이는 것을 싫어하는 낙천적인 성격의 어머니가 꾸린 가정은, 비교적 소시민적이고 자유로운 분위기였다"고 한다.

우에다 히토시의 큰아버지, 우에다의 백부는 대심원(현재의 최고재판소)의 판사였는데, 교토대 철학자 니시다 기타로西田幾多郎의 딸을 부인으로 맞았다.

우에다는 미일개전開戰의 해인 1941년 오사카 쥬소의 부립 기타노중학교府立北野中学에 입학했다. 같은 시기, 훗날 만화가가 된 데즈카 오사무手塚治虫도 기타노중학교에 다니고 있었다. 4학년이 된 1944년에는 학도동원령으로 수업이 중지되고, 매일같이 근로동원에 나갔다고 한다. 이런 부분은 하타 마사아키의 청춘 시절과 겹친다. 이듬해 1945년 봄, 구제 관립 제8고등학교(나고야)에 진학했지만, 미군의 공습으로 교사校舍가 전소되었고, 8월 15일의 패전을 알리는 라디오 방송은 아이치현 가리야시愛知県刈谷市의 도요타제강豊田製鋼에서 들었다. 전쟁에 패했을 때 그는 자살을 생각했다고 한다. '천황제가 없어지면 천황은 어떻게 되나'라는 말이 자기도 모르게 튀어나왔다 하니, 당시로써는 흔한 일이었겠지만 우에다 또한 틀림없이 황국 소년이었을 것이다. 이 부분도 하타 마사아키와 닮아있다.

우에다는 패전 이듬해인 1946년 3월, 가족의 소개 장소인 오사카 돈다바야시大阪富田林에서 공산당원의 연설을 듣다가, 처음엔 천황제 관련 내용에 대해 공산당원에게 격렬히 반론했다. 그런데 오히려 장래성이 있어 보인다며 공산당 입당을 권유받아 이튿날 17세의 나이로 입당했다. 이렇게 적극적으로 입당을 권유한 것은 그때뿐이었다고 우에다는 씁쓸한 웃음을 지으며 회고했다. '그렇게 간단히 입당할 수 있는 시대였나'하는 생각이 들었다.

이후, 공산당원으로서의 활동이 시작된다. 『아카하타』의 판매부터 시작해 얼마 되지 않아 청년공산동맹(청공)의 중앙위원회에 들어간다. 오사카 우에니上二의 다카스高洲병원 지하에 사무소를 두고, 청공의 조직책으로 활동했다.

살쾡이 파업

우에다에게 가장 듣고 싶었던 스이타 사건에 관해 물었다.

우에다는 사건 두 달 전인 1952년 4월부터 공산당 오사카부 위원회의 농촌대책부 책임자를 맡아, 당의 비합법 활동을 하고 있었다. 한국전쟁이 발발한 지 수개월 후인 1950년 가을, 스이타 사건에 앞선 단계의 투쟁을 일으켰다고 한다.

그때 이미 일본은 한국전쟁에 협력하여 군수산업이 풀가동 중이었다. 국철 스이타조차장에는 미군의 네이팜탄과 전차 등 군수물자를 가득 실은 열차가 연일 통과했다. 이에 공산당은 폭탄과 군수물자의 수송을 저지하는 것이 절대 임무라고 노동자들에게 촉구하면서, 한큐 스이타역 근처의 스이타시 세이와엔淸和園에 사는 O라는 사람의 집에서 회의를 열어 전쟁 체제에 맞서 싸울 것과 군수 열차를 멈추게 할 것을 결정했다.

한국전쟁 발발로부터 반년 후인 1950년 11월, 스이타조차장에서 국철 내부의 당원들이 살쾡이 파업에 돌입했다. 살쾡이 파업이란 와일드캣 스트라이크wildcat strike를 번역한 것으로, 일부 조합원이 중앙노동조합의 승인을 받지 않고 벌이는 파업을 말한다.

결행 전날, 공산당 호쿠세쓰 지구의 책임자가 셋쓰톤다摂津富田역 근처의 국철 톤다기숙사에 모든 세포(멤버)를 모아놓고, "내 손을 내놓겠네. 내 팔을 잘라주게", "나도 외팔이가 되겠다", "각오해 주게"라며 선동을 하자, 그 자리에 있던 모두가 울었다고 한다. 우에다는 마치 "야쿠자 같았다. 왜 울었는지 도무지 알 수 없었다"며 기가 막힌다는 듯이 말했다.

결의 표명에 선동된 국철 내부의 행동부대 40명은, 스이타조차장에 들어가 구내의 작은 건물을 둘러싸고, 화물차의 운행을 한 시간 반 정도 멈추게 했다. 그러나 관리직이 현장에서 화물차 분류작업을 하는 것이 파업을 깨는 행위임을 알아채지 못하여, 결국 살쾡이 파업은 짧은 시간의 혼란으로 끝났다. 그 후 40명의 행동대원 전원에게는 배치전환의 명령이 내려졌다.

오사카부 뷰로[2]

우에다의 말에 따르면, 한국전쟁 2주년인 1952년 6월을 기해서 다시 한번 스이타조차장을 무대로 한 전쟁협력반대투쟁, 즉 스이타 사건을 계획했다고 한다. 사건 직전, 당시의 공산당 오사카부 위원회 뷰

---

2) ビューロー(bureau): 비공식조직의 명칭.

로의 주요 멤버가 모였다. 우에다의 기억으로는 오사카부 뷰로 책임자 Q를 비롯한 여섯 명의 멤버가 참가했다고 한다. Q는 일본공산당 내에 21명뿐인 상임간부회의 멤버였다.

스이타 사건의 전전날인 6월 22일이었을 거야. 오사카 니시요도가와구 히메지마姬島에 있던 철공소 2층에서 오사카부 뷰로의 마지막 사전회의를 열고 서로의 의사를 확인했지. 나는 농촌대책부의 책임자로서 출석했어. 부府 뷰로 책임자 Q 외에도 미키 쇼고와 노동대책부, 청년대책부도 출석해서 총 여섯 명이 모였던 것으로 기억하네.

여기서 반대의견이 나왔다.

레드퍼지로 모든 공장에서 공산당 조직이 완전히 파괴된 후, 필사의 활동을 거듭하여 비공식의 조직화가 진행되고 있다. 적의 탄압을 어떻게든 대중적으로 견뎌내고 장래에 뿌리를 남겨두어야 하지 않겠는가", "지금 여기에 남아있는 조직원을 투입해서 결전에 나간다면, 당장은 승리한다하더라도 다음엔 전멸할 것이다. 과격한 전술이나 행동은 피해야 하는 것 아닌가" 등등. 조사는 이미 끝났고, 계획도 정해져 있었지. 나는 정말 막다른 곳에 다다른 심정으로 용기를 내어 반대의견을 말했어. 당의 지도가 일방적인 데다가 다른 불만도 있었지.

이에 대해 오사카부 뷰로의 책임자 Q는 다음과 같이 반론했다고 한다.

Q는 "지금까지 나의 태도와 지도가 잘못되었다고 사과했어. '중앙

의 간부로부터 질책을 받고 자기비판을 하는 것이니 용서해 주길 바라네. 지금은 긴급한 때이지 않은가'라며 눈물을 흘렸지. 그 간부가 시다志田라는 것은 알고 있었어."

그다음이 실로 일본적이다. 우에다가 이야기를 이어갔다.

그의 말을 듣고 모두 눈시울이 뜨거워져, '상부가 알고 있다면 그걸로 됐다. 좋다, 해 보자' 그렇게 되었어. 만약 그때 타협하지 않고 반대를 고집했더라면, 아마도 목숨을 부지할 수 없었을 거야. 그런 분위기였지. 이제와 생각해 보면, 당 중앙에서는 업적경쟁이나 주도권 다툼도 있었을 거야. 도쿄의 메이데이 사건에 대응하기 위해 간사이쪽이 바삐 움직였거든. 그런 측면이 있었어.

여기서 시다는 6전협에서 당 중앙위원으로 뽑힌 시다 시게오志田重男를 말한다. 1950년 당 분열 당시, 도쿠다 규이치 서기장은 베이징으로 망명하여 베이징기관을 설치하고 1953년 10월에 객사한다. 그때 국내에 남았던 시다 시게오가 일본 내의 군사 노선을 지도했다.

시다는 1911년 효고현 아와지시마淡路島에서 태어났다. 집이 가난해서 소학교 5학년 때부터 낮에는 일하고 밤에는 야학에 다녔다. 열아홉 살에 오사카 사카이堺의 방적 공장에 다니며 노동운동을 시작해, 스무 살에 입당한다. 그 후 1933년에 투옥되었다가 1940년에 출소하지만 이듬해에 다시 체포되어 구치소 안에서 도쿠다 규이치와 처음으로 만나게 되는데, 그에게서 큰 영향을 받았다고 한다.

전후에는 오사카지방 당 재건 촉진위원회 위원이 되었고, 1949년에 도쿄로 진출하여 도쿠다 서기장에 다음가는 서기 차장에 오른다. 그러나 한국전쟁 휴전과 파괴활동방지법 시행으로 군사 노선이 난관에 봉착하여 1955년 6전협에서 노선을 수정한 것은, 앞서 기술한 바와 같다. 시다는 '요정에서 유흥비로 당 활동비를 탕진하고 있다'는 사실 등이 발각되어 실각한 후, 1971년 7월에 고베에서 병사했다.

결국, 우에다의 증언을 정리해 보면 이렇다.

코민포름으로부터의 당 비판 이후 분열 상태였던 일본공산당에서 군사 부문 책임자인 시다 시게오의 지도하에 오사카부 뷰로가 스이타 사건을 계획했다. 그러나 막상 실행에 옮기려 하자 조직을 지켜야 한다는 관점에서 나온 반대의 목소리 또한 작지 않았다. 하지만 결국 뷰로 책임자 Q의 눈물 어린 호소로 스이타조차장의 시위행진이 결정되었다. 이것이 우에다 증언의 핵심이다. 우에다 히토시는 이 인터뷰를 하고 얼마 지나지 않아 사망했다.

인민전철부대의 지도자

우에다 히토시의 인터뷰 중 관심을 끄는 내용이 있었다. 3살 아래의 남동생, 우에다 오사무上田理에 관한 이야기다. 우에다 히토시가 한국전쟁 2주년 전야제 집회에 참가했을 때, 심야 집회장에서 동생을 만났는데 정말 깜짝 놀랐다고 한다. 그는 동생의 활동을 전혀 모르고 있었다. 게다가 동생은 단순시위참가자가 아니라 학생운동을 지도하고 있었다. 뿐만 아니라, 당일 인민전철부대를 지휘했다고 한다. 곧바로 동생 오사무에게 연락을 했다.

"형님이 연락처를 알려주셔서 전화를 드렸습니다만, 인민전철부대의 총지휘를 맡았던 것이 맞습니까?"

"아니, 이시바시역에서 '협상을 하고 오라'는 지령을 받고, 협상하러 갔던 것뿐이라네. 오사카부 학생연합의 간부였으니까."

"아, 그렇게 된 거군요."

"스이타 사건 한 달쯤 전이었나. 청년대책부인지 학생대책부인지 아무튼 간부에게서, '이시바시에서 한국전쟁 2주년을 기념하는 대규모 집회가 열린다. 각 대학에 연락해서 학생을 동원하도록'이라는 지령이 내려왔지."

"그게 어디에서였나요?"

"기타바타케北畠[3]에 있는 대학기숙사였네."

"오사카대 이학부라면, 하타 마사아키 씨를 아십니까?"

"응, 회의 같은 데서 몇 번 만난 적이 있지만, 나는 기타바타케의 세포잖아. 기타바타케와 북교北校(오사카대 도요나카 캠퍼스)는 세포가 다르니까."

"아니, 같은 대학의 같은 학부인데 세포가 다른가요?"

"응, 다르지."

"형님은 오사무 씨가 인민전철부대의 총지휘를 맡고 있었다고 말씀하시던데요."

"이시바시역에서 어디로 가야 하는지도 몰랐네. 이시바시에서 우메다로 가라고 해서, 협상을 했지."

"도중에 내리게 될 줄 몰랐습니까?"

"그게, 핫토리역에서 내리라는 소리를 들었을 때는 조금 놀랐다네."

"누가 지령을 내렸나요?"

---

3) 오사카시 아베노구(阿倍野区)의 지명.

"집회가 먼저 계획되었을 거야. 그리고 집회를 진행하는 과정에서 이런저런 것들이 추가되었겠지."

"형님의 이야기로는 시위 전전날, 오사카부 뷰로의 간부 몇 명이 모여 예정대로 계획을 실행할 것을 확인했다고 하던데요."

"나는 학생부대에서 이른바 무대 위를 맡았어. 집회의 사회나 진행에 관련된 일만으로도 벅찼지."

"스이타조차장으로 가는 것은?"

"집회 후의 그런 일들은 일체 알려져 있지 않았어. 집회가 끝나자 열차도 끊기고, 그래서 이시바시역에서 협상을 하고 오라고."

즉, 오사카부 학생연합의 간부는 오사카부 산하 각 대학의 학생을 동원하거나, 집회 당일 사회를 맡아 진행하는 역할을 했다. 이시바시역에서의 협상은 어디까지나 그때 내려진 지령으로, 스이타조차장으로 가는 것, 게다가 인민전철에 탄 집회참가자를 도중에 내리도록 하여 시위에 참가시키는 것 등은 전혀 생각지도 못했던 일이라고 한다. 스이타 사건의 전체적인 윤곽이 드러나고, 각 부분을 담당한 멤버의 이름이 드러날 때마다, 이 작전이 이중 삼중으로 계획되어 짜인 것임을 통감했다.

시위대가 스이타역에 도착한 후, 동생 오사무는 교토 시내에서 열리는 전국학생연합(전학련)대회에 참가하기 위해 교토 행 전철에 올라탔는데, 그때 경찰관이 권총을 발사했다. 오사무는 다치지 않았지만, 같은 시각 오사카행 열차에 타고 있던 한 학생의 허벅지에 총알이 박혔다. 그가 바로 앞에서 언급한 의학부 학생이다.

이후에 경찰 수사가 우에다에게까지 미치면서 체포영장이 나왔다.

그러나 체포된 것은 무대 위에서 활동하던 동생으로, 공산당 오사카부 위원회 간부였던 형은 체포되지 않았다. "경찰은 동생을 체포하고 우에다 아무개를 잡아들였다고 생각했겠지. 설마 형제가 있을 거라고는 생각지도 못했을 거야"라며 히토시는 호탕하게 웃었다.

3. 재일조선인 리더

후미에서

재일조선인 김시종 시인이 스이타 사건의 시위에 참가했었다는 기사가 아사히신문 석간에 실렸다. 아사히신문은 1999년에 오사카본사 창간 120년 기념판으로, 간사이에서 일어난 과거의 큼지막한 사건을 점검하는 시리즈에서 스이타 사건을 다루었다.

기사에서 김시종은 조심스레 말하고 있다.

나는 시위대의 후미에 있었습니다. 당시 한국전쟁에 보내지던 군수 열차를 10분간 멈추면, 1,000명의 동포를 살릴 수 있다고 해서 필사의 심정으로 참여했습니다.

김시종은 『재일의 틈새에서'在日'のはざまで』[4]라는 책으로 마이니치 출판문화상을 받은 시인이다. 1986년 오사카 기타신치北新地에서 수상을 축하하는 파티가 열렸을 때, "김시종의 문학은 일본어로 쓰인 세계

---

4) 金時鐘, 『'在日'のはざまで』(立風書房, 1986年)의 한국어판은 김시종 지음, 윤여일 옮김, 『재일의 틈새에서』(돌베개, 2017년)를 참고할 것.

문학"이라는 쓰루미 슌스케鶴見俊輔의 극찬에 회장의 많은 청중은 고개를 끄덕였다.

　어쩌면 김시종에 대해서는 오사카 조병창을 무대로 쇠붙이를 모으는 아파치족의 모델이라고 하는 편이 훨씬 이해하기 쉬울지도 모르겠다. 그의 친한 친구이기도 한 재일조선인 작가 양석일 원작의 소설과 동명의 영화 〈밤을 걸고夜を賭けて〉에서, 배우 야마모토 다로山本太郎가 연기한 아파치족 젊은 리더의 모델이 된 것이 바로 김시종이다. 아파치족과 관련해서는, 작가 가이코 다케시開高健가 『일본 3문 오페라日本三文オペラ』에서, 그리고 고마쓰 사쿄小松佐京가 『일본 아파치족日本アパッチ族』에서 각각 김시종을 모델로 걸출한 소설을 썼는데, 두 작품 모두 김시종에게 들은 이야기를 바탕으로 하고 있다. 가이코 다케시의 아내, 마키 요코牧羊子 또한 시인으로 김시종과 알고 지내던 사이였고, 그로 인해 가이코 다케시와 고마쓰 사쿄와도 알게 되었다.

　'그랬군, 김시종도 역시 스이타 사건에 참여했구나' 하고 생각했다. 그렇다면 김시종에게 이야기를 들어보자는 소박한 생각에, 연구모임 멤버들에게도 동의를 구해 보았다. 하지만 순탄치는 않았다. 김시종과 친분이 있는 기자는 연구모임에 많이 있다. 나만 해도 그와 전혀 모르는 사이는 아니다. 김시종은 우에다 히토시가 공산당 멤버와 비밀리에 회의를 열었던 스이타시 세이와엔에 살고 있었다. 광주 사건[5] 등 한국의 정치에 커다란 움직임이 있을 때, 좁은 골목 안쪽에 있는 김시종의 자택에 TV 카메라를 들고 방문하여 인터뷰를 한 적이 두어

---

5) 5 · 18광주민주화운동을 가리킨다.

번 있었다.

김시종의 자택으로 전화를 걸었다. 스이타 사건 연구모임에 대해 설명을 하고 강연을 의뢰했지만, 그는 이런저런 이유를 대며 스케줄이 맞지 않는다면서 정중히 거절했다.

스이타 사건 50주년이 가까워 오던 2002년 초, 연구모임에서 작은 시민집회를 계획했다. 장소는 스이타조차장에서 멀지 않은 스이타 시립시민회관으로 잡아두었지만, 좀처럼 강사가 정해지지 않았다. 히라노 이치로가 김시종을 섭외하자고 제안했다. 자기가 직접 김시종에게 전화해 보겠다고 했다.

김시종이 효고현립 미나토가와고등학교湊川高校에 일본 최초의 공립학교 외국인 교사로 채용되었을 당시, 미나토가와고등학교에 대한 기사가 아사히신문에 실렸다. 그때 한 교사가 '조선인을 차별하는 표현이 아닌가'라며 강하게 문제를 제기한 적이 있었다. 당시 사회부장이었던 히라노는, "정정 기사를 내보내면 몇 줄의 기사로 끝나버린다. 그것보다 사회부 기자를 파견할 테니, 피차별부락 출신이나 재일조선인 학생들이 일본인 사회 속에 처한 냉엄한 현실을 소개하는 기사를 쓰는 편이 낫지 않겠나'라며 제안했지만, 실현되지 않았다. 이를 계기로 히라노와 김시종은 30년 동안 서로 신뢰하는 사이로 지내왔다.

하지만 히라노 역시 처음에는 거절당했다. 두 번, 세 번 전화하자 김시종은 강연을 수락했다. "히라노가 나보다 연장자라는 이유로, 유교 정신에서 수락했습니다"라며 김시종은 겸연쩍은 웃음을 지으며 변명했지만, 히라노의 적극적인 권유 덕분에 그의 체험담을 들을 수 있게 되었다.

스이타 사건 집회 일정은 다른 일정과 겹쳐 있었다. 김시종은 집회 전날, 와카야마현 신구시新宮市에서 작가 나카가미 겐지中上健次를 주제로 한 강연을 하도록 사전에 예정되어 있었다. 그래서 김시종은 신구에서 강연을 마친 후, 그날 밤 연회에는 참석했지만 이튿날 예정된 온천행을 취소하고, 새벽 5시에 일어나 오전 6시 신구 발 특급 구로시오くろしお(JR니시니혼의 특급열차)를 타고 여섯 시간 만에 신오사카에 도착, 오후 1시 이후에 열린 스이타 사건 50주년 집회에 달려와 주었다. 그의 일정을 듣고 정말 고맙다고 느꼈다.

스이타시 시민회관의 작은 홀은 서서 듣는 청중이 있을 정도로 성황이었다. 머리가 희끗희끗한 김시종이 단상에 나와 차분하게 이야기를 시작했다.

저는 원체 무용담에는 서툰 사람입니다. 또, 용감한 일을 했던 기억도 없어요. 언제나 머뭇거리고 겁쟁이였던 제가 일본에 건너온 지 꼭 3년째 되던 해에 스이타 사건이 일어났습니다. 일본에 무사히 온다는 것 자체가 복권에 당첨될 정도의 확률과 비슷했기 때문에, 이 시위에서 체포된다는 건 과장이 아니라 저에게는 죽음을 의미하는 것이었습니다. 강제 송환되면 그대로 처형당한다는 사실은 제겐 실감으로, 언제나 몸의 떨림으로 가지고 있었으니까요.

무겁게 입을 떼며 강연은 시작되었다.

황국신민

김시종은 1929년 12월, 조선의 원산시에서 외동아들로 태어났다. 부친은 학생 시절 1919년 3·1운동 때 시위에 참가해 한동안 중국으로 피신했다가 조선에 돌아온 후로는 항만노동자로 일했다. 모친은 제주의 유서 깊은 집안에서 태어나 당시로써는 드물게 글을 읽고 쓰는 등의 교양을 갖추고 있었는데, 어렸을 때부터 병약하여 장티푸스와 영양실조로 인한 늑막염을 앓았다.

천황의 적자赤子가 되는 것이 조선인으로서의 가장 올바른 삶의 방식이자, 인간답게 사는 길"이라고 매일같이 교육을 받아, 한글 한 자도 쓰지 못하는 혁혁한 황국신민 소년이었습니다.

열다섯 살의 여름, 1945년 8월 15일을 맞이한다. 소학교 졸업 후, 교원양성 학교에 진학해서 4학년이 되던 해의 여름이었다. 일본의 패전은 조선의 광복, 즉 빛이 되살아나는 해방이어야 했다. 그러나 김시종의 눈 앞에 펼쳐진 것은, 미군정청이 조선인민정부를 부인하고, 조선인민위원회의 해산을 명령한 데 이어 조선총독부 관리들의 복직령까지 내려진 현실이었다. 즉, 주인이 일본에서 미국으로 바뀌었을 뿐, 일찍이 동족을 제물로 삼던 소위 친일파 놈들이 복권된 것이다. 조선인으로서 내셔널리즘에 눈뜬 김시종은, 남조선노동당에 입당하여 우수 당원으로서 활약하던 중, 제주 4·3 사건과 조우하게 된다.

일본의 패전 직후 남한에 진주한 미국은, 남한에서 단독선거를 실시하여 친미정권을 수립한다는 방침을 세웠다. 이에 대항하여, 단독선거를 강행하면 남북의 민족분단이 고착화될 것이라며 많은 반대운동이 일어났다. 1948년 4월 3일, 제주에서는 남조선노동당의 지도를 받은 인민유격대가 봉기하여, 죽창과 수류탄 등 보잘것없는 무기로 무장하고 경찰서를 습격하여, 일시적으로 도내의 대부분을 장악했다. 그 결과 5월 10일에 남한의 전 지역에서 단독선거가 실시되었지만, 제주만 저지되었다. 1년 후, 5월 10일에 제주에서만 선거를 실시했다.

그러나 봉기의 진압을 위해 국방경비대와 테러단이 제주로 보내지자, 인민유격대는 제주에서 가장 높은 한라산을 근거지로 빨치산 투쟁을 전개했다. 국방경비대원들은 마을을 통째로 불태우고 빨치산의 가족을 학살하는 한편, 빨치산도 이에 반격했다. 이러한 내전 상태의 결과로, 인구 24만 명이 채 안 되는 작은 섬에서 수많은 도민이 살상되었다. 이것을 제주 4·3인민봉기 사건이라고 한다.

『왜 계속 써왔는가 왜 침묵해 왔는가なぜ書き続けてきたか なぜ沈黙してきたか』[6]라는 책이 있다. 김시종의 친구로, 제주 4·3봉기를 주제로 한 장편소설 『화산도』[7]를 집필해 온 김석범과 김시종의 대담을 정리한 책이다. 대담집의 제목에서 '계속 써 온' 것은 김석범을, '침묵해 온' 것은 김시종을 말한다. 침묵을 지켜온 김시종이 오랜 봉인을 깨고 2000년 4월 15일, 제주에서 겪은 일을 처음으로 털어놓았다.

제주 4·3봉기 52주년을 맞아 도쿄 오차노미즈お茶の水에서 열린 기념집회에서 김시종의 강연이 있었다. 김시종은 강연기록이 실린 『도서신문図書新聞』을 내게 우편으로 보내주었다. 그 생생한 내용에, 나

---

6) 金石範, 金時鍾, 『なぜ書き続けてきたか なぜ沈黙してきたか』(平凡社, 2001年)의 한국어판은 김석범, 김시종 지음, 이경원 옮김, 『왜 계속 써왔는가 왜 침묵해 왔는가』(제주대학교 출판부, 2007년).

7) 소설 『火山島』는 제1권의 발행이 1983년, 제7권이 1997년인 대작. 2015년에 이와나미 쇼텐이 온디멘드(주문형) 출판으로 복간. 한국어판은 김석범 지음, 김환기, 김학동 옮김, 『화산도1~12』(보고사, 2015년).

는 활자를 응시한 채 숨 쉬는 것조차 잊어버릴 정도로 충격을 받았다. 그는 그때를 마치 어제의 일처럼 또렷이 기억하고 있었다.

자갈 해변

52년간의 침묵을 깨고, 비로소 입을 연 김시종의 제주 4·3봉기 경험을 잠깐 소개하려고 한다. 그때의 경험이 스이타 사건에 참가하게 된 동기가 되었기 때문이다.

(국방경비대원들은) 게릴라 측에 속해 있던 민중을 대여섯 명씩 철사로 묶어서 바다에 내던져 학살했다. 며칠이 지나면 그들의 사체가 해변으로 밀려온다. 내가 자란 제주의 성내 해변은 자갈 해변이었는데, 파도가 거칠어지면 자갈에서 웅-하는 소리가 울려 퍼진다. 거기에 철사로 손목이 묶인 익사체가 몇 구고 몇 구고 계속해서 떠오른다. 바닷속에 잠겨 있었기 때문에 사체는 콩비지 같은 상태가 되어, 파도가 밀려올 때마다 이리저리 흔들리며 피부가 줄줄 흘러내린다. 새벽녘부터 유족들이 모여들어 사체를 확인한다. 내가 50년 이상이나 4·3 사건에 대해 말하지 않은 이유는, 사건에 얽힌 기억이 가슴속 깊은 곳에서 삐죽삐죽한 채로 응고되어서, 어떻게든 제주를 떠올리고 싶지 않다는 마음이 생겨나기 때문이다(도서신문, 2000년 5월 27일).

나는 1998년, 제주 4·3봉기 50주년 기념 심포지움에 참가하기 위해 제주를 찾았다. 내가 몸으로 기억하고 있는 것은 두 가지다. 도민들이 숨어 지냈던 한라산의 용암터널에 들어갔다. 사람 몸 하나가 겨우 빠져나갈 수 있을 정도의 좁은 입구를 통과해 포복 자세로 들어가길 30분. 드디어 마을 주민 60명이 몇 달간 틀어박혀 지내던 공간이

나온다. 미미하게 흔들리는 촛불 너머로 유족이 당시의 경험을 들려주었는데, 바람구멍風穴이라 불리는 벽에서 원한에 찬 도민들의 탄식이 들려오는 듯했다.

그리고 또 한 곳, 공산 게릴라라는 근거 없는 혐의를 뒤집어쓴 마을 주민들이 처형당한 초등학교를 방문했다. 수백 명이 살상당했다는 초등학교 운동장은, 서 있는 것만으로도 발밑에서 손이 쑥 올라와 발목을 움켜잡을 것만 같은, 발바닥에 뭔가 기묘한 느낌이 들었다. "그곳을 밟으면 안 돼!"라는 소리가 어디에선가 들려왔다.

김시종이 겪은 일 중에서 5월 말에 일어난 우체국 사건은 유독 생생했다. 그의 소학교 동급생과 한 학년 선배가 특공경비대원에게 공산 게릴라로 지목되어, 어느 날 갑자기 끌려나가 큰길에서 총살당한 사건이 일어났다. 그러자 이번에는 복수를 위해서 김시종과 동료들이 우체국을 습격하여 특공경비원들이 가족에게 보내는 우편환이나 우편물에 화염병을 던져 불태우려는 계획을 세웠다. 김시종이 교원양성소의 우편물 한 뭉치와 연료용 화염병을 우체국에 가져갔다. 그리고 창구 업무를 담당하던 동료가 소포를 접수하면서 화염병을 건네받아 창구 가까이에 슬쩍 놓아두었다. 제3의 협력자가 우체국에 들어온 순간 비극은 시작되었다. 김시종의 눈앞에서 벌어진 일이었다.

내 뒤를 이어 (점화용) 화염병을 던지는 역할을 맡은 동료가 우표를 사러 왔다고 말하며 들어왔습니다. 그리고 창구 옆에 놓아둔 연료용 화염병에 던져서 맞추기만 하면 되었는데, 그는 우체국 안에 있던 사촌 형을 발견하고는, 화염병을 든 채로 영문을 알 수 없는 절규를 터뜨리는 바람에 (우체국 안에서 상시 대기 중이던) 경비원이 카빈총을 발사했어요. 사전에 단단히 입을 맞춰 두었지만, 인간이 공포심에 휩싸이면 어떻게 될지 모르는 겁니다.

그는 세 겹의 문 중 가장 안쪽에 있는 문을 밀고 빠져나간 다음 중간 문도 통과했지만, 당겨야 열리는 가장 바깥쪽 문을 필사적으로 밀고 있었어요. 정말이지 인간의 눈이 그렇게까지 커질 수 있는 것인지, 주먹만큼 커지고 새하얗게 질린 눈이 내 머릿속에 또렷이 새겨졌습니다.

그 순간, (그의) 머리를 향해 (경비원이) 바깥쪽과 안쪽에서 동시에 쏘았고, 뇌수가 유리문에 흩뿌려졌어요. 인간의 뇌는 큽니다. 짓이겨 놓은 두부 같은 것이 뚝뚝 떨어졌고, 그는 문에 매달린 채 절명했습니다.

우체국 사건 직후, 김시종은 지하로 숨어들었다. 그의 동급생 대부분은 참살당했다. 부친이 백방으로 손을 써서 방법을 찾고 돈을 변통하여, 김시종은 제주에서 밀항선에 올라 간신히 일본의 고베 스마須磨 해안으로 밀입국하게 된다. 우체국 사건으로부터 1년이 지난 1949년 6월이었다.

제주 4 · 3봉기의 피해자 수와 관련하여, 한국 정부는 사건으로부터 55년째가 되는 2003년 4월에 처음으로 정부 보고서를 발표했는데, 이에 따르면 사망자는 대략 3만 명이라고 한다. 하지만 김시종의 추정에 의하면, 당시 24만 명이 조금 안 되는 제주의 총인구 중, 실제로는 5만 명 이상이 살상당했고, 촌락의 3분의 1이 모조리 불태워졌다고 한다.

나카니시 부대

일본으로 건너온 후, 김시종은 오사카 이쿠노구 미나미이쿠노초南

生野町, 통칭 '닭장'이라 불리는, 조선인이 대거 거주하는 곳으로 거처를 옮겼다. 그리고 1950년에 일본공산당에 입당하여 한신교육투쟁으로 인해 폐쇄된 민족학교를 재개시키려 노력했다. 이쿠노구의 동쪽 끝, 다쓰미巽지구를 당시에는 '나카니시中西지구'라고 불렀는데, 김시종은 배후의 책임자가 되어 기동대원의 엄중한 경비 속에서 1951년 4월, 나카니시 조선 초등학교를 개교로 이끈다.

그 이듬해, 스이타 사건에 참가를 권유받는다. 사건으로부터 반년 전의 일이었다고 한다. 시위를 할 때는 뒤쫓아 오는 경찰 기동대원과 일정한 거리를 유지하면서 전진해야 한다. 그런 점에서 가장 큰 걱정거리는 최후미 부대를 어떻게 할 것인지에 관한 것이었다. '총합 G회의'라는, 단일 단체나 각 부처의 책임자 등 주요 멤버가 모이는 회의가 열렸다.

재일조선인 오사카라고 하면 일본에서 가장 큰 조직이었는데, 그 중에서도 가장 강력한 지구 조직인 나카니시 부대의 나카니시 조組를 시위대의 최후미에 배치하기로 했습니다.

결국, 1,000명이나 되는 시위대의 선두를 일본인 주모자 미키 쇼고와 조선인 주모자 부덕수가, 그리고 후미를 김시종이 맡았던 것으로 밝혀졌다. 나카니시 지구를 비롯하여 오사카의 이쿠노는 재일조선인이 많이 사는 지역이었지만, 동시에 영세 공장들이 밀집된 동네이기도 했다. 한국전쟁에서 가장 많이 사용된 네이팜탄이나 집속탄親子爆弾을 제조하던 곳도 이곳이었다.

네이팜탄이 한 발 떨어지면, 사방 800미터 이내는 사람이고 물건이고 전부 코크스[8] 상태가 된다고 한다. 특히 사람은 완전히 코크스가 된다. 한 번 네이팜탄을 뒤집어쓰면 절대 끌 수가 없고, 순식간에 살이 타들어 간다고 김시종은 설명했다. 집속탄의 부품 또한 이쿠노의 영세 공장에서 만들어졌다. 집속탄 속에는 작은 쇳조각이 들어 있어서, 폭탄이 터지면 공중에서 작은 폭탄이 빗발치듯 쏟아져 내리는데, 이것은 생물체, 특히 인간을 살상하기 위해 만들어진 폭탄이었다.

김시종은 스이타 사건 직전까지 이러한 집속탄을 만들고 있는 동네의 영세 공장들을 찾아다니며 폭탄의 제조를 멈춰달라고 설득했다. 하지만 말을 듣지 않을 경우엔 적발하기로 했다.

가장 힘들었던 건 우리 동포가 얽혀 있다는 것이었어요. 우리 동포들은 이쿠노구 히가시나리구東成区 일대에서 자물쇠 공장과 녹로 공장을 운영하고 있었는데, 그곳에서 집속탄의 부품을 만들었어요. 조국방위대의 젊은 청년들이 무력을 행사하기 전에 공장에 가서 설득하는 것이 나의 임무였습니다.

'동족끼리 서로 죽이고 있을 때, 죽이는 쪽의 일을 도와서는 안 되는 것 아닌가'라며 설득했어요. 하지만 그날그날 먹고 살기도 힘든 가족의 입장에서는, 폭탄을 만들고 있다는 자각이 전혀 없는 겁니다. 그래서 설득이 안 되면 조국방위청년대가 무력행사에 들어가는 거죠. 1마력의 절반밖에 안 되는 모터는 간단히 때려 부술 수 있고, 컨베이어 벨트 따위는 순식간에 잘라버립니다. 그러면 공장 측 사람이 '나는, 관둘래, 조선, 관둘래!'[9]라며 소리를 질렀어요. 그 소리가 지금도 귓가에 들러붙어 떨

---

8) 코크스(cokes, 骸炭)는 구멍이 많은 고체 탄소 연료를 말한다.
9) 김시종 지음, 곽형덕 옮김, 『니이가타』(글누림, 2014년) 45쪽.

어지질 않아요.

김시종은 그들의 심정을 아프도록 알고 있었다. 그러고 나서 마지막으로 이렇게 덧붙였다.

그러니까 한국전쟁은 미군과 우리 본국의 전쟁이었지만, 일본에 거주하는 재일 동포들에게도 비켜갈 수 없는 균열을 낳았어요. 무거운 현실이 일본에서 계속되고 있었습니다.

주먹밥과 화장실

김시종이 스이타시민회관에서 이야기한 내용은 다음과 같다.

학생부대의 우에다 오사무가 오사카대 도요나카 캠퍼스에서의 집회에 대해서만 명령을 받고, 집회 후의 행동은 일체 통보받지 못했던 것과는 대조적으로, 김시종에게는 반년 전에 민대(일본공산당 오사카부위원회의 민족대책부)로부터 비밀지령이 내려왔다.

시위대(산 넘는 부대)는 마치카네야마의 동쪽으로 출발하여, 미시마군 도요카와무라 오노하라(현재의 미노시 오노하라箕面市小野原)에서 경로를 바꾸어 남하, 오노하라 가도를 따라 현재의 오사카대 스이타캠퍼스 입구의 즈이온지瑞恩池 부근에서 휴식, 계속해서 야마다시모(현재, 스이타시 야마다지구)의 인민전철부대와 합류한 지점에서 두 번째의 휴식을 취한 후, 날이 밝자 스이타조차장으로 들어갔다. 도중에 별도의 게릴라부대가 미노초 내에서 일본국수당 총재인 사사카와 료이치笹川良一의 자택에 돌 등을 투척했다. 사사카와는 전쟁 중에 이탈리아 파시스트당 당수 무솔리니를 면회하는 등 국수國粹운동에 앞장섰던 인물이다.

김시종은 식사나 화장실, 휴식장소, 그리고 스이타조차장으로의
시위 동선을 사전에 꼼꼼하게 답사하고 문제점을 체크하여 과제를 구
체적으로 해결하는 등 사전준비에 만전을 기함으로써 당일 시위가 순
조롭게 진행될 수 있도록 했다고 한다.

주먹밥은 1,000명분을 받았어요. 어쨌든 시위대의 인원수가 많았잖아
요. 몇 달 전부터 조선사람들 사이를 돌며 지원금을 모아야만 했는데, 그
렇게 하지 않고서는 구체적인 활동을 할 수가 없었거든요. 인력도 중요해
요. 조선인여성동맹의 여성들이 커다란 솥에 밥을 짓고 그 많은 주먹밥을
만들어서 마치카네야마로 옮겼어요. 화장실은 사전에 정해 놓은 곳에 구
덩이를 파 놓았는데, 큰일을 볼 때는 신문지에 싸서 구덩이에 넣도록 했
어요.

재일조선인들은 또 하나의 중대한 투쟁을 준비하고 있었다.

한국전쟁에 대한 반전 · 평화 시위는 오사카에서 집속탄이나 네이팜폭
탄 같은 군수물자를 한반도로 수송하는 것을 저지하기 위한 투쟁이었습니
다. 군수 열차를 10분 늦추면, 우리 동포 1,000명의 목숨을 구할 수 있다
고 들었는데 실제로 그랬어요. 주민들이 모두 잠들어 조용한 틈을 타서 다
양한 무기와 탄약이 운반되었습니다. 열차수송을 저지하는 결사대가 내가
알기로는 십여 명으로 조직되었습니다. 그들은 투쟁이 실패하여 열차가
움직이면 선로에 몸을 던진다는 계획을 가지고 있었습니다. 그리고 그때
를 기다렸다가 정말로 모두 열차의 선로에 몸을 눕혔습니다.

여기까지 이야기하자 스이타시민회관의 청중들은 쥐 죽은 듯 조

용해져 기침 소리 하나 들리지 않았다. 청중들 속에 섞여 조용히 귀를 기울이던 수필가 오카베 이쓰코岡部伊都子가 흰 손수건으로 가만히 눈시울을 훔치고 있었다.

이후, 나는 열차수송 저지 결사대 멤버 중 생존자가 없는지, 부덕수를 포함한 여러 사람에게 문의하여 간신히 딱 한 명을 찾아냈지만 그는 이미 수년 전에 사망했다고 한다. 더 이상의 추적은 무리였다.

일제 검거

철야 시위행진을 마치고 혼란스러운 국철 스이타역을 빠져나온 시위대 대다수가 국철 오사카역에 간신히 도착했다. 검거되어 한국으로 강제송환 되면 제주 4·3봉기와 관련해 처형을 면할 수 없었기 때문에 김시종은 절대 붙잡혀서는 안 되었다.

국철 도카이도선에서 조토선으로 갈아탈 예정이었지만, 김시종은 우메다 화물역을 따라 일단 중앙우체국 입구(현재의 서쪽 출구)를 통해 조토선 플랫폼으로 올라갔다. 그곳은 아수라장이었다.

경찰이 팔을 똑바로 뻗어 권총을 쏘는 것을 봤습니다. 시위대가 던진 화염병에 맞은 것 같았는데 그 가족에게는 미안한 말이지만, 불길에 휩싸인 채 경찰차에서 뛰쳐나오는 모습이 흡사 알감자가 굴러떨어지는 것 같았어요. 계단을 네발로 기어 올라와 귀신같은 모습으로 권총을 겨누어 쏘는 것을 두 눈으로 똑똑히 보았습니다.[10]

김시종은 아수라장에서 도주를 꾀했다.

---

10) 검찰은 오사카역에서의 발포를 법정에서 인정하지 않고 있다.

당시, 민주애국청년동맹의 부위원장과 젊은 여성 시위참가자 두 명을 데리고, 이번엔 반대로 서쪽의 맨 끝쪽 출구로 나와서 크게 돌아 한신백화점을 통해 지하로 들어간 다음, 오사카 시영지하철을 타고 덴노지天王寺로 향했습니다.

이건 정말 지저분한 이야기인데요, 데리고 나왔던 여성은 스무 살이 채안 된 젊은 여성이었어요. 그런데 이 여성이 속옷에 실례를 한 거예요. 마침 통근·통학객으로 붐비는 아침 시간대였기 때문에 그녀와 함께 만원 전철을 타고 덴노지까지 가는 것은 쉽지 않았습니다. 냄새가 정말로 지독했거든요. 덴노지 공원의 화장실에서 그녀에게 속옷을 버리라고 말하고는, 그녀의 엉덩이를 닦아 주었습니다. 거기서 세 명은 각각 흩어졌습니다.

스이타 사건의 주요 인물은 속속 체포되고 있었지만, 김시종은 절대로 붙잡혀선 안 되었다. 그는 일본공산당 민대나 민전의 특별한 배려로 몇 군데의 아지트를 옮겨 다니며 수년간 도피 생활을 했다.

학교(나카니시 조선 초등학교) 근처의 네 채의 나가야長屋[11] 중 한 집에서 하숙하던 때였습니다. 주인아주머니는 우리 동포였는데, 그 바로 옆집에 다쓰미소방서 직원이 살고 있었고, 그 옆집에는 경찰이 살았어요. 조선인을 습격하기 위해 경찰이 아침 일찍 출근을 하면, 소방서 직원의 부인이 그것을 곧바로 내게 알려주었습니다. 뒤쪽 빨래 너는 곳의 통로가 쭉 이어져 있어서, 경찰의 수색이 있었던 두 번 모두 소방서와 경찰관 부인의 온정 덕분에 붙잡히지 않았습니다.

모임의 분위기가 조금은 누그러졌다. 도피 중의 기묘한 체험담이

---

11) 길게 늘어선 싸구려 연립주택 혹은 공동주택.

이어졌다.

이상하게도, 함께 움직였던 멤버들이 거의 다 체포되고 있는데 나만 안 잡히는 것이 왠지 꺼림칙해지는 거예요. 숨어 지내다 보니 너무 지루해졌어요, 젊었으니까요.

그의 나이 스물두 살이었다.

밥 한 공기 제대로 먹지 못하는 지경인데도 내 안에 존재하는 또 하나의 인격은 언제나 혈기왕성했어요. 은둔생활이란 정말 쉽지 않죠. 왜 그리 욕정이 솟구치는 것일까요. 내가 한국의 민주화 투쟁에서 제일 가혹하다고 생각하는 것은 젊은 학생과 청년들이 체포되어 몇 년씩이나 감옥에 처박혀 지내는 것이에요. 사상을 관철시키는 것은 물론 어려운 일이지만 몸의 생리를 컨트롤한다는 것은 극한의 번뇌가 따르는 일이지요. 그것을 아주 조금, 스이타 사건에서 나도 경험했습니다.

잠시 누그러졌던 분위기가 다시 한숨으로 바뀌었다.

탈분자脫糞者
김시종은 비밀을 살짝 털어놓았다.

시작은 제주에서의 4·3 사건 때였습니다. 경찰에 쫓겨 골목을 달려서 도망쳐 나오다가 그만 실수를 하고 말았어요. 그 이후로 무언가 극도의 긴장감을 느끼면 뱃속이 편치 않아요. 마치키네야마(오사카대 도요나카 캠퍼스의 집회장)에서 여성동맹의 아주머니들이 솜씨를 발휘해서 만든 주먹밥을 나누어 주셨는데 그게 정말 맛있었어요. 쌀쌀한 밤을 지새우며 한밤중에 먹는 주먹밥이란. 그리고 정말로 마음을 나눈 동료들과 함께였지요. 주먹밥을 한 개만 먹었으면 좋았을 것을 두 개나 먹은 것이 화근이었습니다. 거기에는 경찰이 있어서 어딘가에 쭈그리고 앉을 수도 없었어요. 나는 동료들보다 먼저 가서 민족신문의 르포기사를 써야만 했어요. 생쥐처럼 바지런히 움직여야 하는 상황인데 탈이 난 겁니다. 우선은 배를 움켜잡고 엉거주춤한 자세로 걸었습니다.

여기까지 이야기한 후, 김시종은 자작시를 낭독했다. 일본 최초의 장편시집으로 불리는 『니이가타新潟』[12]의 한 구절이다.

북위 38도선은 니가타 시내를 통과하고 있는데, 어쩔 수 없이 고향을 떠나야 했던 한 남자가, 조국에서는 넘을 수 없었던 38도선을 일본에서 넘는다는 것이 이 시집의 주제입니다.

비애悲哀라는 것은
산에 둘러싸인
탈분자脫糞者의
마음이다.
총성에
서둘러
몸을 움츠린
내가
밤새 배설물을
간직한 채

---

12) 金時鍾, 『新潟』(構造社, 1970年)의 한국어판은 김시종 지음, 곽형덕 옮김, 『니이가타』 (글누림, 2014년).

요 근래 십 년
직장경색直腸硬塞에 시달리고 있는 것도
그놈이
앞서 나간 하사품이라
할 수 있지 않겠나?!
(생략)
제대로
변을 싸고 싶다.
배설을 참고 견디는 것은
한국에서 했던 것으로
충분하다!
(생략)
전쟁공범자인
일본에
있으면서
자신이
평온해지는
혈거만을
바라고 있는
이 장부臟腑의
추악함은 어찌하리!¹³⁾

김시종은 이렇게 말하며 강연을 마무리했다.

스이타 사건이라고 하면 나는 설사밖에 떠오르지 않습니다. 똥을 누는

---

13) 김시종 지음, 곽형덕 옮김, 앞의 시집, 49~52쪽.

것조차 마음대로 할 수 없는 것이 일본과의 관계라고 생각하면, 나의 증오
는 논리적인 것이 아닌 생리로서 치밀어 오르는 것입니다. 너희들은 누구
를 잡아들이려고, 그리고 누구를 억압하기 위해서 우리와 대치하고 우리
를 내모는 것인가...

제주 4·3봉기를 몸소 경험한 김시종은 한국이 어떤 경위로 건국
되었는지 뼈에 사무칠 정도로 잘 알고 있었다. 그렇기 때문에 김시종
에게 당시의 북한은 '정의' 그 자체였다. 스이타 사건에서 김시종이 초
인적인 역할을 해낼 수 있었던 것도 그 때문이었다.

하지만 김시종은 머지않아 그 '정의'의 실체를 알게 된다. 한국전
쟁이 끝나고 북한에 의한 통일에 실패한 후, 김일성은 숙청을 시작했
다. 1955년 12월, 남조선노동당을 대표해 남한에서 북한으로 건너간
박헌영이 숙청 후 처형당했다고 들었을 때, 김시종에게 북한은 더 이
상 '정의'가 아니었다. 그리고 같은 시기에 발족한 조선총련은 김시종
에게는 '쿠데타와 다름없는' 조직이 탄생한 것으로밖에는 보이지 않았
다고 한다.

4. 이바라키경찰 무장 트럭 사건

진주군 전용열차

스이타 사건에 대한 강연으로부터 얼마 후, 김시종을 잇페이로 초
대했다. 만나기로 한 곳은 우메다의 기노쿠니야紀伊国屋서점. 그는 시
집 코너를 지긋이 바라보고 있었다. 우리는 곧바로 서점 옆에 있는 에
스컬레이터를 타고 한큐 전철 우메다역 플랫폼으로 올라갔다.

"쥬소에서 내리려면, 뒤쪽에서 네 번째 칸에 타는 게 좋다네"라고 말하며 그는 성큼성큼 걸어가 밤색 차량에 올라탔다. 열차는 퇴근하는 직장인들로 붐볐다.

"히데키, 알고 있나? 예전 한큐에는 진주군 전용 열차가 있었는데, 지금의 한큐선 색깔과는 달리 하얗게 칠해진 열차가 다카라즈카선을 달리고 있었지. 당시, 다카라즈카선 노선 주변에는 이타미 공군기지나 진주군 장교용 도네야마 하우스가 있었거든. 오사카 시내의 군 관계 시설을 연결한 거지. 당시 군 시설은 예를 들자면, 요도야바시에 있는 지금의 일본생명 본사 빌딩이 미군의 제25사단 사령부였고, 미도스지는 라이트닝 블루버드, 이나즈마도리稲妻通り(번개거리)라고 불렸다네."

아... 그랬구나. 51년생인 나로서는 전혀 몰랐던 사실들뿐이었다.

"지금 오피스가 한복판에 있는 우쓰보공원靱公園은 점령군의 연락용 비행장이었어. 그래서 좁고 긴 거지. 그리고 신사이바시心斎橋의 소고 백화점そごう百貨店은 PX라고 해서 구매부였고, 스미요시구의 오사카상과대가 제27보병연대의 본부였어."

이야기를 나누는 사이에 열차는 어느덧 요도가와강을 건너 쥬소에 도착했다.

"와 정말 바로 앞이네요."

뒤에서 네 번째 칸은 쥬소역 개찰구 앞에 정확히 멈춰 섰다.

쥬소역 서쪽 개찰구로 나와서 오른쪽으로 돌자, 좁은 골목길 안쪽으로 잇페이의 커다란 붉은 등롱이 눈에 들어왔다.

"실례합니다."

유리문을 열자, 마스타가 화로 앞에서 닭꼬치를 굽고 있었다.

"부덕수라는 이름은 내겐 특별한 울림으로 와 닿는군."

김시종은 이렇게 말하며 나와 함께 카운터 석 의자에 앉았다.

"조선말로는 '동무'라고 하는데, 이 친구만큼 동지라는 말이 딱 들어맞는 사람도 드물지."

부덕수도 함께 오랜만의 재회를 축하하며 우선은 맥주로 건배했다. 여느 때처럼 맛있는 꼬치구이를 먹으며 한참 대화가 무르익었을 때, 내가 김시종에게 물었다.

"김시종 선생님과 마스타는 어떤 사이인가요?"

그러자 김시종이 미소를 지으며 예상치 못한 답을 내놓았다.

"자네, 이방일에 대해서 알고 있지? 오랫동안 조선총련의 오사카부 본부 국제부장을 지낸 사람 말이야. 방일이는 글을 잘 썼지. 우리는 『마루새マルセ』라는 신문을 만들었다네. 민전 시절 비합법조직이었던 조방위(조국방위위원회)의 비합법기관지의 이름이지."

"마루새가 뭔가요?"

"조선말로 새로운 조선을 'セチョソン(새 조선)'이라 하는데, 그 첫 글자 'セ(새)'를 둥글게 둘러싼다는 의미에서 '마루丸새'라 했지. 나는 그 신문의 편집유군遊軍[14]으로 기사도 썼다네. 활판인쇄였는데 이것과는 별개로 같은 시기에 'ミネチョン(미네촌)'그러니까 민애총(조선민주애국청년동맹)의 기관지와 삐라의 원고도 내가 쓰고 있었지. 방일 씨가 그것을 깔끔하게 등사판으로 밀어서 인쇄를 하면 부덕수 씨가 조선인 동료에게 배부하는 거야."

세상에, 세 사람이 이렇게 절친한 사이였다니!

---

14) 일정한 소속이 없이 필요에 따라 아군을 지원하고 적군을 공격하는 군대.

또 한 명의 정치망명자

이번에는 20년 전에 이방일이 내게 살짝 들려준 비밀을 털어놓았다.

"방일 씨는 자기가 제주도에서 밀항선을 타고 일본에 건너왔다고 했어요."

"그렇지."

부덕수가 툭 한마디를 던졌다.

스이타 사건 당시 민애총 오사카부 위원회 위원장이 부덕수였고 이방일은 서기장으로 그의 오른팔이었다. 두 사람은 떼려야 뗄 수 없는 사이였던 것이다. 이방일도 제주도 4·3 사건의 '망명자'였던 걸까. 하지만 자세한 사정을 듣기엔 너무 늦었다. 그는 간 질환으로 이미 세상을 떴기 때문이다. 지금에 와서는 확인할 길이 없으니 안타까울 따름이다.

덴노지의 도고쿠지統国寺에서 장례를 치렀는데 이방일을 그리워하는 재일조선인 조문객들로 가득했다. 술을 들이붓듯 마셨던 게 원인이었는지도 모른다. 내게는 1989년 평양 로동신문사 앞 재일조선인이 운영하는 선술집에서 그와 술을 마신 것이 마지막이 되었다.

한편, 부덕수는 스이타 사건의 소요죄·주모자로 기소되었을 때, 대한민국거류민단의 쓰루하시鶴橋분단分団에 대한 폭력행위로도 기소된 상태였는데, 1심판결에서 "피고인은 당일 현장에 간 일이 없다"고 부덕수의 알리바이를 증언해 준 사람이 다름 아닌 이방일 서기장이었다. 부덕수는 이 건에서도 무죄를 받았다. 오사카 쥬소에 있는 잇페이의 마스타 부덕수를 중심으로 시인 김시종과 조선총련오사카 전 국제부장 이방일의 삼각 구도가 시공을 초월하여 눈앞에 그려졌다.

우연이기는 하지만 나를 쥬소의 잇페이로 안내해 준 사람이 바로 이방일이었다. 처음 이곳에 왔던 것은 김일성 주석 탄생 70주년 기념 행사 취재 회의 때였고, 마스타와 부쩍 가까워진 것은 김일성 주석 탄생 80주년에 북한에 다녀오면서다. 취재를 도운 코디네이터가 마스타의 며느리였던 것이 그 계기가 되었다. 보이지 않는 인연의 끈에 이끌려 김시종과 부덕수 그리고 나는 술잔을 기울이고 있다.

권총발사 혐의

검찰 특별자료를 읽고 의문을 품었던 점을 부덕수에게 물어보았다.

"경찰의 기록에는 마스타가 권총을 쏘았다고 되어있는데, 정말이에요?"

검찰 자료에는 다음과 같이 기록되어 있다.

피고인의 오른손을 감정한 결과 아질산 반응이 인정되어 권총을 발사한 것으로 추정됨.

이것은 당시 오사카경시청의 기수技手 다카노 사부로高野三郎가 작성한 이화학 감정 결과 복명서이다. 그렇다면 시위대의 멤버가 왜 권총을 소지하고 있었을까. 실은 시위대를 추월하려 했던 이바라키 시경의 무장 트럭[15]이 시위대로부터 습격을 당했다. 이때 짐칸에 있던 경찰관이 차 밖으로 뛰어내리는 바람에 권총 두 자루를 빼앗기는 사건이 발생했다. 재판 자료에는 조금 복잡하게 기술되어 있지만, 부덕

---

15) 무장 트럭으로 번역한 웨폰카(weapon car)는 무기나 인원을 공수하는 군대용어에서 차용한 말로, 여기에서 웨폰카는 기동대원을 태운 트럭을 말한다.

수와 관련된 것이기에 감안하고 인용한다.

스이타조차장 구내에서 약 20분간 시위한 후 밖으로 나온 시위대는 도카이도선 북쪽을 따라 나 있는 산업도로에서 스이타 방면으로 행진을 이어가던 중, 때마침 그곳을 지나던 미군 클라크 준장과 피스 중사의 승용차, 그리고 기시베岸辺 순사파출소와 가타야마히가시片山東 순사파출소, 가타야마니시片山西 순사파출소에 별동대가 화염병을 던져 공격했다. 그러자, 이바라키시경의 경찰관 스물여덟 명을 태운 무장 트럭이 시위대의 측면을 뚫고 나와 앞으로 가려고 했고, 바로 그때 사고가 일어났다.

1심의 이마나카 재판장은 다음과 같이 사실인정을 했다.

인정사실은 검찰관의 주장에 기초가 되는 사실과 상당히 상이하다는 점. 폭행 등의 행위를 저지른 자는 집단의 일부에 지나지 않는 점. 이바라키시경의 무장 트럭 쪽 상황을 보면, 상당히 많은 인원이 일시적으로 시위대열을 이탈해 골목길과 민가의 뒤쪽으로 도피하고 있었던 점. 또, 시위대 집단의 선두 쪽에서는 차량에 타고 있던 경찰관을 추적하려는 것을 저지한 자가 있었다고 인정되는 점. 이상의 것들을 종합해 볼 때, 위에서 언급한 일련의 행위는 그것이 곧 집단의 이른바 공동의사에 의한 집단 그 자체의 폭행이라 인정하기 어렵다.

오사카지방법원은 집단의 공동의사를 부정했다. 여기서 중요한 것은 권총 탈취를 사전에 계획한 것이 아니라, 이바라키 시경의 무장 트럭이 시위대를 추월한 결과 우발적으로 사건이 일어났다는 점이다.

이바라키시경의 보고

무장 트럭 사건 발생 이틀 후, 때마침 정례회 중이던 이바라키 시 의회에서 이 문제가 다루어졌다. 나카타니 히카루中谷光 이바라키 시 장과 세키모토 아키라関本章 경찰청장이 상세하게 상황보고를 했다(이 바라키 시의회 속기록, 1952년 6월 27일). 세키모토 경찰청장의 보고에 따르 면, 6월 25일 당시에 이바라키 시경의 행동은 다음과 같다.

오전 3시경, 약 5, 60명의 시위대가 미시마군 도요카와무라 오노하라 에서 이바라키시로 이동한다는 정보를 입수.

오전 4시경, 그중 일부가 사이고쿠가도에 하나둘씩 모습을 나타내고 있다는 보고가 들어옴.

동시同時 10분경, 부내에 있는 비번 직원에게 전원소집을 명함.

동시 30분경, 전원이 집합. 스물여섯 명 단위로 부대를 편성.

동시 40분경, 스이타 시경으로부터 지원요청이 들어옴.

동시 45분경, 운전수를 포함한 스물일곱 명이 무장 트럭을 타고 출발.

오전 7시경, 도카이도선 기시베역 동측에서, 스이타시경 마쓰모토松本 경시의 지휘하에 들어감.

동시同時 10분경, 시위대의 후방 500미터 지점에는 국가지방경찰관 구 경찰학교의 학생 2개 소대를 태운 자동차 두 대가 정차해 있었다. 이 바라키 시경의 무장 트럭은 마쓰모토 경시로부터 '시위대를 추월하라'는 지시를 받고, '괜찮겠지'라는 판단으로 시속 60킬로미터의 속도로 도로 의 우측을 이용해 추월을 시도했다.

무장 트럭이 시위대의 후미를 따라잡았을 때, 곧장 시위대로부터 화염병 등의 공격을 받았다.

마쓰모토 경시를 포함한 스물여덟 명 중 열여섯 명이 불길에 휩싸여 도로 위로 굴러떨어졌다. 무장 트럭은 일단 멈춰 섰지만, 마쓰모토 경시가 '이 정도의 인원으로는 시위대를 당해낼 수 없다'고 판단하여 어쩔 수 없이 스이타 경찰에 연락을 취하러 갔다. 결국 무장 트럭 사건은 스이타시경의 지휘하에서 일어난 일이었다. 이바라키 시경의 세키모토 경찰청장의 보고는 계속된다.

인적 피해로는 전치 3주의 진단을 받은 자가 세 명, 전치 2주가 여섯 명, 전치 1주가 열여덟 명으로 거의 전원이 화상을 입었다. 이 중 네 명이 경찰병원에 입원, 열한 명이 자택 요양. 나머지 열두 명은 화상을 입은 채 경찰 근무를 했다. 마지막으로 스이타시경에 대한 지원은 경찰법에 따른다. 경찰관의 화재 보상은 국고로 보상된다.

이 사건에 대해 검찰 연구 특별자료의 비밀보고서는 엄중하게 비판하고 있다.

현장책임자인 스이타 시경 마쓰모토 경시가 관할 구역 학교학생지원대의 지휘자 요시이吉井 경시에게 한마디 언급도 없이 단독으로 이바라키 시경의 무장 트럭으로 시위대의 측면 돌파를 강행하려 한 것은 현장책임자로서 책임 있는 지위에 합당하지 않은 조치다.

관구학교 학생 지원대가 눈앞에서 이바라키시 경찰이 폭행당하는 것을 보고도 간과한 것은 경찰관으로서 매우 유감스러운 일이다.

시위대가 스이타시경의 파출소를 닥치는대로 습격하고 있는데도, 관구학교 학생 지원대는 시위대의 후미를 좇아갔을 뿐, 적극적인 행동을 전혀 취하지 않은 것은 말도 안 되는 조치로 보아야 한다. 이것은 현장

지휘관의 지휘가 충분치 않았다거나 지휘에 문제가 있었다거나 하는 문제가 아니라, 경비대원 전원의 사기 저하로 인한 결과이다.

　다시 말해 관구학교지원대는 시위대의 검거와 같은 사안이 발생할 수 있음을 지시받지도, 예상치도 못했기 때문에, 이런 어이없는 상황을 인지하지 못했을 것이라 여겨진다. 그렇지 않고서는 적어도 경비부대로 출동한 경찰관이라면 방임할 수 없는 사태다.

　이처럼 가장 날 선 말들로 현장 경찰관의 책임에 대해 규탄하고 있다. 이러한 배경 때문인지 검찰 측은 부덕수를 이 건으로는 기소하지 않았다. 기소에 자신이 없었던 것은 아닐까. 모두진술에 '시위대원이 스이타역에서 빼앗은 권총을 발사했다'는 내용은 단 한 줄도 없다. 만약 언급한다면 범죄를 증명해야 하는데, 그러한 증거를 댈 자신이 없었기 때문에 기소를 보류했을 것이다. 결국, 오사카시경시청의 기수가 작성한 이화학 감정 결과 복명서만 유일한 증거가 되었다.

　"부덕수 씨, 검찰 자료에는 스이타역에서 권총을 쏘았다고 되어 있는데, 정말입니까?"

　"그런, 말도 안 되는."

　못마땅하다는 듯 굳은 표정으로 부덕수는 강하게 부정했다. 하지만 몇 번이고 찾아가 물어보니 이런 이야기를 털어놓았다.

　"그게, 실은 말이야, 시위대 멤버 중 한 명이 나에게 권총을 가져왔어. 이바라키 시경의 경찰관에게서 빼앗은 직후였어. 이런 걸 가지고 있다가는 큰일 나겠다 싶어서, 곧바로 믿을 만한 멤버에게 한큐 교토선의 가미신조上新庄역 근처에 이러이러한 장소가 있으니 숨겨놓으라고 지시했지."

이 말을 듣고 깜짝 놀라 반사적으로 질문이 튀어나왔다.

"그래서 어떻게 되었어요?"

"내가 2년간, 구치소에 들어가 있었잖아. 출소하고 나서 한참 있다가 미행이 따라붙지 않았는지 확인한 다음에 가미신조에 있는 집에 가봤어. 그런데 없는 거야, 권총이..."

또 한 자루의 권총

부덕수가 나에게 권총 이야기를 들려준 바로 그때였다. 우연히 동석한 재일조선인 R이(R에 대해서는 자세히 기술할 수 없지만) 불쑥 끼어들었다.

"다른 한 자루는 내가 지인과 함께 오사카에 묻었네."

그는 이야기를 이어갔다.

"시위대 멤버 중 한 명이 나에게 가져왔어. 나는 체포되진 않았지만, 권총을 소지하는 것은 솔직히 곤란했지. 하지만 어디 가져다 둘 만한 곳이 없었다네. 그렇게 위험한 짓을 하면 안 된다는 건 잘 알고 있었지만, 어쩔 수 없이 다음날 오사카 시내 어딘가에 묻어버렸어."

너무 엄청난 일이라, 어떤 말도 입 밖으로 나오지 않았다.

"그런데 한참 지난 후에 다시 가서 파보니 없는 거야. 왜 있잖아, 박정희 저격 사건. 몇 년도였더라?"

"그게...그러니까 내가 입사하기 직전이었으니 1974년의 광복절이에요."

"맞아, 걱정했었다니까. 혹시나 그 권총인가 해서."

R은 단숨에 이야기를 이어갔다.

1974년 8월 15일 서울에서 일어났던 박정희 대통령 저격 사건에서 박정희 본인은 저격을 피했지만 부인 육영수를 잃었다. 한국 정부는 용의자로 재일조선인 청년을 체포했다. 사용된 권총은 오사카부 미나미 경찰서의 파출소에서 훔친 것으로 밝혀졌다.

R은 박정희 저격 사건에 사용된 권총이 스이타 사건 당시 이바라키 시경으로부터 빼앗은 것이 돌고 돌아 사용된 건 아닌지 걱정했다고 한다. 이야기를 듣고 나는 거꾸로 이바라키 시경의 권총이 R에게 전해져 오사카 시내에 묻힌 과정을 마음속으로 반추하고 있었다. 박정희를 겨냥한 권총의 출처를 걱정했다는 R의 말에 과장은 없다고 생각했다.

부덕수도 마찬가지다. 내게 그런 말을 해서 무얼 얻겠는가. 오히려 잃기만 하는 것 아닌가. 그럼에도 불구하고 내 앞에서 역사의 진실을 이야기할 마음이 들었다는 것은, 실제로 일어났던 일을 후세에 그리고 한국과 일본의 민중에게 제대로 전하고 싶었던 것임에 틀림없다고 생각했다. 권총은 일본과 한국의 어둠 속으로 사라졌다.

5. 일본인 측 주모자

미키 쇼고

스이타 사건에는 또 한 명의 주역이 있다. 미키 쇼고라는 일본인 측 주모자다. 나는 이 사건을 조사하기 시작했을 때부터 줄곧 미키 쇼고에 대한 궁금증을 품어왔다.

스이타 사건의 산증인 히라노 이치로에게 물어보니, 히라노가 사법기자클럽에 다니던 시절, 미키가 법정에서 증언하는 것을 직접 방청하여 기사를 쓴 적이 있다고 한다. 곧장 그에게 부탁해 기사의 복사본을 받았다. 나는 기사를 보고 깜짝 놀랐다. 미키가 전향 성명을 내고, 재판의 분리를 주장하고 있었던 것이다. 그의 생사를 아는 사람은 아무도 없었다.

주임변호인 이시카와 모토야와 만났을 때도, "미키 씨의 변호인은 누구였나요?"라고 물어보았다. "피고단과는 별도의 국선변호인이었어요. 그런데 ○○ 선생님은 지금 병환으로 누워계십니다"라는 답변이 돌아왔다.

스이타 사건의 재판기록은, 도쿄 하치오지시八王子市의 호세法政대 오하라大原사회문제연구소에 피고와 변호단이 기부한 서증書證의 형태로 남아 있다. 그곳을 찾아가 봤지만, 거기에도 미키 쇼고의 법정 증언 기록은 없었다. 미키와 관련된 사람이 있지 않을까 무던히도 찾아보았다.

그해 2월의 어느 날이었다. 이 책의 원고 마감일을 훌쩍 넘긴 터라, 나는 연차를 내고 점심때부터 집에서 원고를 쓰고 있었다. 오랜만에 스이타 사건의 판결문을 읽어보니, 제일 첫 페이지에 피고인의 이름이 죽 적혀 있었다. 그 111명의 명단에서 맨 첫 이름을 보았다. 미키 쇼고라고 쓰여 있었다. 그 다음이 부덕수였다. 미키 쇼고의 이름 옆에는 본적지와 주소가 적혀 있었다.

문득, 본적지에 친척이라도 살고 있지는 않을까 하고, 밑져야 본전이라는 생각에 전화번호 안내센터에 문의해 보았다. 그랬더니, 미키라는 흔치 않은 성을 가진 사람이 본적지에 살고 있는 게 아닌가. 두근거리는 마음과 어쩌면 다른 집일지도 모른다는 불안이 교차하는 가운데 전화번호를 눌러보았다.

"저기... 미키 씨 댁이죠, 아니라면 죄송하지만 스이타 사건에 관계된 분이신가요?"

그러자 차분한 여성의 목소리로 기다리던 대답이 들려왔다.

"남편은 지금 부재중입니다만, 네, 사건에 대해서는 분명히 들은 적이 있습니다."

세상에 이런 일도 다 있군. 5년 동안이나 여러 루트로 수소문해 보아도 찾을 수 없었던 사람을 이렇게 간단히 전화번호 안내로 찾게 되다니.

그날 밤, 약속한 시간에 다시 전화를 걸었다. 수화기 건너편에서 중년 남성의 낮은 목소리가 들려왔다.

"네, 맞습니다. 제 아버지의 동생이 미키 쇼고입니다. 저희 집으로 오셔도 됩니다. 중요한 자료는 아무것도 남아 있지 않지만 내일 오전 중에는 일이 있으니, 점심 때쯤이면 괜찮을 것 같습니다."

기대하지 못했던 대답이었다. 하지만 조금은 걱정이 되었다. 어디까지 알 수 있을까.

갑작스런 방문에 상대방이 미심쩍어할 수도 있겠다 싶어서, 없는 지혜를 열심히 짜낸 끝에 히라노에게 전화를 걸어보기로 했다.

"히라노 씨, 갑작스레 죄송합니다만, 내일 점심때 시간 괜찮으세요? 실은, 미키 쇼고 씨의 친척과 연락이 닿았어요."

"그것참 잘됐네. 해지기 전에 돌아온다면 갈 수 있네." 이 또한 반가운 답변이었다.

다음날은 수요일이었지만 때마침 '건국기념일'이라 회사도 쉬는 날이었다. 그래서 아침에 차를 몰고 스이타시의 히라노 자택에 들러 그를 조수석에 태우고 미키의 친척집으로 향했다.

2월치고는 포근한 날씨여서 따사로운 햇살이 쏟아져 들어와 차 안은 쾌적했다. 그건 그렇고, 미키 쇼고에 대해서는 어디까지 알 수 있을까. 법정에서의 미키를 알고 있는 히라노에게 이것저것 세세한 이야기를 들으며 목적지로 향했다. 스이타를 출발한 지 한 시간쯤 지났을까 오사카만에 면해있는 센슈泉州의 작은 마을에 도착했다.

도중에 지도로 도로와 지명을 확인하고 거의 다 온 것 같았는데 도무지 찾을 수가 없었다. 휴대전화로 길을 물어가며 향한 곳은 승용차 한 대가 겨우 들어갈 수 있는 좁은 길의 끝이었다. 어촌 마을 특유의 좁고 구불구불한 길을 돌아 핸들을 크게 꺾자 갑자기 커다란 절의 본당이 나타났다. 주차장에 차를 세우고 주지의 별채 쪽으로 천천히 걸어갔다.

"실례합니다."

주지의 부인에게 안내를 받아 안으로 들어갔다.

'일이 있다는 게 시주를 하러 다닌다는 뜻이었구나.'

오전에 일을 나갔다가 막 돌아온 주지가 승복 차림으로 별채의 안쪽에서 모습을 드러냈다. 60대 초반으로 보였다.

"제가 주지 미키 기코三帰義光입니다."

그는 허리를 깊이 숙여 인사를 했다.

"멋진 절이네요"라며 본 그대로 솔직한 감상을 말하자, "500년간 이어져 온 사찰입니다"라고 한다.

주지의 설명에 따르면, 혼간지本願寺 제8대 법주 렌뇨蓮如가 센슈 지역을 둘러보고 2년 후에 지어졌다고 한다. 정토진종淨土眞宗의 사찰들은 대부분 약 300년 전인 에도江戸시대 초기에 지어진 것이 많아 500년의 역사를 가진 절은 드물다고 한다.

스이타 사건의 피고 미키 쇼고는 이 절의 차남으로 태어났다. 장남이 절의 주지를 이어받았고, 그 뒤를 이은 아들이 지금의 기코이다.

"제 아버지의 동생이 미키 쇼고입니다. 숙부는 1980년에 돌아가셨어요. 만약 숙부가 장남이었다면 절을 이어받았을 테니 외부 활동도 달라져 완전히 다른 인생을 살았겠지요."

"어떤 분이셨나요?"

"마을 사람들은 호걸이라 불렀어요. 상냥하고 지나치다 싶을 정도로 성실했지요. 그러면서도 반골정신을 지닌, 그런 성격이랄까요."

"그런데 미키라는 성은 흔치 않지요?"

"불법승仏法僧이라는 새를 아시나요? 소리와 모습에 따라 종류가 다르다고 하죠. 불仏, 법法, 승僧을 삼보三宝라고 하는데, 거기에 귀의歸依하는 것이 미키三帰예요. 메이지시대 초기에 선조가 개명한 것으로 일본에서 이 성을 가진 사람은 우리 집안뿐입니다."

'빛나는 전산'의 서기장

미키 쇼고는 1917년 오사카부의 남부 센슈에서 태어났다. 와카야마 고등상업학교(현재의 국립 와카야마대 경제학부)를 졸업한 후 육군에 소집되어, 국책회사인 일본발송전日本發送電(이하, 닛파쓰日發. 훗날, 간사이전력) 긴키지점에 취직했다.

그는 닛파쓰의 노동조합인 전산電産의 서기장으로 활약했다. 전산이란, 일본의 산업구조 중에서 에너지산업의 기간성基幹性, 노조원 15만 명의 규모성, 그리고 정전停電파업이라는 투쟁성으로, '빛나는 전산'이라고 불렸던 노동조합을 말한다. 전후 노동운동의 견인차라 불리며 닛파쓰와 9개의 배전회사 합계 10개사의 종업원 협의회가 산업별 단일노동조합으로 발전한, 이른바 '산별회의産別会議'의 중핵노조다. 후에는 기업별 조합으로 생겨난 제2조합이 전력노련을 결성한다.

또, 미키는 훗날 법정에서 스스로 인정했듯이 스이타 사건 당시 일본공산당 오사카부위원회에 비밀리에 설치된 '군사위원회'의 유력 멤버였다. 그때 그의 나이 서른다섯이었다.

"스이타 사건에 대해서 뭔가 말씀해 주신 것이 있나요?"

"저의 부친이 주지로 계실 때, 이 집에서 스이타 사건에 대해 말하는 건 금기였습니다."

그러자 히라노 이치로가 거들었다.

" 사건 당시 나는 아사히신문에 있었는데 미키 씨가 전향성명을 낭독할 때 법정에 있었습니다. 이 기사예요." 이렇게 말하며 신문의 복사본을 기코에게 내밀었다.

"이것이, 피고였던 미키 쇼고가 일본공산당원을 그만두겠다고 선언하고, '나는 산 넘는 부대의 대장으로서 군사위원회의 지휘하에 시위를 감행했다'고 증언했을 때의 신문 기사입니다." 히라노는 자기소개를 겸하여 주지에게 말을 건넸다.

한참 신문 기사를 바라보던 기코가 천천히 고개를 들어 눈앞에 있는 백발의 히라노를 신기한 듯 쳐다보았다.

"50년 전에 신문 기사를 쓴 바로 그분이 제 앞에 계시는군요" 하고 조금 놀란 기색이었다.

"네, 당시에 군에서 돌아와 아사히신문에 막 입사했을 때였습니다. 스이타 사건 발생 당일 밤에도 나카노시마의 신문사에서 데스크 업무를 돕고 있었는데, 시위대가 '저기에 나타났다', '여기다' 하는 바람에 애를 먹었지요"라며 경위를 설명했다.

이 설명으로 주지도 조금은 안심이 됐는지 미키 쇼고에 대한 기억을 이야기하기 시작했다.

"인민복이라고 하던가요. 중국의 마오쩌둥이 항상 입던 것과 비슷한 디자인의 옷을 몇 벌이나 맞춰서는 그것만 번갈아 입고 다니셨어요. 근육질의 다부진 체형이었고, 와카야마상업고등학교 시절에 소속된 육상부에서 해머던지기 기록을 가지고 있었다고 합니다. 그 기록은 몇 년 동안이나 깨지지 않았을 정도로 대단한 것이었다고 해요."

구체적인 이야기가 나오자 그때까지 다소 긴장감이 돌던 분위기가 조금은 누그러졌다.

거기서 모범생 기질의 히라노가 다시 한번 본래 주제인 스이타 사건으로 이야기를 되돌리려고 신문 기사의 요점을 주지에게 꼼꼼하게 설명했다.

"미키 씨는 열심히 준비한 메모를 토대로 법정에서 말하기 시작했어요. 마침, 사사키 재판장이 묵념 사건으로 옥신각신하다가 겨우 일단락되어 두 달 반이 지나 재판이 재개될 무렵이었으니까, 1953년 가을이었을 거예요."

히라노가 스크랩한 신문의 복사본에는, 1953년 10월 18일이라는 메모가 있었다.

"그때까지 일본인 측 주모자로서 항상 피고석의 맨 앞에 앉아 있던 미키 씨가 공산당 탈퇴를 선언하고, 자신은 다른 피고와 주장하는 바가 다르다며 재판의 분리를 요구했지요. 미키 씨가 제일 하고 싶었던 말은 모든 책임이 자기에게 있다는 것이었어요."

히라노의 설명을 간추려 소개한다. 미키는 법정에서 다음과 같이 털어놓았다고 한다.

한국전쟁 발발 직후, 닛파쓰 긴키지점에서 레드퍼지를 당하고(1950년 7월 20일), 일본공산당 센슈지구의 책임자가 되어, 가와사키川崎중공업의 레드퍼지 그룹과 함께 공장에 항의하러 가곤 했다. 연말에는 오사카 기타지구 위원장에 취임했지만, 젊은이들이 말을 듣지 않아 고작 4개월 만에 파면을 당한 후, 당 군사위원회 내부조직인 과학기밀부의 멤버가 되었다. 이듬해인 1951년 3월에는 도쿄도의 다마지구多摩地区에서 열린 당 중앙 군사위원회에 오사카부 대표로 참가하여, 경찰관에게서 탈취한 권총의 시험사격을 했다. 다치카와 기지의 미군 병사에게 접근한 적도 있지만, 간이 떨려서 도저히 실행할 수 없었다.

히라노는 미키의 증언을 이어갔다. 드디어 클라이맥스, 사건 당일 밤의 이야기다.

스이타 사건 당일 밤, 한큐 도요나카역에서 조선인 측 책임자 A군(미키 쇼고는 관계자를 모두 이니셜로 불렀다)과 만나 조선인 청년 B군을 소개받았다. 10시가 지났을 때 집회장의 단상에 올라갔다.

"서쪽의 이타미 기지를 보고 있노라면, 조선을 폭격하는 미군 비행기가 연일 날아오른다. 동쪽의 스이타조차장에는 군수품을 가득 실은 열차가 끊임없이 드나든다. 우리는 이것을 가차 없이 쳐부숴야 한다"고 선동했다.

하지만 애초에 화물열차를 해치울 생각은 아니었고 시위를 감행할 작정이었다. 이 집회는 단순한 기념 집회가 아니며 스이타 사건 또한 단순한 시위가 아니다. 당의 오사카부 군사위원회의 명령에 의해 계획된 것으로 군사위원회는 오사카부의 군사 활동에 대한 모든 책임을 지고 있었다. 나(미키 쇼고)도 그중 한 사람이었다.

히라노는 이런 식으로 미키 쇼고의 법정 증언을 미키 기코에게 설명했다.

옆에서 들으면서, 이것이 스이타 사건의 핵심을 찌르는 증언이 아닌가 하는 생각이 들었다. 미키 쇼고에 대한 궁금증은 점점 커져 갔다.

흩어진 일가

"그랬군요. 사실 숙부는 스이타 사건 재판 이후 이 절을 떠나, 가마가사키釜ヶ崎[16]에 살며 오사카항 등에서 항만노동자로 일했어요. 숙모는 사건 후에 이혼을 하고 본가로 돌아갔습니다. 그래서 다섯 아이는 제각각 친척 집에 맡겨졌어요. 말하자면 한 가족이 이산離散의 운명을 걷게 된 것이지요."

나는 다섯 아이의 운명을 생각했다.

"다섯 명 중 넷은 딸아이로, 모두 결혼을 해서 성이 바뀌었지만, 아들 한 명이 지금 도쿄에 살고 있습니다. 우리 사찰 사람들도 잘 모르는 만년의 미키 쇼고에 대해서는 이 장남이 잘 알고 있을 겁니다. 이게 그의 주소예요."

이렇게 말하며 장남의 주소와 전화번호를 적은 메모를 건네주었다. 그리고는,

"또 한 사람, 미키 쇼고와 아주 가깝게 지내던 노동자가 있습니다. 히라이平井라고 하는데, 오사카의 가마가사키에서 지내던 때의 일을 알고 있을 겁니다. 지금은 그의 연락처를 모르니 추후에 니시무라 씨를 통해 알려 드리겠습니다"라며 약속해 주었다.

돌아오는 길에 무리하게 부탁하여 미키 쇼고의 묘를 안내받았다.

---

16) 일본 오사카에 있는 일용직·유동적 하층 노동자들의 거주 지역이며, 일본 최대의 인력시장이다.

절에서 나와 바닷가 쪽으로 조금 걷자, 약 70기 정도뿐인 묘지가 있었다. 마을 안에 있어서 그런지, 대부분의 묘에 생화가 놓여 있어서 지역 주민들의 마음속에 지금도 선조와 정토진종이 살아있다는 것을 느낄 수 있었다. 입구 바로 가까이에 '나무아미타불'이라고만 새겨진 화강암으로 된 묘가 있었다. 그 옆에 미키 덴카이三帰天海라는 비석을 세운 봉납자의 이름이 쓰여진 것을 보고 간신히 미키 쇼고의 묘라는 것을 알 수 있었다.

"덴카이가 그 외아들이에요"라고 기코가 말해 주었다.

나와 히라노는 조용히 합장을 했다. 20년만 일찍 스이타 사건 연구모임을 시작했더라면 일본인 주모자를 만날 수 있었을지도 모른다. 안타깝다는 생각이 머리를 스쳤다.

이때 주지가 흥미로운 이야기를 꺼냈다.

"실은 제가 히가시혼간지東本願寺 노동조합의 초대 집행위원장이에요. 차별 계명이나 차별 묘에 대해서는 알고 계시겠지요. 에도시대뿐아니라, 바로 최근까지도 히가시혼간지에서 부락차별을 하고 있다는 이유로, 부락해방동맹에서 히가시혼간지를 상대로 규탄 투쟁을 벌여 왔습니다. 마침 그때, 제가 히가시혼간지에서 동화同和[17]추진본부 사무부장을 맡고 있었기 때문에, 매일같이 피차별부락 사람들과 만났습니다.

그런데 같은 시기에 기코쿠저택枳殻邸 사건이 터졌습니다. 히가시혼간지의 오타니大谷 문주門主의 빚 담보로 국가의 명승인 기코쿠저택이 저당 잡히게 되자, 절의 사무소와 오타니 일가가 대립했습니다. 그

---

17) 이 글에서는 아직도 남아 있는 특수 부락에 대한 부당한 차별을 없애고 진정한 자유 평등의 인간 사회 건설을 지향한다는 의미이다.

러던 중, 제 신분을 이유로 오타니 일가 쪽에서 해고를 통고한 것이
계기가 되어 동료들과 노동조합을 결성했는데, 그 초대위원장으로 제
가 뽑힌 겁니다."

"아니 그런 일이... 고생 많으셨겠어요." 히라노가 마음을 보탰다.

"얼마 후에 히가시혼간지에서 이곳 센슈의 절로 돌아왔지만, 이곳
에서도 피차별부락 문제나 재일조선인 문제를 단가檀家의 여러분들과
함께 고민해 보자는 취지로, 재일조선인 시인 김시종 씨를 우리 절에
모셔와 강연을 부탁드렸던 적이 있습니다."

아, 세상이 정말 좁구나!

6. 배신자의 아들

다다미 세 장짜리 쪽방에서 30년

미키 쇼고의 외아들을 만나고 싶다는 마음이 점점 더 커져 갔다.
그리고 또 한 명, 생전의 미키 쇼고와 친했다는 히라이 쇼지平井正治도
만나고 싶어졌다. 센슈에 다녀온 이튿날 절로부터 히라이 쇼지의 연
락처를 받았다. 주소만 있을 뿐 전화번호는 없었다.

우리가 바라는 바를 편지에 적고, 히라노가 쓴 미키 쇼고의 전향
증언이 실린 신문 기사 등을 복사해서 알려준 주소로 보냈다. 다음날,
편지를 받자마자 히라이가 전화를 걸어왔다. 정말 기뻤다. 히라이는
상당히 까다로운 사람으로 모르는 사람과는 잘 만나주지 않는다고 들
었기 때문이다.

"언제가 좋겠나?"

잠깐 망설이다가 오늘 밤은 어떻겠냐고 대답했다.

그날 밤, 곧장 가마가사키로 향했다. 약속 장소는 JR순환선의 신이마미야新今宮역 개찰구. 가마가사키의 상징인 니시나리西成노동센터 바로 앞이다. 〈엄동嚴冬·가마가사키〉라는 한 시간짜리 다큐멘터리를 제작한 이래 10년 만에 다시 찾은 가마가사키다.

마침, 알고 지내는 재일조선인이 가마가사키의 미나미가스미초南霞町역 근처에 고깃집을 개업했으니 한번 들르라고 한 것도 있고 해서 히라이와 그곳으로 갔다.

'부두꾼 철학자'라 불리는 미국의 에릭 호퍼Eric Hoffer는 항만노동자로 일하다가 훗날 캘리포니아대학 버클리캠퍼스에서 정치학을 강의한 사회철학자이다. 한나 아렌트Hannah Arendt의 친구이기도 한 그의 『에릭 호퍼 자서전』[18]은 읽는 이의 가슴을 뛰게 하는 실로 재미있는 책이다. 나는 히라이 쇼지의 경험담을 듣고 그가 일본의 에릭 호퍼라고 생각했다. 늘 사회의 밑바닥에서 살아가면서도 도서관에서 독서와 사색을 이어가며 독자적인 철학을 구축한 호퍼의 이야기도 극적이지만 히라이의 경험도 그에 못지않았다.

1927년 11월생으로 부덕수보다 두 살이 많은 히라이는 오사카 덴노 지구에 있는 교재 판매점의 장남으로 태어났다. 전쟁 중에는 해군에 지원하여 교토 마이즈루의 해군공창에서 수뢰水雷에 화약을 채워 넣는 작업을 했다. 패전 후, 오사카로 돌아와 1945년에 마쓰시타전기松下電器에 취직하고 그해에 일본공산당에 입당한다.

"전후, 오사카에서 열 번째로 공산당원이 되었다"는 것은 히라이의

---

18) 에릭 호퍼 지음, 방대수 옮김, 『에릭 호퍼 자서전─떠돌이 철학자에 대한 삶의 에피소드』(이다미디어, 2003년).

자랑거리다. 그는 마쓰시타전기 노동조합 목공지부木工支部의 청년부장 서기장과 본부이사(중앙위원) 등을 역임한다. 그러다가 한국전쟁이 일어난 이듬해인 1951년에 삐라를 운반하다가 체포되었는데, 취조하던 검사가 모친을 불렀을 때의 일화가 흥미롭다. 모친은 검사에게 이렇게 말했다고 한다.

"어미를 불러다가 눈물의 읍소를 받아내려 하는 것은 비겁하기 짝이 없는 짓이다. 이 아이 스스로의 생각으로 한 일이다. 쇼(히라이의 이름), 정신 똑바로 차려야 한다." 이 말을 남기고 모친은 홀연히 가버렸다. 이를 본 검사는 "영락없이 자네 어머니구만" 하며 칭찬했다고 한다.

이 삐라 사건 때문에 마쓰시타전기에서 해고당한 히라이는 공산당 활동에만 집중했지만 얼마 지나지 않아 당의 방침과 맞지 않는다는 이유로 '반당분자反黨分子'라는 꼬리표가 붙어 제명처분을 당한다.

히라이는 1961년에 가마가사키로 거처를 옮긴 후, 항만노동자들의 노동조합인 전항만노조 오사카미나토大阪港 지부의 임원과 부위원장을 지내며, 지금은 '가마가사키의 산증인'이 된 명물 노동자이다.

"히라이 씨, 미키 쇼고 씨는 어떤 사람이었나요?"

"그러니까, 미키 씨는 당시 가와치나가노河內長野의 변전소에서 일했고 나는 마쓰시타전기의 라디오 공장에서 근무하고 있었다네. 둘 다 체격도 좋았고 왠지 모르게 마음이 잘 맞았어. 가끔 우에니의 공산당 오사카 부위원회에서 회의가 있을 때면, 미키 씨는 바퀴가 두꺼운 타이어로 된 자전거 있지 않나, 가와치나가노에서 그 배달용 자전거를 타고 와서 한밤중에 다시 그놈을 타고 돌아가는 거야. 편도로만 두 시간 거리. 게다가 돌아가는 길은 오르막이었다네. 어쩌면 새벽녘이 되어서야 집에 도착했을지도 몰라. 그 정도의 거리였네. 미키 쇼고가 얼마나 체력이 좋았는지 알만하지 않나."

참고로, 지금도 난카이다카노선南海高野線 난바역에서 가와치나가
노역까지는 특급인가 급행인가로 28분이 걸린다. 직선거리로 25킬로
미터 정도 될까. 체력이 남다른 사람이었겠다는 생각이 들었다. 그런
데 히라이는 나를 경계한 것인지, 아니면 소주에 빨리 취해버린 탓인
지, 스이타 사건에 대한 구체적인 이야기는 별로 하지 않았다.

미키 쇼고가 다녔던 와카야마상업고등학교는 현재 와카야마대로
바뀌었는데, 그곳의 졸업생회 회장과 연락이 닿았다.

"1917년생, 미키 쇼고라는 분에 대해 조사하고 있습니다. 혹시 그
분을 아십니까?"

"응, 내가 1925년생이라 미키 씨보다 여덟 살 아래지만 육상에서
대단한 기록을 세웠다고 들은 적이 있네. 아마도 해머던지기였던 것
으로 기억하는데, 럭비선수나 근육질의 씨름선수 같은 체격이었지."

"원반던지기의 기록은 어느 정도였나요?"

"육상연맹 같은 곳에 문의해 보면 알 수 있을지도 모르겠네. 잠깐
알아보고 오겠네."

잠시 후, 회장에게서 전화가 왔다.

"여기저기 알아봤지만, 아무래도 전전의 일이라 어디에도 기록이
남아 있지 않구만. 와카야마에도 공습이 있었으니까.'

원반던지기의 기록은 확인할 수 없었지만 근육질의 미키 쇼고라는
이미지가 내 머릿속 한구석에 자리 잡았다. 그 후, 생각지도 못한 곳에
서 기록을 알게 되었다. 하와이에 사는 미키 쇼고의 딸이 인터넷에서
찾아냈다. 1937년, 간사이 인터칼리지대회, 40.18미터. 이후 80년이
넘도록 와카야마대 육상부에서 이 기록을 깬 사람은 없었다.

외아들

500년을 이어온 센슈의 정토진종 사찰에서 소개받은 미키 쇼고의 장남 집으로 전화를 걸어보았다.

"여보세요, 미키 씨 댁입니까?"

"네."

아이의 목소리였다. 아이라고 해도 어린아이는 아니고 고등학생 정도의 목소리다.

"실례합니다만, 미키 덴카이 씨 계신가요?"

"아버지는 오후 여덟 시쯤 들어오세요"라고 한다.

그날 저녁, 다시 전화를 걸었다.

"네, 제가 미키 덴카이입니다."

차분한 음성에 마음이 놓였다.

전화번호를 알게 된 경위를 설명한 뒤, 만나 뵙고 싶다며 용건을 말하자 "네, 좋습니다"라는 생각지도 못한 반가운 대답이 돌아왔다. 나는 스이타 사건의 판결문을 복사해서 미키 덴카이의 자택에 우편으로 보냈다.

이틀날, 서둘러 쥬소를 찾았다. 미키 쇼고의 장남이 살아있다는 것을 알려주기 위해서였다.

"정말 만나보고 싶네!" 보기 드물게 사장의 목소리가 높아졌다.

도쿄로 가서 덴카이를 만나려 계획하고 있었는데, 사장의 말을 듣고 문득 이런 생각이 들었다. 미키 쇼고의 아들을 만나고 싶어하는 사람은 많다. 쥬소의 잇페이 부부와 나뿐 아니라, 히라노 이치로를 비롯한 연구모임의 멤버들도 같은 마음이다. 결국, 미키 덴카이에게 전화를 걸어 오사카로 초대하고 싶다는 뜻을 전했다. 이렇게 해서 덴카이의 오사카 방문이 정해졌다. 덴카이는 월요일부터 금요일까지는 일이 있고, 일요일은 아침 아홉 시부터 별도의 용무가 있다고 했다. 그래서 토요일 점심 전에 신오사카역에 도착해, 오후 시간 내내 쥬소에서 이야기를 나누는 것으로 일정을 잡았다.

52년 만의 대면

2월의 마지막 토요일, 신오사카역으로 마중을 나갔더니, 검은 승복을 입고 도큐한즈東急ハンズ의 종이봉투를 손에 든, 어느 모로 보나 승려로 보이는 중년 남성이 에스컬레이터를 타고 내려와 곧장 개찰구로 걸어 나왔다. 175센티미터 정도의 큰 키에 다부진 체격의 중년 남성이다. 맨발에 낡은 오동나무 게타를 신은 차림새였다.

얼굴은 몰랐지만, 분명 이 남자일거라는 생각에 말을 걸었다.

"미키 씨이신가요?"

그러자, 예상했던 답변이 돌아왔다.

"네, 니시무라 씨군요."

흔치 않은 성이라 다행이라고 생각했다.

차가 있는 곳으로 안내한 다음, 쥬소로 향했다. 쥬소는 신칸센 오사카역에서 가깝다. 차로 10분 정도의 거리다. 20여 년 전, 이방일의 안내로 처음 쥬소의 잇페이에 갔던 때가 생각났다. 그때와 같은 경로다. 스이타 사건 연구모임도 드디어 최종국면을 맞고 있었다.

쥬소역 근처 주차장에 차를 세우고, 오거리의 모퉁이에서 한큐 쥬소역 서쪽 출구 쪽으로 걸었다. 이것도 이방일과 처음으로 잇페이를 방문했을 때와 같은 경로. 오거리의 산와은행은 UFJ은행이라는 버터냄새 풍기는 이름으로 바뀌어 시대의 변화를 느끼게 했다. 오래된 만둣집 모퉁이를 돌자, 토요일 오후인데도 일찍부터 붉은 등롱을 켜고 문을 열 준비를 하는 가게들이 있었지만 아직 취객은 보이지 않았다.

"실례합니다."

잇페이는 쉬는 날이어서 노렌暖簾[19]은 유리로 된 출입문 안쪽에 들여놓았지만, 연구모임의 멤버들이 들어올 수 있도록 문은 열려 있었다. 드르륵 유리문을 옆으로 밀자, 안에서 부덕수 부부의 밝게 웃는 얼굴이 보였다.

"부덕수 씨, 이 분이 미키 씨예요."

승려 차림의 미키 덴카이와 부덕수 부부를 서로에게 소개했다.

"잘 오셨습니다. 오시느라 힘드셨지요. 자, 2층으로 올라오세요"라고 말하는 마스타.

잇페이의 2층은 열 명만으로도 꽉 차버리지만, 벽 쪽 제일 가운데 자리에 이날의 주인공 미키 덴카이, 그 맞은편에 부덕수와 그의 아내 김춘화가 있었고, 히라노 이치로, 모리 준 등 스이타 사건 연구모임의 멤버들이 둘러앉았다. 또 한 사람, 가마가사키에서 히라이 쇼지도 참석해 이야기를 나누게 되었다.

"건배!"

성격 급한 부덕수의 선창으로, 미키 덴카이의 방문을 축하하며 건배를 했다.

잇페이의 사장 김춘화가 특별히 한큐 이바라키시역까지 가서 사 온 스시를 테이블 위에 한 상 차려놓았다. 모처럼 도쿄에서 손님이 왔다며 술잔을 주고받는 화기애애한 분위기 속에서 모임은 시작되었다.

---

19) 상점의 이름을 써서 가게 앞에 걸어두는 천.

"나는 마치카네야마에서 국철 스이타조차장으로 자네 아버지 미키 쇼고와 스무 시간을 함께 걸은 것뿐이야. 그것만으로 두 사람의 인생이 크게 바뀌었지만. 꼭 한번 만나고 싶다고 생각해 왔는데, 아버지가 돌아가셨다는 얘기를 니시무라 씨에게 전해 들었네. 정말 안타까운 일이야. 그래도 이렇게 52년 만이랄까, 아들 덴카이 씨를 만나는 건 처음이지만, 건장한 체격을 보니 아버지를 쏙 빼닮았군. 왠지 신기한 인연이야. 천천히 즐기다 가시게."

"네, 아버지는 1980년에 돌아가셨습니다. 올가을로 25주기가 됩니다. 아버지의 와카야마 육상부 시절 이야기는 주변 분들에게 들었습니다. 저는 정토진종의 승적을 받았고 고도칸講道館의 유도 6단입니다."

덴카이가 두 팔을 보여주었는데, 근육질의 굵은 팔이었다. 탄탄한 가슴팍도 인상적이었다.

미키 덴카이의 첫 마디는 충격적이었다.

"우리 가족은 줄곧 '배신자'라는 부담감을 짊어지고 살아왔습니다."

잇페이의 2층에서 열린 그날의 모임은, '배신자'라는 말이 키워드가 되었다. 참가자들의 마음에 씁쓸함을 안겨준 이 말은, 누가 누구에게 한 말인지, 그 구조를 미키의 외아들과 이야기하는 자리가 되었다.

"재판 결과는 무죄였고"라며 부덕수가 아무렇지도 않게 말했다.

"네? 무죄였나요? 우리 가족은 아버지가 계속 형무소에 계셨다고 들었습니다만."

"형무소와는 다르지. 재판 초기에는 구치소에 있었네."

"우리 가족 사이에서 스이타 사건에 관한 이야기는 금기시되어 있어요. 형기가 대체 어느 정도였는지 신문 기사를 보아도 알 수 없었고 관련된 책도 없었어요. 이번에 니시무라 씨가 판결문 사본과 아버지에 대한 신문 기사 복사본을 보내주셨지만, 판결문에는 전문용어뿐이어서 해설이 없으면 우리 같이 법을 잘 모르는 사람들은 무슨 소린지 통 알 수가 없겠더군요."

"그럼, 제가 당시의 일을 이야기 해 드릴까요?"

마음씨 좋은 히라노가 '건국기념일'에 센슈에서 미키 쇼고의 조카 미키 기코와 만났던 경위를 소개하면서 50년 전에 있었던 전향 성명의 시대 배경을 설명했고, 모임은 본론으로 들어갔다.

미키 쇼고가 걸어온 인생은, 아들 덴카이의 인생에 짙게 반영되어 있었다. 아들의 인생을 통해 아버지 미키 쇼고의 고뇌와 기쁨이 전해져 왔다. 장장 네 시간에 걸쳐 알게 된 미키 쇼고의 생애, 그리고 그의 아들 덴카이의 생애를 요약하여 소개한다.

스이타 사건으로부터 몇 년 후, 보수적인 센슈 지역 사람들은 빨갱이였던, 더욱이 공산당 오사카 군사위원회의 활동가였던 미키의 가족들을 모질게 대했다. 이러한 세상의 편견을 더는 견딜 수 없었는지, 아내는 아이들을 절에 남겨둔 채 본가로 돌아가 연을 끊었다.

덴카이는 다섯 남매 중 넷째. 유일한 사내아이로 1950년에 태어났다. 나보다 한 살 위로 비슷한 연배여서 덴카이가 살아온 시대 배경을 유추하는 것은 다른 등장인물들보다 비교적 쉬웠다. 그러나 덴카이의 인생 경험은 좀처럼 상상하기 어려운, 참으로 특이한 것이었다.

어느 날 갑자기 어머니가 사라진 것은 덴카이가 다섯 살 때였다. 초등학교에 들어가기도 전부터 어머니가 없었고 아버지 또한 돈벌이 때문에 멀리 나가 있어서 집을 비웠다. 그런 생활이 시작되었다.

덴카이를 포함한 다섯 명의 아이들은 아직 어렸다. 여섯 살, 여덟 살, 열 살의 아이들이 집을 지켰고, 아버지 미키 쇼고는 재판에 출두

하면서 가족을 부양하기 위해 타지로 나가 열흘에 한번꼴로 집에 들어왔다. 그런 생활이 수년간 이어졌다.

이런 무리한 생활이 오래가지는 않았다. 어른들이 의논해 다섯 명의 아이들은 제각각 친척 집에 맡겨져 뿔뿔이 흩어졌다. 유일한 남자아이였던 덴카이는 시부모와 함께 사는 누나에게 맡겨졌다. 누나는 누나대로 시가의 눈치를 보느라 빨갱이의 아들인 덴카이를 엄하게 가르쳤다.

'아버지를 닮았다'고 꾸지람을 듣는 것이 무엇보다도 서러웠다고 한다. 아버지와 아무 상관 없는 일에도 '아버지를 닮았다'고 업신여기며 나무랐다. 누군가를 때리기라도 하면, 설령 괴롭힘을 당하다가 참다못해 한 일이라도, 학교 교사는 물론 신세를 지고 있는 누나의 시가 식구들도 자기편을 들어주는 일은 전혀 없었다. 누군가가 자신을 지켜주는 그런 일 따위는 손톱만큼도 생각해 본 적이 없었다. 그러니 학교에서는 어떤 이유에서든 먼저 때리면 안 되는 것은 물론이고, 누구한테 맞는 것조차 허용되지 않는 부당한 처지에 놓여 있었다.

"아버지를 닮았다."

눈치를 보며 엄하게 대하는 누나의 한 마디 한 마디가 어린 덴카이의 마음속에 깊은 상처를 남겼다.

덴카이는 열 살 때 유도 도장에 다니기 시작했다. 유도만이 자기를 지키는 전부였다. 맞을 것 같은 상황이 되면, 상대가 주먹을 날리기 전에 자세만으로도 상대를 위압한다. 유도로 단련된 신체에 다부진 체격의 소년이었던 덴카이에게 정면으로 위압 당하면, 주먹 꽤나 쓴다는 녀석도, 제아무리 사나운 놈들도 함부로 덤비지 못했다.

날카로운 눈빛의 덴카이를 바라보고 있자니 그런 이야기가 전혀 과장으로 들리지 않았다.

'모난 돌이 정 맞는다.'

그러니까, 절대 눈에 띄면 안 되었다. 소년 덴카이가 배운 인생의 교훈은 눈에 띄지 않는 것. 이것이 초등학교 시절부터 행동규범이 되었다.

초등학교 고학년부터 중학교 1학년까지 성적은 최상위권이었다. 성적이 좋으면 학생회의 학급위원으로 뽑히게 되는데, 그렇게 되면 또 그것을 이유로 '아버지를 닮았다'며 혼날 것이 뻔했다. 그래서 중학교 때 학급 친구들 한 명 한 명에게 머리를 조아리며 "부탁이니 제발 나를 뽑지 말아줘. 학급위원이 되면 집에서 쫓겨나니까"라며 부탁을 하고 다녔다. 친구들의 두터운 신뢰를 받았던 덴카이는 단 한 표도 받지 못한 덕분에 학급위원이 되지 않았고, 계속 누나의 시가에서 지낼 수 있었다고 한다. 아무 잘못이 없는데도 친구들 한 명 한 명에게 머리를 조아렸던 중학생은, 마음속으로 대체 무슨 생각을 하고 있었던 것일까.

중학교 2학년이 되자, 이번에는 그런 일이 없도록 중간고사나 기말고사에서 일부러 오답을 써서 제출하여 일등도 꼴찌도 되지 않도록 성적을 조정하는 능청스러움을 익혔다고 한다. 애처로운 청춘이었다.

그런 환경 속에서도 비행 청소년이 되지는 않았다. 법을 어기면 곧바로 날아들 말이 몸에 스며있었기 때문이다.

'아버지를 닮았다.'

부덕수와 김춘화는 맞은편의 덴카이를 응시한 채 미동도 없이 이야기에 귀를 기울이고 있었다.

항만노동자

누나의 시가에서 초등학교와 중학교에 다니던 때, 아버지는 아침 일찍 통학로 한 귀퉁이에서 사람들의 눈에 띄지 않게 기다리고 있다가 불쑥 나타나곤 했다. 아들에게 슬며시 다가가 말을 걸고, 헤어질 때는 "다른 형제들에게는 비밀이다"라며 덴카이에게만 몰래 용돈을 쥐여 주었다.

얼마 후 덴카이는 아버지와 오사카의 신세카이新世界에서 만나기로 했다. 아버지 미키 쇼고는 가마가사키에서 항만노동자로 오사카항에서 일하고 있었다. 오사카 일용노동자들의 거리, 가마가사키 근처의 쓰텐카쿠通天閣 아래 있는, 신세카이 한편에 잔잔요코초ジャンジャン横町라는 식당가가 있는데, 가마가사키의 노동자가 자주 모이는 곳이다. 미키 쇼고는 이곳에서 아들과 만나, 중학생인 아들에게 "너도 이제 다 컸으니까"라며 소주를 따라주곤 했다. 소의 힘줄을 된장으로 푹 졸여 만든 도테야끼どて焼き를 안주 삼아 중학생 아들과 아버지 두 사람은 느긋하게 소주잔을 기울였다. 누나의 시가에서 억압받으며 지내던 덴카이에게, 한 달에 한 번 이렇게 아버지와 만나는 것이 유일한 위안이었다고 한다.

"중학교를 졸업하면 막노동을 해라. 막노동을 하면 세상에 도움이 되는 일을 할 수 있단다."

아버지는 이렇게 말했지만,

"아버지도 대학(와카야마고등상업학교)을 나왔잖아요"라며, 아들은 아들대로 아버지의 말에 반발했다.

덴카이는 하루빨리 생활이 나아지기를 바라는 마음에 기술을 익히려고 오사카 부립 사카이공업고등학교에 진학했다. 고등학교에서도 유도를 계속한 결과 오사카부에서 8위 안에 들 정도로 강한 선수가 되었다. 하지만 이것이 덴카이에게는 고민의 씨앗이었다. 드디어 고교총체(전국 고등학교 종합체육대회)의 오사카 예선이 열리는 시기가 되었다. 시합에 나가면 좋은 성적을 낼 것이 분명한데, 그렇다고 해서 일부러 지는 것도 스포츠맨십에 어긋난다. 이렇게 고민하던 중, 마침 예선 일정과 취직시험일이 겹치게 되어 덴카이는 유도 교사에게 취직시험을 보러 가야 한다는 정당한 이유를 대고 경기에 나가지 않았다.

미키 쇼고는 가마가사키에서 10년 정도 살다가 고베 모토마치元町의 아파트로 거처를 옮겼다. 아들 덴카이가 사카이공업고등학교에 다니던 시기였는데, 아침에 통학로에서 기다리다가 자전거를 타고 등교하는 덴카이에게 용돈을 건네주고는 아무 말 없이 돌아갔다고 한다.

"그때는 별로 이상하게 생각하지 않았지만, 새벽에 고베의 아파트에서 나와 다섯 시에 첫차를 타지 않으면 오전 일곱 시 반에 사카이공업고등학교까지 올 수 없었을 거예요. 이제서야 아버지의 애정을 사무치게 느낍니다." 덴카이는 조용히 말했다.

스무 살 무렵, 덴카이는 온통 자살 생각뿐이었다고 한다. 공업고등학교를 졸업한 후에는, 오사카 사카이 시내에 있는 자동차공장에서 일했다. 고베 모토마치에 있는 아버지의 아파트에 가끔 들렀다. 미키 쇼고는 항만노동에 전념하고 전일본항만노동조합 등의 조합 활동에는 일절 관여하지 않았다.

"아버지는 항만노동자 시절, 술은 조금씩 하셨지만 착실하게 지내셨던 것 같아요. 당시 돈으로 1,000만 엔이나 모으셨거든요."

덴카이와 나는 한 살 차이기 때문에, 그가 살아온 시대를 개인적으로 잘 아는데, 덴카이가 고등학교를 졸업한 때가 1968년이다. 그러니까 도쿄대 투쟁이 일어나고, 이어서 수많은 대학에서 학생들이 학교 구내를 점거하는 사건이 일어난 시기다. 도쿄대 입시가 없었던 것은 덴카이가 고등학교를 졸업한 다음 해의 일이다. 당시의 1,000만 엔이라면, 고급주택지라 불리는 지역에 100평 정도의 토지를 포함한 호화로운 집 한 채를 구입할 수 있을 정도의 거금이었다. 미키 쇼고는 그 돈을 다섯 명의 아이들을 뒷바라지해 준 형이 주지로 있는 절에 맡겼다.

입원

덴카이가 스물아홉 살 때, 전기轉機가 찾아왔다. 미키 쇼고는 고베 모토마치의 아파트를 처분하고, 센슈의 절 뒤쪽에 있는 별채로 돌아왔다. 초등학교 시절, 부친이 가마가사키로 돈 벌러 나간 이래, 실로 20년 만에 한집에 살게 된 것이다. 동거가 시작되고부터, 덴카이는 아버지에게 이것저것 물어보았다.

"아버지, 화염병은 어떻게 만드는 거예요?"

하고 물으면, 만드는 특별한 방법이 있다고만 할 뿐, 구체적인 제조 방법은 일체 가르쳐주지 않아 더욱 궁금하게 만들었다.

미키 쇼고의 초등학교 시절 동급생이 지역에서 철사공장을 경영하고 있었는데, 거기서 일자리를 찾아 억척같이 일했다고 한다.

"아버지는 스이타 사건 이후, 스스로 당신의 인생을 멈추셨어요. 아들인 제 눈에도 그렇게 보였습니다."

한번은 이런 질문을 했다고 한다.

"아버지는 하고 싶은 게 뭐예요?"

"모두가 망하길 기다리고 있어. 지금은 공산당을 포함해 정치가가 되고 싶은 놈들만 정치가가 돼. 그래서는 안 돼. 모조리 때려 부쉬야 해. 모든 게 한 번 평평해지지 않고서는 새로운 세상을 만들 수 없어."

일상적인 정치 활동은 일절 하지 않았지만, 마음속으로는 상당히 급진적인 사고방식을 고수하고 있었던 것 같다.

그러던 어느 날 부자에게 충격적인 일이 일어났다.

하루는 아들이 별 뜻 없이 "아버지, 대체 뭘 했던 거예요?"하고 물었다.

그때, 미키 쇼고는 제대로 대답하지 못하고, 웅얼웅얼 입속에서 맴도는 말을 애써 삼켰다. 이변이 일어난 것은 이튿날 아침. 미키 쇼고가 쓰러졌다. 세면대 두 배 정도의 피를 토했다. 곧장 시내의 응급실로 옮겨졌다. 뇌출혈이었는데, 다행히 경증으로 끝났다. 각혈해서 다행이었다고 의사는 말했다. 그러나 나쁜 일은 겹쳐서 찾아오기 마련이다. 순환기계의 병이 고비를 넘겨 한동안 평온을 찾았을 때 혹시 몰라 전신 건강검진을 했더니, 이번에는 소화기계에 이상이 발견되었다. 다시 정밀검사를 했고, 의사는 아들만 진찰실로 불렀다.

"잘 들으세요. 정신을 단단히 붙잡고 들으셔야 합니다. 아버님은 위암입니다. 앞으로 한 달 정도 남았다고 생각하면 됩니다."

덴카이는 누이들과 상의한 끝에 아버지에게는 암이라는 사실을 알리지 않기로 했다. 그리고 거의 매일 밤낮을 부친의 병실에서 한시도 떠나지 않고 간병했다. 남은 시간은 한 달이라고 했지만 체력 덕분인지 정신력이 덕분인지, 12월에 입원해서 이듬해 9월, 기시와다岸和田

에서 열리는 축제의 계절을 맞이하게 되었다.

9월 13일, 병세가 조금 이상하다고 느낀 덴카이는 오사카 근처에 사는 누이들에게 "아마 내일쯤이 고비일 것 같아. 위급해"라며 서둘러 연락했다. 누이들은 부친이 입원해 있는 센슈의 병원까지 차로 오려고 했지만, 공교롭게도 이튿날인 9월 14일은 기시와다에서 열리는 축제의 첫날이었다. 오전 여섯 시에 축제의 시작을 알리는 신호가 들리자, 일 년 동안 이날 만을 손꼽아 기다렸던 사람들이 일제히 뛰쳐나와 거리를 가득 메웠다. 축제를 즐기는 사람들로 국도 26호선은 온종일 정체되어 기시와다 시내를 가로질러 가지 못하고 우회하는 바람에, 네 명의 누이 중 어느 누구도 아버지의 임종을 보지 못했다. 결국 아들 혼자서 부친의 마지막 순간을 지켜보았다고 한다.

승적僧籍

부친이 돌아가신 후, 덴카이는 앞으로 어떻게 살아가야 할지 막막했다. 승적을 취득하기로 한 것도 아버지의 죽음이 계기였다. 센슈 절의 주지는 숙부가 돌아가신 후 미키 기코로 바뀌었다.

차별 묘나 차별 계명 등의 문제를 둘러싸고, 히가시혼간지를 상대로 부락해방동맹이 격렬한 차별규탄 투쟁을 펼치던 당시, 기코는 히가시혼간지 종무소에서 동화추진본부 사무부장을 맡고 있었다. 부락해방동맹으로부터 정면으로 규탄받는 처지였다.

"'나무아미타불이라 염불을 외면 누구나가 평등하다'는 신란親鸞의 가르침은, 곧 부락차별을 없애야 한다는 가르침이 아닌가."

기코는 이렇게 교단에 물었다.

부락해방동맹으로부터 규탄을 받고, 기코는 히가시혼간지 내부의 차별을 해소하기 위해 개혁에 착수했다. 하지만 히가시혼간지와 니시혼간지를 합쳐 일본 인구의 1할 이상을 차지하는 일본 최대의 이 종교법인은, 보수적인 일면이 아직 남아 있어서, 양심에 바탕을 둔 기코의 개혁은 좀처럼 진전되지 못했다.

미키 기코는 자신의 직위를 걸고 교단의 내부개혁에 뛰어들었다. 그러던 중, '히가시혼간지에서 노동조합을 결성한 미키 기코의 숙부가 스이타 사건의 주모자였다'는 기사가 커다랗게 신문에 나는 바람에 기코는 궁지에 몰렸다. '미키'라는 드문 성씨가 여러 사람에게 운명의 장난을 친 셈이 되었다. 기코도 어떤 의미에서는 미키 쇼고의 피해자였다.

개혁파 정토진종의 주지 미키 기코는 미키 덴카이에게 이렇게 말하며 승적을 인정했다.

"너는 더 떨어질 곳이 없다. 이제 와서 본산本山에 가지 않아도 수행은 이미 충분히 마쳤다."

그러나 미키 덴카이의 정신적 방랑은 계속되었다. 부친이 위암으로 돌아가셨기 때문에, 덴카이는 식자재에 신경을 쓰게 되었다. 첨가물이 포함된 식자재나 인스턴트식품은 일절 입에 대지 않았다. 지금까지의 식습관을 계속 이어간다면, 자기도 소화기에 암이 생겨 죽는 게 아닐까 하는 강박에 사로잡혀, 한동안 아무것도 먹지 못할 정도로 노이로제에 빠져 지냈다고 한다.

이런 일들을 거쳐서, 덴카이는 일본을 탈출해 미국으로 건너간다. 미국에서 불교계 교단을 이곳저곳 돌아다니다가 소수민족 여성과 결혼했다. 두 명의 아들을 낳았지만 부부 사이가 원만치 않아 결국 이혼했다. 덴카이는 인도에도 몇 번이나 다녀왔는데, 그렇게 다니면서 틈

틈이 배운 현미와 채소를 사용한 요리로 건강을 지켰다.

덴카이는 월요일부터 금요일까지 세련된 동네로 알려진 도쿄의 다이칸야마代官山역 앞에서 승복 차림으로 유기농 식자재만을 사용한 현미정진靜進 요리를 기본으로 하는 고급도시락을 판매하며 두 아들과 살아가고 있다. 그리고 일요일에는 요쓰야四谷에서 요리교실을 연다. 이렇게 마음의 안녕을 얻게 된 것도 40대 중반을 넘기고 나서라고 한다.

"고생 많이 했네."

잇페이의 여사장 김춘화가 덴카이를 위로하듯 말했다.

"21세기의 신란이야!"

7. 군수 열차 습격계획

전차와 함재기

미키 덴카이가 살아온 이야기를 묵묵히 듣고만 있던 히라이 쇼지가 침묵을 깨고 갑자기 입을 열었다.

"사실, 나는 스이타 사건 나흘 전에 미키 쇼고 씨와 함께 스이타조차장에 사전 답사를 다녀왔습니다."

너무나 뜻밖의 이야기였다. 며칠 전, 가마가사키에서 만났을 때만 해도 이런 구체적인 말이 일절 없어서 조금 실망하고 있던 터라 더욱 놀랐다.

"나는 당시에 마쓰시타전기에 근무하고 있었는데, 히라카타나 모리구치 등 기타가와치 일대를 근거지로 하는 일본공산당 기타가와치

지구에서 군사조직인 중핵자위대 대장이었습니다(참고로 히라카타 사건의 와키타 겐이치는 기타가와치 지구의 중핵자위대원이었다). 당시에 미키 쇼고 씨는 가와치나가노의 닛파쓰 변전소에서 근무하고 있었다고 요전 날 니시무라 씨에게 말했으니 이미 전해 들으셨으리라 생각합니다. 어쨌든 미키 쇼고 씨와는 마음이 아주 잘 맞았어요. 스이타 사건 나흘 전에도 미키 씨는 나에게 이렇게 말했죠.

"경찰부대가 히라카타 대교를 건너오지 못하게 해 달라며 신신당부를 했어요"라고.

당시, 요도가와강 북부(나카쓰키高槻나 이바라키)와 남부(히라카타나 모리구치)를 잇는 큰 다리는 오사카 시내를 제외하면 히라카타 대교와 나가라바시長柄橋 밖에 없었어요. 그래서 히라카타 쪽의 경찰부대가 히라카타 대교로 건너오지 못하게 하라는 지령이 군사위원회의 상부에서 내려온 겁니다."

"그게 언제쯤 있었던 일이었나요?" 히라노가 물었다.

"메이데이 사건 때쯤이었나... 도쿄에서 시위행진과 군사위원회의 비합법 활동이 성공적으로 결합한 것을 보고, 오사카 쪽에서도 슬슬 큰일을 할 때가 됐다고 생각한 것 아닐까요. 한국전쟁 2주년 집회가 가까워졌을 때 모리구치의 어느 재일조선인 집에서 회의를 열었어요. 그때, 누군가가 다이너마이트 하나를 샘플이라며 가져왔어요. 하지만 그 다이너마이트는 기껏해야 토붕을 일으킬 정도의 폭발력이 약한 것이었어요. 그래서 내가 "이걸로는 어림도 없어. 좀 더 성능이 좋은 발파용發破用 다이너마이트가 있을 거야"라고 말했죠. 그랬더니 "당의 군사방침에 반대하는 것인가"라는 말과 함께 나는 그날로 중핵자위대에서 잘렸습니다.

실제로 폭발한 다이너마이트는 기껏해야 페인트칠을 벗겨냈을 정도였잖아요. 내 말이 맞았던 거죠. 다이너마이트라고는 해도 그저 위협용이었고, 작정하고 했더라면 프레스기계에 구멍을 뚫는다든지 하는 별도의 방법이 있었을 거예요. 그러니까 정말로 폭파할 생각은 없었다는 얘기죠.

그런데 미키 씨는 사람이 좋아서, 사건 나흘 전에 내게 '스이타조차장에 사전 답사를 가자'고 권하는 겁니다. 지금의 센리오카역과 기시베역 사이였던 것 같은데, 거기서 조차장 안으로 들어갔어요. 내가 아는 사람이 국철노동조합에서 일하고 있어서 화물차를 점검할 수 있었는데, 무개차(덮개가 없는 화물차)에는 미군의 전차와 날개 접힌 함재기艦載機가 늘어서 있었고, 유개차에는 네이팜탄이 잔뜩 실려 있었어요. 헤어질 때 마지막으로 경찰부대가 히라카타 대교를 건너지 못하게 해 달라고 다시 한번 당부를 하더군요."

"그렇다면, 히라카타는 5월부터 준비에 들어갔다. 한편, 김시종 씨는 한국전쟁 2주년 집회 준비를 반년 전부터 시작했다고 했으니, 역시 오사카대 마치카네야마 집회를 여는 것이 가장 중요했고, 그 연장 선상에 스이타조차장으로 가는 시위행진이 있었다. 거기에 5월 초의 도쿄 메이데이 사건 이후 히라카타에서의 행동이 추가되었다. 이런 순서로 진행되었다는 말이군요"라고 내가 추측한 것을 말했지만, 이견이나 반론을 제기하는 사람은 아무도 없었다.

군수 열차 습격계획

여기서 부덕수가 끼어들었다.

"내가 스이타조차장에 들어갔을 때, 화물차에 그런 특별한 물건들은 없었네. 우리는 군수 열차를 멈춰 세우기 위해 밤새 움직였으니까. 그렇잖나. 화물차를 하나하나 확인했지. 하지만 모두 특별할 것 없는 평범한 화물열차였네."

"그러니까 국철에서 조선동란 2주년 관련 움직임을 경계했다는 얘기죠."

미키 쇼고가 법정에서 폭로한 군수 열차 저지계획에 대해 히라노가 다시 한번 설명했다.

"미키 씨는 법정에서 이렇게 말했지. '다카쓰키 북쪽에서 7171군수 열차를 습격하는 계획도 있었다'고 말이야." 다시 말해, 스이타조차장에서 좀 더 교토 쪽으로 가까운 다카쓰키에서 군수 열차를 습격하는 계획이 있었다는 것이다. 법정에서 미키 쇼고는 그 밖의 습격계획에 대해서도 털어놓았다.

⑴ 오사카 남부의 하나텐放出역에서 간사이선 류게조차장에 침입하여, 국철 직원과 짜고 화물열차를 습격할 계획을 세운 것.
⑵ 고베항에서 미군의 물품을 실은 소형선박이 요도가와강의 지류인 간자키가와강에서 국철 미야하라宮原조차장으로 들어갈 때 간자키가와강의 철교 위에서 습격할 계획을 세운 것.

"이 계획들은 모두 실패로 끝났다"고 미키는 증언했다.

7171군수 열차에 대해서는, 앞에서 언급한 오사카지검의 보고서에도 사전에 압수된 선전 삐라의 내용이 기재되어 있다. 6월 23일, 오사카 다이쇼구大正区 근방의 공장 일대에 뿌려진 것으로 '전 오사카의 청년 학생 제군에게 호소한다'는 제목이다. 발행자는 국철 미야하라조차장 애국청년행동대로 되어 있다. 삐라의 내용을 소개한다.

군수품은 매일매일 조선으로, 조선으로 보내지고 있다. 놈들의 군수품은 날마다 보란 듯이 내 눈앞에 있고, 그 군수품을 내 두 손으로 운반하도록 강요받고 있다. 제군!! 이 열차에는 네이팜, 바주카포부터 세균병기에 이르기까지, 그 안에 무엇이 실렸는지 알 수 없다. 어찌 됐든 매일 고베항으로 보내지고 있는 미국놈들의 군수품이다. 우리는 가만두고 볼 수만은 없다고 생각했다. 하여, 이렇게 시간표까지 적어서 제군에게 호소한다.

7171열차
19:00 마이바라 도착
19:40 마이바라 출발
21:05 제제膳所 도착
21:53 제제 출발
23:03 스이타조차장 도착
03:40 스이타조차장 출발
04:40 히가시나다東灘 도착
05:00 고베항 도착

잠자코 시키는 대로 운반해서 되겠는가. 부디 생각해 보길 바란다. 형제 제군! 본때를 보여주자! 6월 24일 오후 8시 오사카대 북교 운동장 이타미 마치카네야마 캠프파이어로!

여기서 주목할 만한 점은 목표로 삼은 열차의 시각을 알아내어 사람들에게 호소하고 있는 사람이 국철 내부의 노동조합원이라는 사실이다.

덴노산 터널 습격계획

다카쓰키 북쪽의 군수 열차 수송저지계획을 조사해 보았다. 다니야마 가즈오谷山一雄라는 다카쓰키 시의회의원이 있었다. 8년 동안 두 번의 임기를 마치고 1982년에 병사했는데, 그는 일찍이 지하활동을 하던 공산당원으로, 일본공산당 오사카부 위원회의 간부로 활약한 경력이 있다. 그의 사후에 나온 추도집에 흥미로운 인터뷰가 실렸다. 다니야마의 시의회의원 선거 때 사무장을 맡아 가깝게 지내던 우쓰기 슈호宇津木秀甫가 생전에 다니야마와의 인터뷰 내용을 책으로 정리했다 (『動ぜざること山のごとし・追悼・谷山一雄』, 宇津木文化研究所). 이하, 우쓰기의 책에서 인용한다.

스이타 사건. 이 투쟁에서 다니야마와 동료들은 미군의 숙소를 에워싸고 산속에 잠복해 있었다. 휘발유통을 들고서. 리더의 지령이 떨어지면 미군 숙소에 휘발유를 끼얹게 되어 있었다. 원시적인 불화살을 준비해, 그것으로 휘발유에 불을 붙인다는 계획이었다.

게다가 아직 별동대가 있었다. 별동대는 야마무라노동조합山村労働組合의 멤버 P와 동료들로 구성되어 있었다. 사전에 다니야마가 입수한 정보에 의하면, P와 동료들이 오야마자키大山崎의 덴노산 기슭 풀숲에서 대기하고 있으면, 도카이도선으로 미군의 군사열차가 지나갈 것이라고 했다. 어둠 속에서 선로에 뛰어들어 열차에 불을 지를 계획이었다. 그래서 P그룹은 휘발유, 불화살, 권총을 가지고 있었다. 권총의 발사 연습은 사전에 산속에서 했다.

그렇다면 이런 계획들은 왜 실행되지 못했던 것일까?

그러나 알려준 시각에 미군의 군사열차는 통과하지 않았다. 반전투쟁에 대비하여 그날 열차는 편성되지 않았던 것이다. 경찰은 주민 자경단을 조직했는데, P그룹은 순찰 중인 자경단에 발각되어 덴노산으로 도망쳤다.

이 문장을 읽고 곧바로 지도에서 현장을 확인해 보았다. 국토지리원이 발행한 2만 5천분의 1 지도에서 '요도淀'를 찾아보니, 교토부 오야마자키초와 오사카부 시마모토초 경계 부근의 비와코琵琶湖 호수에서 흘러나온 우지가와강은, 가쓰라가와강桂川, 기즈가와강木津川과 합류하여 요도가와강으로 이름이 바뀐다. 그 합류 지점 부근에는 불과 500m 폭 안에서 도카이도선, 신칸센, 한큐 교토선이 통과하고 있었다. 오야마자키 부근에서 도카이도선은 크게 커브를 돌기 위해 자연히 속도를 늦추게 된다. 그래서 다니야마 그룹은 이곳에서 군수 열차의 수송을 저지하기로 했던 것이다.

시마모토초에서의 습격계획

또 하나의 일화를 발견했다.

X라는 남성이 있다. 그는 일본공산당에 입당한 후, 스이타 사건 당시 지구요원으로서 다카쓰키 부대로 편입되었다. 편성 인원은 여덟 명. 사전에 다카쓰키 시내에서 회의를 열고, 시마모토초 내의 가파른 지점에서 군수 열차 수송저지계획 실행을 만장일치로 결정했다. 두 번째 회의에서는 역할분담이나 무기의 사용에 대해서 구체적으로 논의했다고 한다.

다니야마의 추도문에도 실려 있지만, 멤버 중 한 명은 다카쓰키 시내의 소나무에 대고 구일본육군의 남부식 권총 시험사격을 했다고 한다. 하지만 이때의 군사행동은 실패했다. 이유는 두 가지. 군수 열차가 통과하지 않았다는 점. 그리고 수송저지를 위해 잠복하던 현장의 맞은편에서 회중전등이 왔다 갔다 하는 것을 보고 신중을 기하기 위해 작전을 중지했기 때문이다.

더욱더 흥미로운 것은 그다음의 일이다.

X가 동료와 함께 스이타조차장에 먼저 가 있으려고 했는데 그때 한큐 간마키上牧역 부근 풀숲에서 경찰관이 튀어나와 순식간에 두 명을 체포해 버렸다. 사이고쿠가도까지 끌려갔는데 그곳에는 지프 세 대와 무장 트럭 두 대가 정차해 있었다. X는 다카쓰키 경찰서로 연행되어 취조를 받았다. X는 묵비권을 행사했고 새벽녘에 석방되었다.

나중에 X가 들은 이야기에 따르면, 현장 부근에서 강도 사건이 일어나 경찰이 비상선을 치고 있었다고 한다. 결과적으로 그 경찰 비상선의 한복판에서 군수 열차 수송저지 행동을 일으키려 했던 셈이다. X는 그때 강도 사건이 정말 있었는지 혹은 경찰의 함정이었는지 아직도 잘 모르겠다고 한다.

이렇게 군수 열차 습격계획 두 가지를 다 듣고 보니, 이것은 명백하게 동일한 작전을 각각 다른 멤버가 이야기하고 있는 것 아닌가 하는 생각이 들었다. 한 그룹은 덴노산으로 도망가고, 또 다른 한 그룹은 비록 하룻밤이지만 구속되었다는 차이는 있다.

그런데 다니야마가 실행할 예정이었던 미군 숙소 습격계획은, 오사카대 도요나카캠퍼스의 세포 책임자였던 하타 마사아키의 강경한 반대로 취소된 계획이 아닌가. 따라서, 오사카 남부의 류게화물역 습격 계획과 마찬가지로 다니야마가 계획했던 것과 실제 행동 사이에는 상당한 거리가 있었다고 보는 것이 타당할 것이다.

하타 마사아키의 행동이나 우에다의 증언을 세세하게 확인해보면, 누구나 계획은 거창하게 세우기 십상이지만 한편으로는 당시의 학생조직, 노동자조직, 나아가 군사조직으로 불리는 그룹까지도 모두 경찰의 탄압이 뒤따를 것을 예상했기 때문에, 사전 계획의 몇 분의 일로 축소되어 실행되거나 중지되는 경우가 많았다는 것을 알 수 있다.

결국 미군의 군수품을 가득 실은 군수 열차를 습격하려는 계획을 세우기는 했지만, 실제로 습격하기에는 당시의 공산당 군사조직이 그만한 역량을 갖추지 못하고 있었고 단정할 수밖에 없다.

8. 진짜 목적은 무엇이었을까

히라노 이치로의 의문

미키 덴카이를 둘러싸고 함께 한 자리에서 히라노가 재미있는 질문을 던졌다.

"군수 열차가 한밤중이 되기 전에 스이타조차장에 도착해서 동트기 전인 새벽 3시 무렵에 출발한다는 것은, 국철노동조합원을 통해 공산당의 군사조직에서도 사전에 알고 있었을 텐데. 그렇다면 스이타 사건 시위대는 산 넘는 부대도 인민전철부대도 왜 열차 시간에 맞춰서 스이타조차장으로 가지 않았을까? 부덕수 씨 그룹은 왜 한밤중에 일부러 선잠을 자면서 한 시간 정도를 허비했을까?" 하고 조금 웃으며 물었다. 여기까지라면 괜히 아는 체 한다는 비난을 면치 못하겠지만, 여기서부터 다른 이야기가 있다.

히라노는 같은 질문을 당시의 검찰관에게도 던졌던 것이다. 그때의 이야기를 잇페이의 2층에서 풀어놓았다.

"히라노군, 누가 이 시위를 계획했다고 생각하나? 정말 시위만이 목적이었을까? 궁금하지 않나?"라고 후지타 다로 공판부장검사가 여러 번 자기에게 물었다고 히라노는 말했다. 검사가 이렇게 마뜩잖은 심정을 드러낸 것은 공판이 시작되고 얼마 되지 않았을 무렵이었다고 한다. 즉, 오사카지검의 검사들은 스이타 사건의 주모자로 기소된 부덕수나 미키 쇼고가 진짜 계획입안자가 아닐 것으로 의심하고 있었다. 게다가 별도의 계획이 더 있었을 것이라는 의심을 품고 있었다.

"그런데 덴카이 씨, 덴카이라는 이름엔 어떤 유래가 있는지 아버지에게 들은 것이 있나?" 이번엔 모리 준이 물었다.

"아버지가 형무소에 있을 때 선대의 주지가 면회를 가서 "자네의 아들이 태어났네"라고 전했더니, 아버지가 주지에게 '덴카이'라고 적은 메모를 건넸다고 들었습니다. 그 유래에 대해서 특별히 들은 기억은 없어요."

"그렇다면 자네가 태어났을 때 미키 씨는 형무소에 있었다는 말인가?"

"1950년에 있었던 일이잖나. 그때는 마침 레드퍼지가 시작되었을 무렵이지. 하지만 회사에서 잘렸다고 형무소에 들어가는 건 아니니까."

형무소였는지 구치소였는지는 알 길이 없다. 아쉽게도 미키 쇼고의 신상에 관련된 서류를 입수하지는 못했기 때문에 무슨 이유로 구류되어 있었는지 전혀 알 수 없지만, 어쨌든 미키 덴카이가 태어났을 때, 아버지 미키 쇼고는 경찰 혹은 사법당국에 의해 구속된 상태였던 것 같다.

"그건, 도쿠가와 이에야스德川家康 때의 덴카이 승정僧正에서 따왔다고 생각하네. 닛코도쇼구日光東照宮 같은 것도 전부 덴카이의 업적이지."

이렇게 주장한 사람은 모리 준이었다. 모리는 예전에 종교기자클럽에 소속된 적이 있어서 종교 쪽에 소양을 갖추고 있었다.

"하지만 덴카이 승정은 천태종天台宗이잖아요" 하고 내가 훼방을 놓자, "재일조선인 혁명가 김천해金天海의 이름에서 따온 것 아닐까. 김천해는 옥중 18년 그룹獄中18年組의 일본공산당 중앙위원이었네. 당시의 빛나는 비전향 그룹 중 한 명인 김천해의 이름을 가져온 것은 이상할 게 없지"라며 히라노 이치로가 다른 의견을 내놓았다.

"본인이 없으니 확인할 길은 없지만, 양쪽의 좋은 점을 모두 취한 것인지도 모르지."

부덕수가 양쪽의 낯을 세워주며 자기 의견을 정리했다.

"딸아이만 셋이 태어난 뒤에 얻은 사내아이잖아요. 아버지는 정말로 기뻐하시며 특별히 주문해서 만든 유모차에 저를 태우고 매일같이 밀고 다녔다고 들었습니다."

"정말 기쁘셨나 보네요. 그런데 정말 좋은 이름이에요. 우선 '덴카이'라는 발음이 알아듣기 쉬워요. 영어로 쓰면 'sky and sea'. 고보대사弘法大師 구카이空海가 시코쿠 무로토자키室戸岬의 동굴에서 하늘과 바다를 보며 수행했다는 전설이 떠오르네요"라며 나도 어쭙잖은 감상을 말했다.

전향=배신자

미키 쇼고는 왜 전향 성명을 냈던 것일까. 모리 준이 의문을 드러냈다.

모리 준에 따르면, 미키 쇼고의 전향 성명 발표에 대해 사전에 알고 있던 것은 당시 오사카 요미우리신문의 사법 담당 기자 S뿐이었다고 한다. 즉, 아사히신문의 히라노나 마이니치신문의 기자는 모르고 있었다는 얘기다. 히라노는 이렇게 말했다.

"당시, 오사카지검에는 세 명의 공판 검사가 있었네. 후지타 다로가 공판부장, 사이토齋藤와 데라니시寺西 두 사람이 담당 검사였지. 그중 데라니시는 인간적으로도 괜찮은 사람이었어. 데라니시가 바로 미키 쇼고의 담당이었네. 그가 미키 쇼고를 '자백시켰다'고 표현하면 어폐가 있겠지만, 어쨌든 미키 쇼고를 설득했다고 생각하네. 정말로 민중을 위한 투쟁이었는지 추궁했겠지. 요미우리의 S기자는 데라니시 검사 쪽을 파고 있었기 때문에 전향 성명을 낼 것이라고 사전에 검사에게 전해 들어서, 사법기자클럽에서 유일하게 알고 있었을 거야."

"아니, 그게 아닐세."

이렇게 말한 것은 뜻밖에도 비전향을 관철해 온 조선인 측 주모자 부덕수였다.

"피고단 단장인 우에마쓰 씨가 구치소 복도에서 나에게 말했네. '미키 씨는 당의 노선이 잘못되었다고 판단했을 뿐, 당원의 이름은 단한 사람도 털어놓지 않았다'고 말이야."

그러자 히라노가 끼어들었다.

"미키 씨는 스이타 사건의 책임을 혼자서 떠안았던 거야. 전차와 전투기를 보유한 미군이 점령하고 있는 일본에서, 화염병이나 기껏해야 권총 정도의 무기로 혁명을 일으켜 노동자의 권리를 쟁취할 수 있을지. 실제로 중국에서의 포병 경험으로 군사 사정에 훤했던 미키 씨는 잘 알고 있었을 거라 생각하네. 나도 중핵자위대의 대대장에서 잘리긴 했지만, 군사는 허술했지. 군사라고 할 수 없을 정도였어. 그리고 스이타 사건, 히라카타 사건을 계획해서 실행해 보고, 미키 씨는 이걸로는 안 될 거라 생각한 게 틀림없네. 그래서 자기가 모든 책임을 떠안는 식으로 검사에게 전향 성명을 냈을 거야. 당시의 군사 노선에 문제가 있었다는 것은 훗날 공산당도 6전협에서 인정하고 있지만, 미키 씨는 그보다 2년 앞서 알아챘던 거야. 당의 잘못을 혼자서 죄다 짊어지는 것으로 당의 명예를 지킨 거지. 그런 의미로는 당을 위해 희생했다고 할 수 있지."

"맞아, 미키 씨는 배신자도 뭐도 아니야 자기 인생을 걸고 당을 향해 충언한 것이지."

부덕수가 납득하며 천천히 고개를 끄덕였다.

중국으로 도망가다

마지막으로 히라노가 센슈의 절에서 현재의 주지 미키 기코에게 들은 일화를 이야기했다. 죽기 직전 미키 쇼고는 "스이타 사건의 주요 멤버가 경찰의 검거를 피해 중국으로 도망쳤다"고 하면서 이런 얘기를 했다고 한다.

미키 쇼고는 마오쩌둥을 비롯한 중국 공산당의 사상에 감화된 것인지 아니면 다른 루트가 있었던 것인지 알 수 없지만 중국을 아주 좋아했다. 여기까지 이야기하자, 옆에 있던 덴카이가 갑자기 떠오른 기억을 말했다.

"아버지에게는 늘 '아버지'라 부르는 사람이 있었습니다. 그게 누구냐고 물어보아도, 절대로 이름을 말해 주지는 않았어요. 그래서 제가 어림짐작으로 이름을 대면서 확인해보니, 도쿠다 규이치라는 이름에만 반응을 했습니다."

서둘러 도쿠다 규이치에 대해 알아보았다. 출신지는 오키나와. 그곳의 나고시립중앙도서관名護市立中央図書館이 중심이 되어 553페이지에 달하는 『기념지 도쿠다 규이치記念誌 德田球一』라는 책을 발행했다. 그 책에 인민복 차림의 도쿠다 규이치가 포즈를 취하고 있는 사진이 실려 있다. 중국에 대한 경애敬愛가 도쿠다 규이치를 향한 흠모로 이어진 것인지, 반대로 도쿠다 규이치에 대한 흠모가 중국을 향한 경애로 이어진 것인지는 알 수 없다. 대체 어떻게 해서 중국으로 도망쳤던 것일까.

당시, 중국인민함대라는 특별편성된 어선 그룹이 있었다. 일본공산당 수뇌부는 재빨리 중국으로 피신했고, 일본공산당의 방침은 '베이징기관'이라 불린 멤버에 의해 베이징에서 결정되었다. 당 중앙의 멤버뿐 아니라 지하조직의 멤버들도 중국으로 도망쳤다.

나는 출판물 하나를 들고서, 당시의 일본공산당과 중국공산당의 관계에 관해 이야기했다.

"홋카이도에 흥미로운 이력을 가진 사람이 있습니다. 삿포로札幌 중앙경찰서의 시라토리白鳥 경위가 사살된 이른바 시라토리 사건에 관련되어, 당 중앙의 지령을 받아 중국에 건너간 사람입니다. 이름은 가

와구치 요시오川口孝夫인데 자신의 체험을 책으로 냈습니다. 『흘러가촉의 나라로流されて蜀の国へ』(자비출판)를 읽어보니, 6전협으로부터 반년이 지난 1956년 3월, 시즈오카현静岡県 야이즈항焼津港에서 어선으로밀출국했다고 합니다. 그는 베이징 교외에 있던 최초의 인민대학 분교의 모습에 대해서 다음과 같이 이야기합니다."

이곳에 와서 우선 놀랐던 것은 인민복을 입은 일본인이 많이 있고, 그중에는 내가 알고 있는 사람들이 상당수였다는 점이다.

(1) 항일전쟁에서 팔로군 등에 참가했던 사람.

(2) 만철(남만주철도주식회사) 등에서 근무하던 전전의 좌익.

(3) 1950년 이후 일본공산당이 보낸 사람들 등등.

이 학교를 '인민대학 분교'라고 부르고는 있지만, 실태는 소공(소련공산당), 중공(중국공산당), 일공(일본공산당)의 삼자가 협력해서 만든, 일본혁명을 위한 간부양성학교였다.

가와구치는 17년 후인 1973년에 귀국하여 삿포로에서 살고 있었다. 홋카이도신문의 아는 기자에게 알아봐 달라고 부탁해 보았지만, 역시 가와구치 본인으로부터는 아무런 연락도 없었다. 결국, 스이타 사건의 관계자가 중국의 인민대학 분교에 정말로 있었는지에 대한 더 이상의 추적은 불가능했다.

그날 밤, 미키 덴카이와 부덕수 부부는 고베에 숙소를 잡고 밤늦게까지 이야기를 나누었다. 덴카이의 일요일 일정에 맞추기 위해, 나는 아침 일찍 그를 신오사카역까지 바래다주었다. 차 안에서 덴카이는 차분한 음성으로 말했다.

"스이타 사건의 해방이네요."

스이타 사건은 무엇이었나

스이타 사건은 무엇이었을까. 이 물음에 대해 김시종은 다음과 같은 대답을 준비해서 부덕수에게 전했다.

그걸로 됐다, 거기에는 나의 지순한 시절이 있었으니.

러시아의 혁명가 크로포트킨의 일기에서 인용한 것이다. 김시종은 스이타 사건 이후, 잡지 『진달래』를 발행하여 조선총련의 비민주적인 운영에 대해 비판했는데, 그 때문에 조직으로부터 철저한 비판을 받는다. 김시종은 '의식의 정형화'를 강요하고 개개인의 창의적 생각을 무시하는 그런 비인간적인 조직은 문제가 있다며 비판했지만, 조직은 이를 받아들이지 않았다. 북한이 일본인 납치 사건의 범행을 인정했을 당시, 김시종은 조직과 조국을 비판했는데 그 뿌리는 무려 1950년대 후반으로 거슬러 올라간다. 그 엄혹했던 시기, 김시종은 마음속 크로포트킨의 말에 기대어 간신히 삶을 이어가고 있었다.

그런 가혹한 비판 속에서 인간 취급도 받지 못했던 세월을 10년 넘게 지내면서도, 나를 견디게 한 것은 크로포트킨의 말이었습니다.

그걸로 됐다, 거기에는 나의 지순한 시절이 있었으니.

그 세월에는 스이타 사건을 준비했던 날들도 포함되어 있다. 하지만 조금만 생각해 보면 금방 알 수 있다. 그 시기가 재일조선인들에게 지순한 시절이었을 리 없다. 스이타 사건에는 많은 이들의 인생이 얽혀 있다는 것을 알았다. 조선인 측 '주모자'로 기소되어 결국 무죄판결의 승리를 쟁취한 부덕수와 그의 친구 이방일, 그리고 김시종. 이들 재일조선인 세 명의 배경을 더듬어 가다 보면 거기에는 제주도 4·3 봉기, 한신교육투쟁이 있다.

일본인 측 '주모자'로 지목된 미키 쇼고는 도쿠다 규이치에 대한 경애심으로 늘 인민복을 입었다. 미키 쇼고의 배경에는 중국혁명이 있었다. 그리고 무엇보다 부덕수와 미키 쇼고의 뒤에는 수천 명의 민중이 있었다.

모두진술에도 쓰여 있듯이, 산 넘는 부대는 큰 북을 선두로 시위행진을 이어나갔지만, 경찰에 신고한 주민은 한 명도 없었다. 민중은 암묵적으로 시위행진을 지지하고 있었고, 스이타 사건의 주임변호인 야마모토 하루오는 스이타시장에 당선되었다.

스이타 사건 연구모임에 교도통신의 전 편집국장 하라 토시오原寿雄가 와 주었던 적이 있다. 하라는 스고 사건菅生事件의 진범을 추적한 저널리스트인데 그 사건에 관해 이야기 해 주었다.

스이타 사건이 일어났던 1952년 6월, 오이타현 스고무라菅生村(현 다케타시竹田市)에서 다이너마이트에 의한 파출소 폭파 사건이 일어났다. 하지만 실상은 경찰관이 다이너마이트를 설치하고 공산당원이 한 것처럼 꾸며서 죄 없는 공산당원을 체포한 것이었다. 하라는 이것이 모략 사건임을 밝혀내고, 결국 공안경찰이 숨어있던 도쿄 신주쿠新宿의 아파트를 덮쳐 그에게 사건의 진상을 자백받아 특종 기사를 썼다. 물론 폭파 현장의 사진 등 물증도 충분히 확보한 상태였다. 스고 사건에서 진범을 쫓는 내용은 하라 도시오의 지휘하에 현장을 담당했던 교도통신 사회부 기자 사이토 시게오斎藤茂男의 저서에 자세히 나온다 (『꿈을 좇는 자여夢追い人よ』(築地書館).

당시의 미디어는 권력의 폭주를 철저하게 견제하고 있었다. 다른 한편, 레드퍼지는 초기부터 언론사에 근무하는 저널리스트를 저격했다. 취업자 수와 비교해 보아도 언론사의 레드퍼지 대상자는 그 비율이 눈에 띄게 높았다.

군사노선을 채택한 결과 일본공산당 중의원 의원 수는 대폭 줄었다. 군사노선이 국민의 지지를 얻지 못했다는 것은 6전협의 총괄에서 분명해졌다. 재일조선인도 마찬가지였다. 군사노선을 그만두고 조직을 새롭게 정비하여 재일조선인의 권리 옹호를 주장하는 조직으로 바뀌었다. 스이타 사건은 노동자와 재일조선인 조직이 민주주의를 채택하는 계기를 만들었다. 1960년의 안보투쟁은 스이타 사건의 총괄이라고 했던 어느 시위참가자의 말은 설득력이 있다.

법원은 스이타 사건에서 형사소송법을 엄격하게 적용하여 전쟁 반대 행동으로서의 표현의 자유를 전면적으로 인정했다. 판사는 오롯이 자신의 양심에 따랐다.

분명, 스이타 사건은 지순한 세월이라고 말할 수 있는 측면 또한 갖는다. 그럼에도 되묻고 싶다. 스이타 사건은 정말 지순한 세월이었을까. 한국전쟁에서 미국의 기지국가가 되어버린 일본은 그러한 상태를 바로잡았는가. 부덕수가 스이타 사건에 대해 말문을 연 것은 일본의 교육 현장에서 일장기와 기미가요가 '강제'되고, 일본국헌법의 '개정' 문제가 정치과정에 대두되던 시기였다.

아시아태평양전쟁의 전후戰後이자 한국전쟁의 전중戰中에 스이타·히라카타 사건이 일어났다. 그리고 지금 새로운 전전戰前의 기운이 감돌기 시작했다. 한 번 더 묻고자 한다. 그렇다면, 현재는 지순한 세월인가.

일본은 민주적인 세상이 되었는가.
일본국헌법에 규정된 기본적 인권은 지켜지고 있는가.
양심의 자유, 표현의 자유는 지켜지고 있는가.
적극적 평화주의를 규정한 헌법은 지켜지고 있는가.

김시종이 부덕수에게 전했던 말을 마음속으로 가만히 되뇌어 본다.

그걸로 됐다. 거기에는 나의 지순한 시절이 있었으니.

방송국에서 정년퇴직한 후, 뜻하지 않게 히가시오사카의 한 대학에서 인권에 대해 가르치게 되었다. 배우는 쪽도 당황스러웠겠지만 가르치는 나도 필사적으로 노력했다.

"남자로 태어날지 여자로 태어날지, 어머니 배 속에 있을 때 스스로 결정했나요?"

매해 신학기가 되면 학생들에게 똑같은 질문을 던졌다.

'자기가 결정하지도 않은 일에 책임을 져야 한다는 것은 이상하지 않은가'라는 것을 가르쳐 주고 싶은 마음에서였다.

남자로 태어날지 여자로 태어날지 스스로 결정한 사람은 이 세상 어디에도 없다. 그럼에도 일본에서는 부유층 이외의 남성에게도 참정권이 주어지는 보통선거법이 1925년에 시행되었고, 여성이 선거권을 획득한 것은 1945년 12월이었다. 현명한 여성이 있으면 어리석은 남성도 있고 그 반대의 경우도 있다. 여기까지는 학생들도 쉽게 납득한다.

하지만 국적 이야기가 나오면 상황은 조금 달라진다. 가수 우타다 히카루宇多田ヒカル의 국적을 사례로 들어 학생들에게 그녀의 국적을 물어보았다. 부모는 모두 일본국적 소유자, 태어난 곳은 미국 뉴욕.

인권 교사인 나는 질문한다.

'자, 그녀의 국적은 어디일까요?'

답은 이중국적.

미국은 이민 국가이기 때문에 미국 영토에서 태어난 사람은 출생지주의에 따라 모두 미국국적이 된다. 하지만 일본의 국적법은 혈통주의이기 때문에 부모 중 어느 한쪽이 일본국적 소유자이면 아이에게도 일본 국적이 부여된다. 이 경우 성년이 되면 하나의 국적을 선택하도록 제도화되어 있는 국가도 있다.

무슨 말을 하고 싶은가 하면, 바로 헤이트 스피치다. 넷우익이나 혐오시위를 하는 사람들은 한국, 북한, 중국이 싫다고 의사표명을 한다. 그 연장 선상에는 '북한·중국위협론'이 있고, 이는 일본국헌법의 '개정'과 9조의 '개정'을 지지하는 것으로 이어진다. 하지만 한국국적이든 조선적 혹은 일본국적이든 자기가 결정한 것인지를 학생들에게 묻는 것이다.

나치독일의 경우, 유대교도라는 이유만으로 사람들을 죽였다. 그 것도 570만 명이나. 나치 독일은 그전에도 장애인을 가스실로 보내 살상한 사실이 있다. 인종차별, LGBT(성적소수자=레즈비언, 게이, 양성애자, 트랜스젠더 등)의 문제, 국적, 피부색, 부모의 종교 등 스스로 결정하지도 않은 '속성屬性'을 근거로 차별당하는 것은 부당하다. 이러한 배외주의에는 아무런 근거도 없다는 것을 학생들과 함께 고민해 왔다.

잠깐 상상해보기 바란다. 이쪽과 저쪽이라는 구별 따위 있을 리 없지만 저쪽 편에서 태어났다는 것을. 역사는 넷우익의 말처럼 단순하지 않다. 한국분단의 역사적 사실을 살펴보면, 천황제 존속을 고집한 당시 일본 정부의 망설임이 히로시마, 나가사키, 한국분단, 소위 북방

4개 섬을 둘러싼 영토문제 등으로 지금까지 그림자를 드리우고 있다는 사실을 통감하게 된다. 유엔헌장에는 아직도 일본이 '적국'으로 되어 있고, '요코타 공역'의 축소를 일본 스스로 결정할 수도 없으며, 일본은 미국의 '종속국'이라는 논의가 계속되고 있다.

한국은 일본의 거울이다. 북한과 중국도 인권을 존중하는 나라가 되기를 바란다. 또한 민주화가 필요한 것은 다양성을 소홀히 하는 미국이나 오키나와 차별을 반복하는 일본도 마찬가지일 것이다.

취재차 여섯 차례 방문한 경험에서 말한다면, 북한의 경제는 막다른 곳에 와 있다. 고슴도치처럼 가시를 바짝 세워 제 몸 하나 지키는 것이 고작이다. 그렇기 때문에 말뿐인 구술외교에 능숙한 것이다. 학생 시절에 신좌익이었다가 훗날 반미보수로 바뀐 사상가 니시베 스스무西部邁에게 북한을 어떻게 바라봐야 할지를 묻자, "우리 일본은 북한에 많은 것을 배워야 한다"는 답이 돌아왔다.

미국도 전쟁을 치를 돈이 없다. 트럼프 대통령이 싱가포르 기자회견 때에 표명한 것은, 한미군사연습이나 괌에서 B1폭격기를 출격시키는 데 드는 비용에 신경 쓰는 사업가 출신 대통령의 손익계산이었다. 무엇보다 서울은 군사경계선에서 불과 40킬로미터 거리에 있고, 1천만 인구를 떠안고 있는 수도로, 많은 재한 미국인을 인질로 잡힌 상태에서 '서울 불바다'라는 북한의 협박을 미국도 무시할 수는 없는 것 아닐까.

북미교섭은 비기고 있는 상태에 이르렀다. 앞으로 나가도 지옥, 물러서도 지옥이다. 그러나 손자孫子는 말했다. '패자를 몰아붙이지 마라'고. 궁지에 몰린 쥐가 고양이를 문다는 말도 있다.

트럼프가 바라는 것은 모레의 승리가 아닌 내일의 승리다. 그렇기 때문에 미국 대통령선거에서 재선을 목표로, 선거의 클라이맥스에서 내놓을 한국전쟁의 종전선언이라는 외교적 성과가 필요했던 것임에 틀림없다.

일본이 포츠담선언을 수락한 후, 샌프란시스코 강화조약에 이르기까지 7년이 걸렸다. 그만큼 과도기 또한 오래 이어질 것이다. 일본과 북한의 관계도 마찬가지다. 동아시아의 위협을 부추겨서 미국에서 대량의 무기를 구입할 경제력이 일본에는 없다. 저출산 대책과 고령자의 연금복지로 재정이 남아나질 않는다. 적극적으로 동아시아의 평화 구축을 추진하는 것이야말로 일본국헌법에 규정된 평화주의를 실현하는 길이라고 생각한다. 미래를 향한 희망은 아직 버리지 않았다.

피부색에 따른 차별적 인종 격리정책 '아파르트헤이트'를 극복한 넬슨 만델라의 말을 소개하고자 한다.

"사람은 증오를 배울 수 있다. 그리고 증오를 배울 수 있다면 사랑도 배울 수 있다."

마지막으로 북미회담을 계기로 십수 년 전의 책을 증보판으로 발행하도록 힘써주신 논픽션 작가 기무라 모토히코木村元彦님과 산이치쇼보三一書房의 모든 분께 깊은 감사의 말씀을 드린다.

2019년 5월 3일
니시무라 히데키西村秀樹

반전反戰 공투共鬪가 빚어낸 새로운 집합성, 초국적 '연쇄'

한국전쟁은 저자의 표현처럼 국제적 내전의 성격을 지녔다. 이 책의 한국어판 제목은 『'일본'에서 싸운 한국전쟁의 날들─재일조선인과 스이타 사건』인데, 여기서 '일본'은 영토로 구획된 국민국가로 한정되지 않는다. 오히려 민족과 국가 혹은 시민이라는 주어진 정체성의 토대가 '반전'이라는 공통의 지향으로 흔들림으로써 연결될 수 있었던 이들이 함께 싸워낸 시공간을 의미한다. '반전'이라는 이름의 공투는 이처럼 초국적 '연쇄'[1]라는 새로운 지평을 열어젖힌다.

전쟁, 민족주의, 평화에 대한 사유와 활동은 어디에 서 있는지에 따라 달라진다. 따라서 스이타 사건에 참여했던 재일조선인과 일본인

---

[1] '연결된다'는 것은 기존의 집단을 반복하는 것과 그 과정에서 다른 존재로 바뀌는 것이 공존한다. 프랑코 베라르디는 연결된다는 행위에서 전자의 경향을 "무언가이어라"(Be)라는 질서적 요청으로, 후자로 향하는 전개를 "연쇄하라"(Concatenate)로 표현한다. フランコ・ベラルディ, 桜田和也訳, 『プレカリアートの詩』(河出書房新社, 2009), p.216. 전자에서는 명명이나 소속이 중요한 반면 후자는 동태(動態)다. 프랑코 베라르디의 일본어판 역자인 사쿠라다 가즈야(櫻田和也)가 아주 적확하게 번역어로 채택한 '연쇄하다'라는 동사는 기존의 집단으로 귀속되는 것이 아니라, 새로운 집합성을 생산하는 것을 의미한다. 富山一郎, 『始まりの知─ファノンの臨床』(法政大学出版局, 2018年) p.273. 각주5) 참고. 도미야마 이치로 지음, 심정명 옮김, 『시작의 앎』(문학과 지성사, 근간) 이 글에서 '연대' 대신 '연쇄'라는 표현을 사용한 이유는 스이타 사건이 일시적이나마 재일조선인과 일본인 사이의 '새로운 집합성'을 만들어냈다는 점을 강조하기 위해서다.

이 1952년 당시 딛고 서 있던 정치적 · 사회적 차이 또한 쉽사리 무화시킬 수 없으며, 섣불리 그들 사이의 연대를 말할 수도 없다. 그러나 스이타 사건은 제국과 식민지라는 권력관계에 놓였던 이들이 '반전'이라는 공통의 의지를 발휘하여 함께 싸우면서 일시적으로나마 '국민'의 틀에 갇히지 않는 '새로운 집합성'을 만들어냈다는 점에서 주목할 만하다. 그리고 이러한 집합성은 총에 맞은 허벅지나 몽둥이질을 당한 뒤통수에 남은 흉터처럼 만질 때마다 가끔씩 생생해지는 몸의 역사로 새겨져 있다.

이 책에는 삐라를 뿌리고 경찰에 쫓기던 부덕수가 일면식도 없는 일본인 노동자들의 도움을 받아 도망친 에피소드가 소개되어 있는데, 그는 일본어가 어설펐던 자기에게 아무것도 묻지 않고 도움을 준 일본인 노동자들을 상기하고 "한국전쟁에 반대하는 일본인과 조선인의 마음이 서로 통했던 것"이라며 그런 마음이 지금도 필요하다고 말한다(이 책, 237쪽).

저자는 이러한 상황이 현재에 일어난다면 어떨지를 독자들에게 묻는다. "대기업 경비원이 낯선 남자에게 과연 문을 열어 줄까. 그리고 공장 안의 노동자들은 삐라 살포를 하다가 도망쳐 온 그를 도와줄 것인가"(이 책, 237쪽).

초국적 '연쇄'의 가능성은 국민이라는 정체성이 희박해지는 순간에, 국민인지 시민인지 난민인지 불분명한 누군가의 절박한 요청에 반사적으로 손을 내미는 그 찰나에 가까스로 고개를 내미는 것일지도 모른다. 맑스주의마저도 제1차 세계대전을 앞두고 '자국의 방어'를 우선시하며 실천하지 못했던 인터내셔널리즘은 니시로쿠샤에서 그리고 스이타에서 '만국의 프롤레타리아트의 단결'이라는 거창한 슬로건 없이도 가능했다. 서로 숨겨주며 탈주를 도왔던 재일조선인과 일본인의 마음에서, 그리고 스이타 사건을 함께 겪어냈던 그 밤의 밝아오는 새벽 공기 속에서.

소해정掃海艇과 LST에 얽힌 일본의 한국전쟁 '참전' 에피소드

1946년에 공포되어 이듬해부터 시행된 일본국헌법 제9조에는 전쟁과 군대를 포기한다는 사실이 명기되어 있다. 이는 일본국헌법이 줄곧 '평화헌법'이라 불리게 된 이유이기도 하다. 그러나 한국전쟁으로 인해 일본이 미국의 병참기지가 되어 여러 군사작전을 수행했다는 것이 뒤늦게 밝혀졌다. 이 사실은 일본국헌법의 중심축을 흔들 수 있는 것임에도 불구하고, 이에 대한 논의는 한국과 일본 양쪽 모두에서 여전히 미비하다.[2] 저자는 인터뷰를 통해, 일본이 한국전쟁에 '참전' 했다는 사실이 전후 일본 사회에서 어떻게, 그리고 왜 은폐되어왔는지를 밝힌다.

1950년 10월, 원산에 상륙하려던 미군은 주변 해역의 기뢰제거를 위해 일본의 소해정掃海艇을 동원하여 소해작전에 참가시켰다. 그때 MS14호가 기뢰를 건드려 침몰되었고 한 사람이 죽었다. 저자는 이 죽음이 한국전쟁에서 일어난 '전사戰死'였음을 강조한다. 일반적으로 '전후' 일본에서는 단 사람의 전사자도 없다는 인식이 일본사회에 만연해 있었기 때문이다. 나카타니 사카타로中谷坂太郎의 죽음은 국제문제가 될 소지가 있다며 사고로 은폐되었고, 가족들은 그를 잃은 상실

---

2) 2020년 6월, 일본의 마이니치신문은 〈埋もれた記憶・朝鮮戦争70年〉이라는 제목으로 한국전쟁에 참전한 일본인들을 다루는 기사의 연재를 시작했다. 아래의 링크를 참고할 것. https://mainichi.jp/articles/20200615/k00/00m/030/083000c (기사작성일:2020년 6월 21일, 최종검색일: 2020년 6월 27일)

감을 침묵으로 버텨야 했다.

 '한 명'이라는 수치로 익명화된 죽음은 나카타니 사카타로라는 이름의 호명과 함께 우리가 사는 세계로 부상浮上한다. 죽기 직전까지 고향의 가족들에게 휘갈겨 쓴 메모장의 내용을 통해 그가 겪었을 두려움 또한 생생하게 전해져온다. 이처럼 저자는 실명 혹은 가명으로 취재에 응한 사람들이 저마다 다른 강도로 다른 장소에서 겪어낸 참전 혹은 반전 경험의 단독성singularity을 '후일담' 형식으로 담아내고 있다. 갖가지 에피소드와 후일담을 소개하는 방식은 공적功績이 있는 죽음만을 기리며 국가가 개인의 경험을 호국영령이라는 이름으로 횡령하는 것과는 전혀 다른 층위의 서사가 시작될 가능성을 품고 있다. 이는 한국전쟁 발발 70년이라는 시점에 전쟁에 대한 새로운 단면과 관점을 제시한다는 점에서 시사하는 바가 크다.

 일본이 한국전쟁에 '참전'했다는 사실은 뜻밖의 재현물에서도 출몰한다. 일본사회의 우경화 색채가 짙어지던 2011년, 스튜디오 지브리가 제작한 미야자키 하야오宮崎駿의 애니메이션 〈고쿠리코 언덕에서コクリコ坂から〉의 시대적 배경은 전후 일본의 고도경제성장을 상징하는 도쿄올림픽이 열리고 때맞춰 신칸센이 개통되었던 1964년이다. 작중에는 LST(전차양륙함, landing ship tank)가 등장하고, 주인공 소녀의 아버지가 LST의 함장으로 한국전쟁에서 '전사'했다는 대사까지 나온다. 일본이 한국전쟁 당시 무기를 수송하고 있었다는 사실은 1950년의 시점에서 이미 전쟁과 군대를 포기한다는 '평화헌법'을 위반하고 있었음을 시사한다. [3]그러나 〈고쿠리코 언덕에서〉가 한일 양국에서 개봉되

---

3) 오쓰카 에이지 지음, 선정우 옮김, 『순문학의 죽음 · 오타쿠 · 스토리텔링을 말하다』(북바이북, 2015년), 90~91쪽.

었을 때, 이를 문제 삼는 이들은 거의 없었다.

두려움 속에서 빛나는 이탈離脫의 정신

사카타로의 '전사'는 개인화된 죽음으로 끝나지 않는다. 그의 죽음을 계기로 부대의 구성원들이 현장 회의를 열고 '우리는 군인이 아니다. 그러니 전쟁에는 참가할 수 없다'는 사실상의 전선戰線 이탈 선언을 했다. 후지타 쇼조(藤田省三)는 당시에 이를 보도한 텔레비전 기록을 소환하여, 소해정을 동원한 과정을 자랑스럽게 떠벌리는 맥아더와 요시다 시게루, 오쿠보 다케오와는 대조적으로, 승무원들과 부대의 대장은 카메라 앞에서 당시의 불안과 당혹감을 호소했다고 말한다. 사령관이나 총리, 해상보안청 장관의 안온한 자리와 전쟁 현장에 느닷없이 투입된 사람들의 불안한 자리가 명확하게 대비되고 있는 것이다.

소해정 부대원들 중에는 아시아태평양15년전쟁에 참전했던 해군들이 상당수 포함되어 있을 테니, 구舊 해군의 동원 방식에 대해 그다지 비판적인 사람들이었다고는 단언할 수 없다. 점령군이나 일본 당국도 어느 정도 이런 점을 믿고 명령을 내렸을 것이다. 그러나 후지타 쇼조는 오히려 그런 사람들에게서 전선 이탈 선언이 나왔다는 점에 주목한다. 비교적 '보수적'인 사람들이 어쩔 수 없이 결단을 촉구당한 순간, 스스로 입에 담은 한 마디 속에 작지만 의미심장한 변화의 가능성이 반짝이고 있기 때문이다.[4]

이 책에서는 여러 층위의 반전 행동이 소개된다. 눈에 띄는 사례는 한국전쟁에 동원된 일본 종군간호사들이 종군을 거부한 에피소드이

---

4) 후지타 쇼조 지음, 이홍락 옮김, 『전체주의의 시대경험』(창작과비평사, 1998년), 206쪽.

다. 이는 이제껏 주류 서사에서 간과해 왔던 여성들의 반전행동이라는 점에서 더욱 주목할 만하다. 전후 일본적십자는 한국전쟁이 발발하자, 연합국최고사령부의 동원 명령으로 '아카가미'赤紙를 보내 간호사들을 소집했다.

아카가미는 1927년의 병역법 성립 후에 사용된 붉은색 소집영장으로, 일본적십자의 간호사들에게도 사용되었다. 일본적십자 간호사 학교를 졸업하면 10년에서 15년간 의무적으로 봉사하게 되어 있는데, 일본적십자는 이 제도를 이용해 간호사들을 한국전쟁에 동원했다. 전후에는 더 이상 사용될 리 없었던 아카가미의 귀환은 그 자체로 국가가 앞장서서 일본국헌법 제9조를 명백히 위반했음을 증명하는 것에 다름 아니다.[5]

사가현에 있는 국립병원에서 일하던 간호사 다섯 명은 아카가미를 받아들고 다른 나라의 전쟁에 동원되기는 싫다며 울면서 종군을 거부했다. 특히 과달카날섬에서 종군했던 한 간호사는 "이제 막 돌아왔는데 더 이상 전쟁에 나가기 싫다"며 그 자리에서 아카가미를 찢어버렸다. 일본적십자 관리는 "나라를 위해 기꺼이 일해 줄 것이라 생각했는데, 일본적십자의 은혜를 원수로 갚는다"며 그녀에게 욕설을 퍼부었다고 한다(이 책, 175~176쪽).

세간에서 전선을 이탈한 소해정 승무원들은 '비겁자'로, 종군을 거부한 간호사들은 '은혜를 원수로 갚는 자'로 매도되었지만, 역설적으로 그들의 '두려움'이야말로 참전을 거부하는 동력이 되었다. 위의 두

---

5) 심아정, 「여성들의 병역, '거부'와 '복무'사이─페미니즘과 군대 그리고 여군의 위치를 고민하다」, 페미니스트 저널 〈일다〉(기사입력일:2020/06/08, 최종검색일: 2020/06/27).

가지 에피소드는 참전 혹은 병역에 대한 두려움에 대해 '나는 두렵다'고 말할 수 있는 장場을 만드는 것이 얼마나 중요한지를 보여준다.

번역어에 '조선'을 남겨둔 마음

이 책 곳곳에는 조선, 조선반도, 조선전쟁 등 생경한 단어들이 등장한다. 독자들은 물론이거니와, 이 책을 번역한 역자들이 살고 있는 지금—여기에서는 잘 사용하지 않는 용어들이 한국, 한반도, 한국전쟁과 혼용되어 있다. 1948년, 남북이 각각 대한민국과 조선민주주의인민공화국이라는 정체政體를 수립하기 이전의 사건과 시공간을 표기할 때는 '조선'을 살렸고, 조선, 조선반도를 한국, 한반도라 부를 리 없는 이들의 말을 직접 인용한 부분에도 '조선'을 그대로 남겨두었다. 단지 조선전쟁이라는 말은 한국전쟁으로 대체했다. 일본에서는 지금도 한국전쟁을 조선전쟁이라 지칭하는 것이 일반적이지만, 이에 대해서는 독자들의 이해를 돕기 위해 저자 니시무라 히데키의 동의를 얻어 한국전쟁으로 통일했다.

독자들에게 혼동을 불러일으킬 소지가 있으니 용어들을 깔끔하게 통일하면 어떻겠냐는 제안도 있었지만, 그럴 수 없었다. 재일조선인들이 일본이라는 이향異鄉을 가향家鄉 삼아 눌러 살 수밖에 없었던 나날은 '조선'을 '한국'으로 통일해서 표기해도 될 만큼 매끈하고 균질적인 시간이 아니기 때문이다. 부덕수의 뒤통수에 우둘투둘 만져지는 흉터처럼 '조선'이라는 두 글자가 이 책을 술술 읽지 못하게 만드는 걸림돌이라면, 오히려 그 껄끄러운 '조선' 또한 70여 년 전 스이타 사건으로부터 발신되어 이제야 우리 앞에 당도한 함성의 잔향이 아닐까.

지금 '조선'은 어디에도 없는 곳이다. 그러나 재일조선인들에게

'조선'은 식민화되기 이전의 박제된 과거 모습 그대로 회귀하여 만날 수 있는 조국도 아니며, 인민이라는 수식어를 무색케 하는 지금의 공화국을 지칭하는 말도 아니다. 제주에서 4·3의 피바람을 피해 소중한 이들을 남겨둔 채 작은 배로 밀항했던 이들이 흘러들어와 살았던 동네 이카이노猪飼野에도 '조선'은 있었고, 한국전쟁에 사용될 군수물자를 실어나르는 열차를 저지하기 위해 서로의 몸을 묶고 누웠던 철로 위에도 '조선'은 있었으며, 한국전쟁 반대운동을 하며 인민전철에 올라탔던 그 밤에도 일본인과 재일조선인 청년들의 마음에는 함께 꿈꾸던 '조선'이 있었다. 따라서 '조선'은 국민국가라는 정치체제를 넘어선 의미, 즉 하나의 '실체'라기보다는 어떤 공통의 '심정'의 장소에 가깝다.

후일담의 청자-되기

이 책의 저자는 스이타 사건 그 자체를 쫓고 있기도 하지만, 관련자들이 살아낸 사건 '이후'의 삶을 비춰낸다. 스이타 사건은 일본의 3대 소요 사건 중 하나로, 소요죄와 표현의 자유 사이를 왕복하며 갈등했던 헌법 판례로 다루어지면서 헌법 연구 분야에서는 잘 알려져 있다. 그렇지만, 이 사건이 지닌 또 하나의 측면, 즉 제국 일본의 식민지배가 남긴 '얼룩'과도 같은 재일조선인들이 벌였던 한국전쟁 반대운동이었다는 점은 충분히 공론화되지 못했다. 한국에서도 스이타 사건은 일본의 전후 운동사만큼이나 낯선 이름이다. 한국전쟁 발발 70년에 관한 신문 기사와 보도에서도 이들의 이야기는 찾아볼 수 없다.

"시는 생략되는 것에 대한 사랑"[6]이라고 말했던 김시종 시인은 제

---

6) 김시종 지음, 이진경, 심아정, 가게모토 쓰요시, 와다 요시히로 옮김, 『이카이노시집 외』(도서출판b, 2019년), 297쪽

주4·3 사건과 스이타 사건 당시의 경험을 생생하게 들려주며 이 책의 후반부를 밀도감 있게 채워준다. 주류의 거대서사에서 생략된 존재들은 이야기 속에서 출몰하고 이야기 속에 살아있다. 1952년 스이타 사건의 부덕수'들'에게는 떠나온 조국이 있었고, 반전 운동에 함께 뛰어든 일본인 동료들이 있었고, 재판에 빼앗긴 삶이 있었다. 그리고 이 이야기들은 사건 이후에 여러 변곡점을 거치며 각자의 후일담으로 이어진다.

저자 니시무라가 관련자들을 찾아가 그들의 이야기를 전해 듣고 기록함으로써 밝혀낸 것은 사건의 진상이나 전모뿐만 아니라, 사건 이후에 그들이 살아온 삶의 굴곡과 주름에 대한 것이기도 하다. 그리고 그것을 하나씩 펼쳐서 기록으로 담아낼 수 있었던 것은 사건의 당사자가 아닌 니시무라'들'이 '공감적 청자'를 자처하며 스이타 사건 연구모임을 만들어 함께-듣는 장場을 만든 덕분이다.

이 책은 김시종이 크로포트킨의 말을 빌려 부덕수에게 보낸 전언으로 끝을 맺는다.

"그걸로 됐다, 거기에는 나의 지순한 시절이 있었으니."

일본의 헌법학자 마에다 아키라前田朗는 이 말을 마음속으로 되뇌며 "너무 상냥하고, 너무나 슬프고, 너무나도 격렬한 이 말의 의미를 대부분의 일본인은 이해할 수 없다"고 말했다.[7] 그러나 과연 한국인이라고 다를까. 이 책을 통해 한국전쟁 시기에 일본에서 겪어낸 참전과 반전의 에피소드 하나하나가 독자들이 발 딛고 있는 세계, 즉 '조선'이라는 심정과 '일본'이라는 장소성이 생략된 한국전쟁의 일면적인 토대

---

7) http://maeda-akira.blogspot.com/2019/09/blog-post_4.html (작성일: 2019/09/04 최종검색일: 2020/06/14)

를 흔들며 다가갈 수 있기를 바란다.

뒤늦게 스이타 사건을 전해들은 자들은 여전히 끝나지 않은 전쟁 상태를 살아내고 있다. 지금-여기의 독자들이 70여 년 전 스이타 사건의 공투를 이어갈 수 있다면, 또한 그것을 전쟁이 일상이 되어가는 생활 속 반전反戰 릴레이로 이어갈 수 있다면, 그 단서는 바로 이 책에 담긴 부덕수'들'의 삶을 계속해서 듣고, 기록하고, 전하는 과정을 통해서 발견할 수 있지 않을까.

공동 번역, 상호-변형trans의 과정

이 책은 심아정, 김정은, 김수지, 강민아 네 사람이 함께 번역했다. 공동 번역의 과정은 더디고 번거롭지만 치열함 속에서도 즐거움을 동반하는 작업이다. 혼자서는 절대로 만날 수 없었을 번역어와 표현들, 이에 대해 경합하며 벌이는 열띤 토론, 행간에서 서성이며 집요하리만치 번복 혹은 반복되는 수정작업, 그리고 이견을 조율하며 서로를 설득하는 과정에 이르기까지. 역자들은 이러한 과정 속에 충실히 머무르며 서로의 번역문에 깊숙이 개입했다. 그리고 번역 마무리 단계에 이르렀을 때, 비로소 서로의 생각을 조금 더 이해하게 되었고, 번역문의 송신 시간을 확인하면서 새벽까지 고된 작업을 이어갔을 동료에 대해 애틋한 마음이 생겨나기도 했다.

공동 번역은 서로가 서로에게 영향을 주고받는 상호-변형trans의 과정이라고 말할 수 있다. 작업을 통해 번역의 어투도 조금씩 바뀌고 관계의 자장磁場도 변한다. 특히 역자들은 번역 기간 중에 코로나19 사태를 마주하게 되어, 주로 비대면 화상모임을 통해 작업을 이어갔다. 자격시험을 보고 석사논문을 쓰고 세 아이를 키우고 병든 부모를 돌보는 각자의 일상 속에서 일주일에 한 번씩 책 속으로 함께 뛰어 드는 경험은 실상 우리의 일상을 버티게 해 주는 숨구멍이었다. 니시 무라 히데키의 취재를 통해 스이타 사건 관련자들의 에피소드를 전해 듣는 과정에서 역자들은 한국전쟁을 바라보는 다른 관점과 해석의 여 지를 확보할 수 있었고, 번역의 과정 또한 과거의 사건들, 사람들과 느슨하게 연루되는 하나의 공투라고 생각하게 되었다.

　　네 명의 역자들 한 사람 한 사람과 그 한 사람 한 사람을 곁에서 지지하고 응원해 주신 분들, 그리고 〈'전후' 일본의 운동과 사상〉 시 리즈의 기획을 흔쾌히 수락해 주시고 그 첫 발을 내딛게 해주신 논형 출판사의 소재두 사장님, 이종욱 편집위원님, 소재천 편집자님, 이용 화, 홍민선 선생님, 스이타 사건의 시위 경로를 추상화하여 멋진 표 지를 만들어주신 이명림 디자이너, 감수를 맡아주신 역사학자 김현석 선생님, 역자후기와 번역과정에 대한 조언을 해주신 신지영, 이지은 선생님께 감사의 인사를 전한다.

2020년 6월 25일
심아정, 김정은, 김수지, 강민아

연표

연도	일본 국내	일본공산당	한반도 · 재일조선인	아시아,소련.미국 등
1945	8.14 포츠담선언 수락		8.15 광복절	
			9.6 조선인민공화국 수립 선포	
			10월 조련(재일본조선인 연맹) 결성	
1946		총선거에서 의석 5석 획득	10월 민단(재일본조선거류 민단) 결성	
1947	일본국헌법 시행			타이완 2.28 사건
				3.21 트루먼독트린 으로 냉전 전개
1948			4.3 제주도 4.3봉기	
			5.10 남한 단독선거	
			8.15 대한민국 성립	
			9.9 조선민주주의인민 공화국 성립	
1949	시모야마 · 미타카 · 마쓰야마 사건			10.1 중화인민공화국 성립
1950	7.28 레드퍼지 시작	1.6 코민포름으 로부터 비판	6.17 덜레스 방한	2월 매카시즘
	8.10 경찰예비대 발족	1월 국제파와 소감파로 분열	6.25 한국전쟁 발발	
			10.17 일본해상보안청 특별소해대촉뢰	
			11.15 LT636호 사고로 22명 사망	
1951	9.8 샌프란시스코 조약 조인	4전협		
		5전협		

연도				
1952	4.28 샌프란시스코 조약 발효	총선거에서 의석 0석으로		
	5.1 메이데이 사건			
	6.24~25 스이타 · 히라카타 사건			
	7.7 오스 사건			
	7.21 파괴활동방지법 공포			
	9.1 스이타 사건 첫 공판			
1953	7.29 스이타 묵념 사건	총선거에서 의석 1석 획득	7.27 휴전협정 체결	3.5 스탈린 사망
1955	보수 합동 · 좌우 사회당 합동	6전협	5.26 총련(재일본조선인 총연합회) 결성	
1959	11.19 히라카타 사건 1심 결판		8.13 재일조선인 귀환협정	
1960	60년 안보투쟁			
1972	3.17 스이타 사건 최고재판소 상고기각			
1989				베를린장벽 붕괴
1991				소비에트연방 해체
2000			6월 제1차 남북정상회담	
2002	9.17 조일평양선언			
2006			10월 북한핵실험	
2007			10월 제2차 남북정상회담	
2018			4월 제3차 남북정상회담	
			5월 제4차 남북정상회담	
			6.12 제1차 북미정상회담	
			9월 제5차 남국정상회담	
2019			2.27~28 제2차 북미 정상회담	

참고문헌

〈사건 전반〉

吹田事件被告団編『十年裁判～吹田事件の真相』パンフレット, 1962.

吹田事件被告団編『吹田無罪判決』パンフレット、1963.

八木茂『資料・1950-1955 公判闘争の経過報告』パンフレット.

6.25吹田事件被告団編『吹田事件・13 年裁判のたたかい』パンフレット、1965.

石川元也著『吹田事件と大衆的裁判闘争』自由法曹団大阪支部、1979.

在日本大韓民国民団大阪府地方本部編『民団大阪三〇年史』民団大阪、1980.

吹田事件文集刊行委員会編『「吹田事件」と裁判闘争』吹田事件文集刊行委員会、1999.

大阪府警察史編集委員会編『大阪府警察史』第3巻、大阪府警察、1973.

吹田市史編纂専門委員会編『吹田市史』3巻、吹田市、1988.

枚方市史編纂専門委員会編『枚方市史』5巻、枚方市、1984.

豊中市史編纂専門委員会編『豊中市史』4巻、豊中市、1963.

伊丹市史編纂専門委員会編『伊丹市史』伊丹市、1968.

大阪市史編纂専門委員会編『新修 大阪市史』8巻、大阪市、1992.

大阪市史編纂専門委員会編『昭和大阪市史続編』大阪市、1964.

朝鮮人強制連行真相調査団編『朝鮮人強制連行真相調査の記録 大阪編』柏書房、1993.

検察研究特別資料第一三号『吹田・枚方事件について』法務研修所、1954.

検察研究特別資料第一四号『大須騒擾事件について』法務研修所、1954.

田中二郎ほか編『戦後政治裁判史録』第一法規、1980.

宮操事件五十周年記念誌編集委員会『宮操事件裁判とその思い出』私家版、2002.

<連표·쇼와사(昭和史)>

岩波書店編集部編『近代日本総合年表』第四版、岩波書店、2001.

石上英一ほか編『岩波·日本史辞典』岩波書店、1999.

伊藤亜人ほか監修『朝鮮を知る事典』増補改訂版、平凡社、2000.

佐々木毅ほか編『戦後史大事典』三省堂、1991.

平凡社編『CD-ROM 世界大百科事典』第二版、平凡社、1998.

ジョン·ダワー『敗北を抱きしめて』上·下、岩波書店、2001.

五百旗頭真『日本の近代6「戦争·占領·講和」』中央公論社、2001.

中村隆英『昭和史』I·II、東洋経済新報社、1993.

小熊英二『「民主」と「愛国」』新曜社、2002.

宮本顕治『五〇年問題の問題点から』新日本出版社、1988.

不破哲三『日本共産党にたいする干渉と内通の記録: ソ連共産党秘密文書から』
　　　　上·下、新日本出版社、1993.

日本共産党『日本共産党の五〇年問題について』増補改訂版、新日本出版
　　　　社、1994.

日本共産党中央委員会編『日本共産党の七十年』上·下、新日本出版社、1994.

日本共産党『日本共産党の八十年』日本共産党中央委員会出版局、2003.

小山弘健『戦後日本共産党史』芳賀書店、1966.

志賀義雄『日本共産党史覚え会』田畑書店、1978.

和田春樹『歴史としての野坂参三』平凡社、1996.

増山太助『戦後期左翼人士群像』つげ書房新社、2000.

朝日新聞、毎日新聞、読売新聞、産業経済新聞、日本経済新聞、東京新聞(中
　　　　日新聞)、神戸新聞、西日本新聞、北海道新聞、大分合同新聞、同志社
　　　　学生新聞.

<1부>

丁永才『米軍占領下の在日朝鮮人運動』東アジアの平和と人権シンポ、2002.

平野一郎『恥かきべそかき頭かき鉛筆書いて日が暮れて』私家版、1994.

朝日新聞大阪本社社会部編『中之島三丁目三番地一大阪社会部戦後二十年 史』朝日新聞、1966.

在日本大韓民国民団大阪府地方本部編『民団大阪三〇年史』民団大阪、1980.

半沢英一「秦政明さんとその古代史学」季刊『古代史の海』32号、2003.

松山猛『少年Mのイムジン河』木楽舎、2002.

なぎら健壱『日本フオーク私的大全』ちくま文庫、1999.

共同通信社会部編『沈黙のフアイル』共同通信社、1996.

魚住昭『渡邊恒雄・メデイアと権力』講談社、2000.

真継伸彦『青空』毎日新聞社、1983.

小松製作所『小松製作所五十年の歩み』小松製作所、1971.

脇田憲一『飛礫18「朝鮮戦争下の吹田・枚方事件」』つぶて書房、1988.

脇田憲一『飛礫37「朝鮮戦争下の反戦闘争」』つぶて書房、2003.

佐々木哲蔵『一裁判官の回想』技術と人間社、1993.

朝日新聞編『朝日人物事典』朝日新聞社、1990.

石川元也『ともに世界を頒かつ』日本評論社、2001.

石川元也『弁護活動と裁判官「刑事・少年司法の再生」』現大人文社、2000.

井出孫六『秩父困民党』講談社現代親書、1979.

〈2부〉

松本清張『黒地の絵』光文社、1958.

東京12チャンネル報道部編『証言 私の昭和史』学芸書林、1969.

埴原和郎『骨を読む』中公新書、1965.

神谷不二『朝鮮戦争』中公新書、1966.

和田春樹『朝鮮戦争全史』岩波書店、2002.

ブルース.カミングス『朝鮮戦争の起源』1・2、シアレヒム社、1989-91.

ブルース.カミングス『現代朝鮮の歴史』明石書店、2003.

デイビッド・ハルバースタム『ザ・フイフチイーズ』1・2・3、新潮文庫、2002.

饗庭孝典『朝鮮戦争』日本放送出版協会、1990.

脇田憲一『朝鮮戦争と吹田・枚方事件』明石書店、2004.

竹前栄治『占領戦後史』双柿舎、1980、のちに岩波同時代ライブラリー、1992.

五百旗頭真『米国の日本占領政策: 戦後日本の設計図』上・下、中央公論社、
　　　　1985.

児島襄『朝鮮戦争』Ⅰ・Ⅱ・Ⅲ、文春文庫、1984.

A. V・トルクノフ『朝鮮戦争の謎と真実』草思社、2001.

大沼久夫『朝鮮分断の歴史: 1945年-1950年』新幹社、1993.

張君三・四尾昭「朝鮮戦争の起源についての一考察」同志社法学 52巻 5号、
　　　　2001.

張君三『南北分断の真相』海風社、1991.

萩原遼『朝鮮戦争―金日成とマッカーサーの陰謀』文塾春秋、1993.

萩原遼『「朝鮮戦争」取材ノート』かもがわ出版、1995.

NHK放送文化研究所編『20世紀放送史』日本放送出版協会、2001.

小此木政夫監修『在日朝鮮人はなぜ帰国したのか』現代人文社、2004.

山本明『現代ジャーナリスト論』雄揮社、1967.

平田哲男『レッドパージの史的究明』新日本出版社、2002.

日高一郎『日本の放送のあゆみ』人間の科学社、1991.

民放労連編『民放労働運動の歴史』Ⅰ～Ⅵ、民放労連、1988.

〈3부〉

4・24 を記録する会編『4・24 阪神教育闘争民族教育を守った人々の記録』ブレ
　　　　ーンセンター、1988.

金慶海『在日朝鮮人民族教育の原点』田畑書店、1979.

金慶海編『在日朝鮮人民族教育擁護闘争資料集』1、明石書店、1988.

内山一雄・趙・博編『在日朝鮮人民族教育擁護闘争資料集』11、明石書店、

1989.

ほるもん文化編集委員会編「在日朝鮮人・民族教育の行方」『ほるもん文化』5、
　　　新幹社、1995.

4・24 阪神教育闘争50周年記念事業実行委員会編『真の共生社会は、民族教
　　　育の保障から!』KCC会館、1998.

民族教育ネットワーク編『民族教育と共生社会』東方出版、1999.

金徳龍『朝鮮学校の戦後史 1945-1972』社会評論社、2002.

辛淑玉『鬼哭啾啾』解放出版社、2003.

呉善花『海の彼方の国へ・日本をめざす韓国・済州島の女たち』PHP研究所、
　　　2002.

金賛汀『異邦人は君ケ代丸に乗って』岩波新書、1985.

姜在彦「民戦時代の私」『体験で語る解放後の在日朝鮮人運動』神戸学生青年
　　　センター出版部、1989.

姜在彦『「在日」からの視座』新幹社、1996.

姜在彦・竹中恵美子『歳月は流水の如く』青丘文化社、2003.

小林知子「戦後における在日朝鮮人と「祖国」」『朝鮮史研究会論文集』緑蔭書
　　　房、1996.

梁永厚『戦後・大阪の朝鮮人運動』未来社、1994.

金賛汀『在日コリアン百年史』三五館、1997.

大阪市行政局編『吹田事件の真相』大阪市、1954.

上田等『大阪の一隅に生きて七十年』創生社、2002.

阪急電鉄労働組合編『阪急電鉄労働組合三十年史』労働旬報社、1976.

金時鐘『「在日」のはざまで』立風書房、1986.

梁石日『夜を賭けて』日本放送出版協会、1994.

開高健『日本三文オペラ』、新潮社、1992.

小松左京『日本アパッチ族』光文社、1964.

金時鐘・金石範『なぜ書きつづけてきたか なぜ沈黙してきたか』平凡社、2001.

金石範『火山島』1〜7、文婆春秋、1983〜.

金時鐘『集成詩集「原野の詩」立風書房、1991.

金時鐘「「記憶せよ、和合せよ」済州島4.3事件と私」図書新聞2487号、2000.

金時鐘『わが生と詩』岩波書店、2004.

金時鐘『猪飼野詩集』岩波現代文庫、2013.

金時鐘『朝鮮と日本に生きる〜済州島から猪飼野へ』岩波新書、2015.

金時鐘・佐高信『「在日」を生きる ある詩人の闘争史』集英社新書、2018.

三輪泰史『占領下の大阪』松籟社、1996.

高峻石『朴憲永と朝鮮革命』社会評論社、1991.

創業五十周年記念行事準備委員会編『松下電器五十年の略史』松下電器、
　　　　1968.

関西電力五十年史編纂委員会編『関西電力五十年史』関西電力、2002.

平井正治『無縁声声〜日本資本主義残酷史』藤原書店、1997.

宇津木秀甫『動ぜざること山のごとし・追悼 谷山一雄』宇津木文化研究所、
　　　　1984.

宮崎学『不逞者』幻冬舎アウトロー文庫、1999.

川口孝夫『流されて蜀の国へ』私家版、1998.

斎藤茂男『夢追い人よ 斎藤茂男取材ノート』1、築地書館、1989.

フランク・コワルスキー『日本再軍備』サイマル出版会、1969.

永野節雄『自衛隊はどのようにして生まれたか』学研、2003.

信夫清三郎『戦後日本政治史』1V、勁草書房、1967.

大沼久夫「朝鮮戦争における日本人の参戦問題」季刊『戦争責任研究』31号、
　　　　2001.

編纂委員会事務局『海上保安庁50年史』海上保安庁、1998.

大久保武雄『海鳴りの日々〜かくされた戦後史の断層』海洋問題研究会、1978.

中谷藤市『掃海艇と運命を共に』私家版、1995.

能勢省吾『朝鮮戦争に出動した日本特別掃海隊』私家版、1986.

運輸省航海訓練所監修『練習帆船 日本丸・海王丸50年史』成山堂、1980.

特別調達庁『占領軍調達史』特別調達庁、1956.

信太正道『最後の特攻隊員』高文研、1998.

赤十字共同プロジェクト『日本赤十字の素顔』あけび書房、2003.

女たちの現在を問う会『朝鮮戦争 逆コースのなかの女たち』インパクト出版会、
　　　　1986.

日赤福岡支部『赤十字福岡九十年史』日本赤十字社福岡県支部、1980.

日赤佐賀支部『百年のあゆみ』日本赤十字社佐賀県支部、1991.

日本テレビ『ドキュメント99従軍看護婦』1999.

全日本赤十字労働組合『三矢作戦下の日赤』私家版、1965.

北健一「敗戦後に舞い込んだ赤紙」『週刊金曜日』423号、2002.

鈴木スム子「『看護婦応召タノム』朝鮮戦争・逆コースのなかの女たち」インパクト
　　　　出版会、1986.

五島勉『黒い春:米軍・パンパン・女たちの戦後』倒語社、1985.

藤目ゆき編『国連軍の犯罪 民衆・女性から見た朝鮮戦争』不二出版、2000.

藤目ゆき「照らし出される戦後史の闇」『世界』2000年6月号、岩波書店、2000.

藤目ゆき『コリア国際戦犯法廷のためのリポート「朝鮮戦争と日本」』コリア国際戦
　　　　犯法廷、2001.

山崎静雄『史実で語る朝鮮戦争協力の全容』本の泉社、1998.

山崎静雄「自治体と民間の朝鮮戦争動員」季刊『戦争責任研究』31、日本の戦
　　　　争責任資料センター、1998.

藤島宇内編『現代朝鮮論』勁草書房、1966.

佐賀忠男『別府と占領軍』編集委員会、1981.

古川万太郎『中国残留日本兵の記録』岩波同時代ライブラリー、1994.

中村祐悦『白団・台湾軍をつくった日本軍将校たち』芙蓉書房出版、1995.

南基正『朝鮮戦争と日本』東京大学大学院、2000.

ロバート・マーフィー『軍人のなかの外交官』鹿島研究所出版部、1964.

中村隆英編『日本経済史7「計画化」と「民主化」』岩波書店、1989.

経済企画庁『戦後経済史』東洋書林、1992.

國場組社史編纂委員会編『國場組社史』國場組、1984.

日本国有鉄道総裁室外務部編『鉄道終戦処理史』大正出版、1981.

小此木政夫『朝鮮分断の起源』慶應義塾大学法学研究会、2018

武田清子『天皇観の相剋～1945年前後』岩波現代文庫、2001.

吉田敏浩『横田空域』角川新書、2019.

五味洋治『朝鮮戦争はなぜ終わらないのか』創元社、2017.

木宮正史編『朝鮮半島と東アジア』岩波書店、2015.

白永瑞著『共生への道と確信現場』法政大学出版局、2016.

門馬保夫『ある中国抑留者の回想録』鳥影社、1999.

増田弘『自衛隊の誕生 日本の再軍備とアメリカ』中公新書、2004.

纐纈厚『日本降伏 迷走する戦争責任の果てに』日本評論社、2013.

ドン・オーバードーファー『二つのコリア』共同通信、2007.

沈志華著　朱建栄訳『最後の「天朝」毛沢東・金日成時代の中国と北朝鮮』岩波
　　書店、2016.

'일본'에서 싸운 한국전쟁의 날들
재일조선인과 스이타 사건

초판 1쇄 인쇄 2020년 7월 20일
초판 1쇄 발행 2020년 7월 25일

지은이 니시무라 히데키
옮긴이 심아정 · 김정은 · 김수지 · 강민아
펴낸곳 논형
펴낸이 소재두
등록번호 제2003-000019호
등록일자 2003년 3월 5일
주소 서울시 영등포구 당산로 29길 5-1 502호
전화 02-887-3561
팩스 02-887-6690
ISBN 978-89-6357-241-3   03910

값 19,000원

이 도서의 국립중앙도서관 출판예정도서목록(CIP)은 서지정보유통지원시스템 홈페이지(http://
seoji.nl.go.kr)와 국가자료공동목록시스템(http://www.nl.go.kr/kolisnet)에서 이용하실 수
있습니다. (CIP제어번호: 2020027720)